Así lo veo

Gente • Perspectivas • Comunicación

Michael J. Leeser
Florida State University

Bill VanPatten
Texas Tech University

Gregory D. Keating
San Diego State University

Contributing Writers

Enrique Álvarez
Florida State University

Celinés Villalba
University of California, Berkeley

Connect
Learn
Succeed™

CONTENTS

Nuestro carácter   UNIDAD 1

UNIDAD 2 — Nuestras familias

> 66 **Family is extremely important in Hispanic cultures. Learning about how marriage and families are changing is very important to understanding our society nowadays.** 99
>
> —Beatriz Cobeta, George Washington University

El hombre y la mujer

> 66 *Así lo veo* really stimulates conversation and thought about real-life situations and social contexts. 99
>
> —Kristi Velleman, American University

Nuestra sociedad

> 66 **I like the activities. I think they will work well in the classroom and will encourage creative language use. I think they will spark students' interest.** 99
>
> —Megan M. Echevarría, University of Rhode Island

Así lo veo: A New Approach for Intermediate Spanish

Imagine an intermediate Spanish classroom that weaves **real language and culture** together. Imagine an intermediate Spanish classroom that helps students improve their communication skills while refining their knowledge of the language. Imagine an intermediate Spanish classroom where students examine and talk about **real topics** such as:

* What are the biggest social, political, and environmental challenges facing society today?
* What does it mean to be a "good person"?
* What importance does family have for you, and how has the structure of family and marriage changed?
* In what ways are men and women different?
* What roles do religion and spirituality play in your life, and what roles do (or should) they play in society?
* What are your hopes for the future?

Imagine *Así lo veo (That's How I See It)*, a unique college-level intermediate Spanish program that incorporates a documentary film as a companion vehicle for instruction and learning. Developed around **real people, honest voices,** and **different points of view,** *Así lo veo* is a thematically driven program that touches on important current and perennial topics, carefully interweaving the print materials and the documentary film. While most intermediate programs take a strict text-based approach, *Así lo veo* uses film as a powerful source of language input and content for learning and teaching. Students thus learn Spanish not just through the medium of their textbook and other traditional sources but also through the richness and authenticity of language that only film can bring to a classroom. In *Así lo veo*, the film motivates the presentation of content—vocabulary, grammar, and culture—and by extension, the learning as well. Imagine.

Goals of the *Así lo veo* Program: Beyond Grammar and Vocabulary

While many intermediate college-level Spanish programs focus primarily on the mastery of grammar and vocabulary, the goals of *Así lo veo* go beyond those often found in other materials and programs. Through its focus on content—in particular, the perspectives of **real** people talking about real-world topics—*Así lo veo* provides students with exceptional opportunities to develop and refine comprehension skills. Thus, a major communicative goal of the program is to *increase the student's ability to comprehend naturally spoken Spanish.* Beyond this, the materials offer unique opportunities for students to reflect on and react to what they've understood. Principally, students are constantly asked to *summarize, synthesize, compare,* and *contrast* various points of view presented in the film, pushing them to engage in higher order cognitive skills associated with real language use. What is more, students must also express how they themselves see a particular issue. Thus, students are engaged in another major communicative goal of *Así lo veo: expression of one's own experiences and opinions.* In short, the major goals of *Así lo veo* include the following:

- A major increase in ability to comprehend spoken Spanish as it is used by native speakers.
- A major increase in the ability of students to express their own experiences, ideas, and opinions.
- The use of higher order thinking skills while learning Spanish.

At the same time, students gain a deeper understanding of the people who use the language and the multiple ways these people view the world around them, thus infusing students with greater cultural awareness and sensitivity toward others.

The *Así lo veo* Documentary: Captivating Media for Today's Students

Filmed especially for the *Así lo veo* program of materials, the documentary consists of interviews with six individuals who bring a variety of interesting perspectives on various issues. These people are: Ruth Quintero, a retired upper-middle-class school teacher; Padre José Aguilar, a middle 60s Roman Catholic priest; Gustavo Sanders, a middle 30s professional dancer with the Mexican national ballet company; Leticia García, a housecleaner and street vendor; Yolanda Cortez, a middle 30s ecobiologist; and Ernesto Alvarado, a nineteen-year-old student of acting and communication. Because these are **real people** and not actors, they bring a fresh and unscripted use of language and ideas to the context of learning Spanish. **Their language is real,** peppered with everyday expressions, and they relate personal experiences that are the hallmark of the documentary approach to exploring topics. In addition, these individuals bring a wide range of viewpoints to the topics, sometimes surprising the viewer with their thoughts on a particular issue and challenging the viewer to think about what really makes someone's perspective liberal, conservative, or in-between. In short,

Spanish comes alive for the student in a manner not often encountered in educational materials.

The film is structured around six major topics, each divided into two related questions or "episodes." For example, one topic is the family and one segment addresses the question, "What is family to you?" while the following segment addresses, "How is family changing?" Thus, there are six units with two film segments each for a total of twelve segments. In addition, there is a prologue in which students meet the interviewees and find out who they are, as well as an epilogue in which each person talks about the future, including personal and societal aspirations.

«Alguien por ahí me dijo: "Es que eres competencia". Ya no... si un hombre te ve, te va... prácticamente te va a rechazar, porque eres exitosa. "Eres amazona", así me dijo. Entonces, eso, para mí, pues, sí, me... me impactó el... el hecho de que me lo haya dicho.»

—Yolanda, talking about contemporary gender roles

«La paz interior es muy importante en cada persona, en cada ser humano. Teniendo tú toda una paz interior, es decir, conocer tus defectos, tus virtudes, conocerte como persona.»

—Ernesto, on the nature of a good person

«Yo, sí, creo que el matrimonio debe ser entre un hombre y una mujer. Pero también estoy consciente de que el amor existe y el amor puede ser igual, a lo mejor, entre dos hombres como entre dos mujeres.»

—Ruth, on same-sex marriage

«Sí, sí es un problema porque le digo... como les decía, el hombre y... este... a veces llega hasta matar a la mujer. Entonces, sí, sí, es un problema porque, como les decía, ¿el gobierno dónde está? ¿Adónde está para que nos apoye?»

—Leticia, talking about her frustration with government

«Yo pienso que ese es de los aspectos más negativos de la religión, que siguen queriendo controlar y encasillar y dirigir tu vida, como ahorita, que cada vez más se... se permite ya el matrimonio entre el mismo sexo, y la iglesia sigue dando y dando cuando es algo que no se puede detener.»

—Gustavo, on the negative aspects of religion

«Si México tuviera mayor educación, tendría mayores mexicanos comprometidos, mayores mexicanos empresarios que podrían cambiar fácilmente a nuestro país en una de las principales potencias mundiales.»

–Padre Aguilar, talking about education being one of the most important social problems of Mexico

Otras voces: Additional Video Interviews

While the six interviewees described in the previous section constitute the core of the documentary film, interviews with six other Spanish speakers from other countries of the Spanish-speaking world are also available for viewing in a special *Así lo veo* YouTube channel (**www.youtube.com/asiloveo**), on the *Así lo veo* CENTRO site (**www.mhcentro.com**), and on the *Así lo veo* Online Learning Center (**www.mhhe.com/asiloveo**). These additional segments provide even more opportunities to compare and contrast perspectives and viewpoints on the topics and themes presented in the textbook and on the DVD. Suggestions for integrating these additional interviews are provided in the Instructor's Manual; student activities related to these segments can be completed on the CENTRO site or on the Online Learning Center.

A Note about Grammar

Grounded within communicative-oriented language teaching, the *Así lo veo* textbook covers the major grammatical points that instructors expect to find in a second-year college-level Spanish course. However, because the documentary informs the grammatical scope and sequence of the textbook, the treatment of grammar in *Así lo veo* differs from that of some other texts. Language is taken directly from the film to illustrate how **grammar is used in real, natural language.** Also, some grammar points are broken down into smaller and thus more manageable chunks and/or are recycled in different lessons depending on the language presented in the documentary and the language that students need to communicate their own points of view. The textbook provides students with many opportunities to work with vocabulary and grammatical structures in activities that are entirely meaning-based, thus helping them synthesize and evaluate the various perspectives they encounter in the film, as well as providing tools to help them interact with others and express their own views on the topics presented. Regardless of whether students are nearing the end of completing a language requirement or seeking to continue their study of Spanish beyond the intermediate level, *Así lo veo* provides a complete learning program that allows students to meet the primary goals of further developing their comprehension and production skills, while exploring interesting, **real topics** that will be sure to captivate their attention and encourage critical thinking.

> ❝ I like the fact that they [grammar presentations] refer students to grammar presented in previous chapters, reviewing what was introduced with more examples. Also, the explanations are very clear and specific: short and to the point. I like the fact that they are contextualized (connected with the chapter theme). ❞
>
> —Inmaculada Pertusa,
> Western Kentucky University

Culture in *Así lo veo*

Most students enter intermediate Spanish having been exposed broadly to the rich cultural tapestry of the Spanish-speaking world in their introductory course. Such exposure often includes an overview of the twenty-one

Spanish-speaking countries. It is at the intermediate level where students now have an opportunity to begin examining **real cultural themes and topics** in more detail. Thus, in *Así lo veo* students do not simply revisit in a superficial manner those same twenty-one countries, but rather contextualize their cultural encounters through the topics presented in the documentary. The documentary film itself serves as a rich cultural vehicle, supported by the textbook, which provides abundant cultural information in the form of photos, fine art, cultural notes and readings, and literary readings.

The Organization of the *Así lo veo* Textbook

Unit Opener

The textbook is divided into six units, with two lessons each, for a total of twelve main lessons. The unit openers present quotes from three people that students will hear in the documentary and include **Ideas** to get students thinking about the general topic explored in the two corresponding lessons.

Lesson Opener

Lesson openers provide a list of topics that students will explore in the lesson. Each lesson opener includes a Spanish **refrán** that deals in some way with the lesson's content.

Lesson Organization

Each regular lesson is organized into three sections (**Así lo veo I, Así lo veo II, Así lo veo III**), each of which focuses on a particular idea or point of view expressed in the documentary. Each section consists of the following subsections. **Antes de ver** features vocabulary and expressions and contains activities that serve as a preview to the documentary segment. **Comprensión y opiniones** activities check students' comprehension and help them synthesize what they viewed. **Gramática** presents a grammar structure used in the documentary and includes various activities. Each lesson ends with the activity **Así lo veo yo,** which offers a framework for writing a composition on one of the topics presented in the lesson.

Cultura

The end of each odd-numbered lesson includes longer cultural readings that address that unit's topic in other countries and regions in the Spanish-speaking world. Some of the readings explore how themes from the unit have been portrayed in Spanish-language films, along with suggestions and ideas for viewing these films.

Literatura

At the end of each even-numbered lesson is a literary selection, the theme of which is related to the topic of the unit. The literary readings represent works by authors from different countries and time periods, and the selections include narrative, drama, essay, and poetry:

- Excerpts from "El frío que no llega" (Tununa Mercado, Argentina)
- One short story: "No se habló más" (Ángeles Mastretta, Mexico)
- Excerpts from the drama *La casa de Bernarda Alba* (Federico García Lorca, Spain)
- Segments from the essay "Mi religión" (Miguel de Unamuno, Spain)
- Excerpts from *Me llamo Rigoberta Menchú y así me nació la conciencia* (Rigoberta Menchú, Guatemala, and Elisabeth Burgos-Debray, Venezuela)
- The poem "Mesa" and the Amazonian tale "Chullachaqui" (Juan Carlos Galeano, Colombia)

The pre- and post-reading activities carefully guide students through what may be their first exposure to literature in Spanish, and they provide ideas for written compositions, oral presentations, and minidramas.

Other Cultural Features

Each regular lesson contains at least two short readings called **Nota cultural** that focus on a cultural topic related to the lesson theme. The accompanying instructor's annotations include suggestions for use in class and/or with certain activities.

Additional Features

- **Palabras engañosas** and **Amigo falso** boxes focus on problematic words and false cognates.
- **El maravilloso verbo** features highlight a particular verb (such as **dar, poner, volver**) and the variety of its uses and meanings.
- **Más vocabulario** boxes are found in the **Vocabulario** sections and present additional vocabulary that students need to know to complete accompanying activities.
- **Así lo pienso** boxes and corresponding video segments present a short clip of someone presenting another perspective on the lesson's topic.
- **Otras voces** notes toward the end of each of lesson reference the online video interviews with Spanish speakers from other countries of the Spanish-speaking world.

Supplements

As a full-service publisher of quality educational products, McGraw-Hill does much more than just sell textbooks to your students. We create and publish an extensive array of print, video, and digital supplements to support instruction on your campus. Orders of new (versus used) textbooks help us to defray the cost of developing such supplements, which is substantial. Please consult your local McGraw-Hill representative to learn about the availability of the supplements that accompany *Así lo veo*. If you are not sure who your representative is, you can find him or her by using the tab labeled "My Sales Rep" at **www.mhhe.com.**

For Students and Instructors

Manual de actividades Carefully integrated with the textbook, the *Manual de actividades* is a combined workbook/laboratory manual that offers additional practice with vocabulary, grammar, and listening comprehension. The *Manual* also features additional work with the *Así lo veo* film, including a review of each segment, thus rounding out the students' experience with this rich visual and aural input.

Audio Program The Audio Program is recorded material that corresponds to the listening and many of the film activities found in the *Manual de actividades*. The Audio Program is available for student purchase on a set of audio CDs or is available free of charge on the Online Learning Center (**www.mhhe.com/asiloveo**).

CENTRO McGraw-Hill is proud to partner with Quia™ in the development of CENTRO (**www.mhcentro.com**). CENTRO is a comprehensive learning management system that allows you to manage your course with robust communication tools, record-keeping that can be imported to Blackboard and other CMS platforms, integration of instructor resources such as the Instructor's Manual, as well as the ability to customize your own CENTRO experience.

- **Digital Edition** CENTRO includes a fully interactive Digital Edition of the *Así lo veo* textbook. It includes a real-time voice chat and record feature, integrated audio and video, an integrated gradebook, and many other resources that make this a truly innovative online system for the teaching and learning of Spanish.

- **Online *Manual de actividades*** Another key component of CENTRO for *Así lo veo*, the Online *Manual*, is a robust digital version of the printed *Manual*. It is easy for students to use and great for instructors who want to manage students' course work online. Identical in practice material to the print version, the Online *Manual* contains the complete audio program and clips from the film and provides students with automatic feedback and scoring of their work. The Instructor Workstation contains an easy-to-use gradebook and class roster system that facilitates course management.

- **Additional Resources** Some of the additional interactive resources included for this program in CENTRO include the entire *Así lo veo* film, Grammar Tutorials, verb charts, and the **Otras voces** interviews, also featured on the *Así lo veo* YouTube™ channel.

Please contact your local McGraw-Hill sales representative for more information on CENTRO and the various digital resources available for *Así lo veo*.

DVD The DVD to accompany *Así lo veo* contains the documentary film in its entirety, including a general introduction of the people interviewed in the film (**Prólogo**) as well as final perspectives as seen through the eyes of the interviewees (**Epílogo**). The DVD also contains all clips that are used in the *Así lo veo* sections of the textbook. The content of the DVD is also located within CENTRO for those who purchase either the Online *Manual de actividades* or the Digital Edition.

Online Learning Center (www.mhhe.com/asiloveo) The Online Learning Center provides a wealth of activities to further practice vocabulary and grammar from the text. Also included are activities to accompany the **Otras voces** interview segments, the full Audio Program, and much more.

CourseSmart This text is available as an eTextbook. At CourseSmart your students can take advantage of significant savings off the cost of a print textbook, reduce their impact on the environment, and gain access to powerful Web tools for learning. CourseSmart eTextbooks can be viewed online or downloaded to a computer. The eTextbooks allow students to do full text searches, add highlighting and notes, and share notes with classmates. CourseSmart has the largest selection of eTextbooks available anywhere. Visit **www.CourseSmart.com** to learn more and to try a sample chapter.

For Instructors Only

Annotated Instructor's Edition The Instructor's Edition includes on-page annotations that provide useful notes, information, and suggestions for using the text materials in and out of class.

Online Learning Center, Instructor's Edition The Instructor's Edition section of the Online Learning Center (**www.mhhe.com/asiloveo**) contains instructor resources to use with the program, including the Instructor's Manual, Testing Programs, Audioscript, Digital Image Bank, and more.

Acknowledgments

The authors and the publisher wish to express their gratitude to the following instructors across the country whose valuable suggestions contributed to the preparation of this program. Special thanks are due to our Advisory Board members, who provided us with valuable feedback every step of the way. The appearance of their names in this list does not necessarily constitute their endorsement of the text or its methodology.

Advisory Board

DePaul University
Claudia Fernández

Portland State University
Gladys A. Pérez

University of Houston
Aymará Boggiano

University of North Carolina, Wilmington
Amanda A. Boomershine

Reviewers

American University
Kristi Velleman

Arizona State University
Anne Walton-Ramírez

Arizona State University – East
Michelle C. Petersen

The Art Institute of Pittsburgh
Amber Epps

Bismarck State College
Ryan Pitcher

Brown University
Nidia Schuhmacher

California State University, Fresno
Keith Johnson

Central Texas College
Lisa Volle

Chapman University
Polly J. Hodge

Clark Atlanta University
Rosalind Arthur-Andoh
Sharon M. Nuruddin

College of Charleston
Devon Hanahan
Marianne Verlinden

College of the Holy Cross
Rocío Fuentes

Concordia University
Jerrald K. Pfabe

Drexel University
Joanna Lyskowicz

Eastern Illinois University
Carlos C. Amaya

Fordham University
Sara Lehman

Fort Hays State University
Paul Siegrist

Gadsden State Community College
Linda Ables

George Washington University
Beatriz Cobeta

Georgetown University
Melissa Baralt

Harper College
Ana Lucy Hernández

Holy Family University
Linda Koch Fader

Ithaca College
Sabatino Maglione

James Madison University
Karina Kline-Gabel

John Carroll University
David Anderson

Kansas State University
Mary T. Copple

Kent State University
Margaret Haas

Kishwaukee College
Tim Anderson
Diego Pascual-Cabo

Loyola College (MD)
Jane Moran

Marquette University
Barry Velleman

Metropolitan Community College
Dallas Malhiwsky

Modesto Junior College
Laura Manzo

Montclair State University
Anne Edstrom

North Carolina Agricultural and Technical State University
Pedro Niño

Northern Illinois University
Michael Morris

The Ohio State University
Barbara Reichenbach

Oregon State University
Kay (Kayla) García
Ángela Palacios

Pellissippi State Technical Community College
Marilyn Palatinus

Portland State University
Gladys Pérez

Purdue University
Jason Fetters

Queensborough Community College (CUNY)
José J. Osorio

Rhode Island College
Miriam Gorriaran

Rollins College
Gabriel Ignacio Barreneche

Sacred Heart University
Pilar Munday

Saint Louis University
Kathleen Fueger

San Juan College
Michele Picotte
Maritza Allison Reyes

Southern Connecticut State University
Resha Sophia Cardona

State University of New York at Buffalo
Bárbara Ávila-Shah

Sweet Briar College
Sonia Mereles Olivera

Trinity University
Pablo A. Martínez

University of Akron
J. Morgan Robison

University of California, Irvine
Diego Emilio Gómez

University of Central Florida
Lisa Nalbone

University of Georgia
Teresa Pérez-Gamboa

University of Illinois, Springfield
Mayra Bonet

University of Kansas
Amy Rossomondo

University of Montana
Melissa MacKenzie

University of Nebraska, Omaha
Anita Saalfeld

University of North Carolina, Charlotte
Mary Frances McDermott-Castro

University of North Carolina, Greensboro
Jacqueline C. Daughton
Maria Eugenia Moratto

University of Notre Dame
Elena Mangione-Lora
Andrea Topash-Ríos

University of Rhode Island
Megan M. Echevarría

University of San Francisco
Karyn Schell

University of Tennessee, Knoxville
Alejandra Galindo
Rosa Toledo

University of Toledo
An Chung Cheng

Virginia Commonwealth University
María de Panbehchi

Wake Forest University
Margaret Ewalt

Western Kentucky University
Inmaculada Pertusa

Wichita State University
Jorge Trinchet

Winston-Salem State University
Tika Hood Owens

Yale University
Ame Cividanes

York College of Pennsylvania
Cindy Doutrich

Symposia Attendees

American University
Kristi Velleman

Brigham Young University
Rob A. Martinsen

Florida Atlantic University,
Boca Raton
Mercedes Palomino

Howard University
Matilde Holte

Indiana University, Bloomington
Silvana Falconi

Longwood University
Susan Hildebrandt

Louisiana State University
Sheldon Lotten

Pellissippi State Technical Community College
Marilyn Palatinus

San Diego State University
Esther Aguilar
Íñigo Yanguas

Texas Tech University
Janie McNutt

Tulane University
Amy George-Hirons
University of St. Thomas
Richard Raschio

University of Tennessee, Knoxville
Alejandra Galindo
Vanderbilt University
Frances Alpren

The authors owe many thanks to lots of people. First and foremost, we thank all of the folks at McGraw-Hill who guided us on this project from beginning to end: Christa Neumann (Executive Editor), Scott Tinetti (Director of Development), Stacy Ruel (Executive Marketing Manager), Jorge Arbujas (Marketing Manager), Regina Ernst (Production Editor), and Preston Thomas (Design Manager). We owe special thanks to Pennie Nichols, our Development Editor, who worked very hard with us all along the way. A big thanks to Celinés Villalba and to Enrique Álvarez for their outstanding work on the **Cultura** and **Literatura** sections, respectively; to Anel Munive and Rosario Ramírez for their contributions to the *Manual de actividades* and Testing Program; and to Denise Callejas, Andrew DeMil, and Christine Weissglass for their work on the *Manual de actividades* as well. Thanks also to Antonio Iacopino for his work on the Online Learning Center and to Hilda Salazar for her contributions to some of the textbook activities. Additional thanks are due to Steve Debow, who has supported this and other projects of ours with unreserved enthusiasm. Finally, extra thanks are due to William R. Glass, our Editorial Director, for his tireless support. What great people to work with!

Of course we owe thanks to all the terrific people at Truth-Function who were involved with the filming of *Así lo veo*, including Hugo Kryspin (Director), David Murray (Producer), and Lamar Owen (Director of Photography). We also thank the members of the local production crew in Mexico City, too many to list here. We also owe a great deal of gratitude to the six wonderful interviewees who opened themselves up to us on camera, inviting us into their homes and lives: Yolanda, Ernesto, Ruth, Leticia, Gustavo, and Padre Aguilar. We hope you come to like them as much as we did during the course of filming.

Finally, thanks to all of our loved ones who stick with us overcommitted authors. As we juggle six or seven projects at a time, they remain steady and true in our lives. We can only do what we do because of their patience.

Michael J. Leeser
Bill VanPatten
Gregory D. Keating

ABOUT THE AUTHORS

Michael J. Leeser is Assistant Professor of Spanish in the Department of Modern Languages and Linguistics at Florida State University, where he is also Director of the Spanish Basic Language Program. He has taught a wide range of courses at the secondary and postsecondary levels, including courses in Spanish language and Hispanic cultures, teacher preparation courses for secondary school teachers, and graduate courses in communicative language teaching and second language acquisition. He received his Ph.D. in Spanish (Second Language Acquisition and Teacher Education) from the University of Illinois at Urbana-Champaign in 2003. His research interests include input processing in second language acquisition as well as second language classroom interaction. His research has appeared in journals such as *Studies in Second Language Acquisition, Language Learning, and Language Teaching Research.* He also coauthored *Sol y viento* (2009, McGraw-Hill).

Bill VanPatten is Professor of Applied Linguistics and Second Language Studies at Texas Tech University. His areas of research are input and input processing in second language acquisition and the effects of formal instruction on acquisitional processes. He has published widely in the fields of second language acquisition and language teaching and is a frequent conference speaker and presenter. His publications include *Key Terms in Second Language Acquisition* (with Alessandro Benati, 2010, Continuum Press), *Making Communicative Language Teaching Happen,* Second Edition (with James F. Lee, 2003, McGraw-Hill), *From Input to Output: A Teacher's Guide to Second Language Acquisition* (2003, McGraw-Hill), *Processing Instruction: Theory, Research, and Commentary* (2004, Erlbaum), and *Theories in Second Language Acquisition: An Introduction* (with Jessica Williams, 2007, Earlbaum). He is the lead author of *Sol y viento* (2009, McGraw-Hill), *¿Sabías que... ?* (2008, McGraw-Hill), and *Destinos* (2002, McGraw-Hill), as well as the designer for the *Destinos* telecourse. He has also published his first work of fiction, a collection of short stories titled *Chicago Tales,* published by Outskirts Press (2007).

Dr. VanPatten is the 2007 recipient of the Anthony Papalia Award for Excellence in Teacher Education, awarded jointly by the American Council on the Teaching of Foreign Languages and the New York State Association of Foreign Language Teachers. He has received other national and local awards for his teaching and scholarship.

Gregory D. Keating is Assistant Professor of Linguistics and Second Language Acquisition in the Department of Linguistics and Asian/Middle Eastern Languages at San Diego State University. Before joining the faculty at San Diego State, he taught courses in communicative language teaching and Spanish teacher education at the University of Illinois at Chicago, where he received his Ph.D. in Hispanic Linguistics and Second Language Acquisition. His areas of research include Spanish sentence processing, psycholinguistics, the acquisition of Spanish syntax and vocabulary, and the role instruction plays in language acquisition. His research has appeared in *Language Learning, Language Teaching Research,* and *Hispania*. He is also a recipient of several teaching awards, including one from the University of Notre Dame, where he received his M.A. in Spanish Literature. In addition to teaching and research, he has supervised many language courses and teaching assistants and has participated in the development and coordination of technology-enhanced lower-division Spanish language programs. Dr. Keating is also a coauthor of *Sol y viento* (2009, McGraw-Hill).

LECCIÓN PRELIMINAR

¿Quién eres?

En esta lección vas a:

> conocer a seis personas mexicanas de diferentes medios sociales

> revisar el presente de indicativo de los verbos

> revisar los contrastes básicos entre **ser** y **estar**

> revisar los artículos y géneros gramaticales

Antes de empezar la lección, ve la **Introducción** en la **Lección preliminar** del vídeo.

La chica que amaba a los coyotes, por Diana Bryer

1. ¿Qué sugiere esta obra de arte?
2. ¿Por qué la chica no está con otras personas?
3. ¿Qué tipo de persona es ella?

REFRÁN *Dime[a] con quién andas y te diré[b] quién eres.*

[a]*Tell me* [b]*I will tell*

ANTES DE COMENZAR

In this lesson, you will meet six Spanish speakers for the first time. These persons will be your guides throughout *Así lo veo*, presenting you with their ideas and perspectives on a variety of topics. Over time, you will get to know them well, and by the end of the course you might even consider them "long distance" classmates and friends. Your job will be to listen to them carefully, talk about what they say, decide whether you agree or disagree with them and with each other in class, and perform tasks in which you work through topics as diverse as the nature of family and marriage, whether or not people can change, and what are the most pressing issues facing the world. But before beginning, let's take some time to talk about how to watch *Así lo veo* and how to work through the activities.

THIS IS REAL LANGUAGE

Así lo veo is not a scripted fictional story but a type of documentary. What our six friends will say contains natural spoken language, much the same way these people might talk if they were at a dinner party or having coffee with someone. Thus, you will find their speech full of naturally occurring features such as false starts and pauses. By false starts, we mean when someone begins to say something and quickly changes the idea in midstream, resulting in an unfinished idea or sentence. For example, in one of the first segments you will watch, Ernesto, a college student, is talking about who he is and the classes he's taking. He says: **«Me dan una clase que se llama análisis de texto en la cual vemos, ... eh... analizamos un texto...»** Here he begins by saying that they get texts in which they see, then he stops, pauses, and changes, saying they analyze texts. At times, such changes might seem jolting to you, but you will quickly get used to them and they will seem second nature to you as they do in English. In addition, they are normally accompanied by facial expressions, gestures, body language, and other visual cues that show you the speaker is thinking.

Some of the words you will hear that signal pauses, changes in ideas, and other shifts include **pues, eh, ehem, sí, este, digamos, vaya,** and of course slight pauses where the person says nothing. See if you can spot these in these first segments. They are useful for you, too, as you speak in Spanish and need "filler time" while you are completing what you are saying.

THESE ARE ALL DIFFERENT PEOPLE

We have strived to find six people from different walks of life and with different personal experiences. They will not necessarily say the same things, and they will not necessarily talk the same way. Some are more animated than others. Some

Ramón Ernesto Alvarado Coronel, estudiante universitario

Leticia Aída García, ama de casa y dedicada al servicio de limpieza de domicilios, vendedora de la calle

Yolanda Cortés, bióloga

speak more slowly and articulate more clearly than others. Some speak in long sentences, while others speak in shorter sentences. What should you do if you don't understand someone or that person speaks too fast? If you are watching in class, keep a piece of paper and a pen or pencil handy. Try to write down one key word at the point where you have difficulty. This way, after the segment is finished, you can tell your instructor the point at which you had some difficulty. One thing you should not do on initial viewings is try to understand word for word. Relax and try to understand as much as possible. One of the keys to obtaining comprehension is to view, then view again, then view again, and so on. Repeated viewing brings new understanding each time.

WHY AM I LEARNING THIS WORD?

Related to the issue of comprehension is vocabulary. Before viewing a segment, you will review some vocabulary. Some of these words may sound less than useful to you. For example, why would a second-year student of Spanish need to know **se contagia** right away in this **Lección preliminar?** After all, this is not a pre-med class! You will often see words and expressions in vocabulary in *Así lo veo* simply because they are in the video segment, and one of the purposes of the vocabulary section is to prepare you to view a segment. Other words and expressions may appear because we think they may be useful for you to talk about the topics and about yourselves.

In addition, keep in mind that language dialects vary. In England, for example, people take the lift to go upstairs, not the elevator. They also drive lorries and not trucks; and when they have car trouble, they don't pop the hood, they open the bonnet. Because the six speakers in *Así lo veo* are Mexican, they might use words and expressions that are typical of Mexico and not, say, Spain or Chile. Such words and expressions will be pointed out, and where possible, alternatives will be provided.

Again, *Así lo veo* is a documentary-type film based on real people who use real language, people who speak the dialect of their homeland. Because you are leaving behind introductory Spanish and taking a new step on your linguistic journey, exposure to the Spanish of Mexico City should be an adventure. So, get ready (**prepárate**), settle in (**ponte cómodo/a**), and have fun (**diviértete**) as you meet Ernesto, Leticia, Yolanda, Ruth, Gustavo, and Padre Aguilar.

Ruth Quintero, ama de casa y maestra jubilada

Gustavo Sanders, bailarín de ballet clásico

Padre José de Jesús Aguilar Valdés, sacerdote

Así lo veo I

ANTES DE VER

Vocabulario del vídeo

la actuación	acting	el tema	theme, topic
el bailarín	dancer	la tristeza	sadness
el baile	dance	transmitir	to transmit
el canto	singing	huraño/a	standoffish
el enojo	anger		
el/la familiar	relative	a lo mejor	at best, probably, maybe
los familiares	relatives; members of the family	de repente	suddenly, without expectation
la ropa interior	underwear	en cuanto a	with respect to

Cognados: liberal, sociable

Más vocabulario

la alegría	happiness
alegre	happy
triste	sad

Cognados: actor, analítico/a, extrovertido/a, optimista, pesimista, tímido/a

«Pues yo me podría describir, básicamente, que soy alegre, soy sociable y, a veces, un poco huraña.»

Paso 1 Mira las tres fotos. Basándote en tus primeras impresiones, ¿puedes hacer algunas asociaciones?

Yolanda

Ernesto

Gustavo

> **Modelo:** *Creo que Ernesto es una persona triste.*

1. bailarín
2. huraño/a
3. actor (estudia actuación)
4. liberal
5. alegre

Paso 2 Siguiendo la misma idea, ¿puedes contestar las siguientes preguntas?

1. ¿Quién estudia canto, Ernesto o Gustavo?
2. ¿Quién es sociable, Yolanda o Ernesto?
3. ¿Quién es extrovertido, Yolanda o Gustavo?
4. ¿Quién vende ropa interior además de practicar su profesión regular, Ernesto o Gustavo?

Aquí aparece parte del texto de Ernesto. Utilizando los adjetivos del vocabulario, y otros que sepas, ¿cómo describirías a Ernesto? ¿Cómo no lo describirías?

> «Yo me llamo Ramón Ernesto Alvarado Coronel. [...] Me dan una clase que se llama análisis de texto en la cual vemos... eh... analizamos un texto, una obra de teatro, pero aplicado, es decir, vamos montándola al mismo tiempo que la vamos analizando. [...] Precisamente, aquí, como somos muchas familias, vaya, vemos los problemas que tienen, ¿no? Bueno, yo por lo menos los veo, los analizo y los trato de ver como de una manera objetiva.»

Vocabulario útil

la obra de teatro	play
vamos montándola	we go about putting it on
la vamos analizando	we analyze it

A continuación hay algunas de las ideas que vas a oír en la próxima actividad. ¿Puedes poner los segmentos de cada idea en un orden lógico?

1. un poco huraña / yo me podría describir / soy sociable / básicamente / que soy alegre / y a veces

2. cuando una persona eh... interactúa conmigo / o mi enojo / entonces, a lo mejor / soy lo que transmito / le transmito / quizás a esa persona / también / mi tristeza

3. mi vida / Nacional de Danza / he hecho / en la Compañía / un poco de / he trabajado / comedia musical / casi toda

4. soy una persona liberal en cuanto a todos los temas / esas... esas, esos problemas / temas de drogadicción / porque he vivido eh... / con amigos, con familiares / temas familiares / ¿Por qué? / temas sexuales

Bueno, comencemos con las presentaciones...

Vocabulario útil

Xochimilco*	*a famous park in the southern part of Mexico City*
conjugo	I mix, combine
se contagia	it carries over into; it's contagious
vaya	wow; gee (*sl.*)
el circo	circus

****Xochimilco** is pronounced *sochimilco*.

Ahora ve **Así lo veo I.** Escucha bien lo que dice cada persona. El **Vocabulario útil** te va a ayudar a comprender mejor el segmento.

DESPUÉS DE VER
Comprensión y opiniones

Actividad A   ¿Quién?

Completa cada oración con el nombre de la persona que se describe.

1. _____ es sociable, aunque a veces también puede ser huraña.
2. _____ estudia actuación.
3. _____ transmite sus emociones a otras personas.
4. _____ ha trabajado en la televisión y el circo.
5. _____ es bailarín de ballet clásico.

Actividad B   Inferencias

Según lo que ya sabes de las tres personas, ¿qué otros aspectos de la vida de cada una puedes inferir? Indica si cada oración es lógica (**L**) o no (**No**).

		L	No
1.	Ernesto es introvertido y tímido.	☐	☐
2.	Gustavo es aficionado (*fan*) a la música clásica.	☐	☐
3.	Yolanda llora (*cries*) mucho.	☐	☐
4.	Yolanda es sensible (*sensitive*) a las emociones de otros.	☐	☐
5.	Gustavo es una persona de varios talentos.	☐	☐
6.	Ernesto es flexible y trata de (*tries*) comprender a los demás.	☐	☐

Actividad C   ¿Quién te cae mejor?

Me cae bien es una expresión semejante a *I like* o *strikes me well* (*makes a good impression*). De las tres personas que has conocido hasta el momento, ¿quién te cae mejor? Utiliza el modelo para expresar tus ideas a la clase.

> **Modelo:** *Me cae mejor Ernesto porque él es _____ y yo también soy un poco _____.*

GRAMÁTICA
El presente de indicativo

A. You will recall from previous study of Spanish that verbs in the present tense all have unique person–number endings (person = first/second/third, and number = singular/plural) and that there are three classes of verbs: **-a-**, **-e-**, and **-i-** verbs.

	Number	
Person	Singular	Plural
First	**yo** estudio/aprendo/vivo	**nosotros** estudiamos/aprendemos/vivimos
Second	**tú** estudias/aprendes/vives	**vosotros** estudiáis/aprendéis/vivís
	usted (Ud.) estudia/aprende/vive	**ustedes (Uds.)** estudian/aprenden/viven
Third	**él/ella** estudia/aprende/vive	**ellos/ellas** estudian/aprenden/viven

B. You may also recall that some verbs have stem changes, such as **o → ue**, **e → ie**, and **e → i**, in all but certain person–number forms of the verb.

mostrar: muestro, muestras, muestra, mostramos, mostráis, muestran
preferir: prefiero, prefieres, prefiere, preferimos, preferís, prefieren
decir: digo, dices, dice, decimos, decís, dicen

C. A handful of common verbs have a **-g** or a **-zc** in the first-person singular (**yo**) form of the verb.

hacer: hago, haces, hacen, …
tener: tengo, tienes, tiene, …
caer: caigo, caes, cae, …
conocer: conozco, conoces, conoce, …

decir: digo, dices, dice, …
salir: salgo, sales, sale, …
traer: traigo, traes, trae, …
conducir: conduzco, conduces, conduce, …

D. A few verbs have irregularities.

dar: doy, das, da, damos, dais, dan
ir: voy, vas, va, vamos, vais, van
ver: veo, ves, ve, vemos, veis, ven

Listen to Ernesto's segment again. Can you supply the forms of the verbs he uses? Note: Do not cheat and look at previous activities in which you read some of what he said!

analizar   conjugar   estudiar   ir   tener   tratar   ver

«Yo me llamo Ramón Ernesto Alvarado Coronel. Soy estudiante. _____[1] actuación. Eh... _____[2] la actuación con el baile, eh... el canto. Eh... Me dan una clase que se llama análisis de texto en la cual _____,[3] ... eh... _____[4] un texto, una obra de teatro, pero aplicado, es decir, _____[5] montándola al mismo tiempo que la _____[6] analizando. Soy una persona liberal en cuanto a todos los temas: temas sexuales, temas de drogadicción, temas familiares, violencia intrafamiliar. ¿Por qué? Porque yo mismo he vivido eh... esas... esas, esos problemas con amigos, con familiares. Precisamente, aquí, como somos muchas familias, vaya, _____[7] los problemas que _____,[8] ¿no? Bueno, yo por lo menos los _____,[9] los _____[10] y los _____[11] de ver como de una manera objetiva.»

Ernesto es estudiante.

When Ernesto uses the **nosotros** form of the verb each time, who do you think is included when he says *we?*

Also, did you notice that in Ernesto's last sentence he uses **bueno** as some kind of communicative device? **Bueno** has no real equivalent in English, although you might hear someone say *OK, then,* or *Well* with similar intent. Watch for the use of **bueno** throughout *Así lo veo.*

Actividad A   Mi nombre es...

Cuando Yolanda se presenta, dice: «Mi nombre es Yolanda Cortés y vivo en Xochimilco... ». Cuando Ernesto se presenta, dice: «Me llamo Ramón Ernesto Alvarado Coronel... ». Utilizando como modelo lo que ellos dicen, preséntate a cinco personas en la clase. Di tu nombre, dónde vives y dos o tres cosas más sobre ti (por ejemplo, lo que estudias, dónde vive tu familia). Escucha bien lo que dicen tus compañeros porque después es posible que necesites presentarlos a los demás miembros de la clase.

Modelos: *Mi nombre es Bill VanPatten y vivo en Lubbock, Texas. Estudio lingüística. Mi familia vive en California.*

Conozco a John (John se levanta). Vive en Raymond Hall. Estudia inglés. Su familia vive en Lincolnwood.

Hola, me llamo...

*The **Pruébalo** sections of *Así lo veo* focus on specific structures used by the interviewees. You will find the featured segment on the *DVD*. The **Pruébalo** head and DVD icon cue students to watch that segment and complete the activity. This embedded activity pushes students toward more active processing of the information they are reading. Students also practice close listening with these activities, that is, they pay close attention to what people say rather than just getting the gist.

Actividad B   Preguntas personales

Paso 1 Contesta las preguntas.

1. ¿Cómo llegas a las clases? ¿Caminas, conduces un coche, montas en bicicleta o tomas el autobús?
2. ¿Cuándo prefieres tener las clases? ¿Por la mañana o la tarde?
3. ¿Cuántas horas estudias cada noche? ¿Y los fines de semana?
4. ¿Qué haces los fines de semana? Si sales con amigos, ¿adónde van Uds.?
5. Si no vives con tu familia, ¿cuándo ves a tus padres?
6. ¿Tienes hermanos? ¿Cuántos son y cómo se llaman?

Paso 2 Ahora, haze las preguntas a otra persona en la clase. Apunta sus respuestas. Él o ella también te va a hacer las preguntas a ti.

Paso 3 Escribe un párrafo en que contrastas información personal tuya con la de tu compañero/a de clase del **Paso 2.** El párrafo no debe tener más de setenta y cinco palabras.

Actividad C   Más preguntas personales

Imagina que vas a entrevistar a una de las personas de *Así lo veo* sobre su vida. ¿Qué preguntas le harías? Con otra persona, inventa por lo menos ocho preguntas para hacerle a una de esas personas. Luego, presenten sus preguntas a la clase.

¿Qué preguntas le harías a Ruth?

¿Y al Padre Aguilar?

Así lo veo II

ANTES DE VER

Vocabulario del vídeo

el ama de casa*	housewife	admirarse de	to marvel at
el bordado	embroidery	atender (ie) a	to attend to
el/la conductor(a)	host; director	dedicarse (qu) a	to dedicate/devote oneself to
el cuento	short story	hacer (*irreg.*) limpieza	to clean (house)
el/la escritor(a)	writer		
el hogar	home (also hearth)	inquieto/a	eager (active, can't sit still); restless
el/la maestro/a	schoolteacher		
las manualidades	manual activities	jubilado/a	retired
el quehacer	task (*usually* household chore)	trabajador(a)	hardworking
		común y corriente	everyday, typical
el sacerdote	priest	o sea	or rather
el tejido	knitting; weaving		

Cognados: activo/a, inventar

Más vocabulario

apasionado/a	passionate
enérgico/a	energetic
perezoso/a	lazy
sencillo/a	simple
tranquilo/a	calm

Cognados: intelectual, reservado/a, serio/a, sofisticado/a

«Soy ama de casa. Soy una señora muy inquieta. Me gustan mucho las manualidades.»

*Remember that feminine words that begin with a stressed **a** sound require **el** instead of **la** in the singular. You will learn more about this later in this section.

Mira las fotos del Padre Aguilar, Leticia y Ruth. Contesta cada pregunta según tus primeras impresiones.

Padre Aguilar

Leticia

Ruth

1. ¿Quién es ama de casa?
2. ¿Quién es escritor de cuentos?
3. ¿Quién hace limpieza como ocupación u oficio?
4. ¿Quién se dedica a las manualidades?
5. ¿Quién está jubilado?
6. ¿Quién parece ser inquieto?

Actividad B   Asociaciones

Paso 1 ¿Qué palabras o ideas asocias con cada palabra o frase a continuación? Haz una lista de todas las que puedas.

1. el hogar
2. el maestro
3. común y corriente
4. un sacerdote

Paso 2 Compara tus ideas del **Paso 1** con las de otra persona. ¿Quién ha escrito más ideas en su lista?

Paso 1 Contesta las preguntas.

1. Si alguien «se dedica al hogar», ¿qué quiere decir?
2. ¿Qué quiere decir «atender a los niños» en una familia?
3. ¿Quiénes se admiran más de las cosas en el mundo? ¿Los niños? ¿Los adultos? ¿Las personas con educación formal? ¿con menos educación formal?

Paso 2 Según lo que has respondido en el **Paso 1,** contesta las siguientes preguntas.

1. ¿Conoces a alguien que se dedica al hogar? ¿Cómo es esa persona?
2. ¿Quién atiende a los niños en tu familia? Si no hay niños en tu familia, contesta la pregunta pensando en una familia que conoces.
3. Da ejemplos de las cosas de que se admiran las personas que mencionas en el número 3 del **Paso 1.**

Actividad D   Nuestros amigos hablan.

Ahora ve **Así lo veo II.** Escucha bien lo que dice cada persona. El **Vocabulario útil** te va a ayudar a comprender mejor el segmento.

Vocabulario útil

guisar	to cook (*Mex.*)
los pasteles	cakes
los elotes	corn on the cob
los esquites	*roasted corn kernels with chile and lime*

DESPUÉS DE VER
Comprensión y opiniones

Actividad A   ¿Quién y qué?

Indica la persona que se describe.

	Ruth	Leticia	el Padre
1. Es actor.	☐	☐	☐
2. Hace limpieza.	☐	☐	☐
3. Se describe como trabajadora.	☐	☐	☐
4. Ya no trabaja. Está jubilada.	☐	☐	☐
5. Se admira de todo lo que es el mundo.	☐	☐	☐
6. Se dedica al hogar.	☐	☐	☐
7. Tiene una vida normal, una vida común y corriente.	☐	☐	☐
8. Vende elotes en la calle.	☐	☐	☐

Actividad B   Inquieta

Paso 1 Ruth dice que es inquieta. Da cuatro o cinco ejemplos de cómo ocupa su tiempo (*occupies her time*).

Paso 2 Leticia dice que es trabajadora. ¿Por qué es trabajadora? ¿Puedes dar un ejemplo?

Paso 3 ¿Qué adjetivos utilizarías para describir al Padre Aguilar? Consulta las palabras en **Más vocabulario** de esta sección, página 11, o en la sección anterior, página 4. También puedes consultar cualquier glosario o diccionario.

Actividad C   ¿A quién... ?

Según lo que ya has visto sobre estas tres personas, ¿cuál de ellas te parece más interesante? ¿En qué basas tu opinión? Escribe un párrafo de no más de cincuenta palabras para presentar tus ideas. Alternativa: En vez de decir quién es la persona más interesante, escribe cincuenta palabras sobre quién de ellas te cae mejor.

GRAMÁTICA
Ser y estar

A. You may remember that Spanish has two verbs that can translate as *to be* in English: **ser** and **estar.** Their major uses are summarized here.

Ser is used

- with nouns and noun phrases to describe someone's profession, status, or category

  Es escritor.   *He's a writer.*

  Soy Ruth Quintero. **Soy** maestra jubilada.

  I'm Ruth Quintero. I'm a retired teacher.

- with adjectives that describe inherent characteristics, either physical or mental

  Soy inquieta. **Soy** trabajadora.   *I'm active. I'm also strong.*

Estar is used

- with **-ndo** forms of verbs to talk about what someone is doing at a specific time

  Leticia **está** vendiendo elotes en la calle ahora.

  Leticia is selling corn in the street now.

- with prepositional phrases to express location

  Ruth **está** en casa. El Padre Aguilar **está** en la iglesia.

  Ruth is at home. Padre Aguilar is at the church.

- with adjectives to denote situations or conditions that aren't typical, are unexpected, can change, or are the result of change. Sometimes the translation into English is best rendered with *seems / is acting.*

  Aunque Yolanda es alegre, a veces **está** triste.

  Although Yolanda is happy, sometimes she is (seems) sad.

  Ruth es inquieta, pero hoy **está** bastante tranquila.

  Ruth is restless (active), but today she is (seems) fairly calm.

B. Remember that these two forms have irregularities in the present tense:

ser: **soy, eres, es, somos, sois, son**

estar: **est**o**y, estás, está, estamos, estáis, est**á**n**

Listen to the first part of Padre Aguilar's self-description. What verb does he use?

PRUÉBALO 2

«_____¹ el Padre José de Jesús Aguilar Valdés. _____²
sacerdote y además de sacerdote _____³ actor. _____⁴
conductor de un programa de radio y televisión.»

El género, el número y los artículos

Listen to the end of Leticia's segment once more. What are the two adjectives she uses to describe herself?

«Pues yo me describo... este... _____¹, eh... _____²... »

What do you notice about the endings on these adjectives?

A. As you know, Spanish nouns have grammatical gender and number, which means that any definite and indefinite articles as well as adjectives must agree with the noun. Although we use the terms masculine and feminine, nouns don't really have biological gender: A short story is neither male nor female, and neither is any pastry or corn on the cob. However, nouns representing male and female entities generally take masculine and feminine grammatical gender, such as **el señor, la mujer, el sacerdote, la actriz.** Number refers to singular versus plural, which is a real world concept: When we say *dogs*, we mean more than one. Below is a summary of how gender and number work in Spanish.

	Articles	Noun	Adjective
Masculine Singular	el, un	cuento	largo
Masculine Plural	los, unos	cuentos	largos
Feminine Singular	la, una	manualidad	típica
Feminine Plural	las, unas	manualidades	típicas

B. Grammatical gender can sometimes be inferred by noun ending, but not always. Nouns ending in **-o** and consonants are generally masculine, while nouns ending in **-a** are typically feminine. Exceptions include common words such as **la mano, el día, el problema, la mujer.** If you haven't already done so, you will begin to see patterns in terms of word endings and grammatical gender. Here are some common ones for feminine nouns.

-ción: la educación **-dad:** la manualidad
-sión: la profesión **-sis:** la crisis

Certain words of Greek origin are masculine even though they end in **-a.**

-ama: el programa **-ema:** el problema

C. There is a subclass of feminine nouns in Spanish that require **el** and **un** in the singular only. These are words that begin with a stressed **a-** (also written **ha-**). Even though in the singular these nouns require what look like masculine articles, all other aspects of their use is feminine. A good example appears in this lesson with **ama de casa.**

Laura es un ama de casa cansada.
¿Por qué están cansadas muchas
amas de casa?

D. When both masculine and feminine nouns are grouped together, adjectives are masculine.

> Ernesto y Yolanda son simpátic**os.**
>
> El hogar y la familia son precios**os** para mí.

E. When adjectives end in vowels other than **-o** or **-a,** they don't change depending on gender; for example, **Ernesto es alegre** and **Yolanda es alegre.** Adjectives ending in consonants also do not show gender, except for those of nationality (such as **alemán, inglés,** and so on) and those ending in **-r.** For all adjectives ending in any consonant, the plural is always **-es.**

> Ruth es mexicana pero tiene una bisabuela aleman**a.**
>
> Ernesto tiene una amiga ingles**a.**
>
> Ruth es intelectual.
>
> Ernesto es intelectual.
>
> Los dos son intelectual**es.**
>
> Gustavo es trabajador.
>
> Leticia también es trabajador**a.**
>
> Los dos son trabajador**es.**

Note: Adjectives in dictionaries and in *Así lo veo* are always listed in the masculine form. This form is considered the "base" form.

▶ **Paso 1** Escucha de nuevo el segmento de Ruth. Ella menciona once sustantivos femeninos distintos. ¿Los puedes encontrar? ¿Cómo sabes que son femeninos? ¿Por sus terminaciones? ¿por los adjetivos o artículos que los acompañan?

1. _____   7. _____
2. _____   8. _____
3. _____   9. _____
4. _____   10. _____
5. _____   11. _____
6. _____

Paso 2 Escoge tres de los sustantivos y escribe unas oraciones nuevas para describir tu propia vida. Añade adjetivos o artículos a los sustantivos para indicar el género.

Modelo: *Tengo una vida tranquila. No es activa como la vida de Ruth.*

Actividad B   ¿Cómo los describes?

Paso 1 Ahora has conocido a los seis mexicanos que serán nuestros guías durante *Así lo veo.* Inserta la forma correcta del adjetivo en cada oración; luego, indica si la oración es cierta (**C**) o falsa (**F**).

	C	F
1. Todos son _____ (**mexicano**).	☐	☐
2. Ernesto y Ruth están _____ (**jubilado**).	☐	☐
3. Ruth y el Padre Aguilar son _____ (**activo**).	☐	☐
4. Ernesto y Gustavo son _____ (**extrovertido**).	☐	☐
5. Gustavo es _____ (**enérgico**) pero Leticia es _____ (**letárgico**).	☐	☐

Paso 2 ¿Qué crees? Entre las seis personas de este grupo, ¿quién crees que es liberal y quién es conservador?

Paso 1 Hay un momento en que Ruth dice: «No estoy en un solo lugar». Primero, nota el uso de **estar** y no **ser.** ¿Sabes por qué utiliza **estar?** Segundo, ¿qué quiere decir ella con esta oración?

Paso 2 Menciona dónde estás y qué haces normalmente los miércoles. Luego, haz lo mismo para los sábados.

1. a las 9:00 de la mañana
2. al mediodía
3. a las 4:00
4. a las 8:00 de la noche

¿Eres como Ruth? ¿Nunca estás en un solo lugar?

Actividad D   ¿Cómo es? ¿Cómo está?

Esta pregunta **¿Cómo es?** pide una descripción de la esencia de una persona. **¿Cómo está?** pide una descripción de la condición de la persona. Recuerda que **estar** puede traducirse al inglés como *seem, look* (por ejemplo, *he looks/seems so serious*), o *act* (por ejemplo, *he's acting weird*).

Paso 1 Escribe una oración sobre cada persona de *Así lo veo* describiendo cómo es (normalmente) y cómo está a veces. Compara lo que has escrito con lo que escribió otra persona.

> **Modelo:** *Yolanda es sociable, pero a veces puede estar muy seria y huraña.*

Paso 2 Escribe una oración sobre ti mismo/a siguiendo el modelo del **Paso 1.** ¿Cómo eres? ¿Cómo estás a veces? Presenta tus oraciones a la clase.

¿Cómo es esta mujer? ¿Cómo está hoy?

Nuestro carácter

IDEA 1

Con otra persona, haz una lista de las características de una persona buena. Incluyan por lo menos cuatro ejemplos de su comportamiento o de sus acciones. Luego, presenten sus ideas a la clase. ¿Qué ideas tienen en común?

IDEA 2

Con otra persona, haz la correspondencia entre los siguientes nombres y las fotos en esta página: Jimmy Carter, Nelson Mandela, Rigoberta Menchú, la Madre Teresa. También deben indicar el lugar de origen de cada persona: Albania, los Estados Unidos, Guatemala, Sudáfrica. Luego, contesten las siguientes preguntas.

1. ¿Quiénes recibieron el Premio Nóbel?
2. ¿Qué tienen en común las cuatro personas?
3. ¿Poseen las características de una buena persona que tú y tu compañero/a tienen en la lista para la **Idea 1**?

¡DEA 3

Con la misma persona con quien trabajaste en la **Idea 1,** compara lo que dicen el Padre Aguilar, Ernesto y Ruth sobre lo que es una buena persona. ¿Coinciden sus ideas? ¿Están de acuerdo Uds. con lo que dice cada una de esas personas?

¡DEA 4

Entre todos, hagan en la pizarra una lista de algunas ideas relacionadas con cada persona en las fotos, expandiendo sus ideas y dando ejemplos concretos. Guarden su lista para hacer comparaciones con otras ideas más tarde.

«Para mí, ser una buena persona significa dejarse llevar o seguir los principios con los cuales tú estás de acuerdo.»

«Bueno, en mi opinión, una buena persona es alguien que respeta.»

«Para mí, una buena persona es aquella que va por la vida haciendo lo que debe de hacer, es decir, cumpliendo en su trabajo, cumpliendo en la escuela.»

LECCIÓN 1

¿Qué es una buena persona?

Estatua de Don Quijote y Sancho Panza en la Plaza de España, Madrid

1. ¿Cómo describirías a Don Quijote? ¿y a Sancho Panza?
2. ¿Qué sabes de Don Quijote?
3. ¿Crees que es una buena persona? Explica.

REFRÁN
Buena, por ventura; mala, por natura.

En esta lección vas a:

> hablar y escribir sobre lo que es una buena persona

> escuchar lo que opinan nuestros amigos sobre lo que es una persona buena y sobre la importancia de ser una persona buena

> leer información cultural sobre las telenovelas y sobre el personaje de Don Quijote de la Mancha

> usar los verbos reflexivos, los pronombres, los gerundios e infinitivos y los objetos directos

> leer y comentar las lecturas culturales sobre el carácter hispano

Antes de empezar la lección, ve la **Introducción** de la **Lección 1** en el vídeo.

Así lo veo I

ANTES DE VER

Vocabulario del vídeo

el amor	love	**ayudar**	to help, assist
el apoyo	support (*as in moral support*)	**estar** (*irreg.*) **a la orden**	to be of service
		exigir (j)	to demand
la ayuda	help	**meterse**	to get involved, to meddle (lit., to put oneself in the middle of something)
la comprensión	understanding		
la convivencia	living together		
los demás	other people		
el prójimo	fellow man	**preocuparse (por)**	to worry (about)
amar	to love	**hay que**	it's necessary
apoyar	to support	**sobre todo**	especially, above all

Cognados: comunicarse (qu), respetar, el respeto

Repaso: o sea

Más vocabulario
amable	friendly
simpático/a	nice

Cognados: disciplinado/a, egoísta, generoso/a, optimista, prudente

Repaso: trabajador(a)

«Bueno, en mi caso, ayudar a mi esposo, a mis hijos, en la casa, o sea eso es ser bueno para mí.» ¿Estás de acuerdo con lo que dice Leticia?

PALABRAS ENGAÑOSAS

apoyar/mantener

Las dos palabras **apoyar** y **mantener** se traducen al inglés como *to support* pero tienen significados diferentes en español. **Apoyar** tiene que ver con las emociones y las relaciones entre dos o más personas. **Mantener** implica costear (*to pay for*) las necesidades económicas de alguien.

> Los hermanos de Juan siempre **apoyan** las decisiones que toma.
>
> Los padres de Juan lo **mantienen** así que él no tiene que trabajar y puede dedicarse a sus estudios.

AMIGO FALSO

soportar

El verbo **soportar** no tiene nada que ver con el verbo *to support* (*someone*) en inglés. Su significado es algo como *to put up with; to stand.*

> María no **soporta** las actitudes negativas de los demás.
>
> A veces, es necesario **soportar** lo malo mientras esperas lo bueno.

Ayudando a su hijo, este padre comunica su amor y apoyo.

Actividad A   ¿Estás de acuerdo?

Con otra persona, indica si estás de acuerdo (**Sí**) o no (**No**) con estas oraciones. Cuando sea apropiado, deben comentar si las ideas son buenas en teoría, pero no son fáciles de aplicar en la vida real. Luego, presenten sus opiniones a la clase.

	Sí	No
1. El apoyo entre amigos no es tan importante como el apoyo entre los miembros de una familia.	☐	☐
2. Hay diferentes tipos de amor.	☐	☐
3. Si das respeto, recibes respeto.	☐	☐
4. La comprensión es la clave (*key*) para la buena convivencia.	☐	☐
5. Debes amar al prójimo como a ti mismo (*as oneself*).	☐	☐
6. Los padres buenos mantienen a sus hijos mientras estos estudian en la universidad.	☐	☐
7. Una persona buena soporta las situaciones difíciles sin quejarse.	☐	☐

Paso 1 ¿Cómo contestas las siguientes preguntas?

1. ¿Es posible amar a una persona sin respetarla?

2. ¿Es posible apoyar demasiado a otra persona?

3. ¿Qué entiendes por «preocuparse uno por su prójimo»? ¿Puedes dar ejemplos?

4. Da un ejemplo de cuando uno no debe meterse en la vida de otra persona. Luego, da un ejemplo de cuando uno sí debe meterse.

5. ¿Qué acciones o maneras de comportarse no soportas en los demás? ¿Soportas, por ejemplo, el chisme (*gossip*)? ¿el fumar? ¿el engaño (*cheating*) entre parejas?

Paso 2 Compara tus ideas con las de otras dos personas. ¿En qué coinciden las opiniones de Uds.? Tú y tus compañeros deben escoger una de las preguntas y presentar sus ideas a la clase.

Actividad C   En la clase

Paso 1 Utilizando los verbos nuevos, describe a un buen profesor. Luego, describe a un buen estudiante. Da ejemplos cuando puedas.

> **Modelo:** *Un buen profesor apoya a sus estudiantes. Por ejemplo, si un estudiante tiene problemas… También un buen profesor…*

Paso 2 El profesor (La profesora) va a seleccionar a algunos estudiantes para que presenten sus ideas a la clase. Debes presentar una idea que tienes en común o una que es diferente.

Actividad D   Nuestros amigos hablan.

Ahora ve **Así lo veo I**. Escucha bien lo que dicen Ruth y Leticia.

DESPUÉS DE VER
Comprensión y opiniones

Actividad A   ¿Quién dijo qué?

Indica si es Ruth o Leticia* quien tiene las siguientes opiniones sobre las personas buenas. ¿Crees que ponen énfasis en las mismas cosas las dos mujeres?

	Ruth	Leticia
1. Una persona buena es alguien que se preocupa por otros.	☐	☐
2. Una persona buena ayuda a los demás.	☐	☐
3. Si una persona es buena, tiene respeto para otras personas.	☐	☐
4. Las personas buenas aman.	☐	☐
5. Una persona buena se comunica bien con los demás.	☐	☐

Actividad B   Ruth

 Paso 1 Escucha lo que dice Ruth en **Así lo veo I** y completa el segmento a continuación con las palabras y expresiones que utiliza ella.

«Bueno, en mi opinión una buena persona es alguien que respeta. Una buena persona es alguien que se preocupa _____.¹ Una buena persona es alguien que _____² a… alrededor _____.³ _____⁴ de… de las personas sin inmis… sin meterse, pues, mucho en la familia, en las familias de los vecinos, por decir, ¿no? Una persona buena es _____⁵… »

Paso 2 Utilizando las siguientes expresiones y cualquier vocabulario nuevo útil (por ejemplo, **o sea, sobre todo**), escribe lo que dice Ruth desde el punto de vista de una tercera persona (por ejemplo, «Ruth dice que… »). Trata de eliminar la redundancia (por ejemplo, el uso repetitivo de **Una persona buena es alguien…**).

Actividad C   Entrevista

Paso 1 Entrevista a dos compañeros/as de clase sobre lo que es una persona buena para ellos. Toma apuntes sobre las opiniones de cada compañero/a.

Paso 2 Escribe un párrafo en el que comparas y contrastas las ideas de tus compañeros/as. Comparte tu párrafo con la clase.

*Did you notice that Leticia began a sentence with **O sea…** ? This expression literally means *or it would be*, but it generally is used to mean *that is* or *I mean*. This expression is similar in usage and meaning to the conversational filler *like* in phrases such as *"like, really?"* Listen for the use of **o sea** throughout *Así lo veo*.

Vocabulario útil

según	according to
cree que	she believes that
en su opinión	in her opinion
lo que es más	what's more, in addition

NOTA CULTURAL

La telenovela

En muchos países hispanos, las telenovelas son una forma de entretenimiento[a] muy popular. A diferencia de las telenovelas norteamericanas que duran[b] muchos años, las telenovelas hispanas solamente duran unos meses o un año. Sin embargo, la programación de un día normal incluye varias telenovelas en la tarde y en la noche, y cada telenovela se presenta todos los días de lunes a viernes. La Argentina, Colombia, México y Venezuela son los países donde se produce la mayoría de las telenovelas en español y, para estos países, las telenovelas han llegado a ser un producto de exportación importante. Por ejemplo, ¿sabes que la serie cómica *Ugly Betty* se basa en una telenovela colombiana titulada *Yo soy Betty, la fea*? La versión colombiana original tuvo un gran éxito, no sólo en Latinoamérica, sino también en países como la China, la India, Indonesia, Italia y el Japón.

Aunque los temas y el estilo de las telenovelas varían entre los países que las producen, se valen de[c] muchos estereotipos que influyen y reflejan los valores sociales de las personas. Por ejemplo, un hombre bueno es guapo, fuerte, protege a su familia, aunque a veces comete errores. Una mujer buena es piadosa,[d] buena hija, buena esposa, buena madre y pone las necesidades de otros antes que las de ella. Los villanos, o las personas malas, tratan de hacer daño[e] a los otros personajes. Son chismosos,[f] mentirosos, infieles, violentos y a veces hasta asesinos. Estas personas siempre son muy malas y, por lo general, malas por natura.

[a]*entertainment*   [b]*last*   [c]*se... they make use of*   [d]*devout*   [e]*hacer... hurt*   [f]*gossipy*

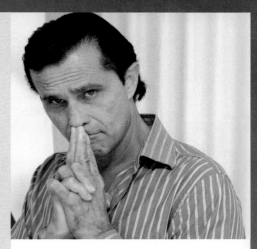

Un villano típico de una telenovela. ¿Crees que una persona nace siendo mala?

Escucha lo que dice Gustavo acerca de una persona buena. ¿A quién se parece más Gustavo en cuanto a su modo de pensar? ¿A Ruth o a Leticia? ¿Qué crees que quiere decir con «aprender»? ¿Aprender qué?

 ASÍ LO PIENSO.

Vocabulario útil

¡Híjole!	Geez!; Wow! (*Mex., sl. para expresar sorpresa o desacuerdo*)

GRAMÁTICA
Los verbos reflexivos

 PRUÉBALO 1*

You may remember reflexive verbs from previous study of Spanish. In the video segment for **Así lo veo I,** did you notice any reflexive verbs? These are the verbs that take **me, te, se, nos,** and **os.** Listen to the segment again and write down the reflexive verbs that you hear and what you think they mean. The spaces provided indicate how many you should find in the segment for each person. (We're not counting verbs used twice by the person.)

Ruth		Leticia	
Verbo	**Significado**	**Verbo**	**Significado**

A. There are three basic types of reflexive constructions: (1) a *true reflexive* in which the subject and the object of the verb are the same (**mirarse** = to look at oneself); (2) *reciprocal reflexives* in which the subject is always plural and the meaning involves "each other" (**se ayudan** = they help each other, **nos ayudamos** = we help each other); and (3) *pseudo-reflexives,* in which there is no action but rather a feeling or sentiment, sometimes a change in how one feels (**se aburre** = he/she gets bored). Return to the examples of Ruth and Leticia in **Pruébalo 1** and see if you can classify each one according to the three types of reflexives.

B. Reflexives have pronouns that match the subject of the verb.

me preocupo	**nos** preocupamos
te preocupas	**os** preocupáis
se preocupa	**se** preocupan

Remember that these pronouns are not subject pronouns. Subject pronouns are **yo, tú, Ud.,** and so on, and these can appear with reflexive pronouns depending on context.

    Yo nunca **me** preocupo por nada.   *I never worry about anything.*

Después de tantos años, Ruth y su marido se aman mucho todavía. ¿Conoces a alguna pareja en la que las dos personas se aman mucho? ¿Se respetan?

*The **Pruébalo** sections of *Así lo veo* focus on specific structures used by the interviewees. You will find the featured segment on the DVD. The **Pruébalo** head and DVD icon cue students to watch that segment and complete the activity. This embedded activity pushes students toward more active processing of the information they are reading. Students also practice close listening with these activities, that is, they pay close attention to what people say rather than just getting the gist.

C. True reflexives can appear with the construction **a sí mismo/a** and its variants (**a mí mismo/a, a ti mismo/a, a nosotros/as mismos/as, a vosotros/as mismos/as**), usually to add emphasis.

> ¿Cómo te ves **a ti mismo?**
> *How do you see yourself?*

> Si Lola no se ama **a sí misma,** ¿a quién puede amar?
> *If Lola doesn't love herself, who can she love?*

Reciprocal reflexives can appear with the construction **el uno al otro** and its variants (**la una a la otra, los unos a los otros, las unas a las otras**), again usually to add emphasis.

> Se respetan **el uno al otro.**
> *They respect each other.*

Because of their meaning, pseudo-reflexives can *never* appear with either **a sí mismo** constructions or **el uno al otro** constructions.

D. The verb **sentir (ie, i)** is equivalent to English *to feel*, meaning an emotion or state. Both English and Spanish can use **sentir** (*to feel*) to mean something like *to believe* or *to think*.

> **Siento** algo.
> *I feel something* (like a premonition).
> **Siento** que el amor es importante.
> *I feel (think) that love is important.*

When **sentir** is used reflexively, it is restricted to conditions of well-being.

> ¿Cómo **te sientes?**
> *How do you feel?*

> **Me siento** bien, ¿por qué?
> *I feel fine, why?*

Listen to Ruth speak again. How does she use **sentir?**

 PRUÉBALO 2

E. Although any verb that can take an object can be used reflexively (you will learn more about this later), a few verbs cannot be used without a reflexive pronoun. Like pseudo-reflexives, these verbs cannot appear with either **a sí mismo** or **el uno al otro** constructions. Here are some common ones.

arrepentirse (ie, i) de	to repent (*of something*)
quejarse de	to complain about
suicidarse	to commit suicide

Actividad A ¿Qué le añades?

Con otra persona, añade la forma correcta de la construcción apropiada a cada oración (**a sí mismo, el uno al otro**). Si la oración no admite ninguna construcción, no añadan nada. Presenten sus respuestas a la clase.

1. Ruth y su familia se apoyan.
2. Ruth y su vecina se respetan.
3. Ruth se respeta.
4. Leticia dice de ella y su esposo: «Nos ayudamos».
5. ¿Crees que Leticia se preocupa por el prójimo como Ruth?
6. Una persona buena no se queja mucho.
7. Cada mañana me miro en el espejo y me digo: «Soy una buena persona».

Actividad B En mi familia

Paso 1 Utilizando el vocabulario nuevo, forma por lo menos cuatro oraciones con estructuras recíprocas para describir lo que (no) se hace en tu familia (por ejemplo, **Nos apoyamos mucho.**)

Paso 2 Muestra tus oraciones a otra persona quien te va a entrevistar, haciéndote preguntas para que expliques lo que quieres decir.

> **Modelo:** E1: *En mi familia, nos amamos mucho.*
>
> E2: *¿Sí? ¿Cómo lo expresan? ¿Se abrazan? ¿Se besan? ¿Se hablan mucho por teléfono?*

Paso 3 La persona que hace las preguntas debe presentar a la clase un resumen de lo que dice su compañero/a.

Actividad C En tu opinión

Vuelve a escuchar lo que dicen Ruth y Leticia (**Así lo veo I**) sobre lo que es una persona buena y escribe dos oraciones con los verbos reflexivos que ellas utilizan (no tienen que ser repeticiones exactas de lo que dicen). Indica si estás de acuerdo o no con cada oración. Luego, escribe dos oraciones con verbos reflexivos en las que añades información nueva sobre una persona buena o sobre las personas buenas en general, según tu punto de vista.

Utilizando las estructuras gramaticales de esta sección, ¿puedes describir cada foto?

Paso 1 ¿Qué hace una buena persona? Utilizando los siguientes verbos y otros que puedas usar, escribe tres o cuatro oraciones sobre lo que hace una buena persona.

amarse	relajarse	sentirse
preocuparse	respetarse	

Una buena persona…

> **Modelo:** … *se ama a sí misma, pero también respeta a los demás.*

Paso 2 Compara tus respuestas con las de otra persona. Añade a tu lista las ideas con que estés de acuerdo.

Así lo veo II

ANTES DE VER

Vocabulario del vídeo

el credo	belief, creed	fiel	faithful
el entorno	surroundings	propio/a	own
la moral	ethics, morals	respetuoso/a	respectful
el principio	principle		
el semejante	fellow man	actualmente	at this moment, currently
el ser vivo	living being	aquel/aquella	the one
el valor	value	hacia	toward
		hoy en día	these days, today
seguir (i, i) (g)	to follow	sino	but, rather
dirigido/a (hacia)	directed (toward)		

«Una mala persona será aquella que piensa una cosa, y hace otra.» ¿Estás de acuerdo en que una mala persona cree algo y hace lo opuesto?

PALABRAS ENGAÑOSAS

pero/sino

Las dos palabras **pero** y **sino** se traducen al inglés como *but* pero no se usan con el mismo sentido. A ver la diferencia.

Yo sigo mi propio credo, **pero** soy tolerante con las opiniones diferentes.

Yo no tengo mi propio credo, **sino** una serie de principios que me guía.

La palabra **sino** se usa cuando hay una oposición entre una idea y otra y es equivalente al inglés *but rather* o simplemente *rather*. Así que la segunda oración sería *I don't have my own creed but rather a series of principles that guides me*. Nota que la frase que precede **sino** contiene una negación, por ejemplo: «Yo **no** tengo mi propio credo... »

AMIGO FALSO

actualmente

Aunque **actualmente** se parece a la palabra *actually*, no son equivalentes. **Actualmente** se refiere al tiempo en que se está viviendo mientras se habla, como **ahora** u **hoy en día.** Para expresar el concepto de *actually* debes utilizar **en realidad** o **de hecho.** ¿Puedes ver la diferencia en los siguientes ejemplos?

> **Actualmente** (**Ahora**) trabajo en el laboratorio. Pero, **de hecho,** soy artista de corazón.

> Muchos creen que **actualmente** (**hoy en día**) los jóvenes son menos respetuosos de los mayores. **En realidad,** son iguales a los jóvenes de antes.

Actividad A   Las organizaciones

Paso 1 En nuestra sociedad hay varios grupos y organizaciones con causas diferentes. Con otra persona, escoge una organización interesante. Utilizando el vocabulario nuevo, contesten las preguntas sobre esa organización.

> **Modelo:** PETA (People for the Ethical Treatment of Animals)
>
> *Una persona que protege los animales es una buena persona.*

GREENPEACE

1. ¿Cuál es el credo del grupo?
2. ¿Hacia qué va dirigida su energía?
3. Para ellos, ¿qué es una buena persona?

Paso 2 Comparen sus ideas con las de otro grupo. ¿Están todos de acuerdo? Presenten sus ideas a la clase.

Actividad B · Preguntas

Paso 1 Contesta las siguientes preguntas.

1. ¿Es posible ser una buena persona sin preocuparse de los seres vivos y de su entorno?
2. ¿Qué es más importante, el respeto a nuestros semejantes o a nuestro entorno? ¿Crees que es lo mismo?
3. ¿Es un credo religioso lo mismo que los principios morales de un individuo?
4. ¿Cuáles son los principios más importantes en tu vida?
5. ¿Crees que tus principios son diferentes de los de tu familia? ¿de los de tu sociedad? ¿de los de tus amigos?

Paso 2 Compara tus respuestas con las de otras personas. ¿Tienes los mismos principios que ellos? ¿Estás de acuerdo con ellos?

Actividad C · Ejemplos y descripciones

Paso 1 Con otra persona, da un ejemplo de cada situación o describe las acciones de la persona que representa cada idea.

1. una persona que no sigue sus propios principios
2. la personalidad de alguien que no respeta a sus semejantes
3. una persona que respeta a los seres vivos, pero que no respeta el entorno
4. una persona que no vive de acuerdo con los principios morales de la sociedad
5. alguien que no comparte los valores de su familia

Paso 2 Compartan sus ideas con las de otro grupo.

Ahora ve **Así lo veo II.** Escucha bien lo que dicen el Padre Aguilar y Yolanda.

DESPUÉS DE VER
Comprensión y opiniones

Actividad A   ¿Quién dijo qué?

Paso 1 Con otra persona, completa las ideas del Padre Aguilar y de Yolanda.

el Padre Aguilar

1. Las buenas personas son fieles a sus _____.
2. Si una persona hace lo que su filosofía de vida dicta (*dictates*), es _____.
3. Una mala persona piensa una cosa, pero _____.

Yolanda

4. Una buena persona tiene una moral que va dirigida hacia lo que la _____.
5. Una buena persona respeta los seres vivos y _____.
6. Una buena persona es respetuosa no tanto a la humanidad sino con _____.

Paso 2 Ahora, comparen las ideas del Padre Aguilar con las de Yolanda. ¿En qué son diferentes? ¿En qué son similares?

Paso 1 En este segmento, Yolanda dice que una buena persona es aquella que tiene una «buena moral» y que «una buena moral es… quizás va dirigido hacia lo que la mayoría piensa». Tomando esto en cuenta, escribe tres ejemplos de lo que podría ser una buena moral según Yolanda.

Paso 2 Ahora indica si estás de acuerdo con los tres ejemplos del **Paso 1.** ¿Quién(es) determina(n) lo que es una buena moral? ¿Sigues tú las morales dictadas por la mayoría? Explica.

Paso 3 Con otra persona, escribe una moral de la sociedad que muchos no siguen. Después digan si los que no la siguen son malas personas.

Actividad C   ¿Son buenas personas?

Paso 1 Piensa en cinco personas famosas. Luego, escribe cuáles serían los principios morales de cada persona tomando en cuenta lo que es una buena persona y cómo los practica.

Paso 2 Comparte tus ideas con dos compañeros/as. Luego, escojan las tres personas famosas que quieren presentar a la clase. ¿Cómo reaccionan los demás en cuanto a lo que dicen Uds. acerca de estas personas famosas?

NOTA CULTURAL

Don Quijote de la Mancha

Uno de los personajes literarios más conocidos no sólo en el mundo hispano sino en todo el mundo es Don Quijote de la Mancha. La obra famosa de Miguel Cervantes es una sátira de las novelas de caballería[a] que eran muy populares durante la Edad Media. Don Quijote era un señor que se volvió loco de tanto leer libros de caballería y, creyéndose un caballero,[b] decidió actuar como tal. Con su ayudante, Sancho Panza, tuvo una serie de aventuras en las que abundaron las alucinaciones e identidades equívocas,[c] todas con la intención de hacer reír al lector. A pesar del intento de Cervantes, muchas personas consideran a Don Quijote como un símbolo de la persona idealista que lucha[d] contra el mal, que cree en la justicia y la bondad.[e] De allí vienen algunas expresiones comunes que reflejan la insensatez[f] que guiaba al héroe de la novela. Por ejemplo, ¿has oído decir *tilting at windmills*? Esta expresión se refiere al episodio en que Don Quijote, alucinado,[g] cree que unos molinos de viento[h] son gigantes amenazadores[i] y se lanza a combatir contra ellos. Así la expresión quiere decir que hay que ver bien lo que se intenta hacer para no cometer equivocaciones.[j]

[a]*knighthood* [b]*knight* [c]*mistaken* [d]*fights* [e]*goodness* [f]*foolishness* [g]*surprised, confused*
[h]*molinos... windmills* [i]*menacing* [j]*cometer... make mistakes*

GRAMÁTICA

Algunos pronombres

A. In addition to subject and object pronouns, like many languages Spanish possesses what are called relative pronouns. These are similar to English's *that which, the ones who,* and so on. Here are the most common ones.

quien	who	**que**	what
quienes	who (plural)		
el/la cual	(he/she) who	**los cuales / las cuales**	(they) who
el/la cual	(the one) which	**los cuales / las cuales**	(those) which
el/la que	(the one) which	**los/las que**	(those) which
lo cual	(that) which/what		
lo que	(that) which/what		

Mario es el hombre con **quien** / con **el cual** paso más tiempo.

Mario is the man with who(m) I spend more time.

Hay que seguir los principios con **los cuales** tú estás de acuerdo.

It's necessary to follow the principles with which you agree.

¿Hay coherencia entre **lo que** piensas y **lo que** haces?

Is there coherence between what you think and what you do?

Ana es fiel a su credo, **lo cual** la ayuda a ser justa con todos.

Ana is faithful to her beliefs, which helps her be fair to everyone.

> ▶ PRUÉBALO 3

Listen to and watch Padre Aguilar talk about **una buena persona.** Complete what he says with the relative pronoun you hear.

«Para mí, ser una buena persona significa dejarse llevar o seguir los principios con _____ tú estás de acuerdo.»

B. Except for **lo cual** and **lo que**, which stand for ideas or whole thoughts, the use of **cual** and **que** as relative pronouns requires that the article preceding them agree with the thing being talked about.

Mi clase, **la cual** me gusta mucho, no es muy grande.

My class, which I like very much, is not very big.

(**la** *agrees with* **clase**)

Adoro a mis amigos, **los cuales** tienen personalidades muy distintas.

I adore my friends, who have very different personalities.

(**los** *agrees with* **amigos**)

Soy fiel a mi moral, **lo cual** no siempre es fácil.

I am faithful to my morals, which isn't always easy.

(**lo cual** *because it refers back to the idea* **soy fiel a mi moral**)

What form of relative pronoun with **cual** would you use in the following sentence?

Me gusta estar con aquellas personas con _____ comparto principios morales.

C. In general, Spanish prefers **quien(es)** and a version of **cual** when speaking about people. However, either **cual** or **que** can be used for nonhumans.

D. Unlike formal English, Spanish cannot leave prepositions hanging at the end of the sentence. Prepositions always "go with" the relative pronoun.

Eduardo, **con quien** estudio mucho, es bastante listo.

Eduardo, whom I study with / with whom I study, is pretty sharp.

¿Tiene Yolanda una perspectiva con la cual estás de acuerdo?

Paso 1 Completa las siguientes oraciones con el artículo correcto.

1. Yo no creo que para ser una buena persona tengas que hacer _____ que piensas.
2. Mis profesores favoritos fueron _____ que me enseñaron a pensar por mí misma.
3. Las personas más importantes de mi vida son _____ que amo.
4. En una relación, la pareja ideal es _____ que te respeta.
5. Los individuos que se enojan por cualquier cosa son _____ que sufren mucho estrés en su vida.

Paso 2 Entrevista a tres personas para verificar si están de acuerdo con las ideas del **Paso 1.**

Paso 1 Haz oraciones poniendo en orden las palabras indicadas.

1. más me importa / de mi familia / lo que / el bienestar / es
2. es / más respeto / la persona / a quien / mi papá
3. se preocupa / mi compañero / por su entorno / es / el que más / de cuarto
4. un buen / tiene / es / de justicia / aquel / que / un sentido / cura (*m.*) (*priest*)
5. la persona / mi mejor / amigo / más me divierto / es / con / la que

Paso 2 Coloca las ideas del **Paso 1** en la siguiente escala, según tu opinión.

No estoy de acuerdo   Estoy de acuerdo

1   2   3   4   5

Paso 3 Compara tu escala con la de otra persona.

Paso 1 Completa las siguientes oraciones de la **Actividad A** de manera original.

1. Yo no creo que para ser una buena persona tengas que hacer lo que…
2. Mis profesores favoritos fueron los que…
3. Las personas más importantes de mi vida son las que…
4. En una relación, la pareja ideal es la que…
5. Los individuos que tienen mucho estrés en su vida son los que…

Paso 2 En grupos de tres, comparen sus respuestas.

Utilizando las estructuras gramaticales de esta sección inventa nombres para cada persona en las fotos y luego explica quién es quién. Por ejemplo, María es la que…

Así lo veo III

ANTES DE VER

Vocabulario del vídeo

la edad	age
la corta edad	short (young) age
la larga edad	long (older) age
la limitación / la limitante (*coll.*)	limitation
la paz	peace
la preparatoria	(college-prep) high school
la secundaria	high school
el ser humano	human being

la virtud	virtue
cumplir	to complete; to comply
desperdiciar	to waste; to squander
lograr	to succeed; to achieve
meter	to place
querido/a	dear
el ser querido	loved one

Repaso: los familiares

«La paz interior es muy importante en cada persona, en cada ser humano.» ¿Crees que la paz interior contribuye a que alguien viva en paz?

PALABRAS ENGAÑOSAS

saber/conocer

A lo mejor recuerdas de tus estudios previos que **saber** y **conocer** se traducen al inglés como *to know*, pero no tienen el mismo significado. Se usa **saber** cuando se habla de tener noticia de algo o estar informado, tener la capacidad para hacer algo o saber algo de memoria. Se usa **conocer** cuando se habla de saber cómo es alguien o algo, conocer a una persona, un país o un lugar. También se usa **conocer** cuando se quiere decir *to be familiar with*. ¿Puedes ver la diferencia en los siguientes ejemplos?

Sé que Juan tiene muchas virtudes.

No **conozco** las virtudes de Juan. De hecho, no **conozco** bien a Juan.

¿Qué **sabes** de la paz interior?

Bueno, yo **conozco** la paz. También **conozco** la inquietud.

Aunque **familiar** en algunos casos puede tener el mismo significado que *familiar* en inglés, no son equivalentes. En la mayoría de los casos en que se usa *familiar* en inglés, se usa algo diferente en español, generalmente una palabra derivada del verbo **conocer**.

No **conozco** tu preparatoria. / No estoy **familiarizado** con tu preparatoria.

I'm not familiar with your high school.

Su cara me parece **conocida.** *His face looks familiar.*

En la mayoría de los casos en español cuando encuentras la palabra **familiar**, tiene algo que ver con **familia.**

Es un **familiar.** *He's a family member.*

Cada año celebramos su cumpleaños con una gran cena **familiar.**

Every year we celebrate his birthday with a big family dinner.

Actividad A   Encuesta: ¿Estás de acuerdo?

Indica si estás de acuerdo (**Sí**) o no (**No**) con las siguientes ideas.
Luego, defiende (*defend*) tus opiniones.

	Sí	No
1. La paz interior es algo que muy pocas personas tienen.	☐	☐
2. Cumplir con tus responsabilidades es una forma de ser un buen ser humano.	☐	☐
3. Los familiares nos ayudan a cumplir con nuestras responsabilidades.	☐	☐
4. Muchos jóvenes desperdician las oportunidades que se les presentan.	☐	☐
5. Es importante no ayudar a un ser querido cuando la ayuda va en contra de nuestros principios.	☐	☐
6. Los ancianos logran la paz interior a esa edad de su vida.	☐	☐
7. No es muy importante saber las limitaciones que tenemos en nuestras vidas.	☐	☐

Actividad B   Las capacidades y limitaciones

Paso 1 Utilizando las ideas a continuación, indica cuándo cada una es una capacidad y cuando es una limitación.

> **Modelo:** *una persona que es muy buena en su trabajo*
> Es una capacidad para conseguir un aumento de sueldo (*a raise*), pero es una limitación porque su jefe (*boss*) le da mucho trabajo.

una persona que...

1. ... sigue los valores familiares
2. ... hace mucho por sus seres queridos
3. ... no se enoja fácilmente
4. ... nunca desperdicia oportunidades

Paso 2 Presenta una o dos de las ideas del **Paso 1** a los demás miembros de la clase. ¿Están ellos de acuerdo contigo?

Actividad C   Preguntas

Paso 1 Contesta las siguientes preguntas.

1. ¿Con qué responsabilidades debe cumplir un estudiante de preparatoria en la escuela? ¿Y con los familiares?
2. ¿Con qué valores de la sociedad debemos cumplir? ¿Cómo cumplimos con estos valores?
3. En tu opinión, ¿cuáles son las metas (*goals*) que debemos lograr antes de cumplir 25 años? ¿Y antes de cumplir 40 años?
4. Según tus familiares, ¿qué metas debes lograr? ¿Y según la sociedad?

Paso 2 Con otra persona, indica si al cumplir con las responsabilidades y lograr las metas que describiste nos convertimos en buenas personas.

Actividad D   Nuestros amigos hablan.

Ahora ve **Así lo veo III.** Escucha bien lo que dice Ernesto.

DESPUÉS DE VER
Comprensión y opiniones

Actividad A   ¿Lo dijo?

Indica si Ernesto lo dijo (**Sí**) o no (**No**). ¿Estás de acuerdo con lo que dice?

		Sí	No
1.	Una buena persona hace lo que debe hacer.	☐	☐
2.	Es importante conocer las limitaciones de otras personas.	☐	☐
3.	Una buena persona no desperdicia las oportunidades.	☐	☐
4.	La paz interior es conocerte como persona.	☐	☐
5.	Mucha gente cree que la paz interior se tiene a una corta edad.	☐	☐

Actividad B   La paz interior

Paso 1 Con otra persona, escribe cuatro oraciones para describir a una persona que tiene paz interior, mencionando sus acciones o manera de actuar con los demás.

> **Modelo:** *Una persona que tiene paz interior no se enoja fácilmente.*

Paso 2 Ahora, compartan sus ideas con la clase. Los miembros de la clase deben opinar si la acción indica necesariamente que una persona tiene paz interior.

> **Modelo:** E1: *Una persona que tiene paz interior no se enoja fácilmente.*
>
> E2: *Humm… Una persona no se enoja fácilmente. Eso no indica necesariamente que tiene paz interior. Quizás es una persona tímida o…*

Actividad C   ¿Cómo lo logras?

Paso 1 En grupos de tres, indiquen qué acciones ayudan a una persona a lograr cada una de las situaciones a continuación. Mencionen por lo menos tres acciones para cada situación.

1. cumplir con la escuela/el trabajo
2. no desperdiciar las oportunidades en la universidad
3. ayudar a tus familiares con sus problemas
4. tener paz interior

Paso 2 Ahora, escoge una de las ideas y escribe un pequeño párrafo sobre ella.

> **Modelo:** *Para cumplir con la escuela, es necesario asistir a clases diariamente. También…*

GRAMÁTICA
Los gerundios y los infinitivos

A. You will remember from previous study that you can use an **-ndo** form of the verb with **estar** to talk about what someone is doing, as in **Chsss. Estoy estudiando.** English can create an adverbial expression with *by + -ing* to express how something happens. Spanish accomplishes the same but without using a preposition equivalent to *by*. Spanish uses the **-ndo** form of the verb by itself. This is called a *gerund*, or **gerundio** in Spanish.

> **Teniendo** un credo firme, no te equivocas.
>
> *By having a firm belief system, you won't err.*

PRUÉBALO 4

Listen to Ernesto again and complete these phrases with the gerunds he uses.

1. «… va por la vida _____ lo que debe de hacer…»
2. «… _____ en su trabajo, _____ en la escuela…»
3. «… siento yo que _____ ese lugar al máximo y no _____,…»
4. «… _____ tú toda una paz interior…»

B. English readily uses *-ing* forms of verbs as subjects of sentences. In Spanish, infinitives are the only verb forms that can be used as nouns (subjects or objects).

> **Lograr** la paz interior es muy difícil.
>
> *Achieving inner piece is very difficult.*
>
> **Desperdiciar** las oportunidades no te ayuda para nada.
>
> *Squandering opportunities doesn't help you at all.*

Durmiendo las ocho horas, descansas bien.

«Hacer bien sin mirar a quien» es mi lema (*slogan*).

Los objetos directos

A. Spanish direct object pronouns refer to something previously mentioned, and, as in English, they are used to avoid repetition. Change the repeated words in these sentences with appropriate direct object pronouns in English. Do you see how direct objects function?

I have the skills. I just don't use the skills all the time.

Yes, I know Juan. In fact, I know Juan very well.

B. Below is the list of Spanish subject pronouns and direct object pronouns with examples. For each contrastive example, give the English equivalent, as in *I know Juan* and *Juan knows me*.

Subject Pronoun	Object Pronoun	Subject Pronoun	Object Pronoun
yo Yo conozco a Juan.	**me** Juan me conoce.	**nosotros/as** Nosotros conocemos a Juan.	**nos** Juan nos conoce.
tú Tú conoces a Juan.	**te** Juan te conoce.	**vosotros/as** Vosotros conocéis a Juan.	**os** Juan os conoce.
Ud. Ud. conoce a Juan.	**lo, la** Juan lo conoce.	**Uds.** Uds. conocen a Juan.	**los, las** Juan los conoce.
él, ella Ella conoce a Juan.	**lo, la** Juan la conoce.	**ellos, ellas** Ellas conocen a Juan.	**los, las** Juan las conoce.

Inanimate things don't usually have subject pronouns: **¿La paz interior? No es fácil de obtener.** But they do have direct object pronouns, **lo(s)** and **la(s)**, depending on their grammatical gender: **¿La paz interior? Sí, la tengo.**

Ernesto uses a few object pronouns in his segment on what is a good person. Listen to the segment and complete these phrases with the verbs and object pronouns he uses. Note that sometimes they appear attached to a verb and sometimes in front of a verb, so listen carefully. After you write them down, indicate what each "prior thing" the object pronoun stands for.

 **PRUÉBALO 5**

1. «… utilizando ese lugar al máximo y no _____, eres una buena persona.»

2. «… Logrando esta paz interior, que es muy difícil _____… »

3. «… mucha gente no me crea. Yo _____. Sé que _____ y sé que tengo esa capacidad.»

EL MARAVILLOSO VERBO...

poner

The verb **poner** usually translates as *to put* in English, even in its reflexive form.

Jorge **pone** énfasis en lo abstracto.   *Jorge puts emphasis on abstract things.*

Jorge **se pone** un abrigo para salir.   *Jorge puts on a coat before leaving.*

However, there are two instances in which **poner** does not translate as *to put*. One involves a pseudo-reflexive, and the meaning is *to get* + adjective, or *to become* + adjective, or *to turn* + adjective. Note that the adjective must be a condition subject to change.

Miguel **se pone** celoso fácilmente.   *Miguel gets jealous easily.*

Miguel **se pone** rojo ante Elena.   *Miguel turns red in front of Elena.*

Poner can be used reflexively with **a** + *infinitive* to mean *to begin* or *start* something, but only with animate beings.

Gabriela **se pone** a correr.   *Gabriela begins to run.*

Antonio **se pone** a llorar.   *Antonio begins to cry.*

El perro **se pone** a aullar.   *The dog begins to howl.*

but Comienza a llover.   *It's starting to rain.*

¿Es una buena persona?

Actividad A   ¿Qué hace una buena persona?

Paso 1 Ernesto dice que «una buena persona es aquella que va por la vida haciendo... » Completa las siguientes oraciones para ayudar a Ernesto a dar ejemplos de lo que hace una buena persona.

Una buena persona va por la vida...

1. _____ (**apoyar**) a la gente que lo necesita.
2. _____ (**respetar**) no sólo a los seres humanos, sino a todos los seres vivos.
3. _____ (**lograr**) sus metas y sueños.
4. _____ (**ser**) fiel a sus principios y valores.
5. no _____ (**desperdiciar**) las oportunidades que se le brindan.
6. no _____ (**dejar**) que sus limitaciones la detengan.

Paso 2 Ahora indica si estás de acuerdo con cada una de las ideas.

Actividad B   Una buena persona

Con otras dos personas, usa la siguiente oración para empezar un párrafo desde el punto de vista de Ernesto. Cada persona debe agregar una oración. Usen los pronombres del objeto directo para evitar la redundancia.

Modelo: *Una buena persona es aquella que es fiel a sus principios. Siguiéndolos, puede llegar a tener paz interior...*

Escoge tres personas famosas. Escribe lo que diría Ernesto de esas personas. Usa los siguientes verbos (u otros) y los pronombres del objeto directo. Escribe por lo menos tres ideas sobre cada persona.

Modelo: *Paris Hilton* →

Ernesto cree que es superficial. No la acepta porque no cumple con…

admirar   apreciar   comprender   odiar   querer   respetar

Con otra persona, contesta estas preguntas según lo que opinas. Usen oraciones completas en sus respuestas.

1. ¿Quién se pone rojo más fácilmente frente al público? ¿El Padre Aguilar, Ernesto o Leticia? ¿Crees que Ruth se pone roja fácilmente?

2. ¿Crees que el profesor (la profesora) se pone celoso/a fácilmente? ¿Se pone enfadado/a fácilmente?

3. ¿Cuáles son las circunstancias que motivan cada situación a continuación? Indícalas.

Una persona…

a. … se pone a temblar.
b. … se pone a llorar.
c. … se pone a reír en público.
d. … se pone a correr de repente.

Escribe una composición de 200 palabras sobre el siguiente tema: **¿Cómo es una buena persona y qué importancia tiene esa persona en tu vida?** Antes de empezar, sigue las recomendaciones a continuación para organizar tus ideas.

Antes de escribir

- Repasa el vídeo y el contenido de las actividades de la lección.
- Apunta las ideas expresadas por algunas personas del vídeo que quieres incluir en tu composición. Pueden ser ideas o perspectivas con las que estás de acuerdo o no.
- Piensa cómo puedes integrar los puntos gramaticales de esta lección.

Al escribir

- Haz un bosquejo (*outline*) para organizar el orden de tus ideas.
- Escribe un borrador y repásalo (con otra persona si quieres), fijándote bien en el contenido y en la gramática.

Versión final

- Pon en limpio el borrador de la composición para entregársela a tu profesor(a).

OTRAS VOCES

Watch interviews with other Spanish speakers on the *Así lo veo* YouTube™ channel, CENTRO, or on the Online Learning Center.

www.youtube.com/asiloveo

www.mhcentro.com

www.mhhe.com/asiloveo

Cultura

El carácter de los hispanos

Introducción

En esta lección, conociste a nuestros amigos y escuchaste sus opiniones sobre lo que es ser una buena persona. Las dos lecturas a continuación exploran otros aspectos relacionados con la descripción del carácter de los hispanos, como son el uso de expresiones coloquiales y refranes para identificar y clasificar a las personas, además de los estereotipos que se aplican al carácter hispanoamericano.

Es una víbora.

Es un hacha.

Es una gallina.

Tiene madera de santo.

ANTES DE LEER

Vocabulario

el/la avaro/a	miser
las bromas	jokes
los dichos	proverbs, sayings
el/la ganso/a	goose
la ladilla (*Venezuela*)	insect
el lirón	dormouse (small rodent)
comportarse	to behave
moldear	to give shape
realizar (c)	to do, carry out; to make (*a trip*)
tallar	to carve
molestoso/a	annoying

Paso 1 Contesta las siguientes preguntas.

1. ¿Qué expresiones existen en tu idioma o cultura para describir el carácter de una persona?
2. ¿Cuáles de ellas son negativas y cuáles son positivas?
3. ¿Qué entiendes por «dicho, refrán y expresiones coloquiales»?

Paso 2 Haz una lista de expresiones, refranes o dichos que conozcas y clasifícalos de acuerdo con el tema (objetos de valor, la religión, animales, etcétera).

Paso 3 Comparte tu lista con tus compañeros/as de clase.

Paso 1 Estas palabras están relacionadas con características del carácter de una persona. Léelas y selecciona tres palabras que usarías para describirte. Explica por qué.

ganso   hacha   madera   miel   pelo   puño (*fist*)

Paso 2 Empareja cada palabra o expresión de la columna A con la característica apropiada de la columna B.

	A	**B**
_____	**1.** uña y carne	**a.** valiente
_____	**2.** zorro	**b.** miedoso
_____	**3.** hacha	**c.** ignorante
_____	**4.** papa	**d.** inteligente
_____	**5.** pan	**e.** fiel
_____	**6.** gallina	**f.** buena persona

Paso 3 Compara tus respuestas con las de otra persona y explica las razones por las cuales asociaste las palabras de la columna A con los adjetivos de la columna B.

I. «No todo lo que brilla es oro»

Los dichos populares varían de país a país, pero muestran tanto aspectos positivos del carácter como también negativos, y se relacionan con los alimentos, la flora, la fauna, la anatomía, los objetos y la religión entre muchos otros.

Los dichos asociados con la fauna y la comida son quizás los más cómicos. Para hablar de características negativas se usan expresiones coloquiales como: «hacerse el ganso» (tonto/a), «ser gallina» (miedoso/a), «ser víbora» (mal intencionado/a), «ser como un lirón» (dormir mucho y por lo tanto trabajar poco). En Venezuela se usa la expresión «ser una ladilla» para decir que una persona es molestosa. En cambio, para hablar del carácter de forma positiva se usan expresiones como: «ser como una hormiga[1]» (trabajador[a]), «ser un zorro*[2] viejo» (astuto) o «ser como perro* faldero» (fiel). Algunas de las expresiones relacionadas con la comida se refieren a cualidades negativas del carácter. En España se dice que una persona es «pasota» cuando no hace nada o es aburrida. Para calificar a una persona de ignorante se dice que «no sabe ni papa». Si tiene mal carácter, es un amargado[3] (una amargada); pero, como advertencia a los tontos, se dice: «al que se hace miel se lo comen las moscas[4]».

Por otro lado, la cabeza y los brazos dominan los dichos con referencias a la anatomía. Para describir a una persona franca se usa la expresión «no tiene pelos en la lengua». Si se quiere decir que la persona es ignorante, idealista o impráctica se dice que tiene la cabeza llena de moscas o pájaros. Como en el caso de las referencias a la fauna, las anatómicas describen también una serie de características negativas como: «perder la cabeza» para hablar de una persona que tiene un ataque de cólera, y «mirar a la gente por encima del hombro[5]» para hablar de una persona que es altanera[6] o arrogante.

Las expresiones que se relacionan con la metalurgia, la flora y la religión en su mayoría se refieren a características positivas. En España se dice: «eres un hacha» para afirmar que eres valiente, y para decir que eres trabajador se usa la expresión «pareces de hierro[7]». Una expresión relacionada con la flora, y usada para hablar de una persona bondadosa por naturaleza, es decir que tiene «madera de santo». «Ser un pan de Dios» y «poner a Dios por delante de los ojos» indican que una persona es buena o que es recta. Para indicar que una persona es simpática se dice que tiene «ángel» o «don de gentes».

[1]*ant* [2]*fox* [3]*bitter person* [4]*flies* [5]*shoulder* [6]*haughty* [7]*iron*

*La forma femenina de **zorro** y **perro** no se usan porque se consideran un insulto grave a la mujer.

50

II. El carácter latinoamericano

¿Existe un carácter nacional? ¿Existe un carácter latinoamericano? La mayoría de las veces se habla del carácter utilizando un vocabulario muy particular o específico del país que se puede manifestar en una definición individual o una referencia nacional. Se puede decir que una buena persona es «bacán», en Colombia; «buena gente», en Puerto Rico; «majo/a», en España; tranquilo/a, en Nicaragua; o «gauchito» o «macanudo», en Argentina. Por otro lado, una manera muy común para hablar del carácter es el uso de estereotipos en chistes o comentarios que se refieren a un grupo particular de personas de un país. Se puede escuchar algunos negativos como «los caribeños son bien fiesteros[1]», y otros positivos como «los mexicanos son trabajadores», por mencionar algunos ejemplos. Como vemos, son estereotipos problemáticos porque son generalizaciones que, aunque se hagan a manera de broma, implican connotaciones negativas y hasta discriminatorias. Muchas veces las descripciones de las personas o estereotipos nacionales responden al desconocimiento o a un contacto en un momento determinado con cierto grupo.

La película *Diarios de motocicleta* (2004) nos permite explorar las descripciones del carácter a nivel personal, social, nacional y regional. Dos amigos, Alberto Granados, de 30 años, y Ernesto Guevara de la Serna, de 23 años, ambos estudiantes de la Facultad de Medicina, realizan un viaje en motocicleta a lo largo del continente sudamericano con el propósito de conocer la Sudamérica real, la que no aparece en los libros. El viaje transcurre[2] en los años 50 desde Buenos Aires, Argentina, hasta llegar a un leprosorio[3] en el Brasil.

La película es un viaje de introspección personal de cada uno de los personajes y cómo se relacionan estos con otras personas y su alrededor. Al principio del viaje, ambos parecen tener caracteres diferentes y a medida que viven experiencias no imaginadas comienzan a cambiar ante los ojos del espectador. Se puede decir que la imagen de Alberto es la de una persona alegre, fiestera, mentirosa, sociable, que tiene «don de gentes», es decir, que hace amigos fácilmente; mientras que la de Ernesto es más tímida, introvertida, conservadora y fiel. A medida que los protagonistas van encontrándose en circunstancias difíciles vemos cómo se aplica el refrán, «dime con quién andas y te diré quién eres». En las primeras escenas del viaje, Ernesto y Alberto insisten en señalar las diferencias entre sus personalidades pero, al final, destacan las características que tienen en común como buenas personas.

Por último, es un viaje de responsabilidad social, un rasgo asociado con ser una buena persona. A medida que el viaje avanza, ambos personajes comienzan a pensar y a reaccionar de acuerdo a las injusticias sociales con las que se encuentran. Es difícil y hasta peligroso tratar de definir el carácter de un pueblo, sea el pueblo argentino, chileno o latinoamericano a base de estereotipos. *Diarios de motocicleta* nos invita a cuestionar los estereotipos y a tratar de formar ideas más realistas sobre el carácter nacional, basadas en una multitud de individuos de una nación y sus experiencias.

Alberto Granados y Ernesto Guevara son los protagonistas de la película Diarios de motocicleta.

[1]*partiers* [2]*takes place* [3]*leper colony*

DESPUÉS DE LEER

Actividad A   Comprensión del texto

Paso 1 Selecciona la respuesta más apropiada utilizando la información de la primera lectura.

1. Los dichos y expresiones coloquiales que resultan más cómicos y curiosos son los relacionados con _____.

   a. la anatomía y fauna
   b. la fauna y los alimentos

2. Los refranes de temas religiosos se caracterizan por resaltar

   _____.

   a. características positivas
   b. características negativas

3. La mayor parte de los refranes relacionados con la anatomía ponen énfasis en las siguientes partes del cuerpo: _____.

   a. manos, brazos y pies
   b. cabeza, pelo y brazos

4. Para describir a una persona buena, se dice que tiene madera de santo porque _____.

   a. es una alusión a las imágenes de las iglesias
   b. es importante hablar de personas rectas

Paso 2 Indica si las siguientes afirmaciones son ciertas (**C**) o falsas (**F**) de acuerdo con la segunda lectura. Si la afirmación es falsa explica por qué.

	C	F
1. Todos los hispanos usan las mismas frases para describir el carácter de una persona.	☐	☐
2. Los estereotipos que se usan en comentarios o chistes para describir a las personas tienen connotaciones negativas.	☐	☐
3. *Diarios de motocicleta* presenta el problema de los estereotipos nacionales.	☐	☐
4. En *Diarios de motocicleta* se hace una descripción del carácter latinoamericano de forma política.	☐	☐
5. El mensaje de la película *Diarios de motocicleta* es seguir utilizando estereotipos para describir personas o culturas.	☐	☐

Actividad B   Reflexión

1. Los dichos y refranes de la primera lectura son producto de la sabiduría o conocimiento de la cultura popular. Estas expresiones han pasado de generación a generación y han sobrevivido a diferentes épocas. Ahora que nos encontramos en un mundo altamente tecnológico, ¿piensas que las expresiones de este tipo desaparecerán o se transformarán? Si se transforman, ¿qué tipo de asociaciones se crearán?

2. El primer artículo dice que «ser una buena persona no sólo tiene un significado moral sino también puede referirse a la fidelidad o la responsabilidad social, profesional o política». ¿Puede alguien ser una buena persona aunque su conducta sea amoral o inmoral? ¿Qué efecto tiene en la sociedad este tipo de conducta? ¿Cómo serán las sociedades en el futuro? ¿Qué medidas se pueden tomar para mantener un orden social?

3. En la segunda lectura se usa el refrán «dime con quién andas y te diré quién eres» para describir a las personas partiendo de las asociaciones que tienen. En nuestra cultura, ¿se juzga a la persona de acuerdo a su conducta o según la conducta de los amigos que tiene? ¿Conoces a alguien que haya estado en una situación igual o parecida a esta? ¿Cómo lo/la ha afectado esta situación? ¿Qué se puede hacer para lograr un cambio?

4. En la segunda lectura se habla del carácter nacional o regional. ¿Se puede definir el carácter nacional o latinoamericano sin utilizar estereotipos? ¿Es posible incluir a todos los miembros de la sociedad en una sola definición? ¿Cómo se puede hablar de una forma efectiva de las características que definen a una cultura sin discriminar?

Actividad C   Extensión del tema

1. Ve la película *Diarios de motocicleta* y selecciona uno de los países visitados. Prepara una descripción sobre el carácter latinoamericano o del país seleccionado, basándote en las experiencias y descripciones de la película. Después busca información en el Internet acerca de páginas originarias del país seleccionado, o entrevista a una persona que provenga de ese país y compara la información. Haz un reporte para presentar a la clase, usando dichos y refranes en tu descripción.

2. En la cultura indígena maya-quiché, existe la creencia en el «nahual», animal protector que revela los rasgos del carácter de una persona. Según Rigoberta Menchú, el nahual se asigna dependiendo del día del calendario en que se nace y no se le revela a la persona hasta que tiene la madurez o capacidad suficiente para enfrentar la responsabilidad que conlleva este conocimiento. Busca información sobre la cultura maya-quiché o lee el fragmento «El nahual» en *Me llamo Rigoberta Menchú y así me nació la conciencia* de Rigoberta Menchú. Compara la descripción de las personalidades según «El nahual» con las expresiones hispanas que aparecen en la primera lectura. ¿Qué tienen en común? ¿En qué se parece o diferencia del horóscopo chino o zodiacal? Escribe un breve informe.

3. Escucha o lee la letra de una de estas dos canciones: la canción de cuna «Duerme negrito» o «Pillo buena gente». Ambas canciones muestran la situación de dos grupos sociales marginados históricamente: el pobre y el esclavo. ¿Cómo describirías a estos personajes? ¿Por qué? ¿Es la situación o las circunstancias que rodean a una persona uno de los elementos importantes para entender su carácter? ¿Cómo es la representación de los estereotipos?

LECCIÓN 2

¿Puede cambiar una persona?

Saturno devorando a sus hijos, por Francisco de Goya

En esta lección vas a:

> hablar y escribir sobre si una persona puede cambiar

> escuchar a nuestros amigos hablar sobre los cambios de una persona y si una persona puede cambiar de verdad

> leer información cultural sobre cómo la influencia de la religión y de las experiencias personales influyen en el punto de vista de una persona

> usar el presente perfecto, los objetos indirectos, el **se** impersonal y el pasivo

> leer y comentar el relato «El frío que no llega», por Tununa Mercado

Antes de empezar la lección, ve la **Introducción** de la **Lección 2** en el vídeo.

1. En la mitología greco-romana, Saturno devoró a sus hijos para evitar que estos se rebelaran contra él. ¿Qué aspectos de la personalidad de Saturno muestra este acto y qué dice de su forma de pensar?

2. ¿Pueden las personas sospechosas cambiar? ¿Y pueden cambiar las personas que ambicionan el poder?

REFRÁN
Un árbol que crece torcido, ya jamás su rama endereza.

ANTES DE VER

Vocabulario del vídeo

la autoestima	self-esteem	aumentar	to increase
la botella	bottle	brindar	to offer; to toast
el cambio	change	cambiar	to change
Dios (*m.*)	God	conseguir (i, i) (g)	to obtain
la droga	drug	darse (*irreg.*) cuenta de	to realize
la escalera	stairs, staircase	dejarse + *inf.*	to let oneself (*do something*)
los escalones	steps		
la fe	faith	sentirse (ie, i)	to feel
la manera	way, manner	valioso/a	valuable
el pensamiento	thought		
el placer	pleasure		
la salud	health		

Cognados: el alcohol, el/la alcohólico/a, la dependencia, momentáneo/a, robar

Repaso: a lo mejor, dedicarse (qu) a

«Fíjate, ese es tu pensamiento, que es muy bueno. Tu actuar, que no corresponde a tu pensamiento... »

PALABRAS ENGAÑOSAS

darse cuenta de / realizar

Tanto **darse cuenta de** como **realizar** se traducen al inglés como *to realize*, pero significan algo diferente en español. El significado principal de **darse cuenta de** significa *to become aware of* como en los siguientes ejemplos.

> Ahora, ella **se da cuenta de** que él no es como ella creía.
> *Now, she realizes that he is not like what she believed.*

> **Me doy cuenta de** lo mucho que necesito cambiar.
> *I realize how much I need to change.*

En cambio, **realizar** significa *to achieve* o *to fulfill*.

> Me gustaría **realizar** mis sueños lo más pronto posible.
> *I would like to achieve my dreams as soon as possible.*

AMIGO FALSO

carácter

Aunque la palabra **carácter** se puede traducir al inglés como *character*, no se refiere al protagonista de una novela o al actor de una película, sino se refiere a la personalidad de alguien. La palabra que se usa para hablar de alguien en una novela o película es **personaje**. Veamos la diferencia.

> Es de buen **carácter**.   *He's got good character.*

> El **personaje** principal es Harry Potter.   *The main character is Harry Potter.*

Actividad A   Oraciones

Paso 1 Escribe una oración usando el verbo y el sustantivo.

1. botella / brindar
2. autoestima / cambiar
3. drogas / darse cuenta de
4. placer / dedicarse a
5. salud / robar
6. carácter / cambiar

Paso 2 Comparte tus oraciones con la clase.

Actividad B   ¿Negativo o positivo?

Con otra persona, indica si las siguientes situaciones o acciones son negativas o positivas o si pueden ser a la vez positivas y negativas. Luego, expliquen sus razones a la clase.

1. dedicarnos a hacer buenas obras para los necesitados
2. aumentar el placer en nuestra vida
3. cambiar nuestra dependencia de otros
4. sentirse una persona valiosa
5. darnos cuenta de que a veces necesitamos ayuda
6. conseguir un cambio en nuestra vida

Paso 1 Pon en orden los siguientes conceptos según la importancia que tienen en tu vida.

el placer   las drogas   el alcohol   Dios / la fe   la salud física
la salud mental   el trabajo escolar   el amor   tus amigos   tu familia

Paso 2 Busca a otra persona que haya puesto (*has put*) el concepto más importante y el menos importante como los pusiste tú. Luego, dile por qué los pusiste en ese orden. ¿Tienen Uds. las mismas razones?

Actividad D   Nuestros amigos hablan.

Ahora ve **Así lo veo I**. El **Vocabulario útil** te va a ayudar a comprender mejor el segmento.

«el placer puede ser bueno, pero no es lo más importante... » ¿En qué sentido es el placer bueno? ¿Puede ser malo el placer?

Vocabulario útil

Fíjate es una expresión que se usa para decirle a alguien que ponga atención en algo o que lo note. También se puede usar para decirle a alguien dónde mirar cuando busca algo.

> **Fíjate** en lo que estás haciendo.
>
> *Pay attention to what you are doing.*
>
> Si no está en la mesa, **fíjate** si está en el cajón.
>
> *If it's not on the table, look to see if it's in the drawer.*

Mientras ves al Padre Aguilar, escucha cómo él usa esta expresión.

DESPUÉS DE VER
Comprensión y opiniones

Actividad A   Lo que dice el Padre Aguilar

Paso 1 ¿Puedes escribir los valores según la escalera (o escala de valores) que un alcohólico le describió al Padre Aguilar?

1. _____   4. _____

2. _____   5. _____

3. _____

Paso 2 Según el Padre Aguilar, ¿qué era en realidad lo más importante para esta persona?

La Virgen de Guadalupe es un símbolo importante para el pueblo mexicano. En la región andina, todavía se festeja a la Pachamama («Madre Universo»), la diosa más importante de la civilización incaica.

NOTA CULTURAL

La religión en el mundo hispano

La religión es muy importante en la vida de muchos hispanos. De hecho, se dice que si una persona puede caminar, es sólo con la ayuda de Dios o la religión. El catolicismo es la religión más practicada, dado que era la religión que practicaba la mayoría de los españoles cuando llegaron a las Américas. Con los conquistadores llegaron también misioneros, quienes laboraron para «salvar» a los indígenas del Nuevo Mundo imponiéndoles su religión. Así el catolicismo se expandió de España a toda Latinoamérica.

Actualmente, la religión no ejerce tanta influencia en la vida de muchos españoles aunque casi todos son bautizados como católicos. Por ejemplo, el aborto es legal en España y a la vez España es el único país hispano donde el matrimonio se extiende a las parejas homosexuales. En cambio, en Latinoamérica, el aborto sigue siendo ilegal en casi todos los países y el matrimonio entre homosexuales no existe, aunque algunos países reconocen las uniones legales entre ellos. En muchas partes de Latinoamérica, en particular, el catolicismo sigue teniendo una influencia importante en la vida social y política del país, aunque se ve un aumento de las religiones protestantes.

Pero sería un error creer que Latinoamérica es una región en donde se practica el catolicismo tradicional en su totalidad. En Cuba y Puerto Rico, por ejemplo, hay elementos de las religiones africanas que existen dentro del catolicismo, sobre todo en lo que se llama la santería. En la región andina (el Perú, el Ecuador, Bolivia, Chile) también hay elementos de las religiones indígenas que han infiltrado en el catolicismo, sobre todo en las zonas donde habita mucha gente de ascendencia indígena. Estas «mezclas» de elementos religiosos de culturas se llama *sincretismo* y reflejan el esfuerzo del pueblo al intentar reconciliar sistemas de creencias diferentes.

Actividad B   Para encontrar un cambio

 Paso 1 Escucha otra vez la última parte de lo que dice el Padre Aguilar y completa el segmento con las palabras o expresiones correctas.

«Cuando una persona _____[1] iluminar por este tipo de cosas, esto va acompañado de un hacerle _____[2] importante, valioso, único, _____[3] su autoestima y se le _____[4] una nueva oportunidad para que vuelva a empezar, ahí podemos encontrar nosotros un cambio.»

Paso 2 Con otra persona, indica si estás de acuerdo con la última oración del Padre Aguilar y explica por qué.

El Padre Aguilar parece pensar que salir de la adicción a las drogas representa un cambio. Los expertos opinan que si una persona es adicta, siempre va a ser adicta aunque deje de usar las drogas. ¿Qué piensas tú? Escribe un párrafo de unas 100 palabras para presentar tus ideas.

Escucha lo que dice Yolanda sobre el cambio en las personas. ¿Coincide Yolanda con lo que dice el Padre Aguilar? ¿A qué se refiere cuando dice que las vivencias «más fuertes son las que nos llegan a cambiar un poco»?

ASÍ LO PIENSO.

Vocabulario útil

la vivencia	experience

GRAMÁTICA
El presente perfecto

A. The present perfect is formed by using the auxiliary verb **haber** (*to have*) plus a form of the main verb called the past participle. (Main verbs are verbs like *eat, sleep, win, cry,* and so on). These are the present perfect forms of **cambiar**.

yo	**he cambiado**	nosotros/as	**hemos cambiado**
tú	**has cambiado**	vosotros/as	**habéis cambiado**
Ud.	**ha cambiado**	Uds.	**han cambiado**
él/ella	**ha cambiado**	ellos/ellas	**han cambiado**

B. The meaning and use of the present perfect in Spanish is similar to the meaning and use of the present perfect in English. For example, **he cambiado** translated into English means *I have changed.*

C. Past participles are formed generally by dropping the **-r** of the infinitive and adding **-do,** as in **cambiar → cambia + do = cambiado,** and **sentir → senti + do = sentido.** A handful of participles are irregular.

Irregularity	Infinitive	Past Participle
ch	decir	**dicho**
	hacer	**hecho**
ie	abrir	**abierto**
	cubrir	**cubierto**
	descubrir	**descubierto**
ue	morir	**muerto**
	poner	**puesto**
	volver	**vuelto**
t	describir	**descrito**
	escribir	**escrito**
	romper	**roto**
	ver	**visto**

D. After infinitives or when used as a subject, the auxiliary of the present perfect appears in the infinitive. If the main verb is reflexive, the reflexive pronoun attaches to the auxiliary.

Algunas personas intentan cambiar su vida, sólo después de **haberse dado** cuenta de los problemas que causan a los demás.

Some people try to change their life, only after having seen the problems they cause others.

El **haber roto** con el pasado no quiere decir que uno **ha cambiado** completamente.

Having broken from the past does not mean that one has changed completely.

 PRUÉBALO 1

Watch the segment again in which Padre Aguilar talks about people changing. He uses six present perfect forms. Write them here.

1. _____   4. _____
2. _____   5. _____
3. _____   6. _____

Did you notice that in one example, the reflexive pronoun **se** was attached to **haber?** Do you know why?

Los objetos indirectos

A. Indirect object pronouns refer to something previously mentioned and include the meaning of *to* or *for* and sometimes some other preposition even if the meaning is not overtly expressed. For example, in the sentence *John? I've told him that he needs to change his attitude,* the meaning of *to* is implied in *him: What did you say? That he should change his attitude. To whom did you say it? To him.* (Note how, when you substitute the object pronoun *it* to stand in for *that he needs to change his attitude,* you generally use *to him* in English: *I told it to him.*) Below is the Spanish equivalent, with **le** carrying the meaning of *to him.*

¿Pedro? Sí, **le** he dicho que tiene que cambiar de actitud.

Pedro? Yes, I have told him that he has to change his attitude.

Like direct object pronouns, indirect object pronouns can attach to the end of a verb.

Enseñar**le** que el placer puede ser bueno...

Teaching him that pleasure can be good . . .

Ángela está contándole a Lourdes un chisme (*a piece of gossip*).

B. Here are the indirect object pronouns in Spanish. Listed for comparative purposes are subject and direct object pronouns.

Subject	Direct Object	Indirect Object
yo: yo he dicho / he visto	**me:** me han visto	**me:** me han dicho que sí
tú: tú has dicho / has visto	**te:** te han visto	**te:** te han dicho que sí
Ud.: Ud. ha dicho / ha visto	**lo/la:** lo han visto	**le:** le han dicho que sí
él/ella: ella ha dicho / ha visto	**lo/la:** la han visto	**le:** le han dicho que sí
nosotros/as: nosotros hemos dicho / hemos visto	**nos:** nos han visto	**nos:** nos han dicho que sí
vosotros/as: vosotros habéis dicho / habéis visto	**os:** os han visto	**os:** os han dicho que sí
Uds.: Uds. han dicho / han visto	**los/las:** los han visto	**les:** les han dicho que sí
ellos/ellas: ellas han dicho / han visto	**los/las:** las han visto	**les:** les han dicho que sí

Listen to this segment of Padre Aguilar's interview, in which he uses the following indirect object pronouns with the verb **decir: me, le, nos.** Listen for the verb phrases with the pronouns and **decir.** Who is the subject of each verb and to whom does the indirect object pronoun refer?

1. _____
2. _____
3. _____
4. _____

C. When both indirect object pronouns appear with direct object pronouns (or with reflexives or any other pronouns that go before verbs), the order is always *other + indirect object pronoun + direct object pronoun + conjugated verb.*

Other	Indirect Object Pronoun	Direct Object Pronoun	Verb
	Me	lo	han dicho
Se		lo	ha comido
Se	le		ha ofrecido (un trabajo)

Listen to Padre Aguilar's last statement, focusing on his use of the verb **brindar.** What pronouns does he use and in what order? (You will learn about one of the pronoun's use and meaning in **Así lo veo II.**)

D. Remember that both **le** and **les** change to **se** when followed by **lo(s)** or **la(s)**. This use of **se** is not reflexive and should not be interpreted as such. It is a convention to keep two **l**- object pronouns from appearing back to back.

—¿**Le** diste a Paco su dinero? —Sí, ya **se lo** di hace varios días.

se = to him (to Paco)   **lo** = it (his money)

Actividad A   ¡Yo nunca!

Paso 1 Escribe cuatro oraciones sobre lo que (no) has hecho en tu vida. Por lo menos dos de ellas deben ser verdaderas, y una debe ser mentira.

Modelo: *Yo nunca he comido carne porque soy vegetariana.*

Paso 2 En grupos de tres o cuatro, compartan sus oraciones. ¿Pueden adivinar cuáles son las verdaderas y cuáles son las falsas?

Actividad B   ¿Lo ha hecho?

Escoge una persona interesante (una persona famosa, un político, tu profesor[a], etcétera). Luego, termina cada oración con el verbo correcto en el presente perfecto. Después indica si esa persona ha hecho o no la acción en su vida.

Persona: _____

	Sí	No
1. (**robar**) dinero.	☐	☐
2. (**tener**) problemas con la ley.	☐	☐
3. (**contribuir**) a la comunidad.	☐	☐
4. (**sufrir**) de alguna adicción.	☐	☐
5. (**cambiar**) de comportamiento.	☐	☐
6. (**dejarse**) engañar por alguien.	☐	☐
7. (**pasar**) momentos muy difíciles.	☐	☐
8. (**escribir**) algo importante e/o interesante.	☐	☐

Actividad C   Una posible entrevista

Paso 1 Imagina que vas a entrevistar a una persona que busca un puesto político. ¿Qué preguntas le harías para saber cuáles son sus capacidades y también su historia? Trabaja con otra persona para formular por lo menos seis buenas preguntas. Deben utilizar el presente perfecto en las preguntas.

Paso 2 Todos deben presentar sus preguntas a la clase. Alguien debe apuntarlas en la pizarra. Al final, decidan entre todos cuáles son las cinco preguntas más importantes para hacerle a esa persona.

Paso 3 Escucha los nombres que ofrece tu profesor(a). ¿Crees que las preguntas revelan toda la información que necesitas para determinar si la persona entrevistada es un buen candidato (una buena candidata) o no?

Actividad D   Ayudando a otros

Paso 1 Contesta las siguientes preguntas. Trata de eliminar las repeticiones en tus respuestas.

> **Modelo:** *¿Le has cuidado las mascotas a alguien que lo necesitaba?*
> *Sí, se las he cuidado a mi vecina.*

1. ¿Has solucionado los problemas de alguien?
2. ¿Le has dicho a alguien la verdad cuando lo necesitaba?
3. ¿Le has brindado ayuda a una persona en problemas?
4. ¿Has ayudado a alguien a aumentar su autoestima?

Paso 2 Comparte tus respuestas con otra persona.

¿Sabes quiénes son las personas en las fotos? ¿Qué han hecho para ayudar a los demás? ¿Crees que una de estas personas ha hecho más que las otras? ¿Qué otras personas famosas han contribuido de alguna manera para mejorar la comunidad, el país y/o el planeta?

Así lo veo II

ANTES DE VER

Vocabulario del vídeo

la forma de ser	form of being	**tratar de**	to deal with; to be about
la regla	rule		
		exigente	exigent, demanding
habitar	to inhabit	**igual**	equal
nacer (zc)	to be born	**sensible**	sensitive
quitársele a uno	to get rid of (*something*) (lit.: to remove [*something*] from oneself)	**a través de**	through, by means of
		con el paso de los años	over the years, as the years pass
tratar a	to treat someone	**por medio de**	through

Cognados: la actitud, adaptar, el aspecto, el carácter, la característica, comentar, drástico/a, el hábito, la personalidad

Repaso: tranquilo/a

Más vocabulario

dejar de + *inf.* to stop (*doing something*)

«Ya nacemos con el carácter,
nacemos con personalidad,
nacemos, pues, como somos... »

AMIGO FALSO

sensible

Como ya sabes, el adjetivo **sensible** no quiere decir *sensible* sino *sensitive*. La palabra equivalente a *sensible* en español es **razonable.**

Silvia es muy **sensible,** así que cuidado con lo que le dices.
Silvia is very sensitive, so be careful what you say to her.

Marta es muy **razonable** y da buenos consejos.
Marta is very sensible, and she gives good advice.

Actividad A   Lo positivo y lo negativo

Con otra persona, identifica uno de los aspectos positivos, y uno de los negativos, en la conducta de una persona que posea las siguientes características. Luego, presenten sus ideas a la clase.

1. tranquilo
2. violento
3. sensible
4. drástico
5. exigente

Actividad B   Preguntas

Paso 1 ¿Cómo contestas las siguientes preguntas?

1. ¿Crees que una persona puede cambiar?
2. ¿Cómo puede cambiar una persona? ¿Por medio de los familiares o amigos o con el paso de los años?
3. Si puede cambiar, ¿qué aspectos de su persona puede cambiar? ¿Su carácter, sus hábitos, su personalidad, su actitud o toda su forma de ser?
4. Si una persona es violenta, ¿puede dejar de serlo y convertirse en una persona pacífica?
5. ¿Qué otros defectos o hábitos pueden quitársele a uno? ¿Puede uno dejar de ser exigente, drástico o sensible? ¿Cómo?
6. ¿Cuál es la mejor forma para hacer que una persona cambie? ¿Con amor y comprensión o con disciplina?

Paso 2 Compara tus respuestas con las de otra persona. ¿Dice cosas que te hacen cambiar de opinión? ¿Y tú le dices cosas que lo/la hacen cambiar de opinión?

Paso 3 Escribe un párrafo de unas 100 palabras en que resumes las ideas del **Paso 1** y **Paso 2.**

Actividad C   Oraciones

Con otra persona, completa las siguientes oraciones con el vocabulario nuevo de esta lección. Luego, deben presentar sus oraciones a la clase.

1. Con el paso de los años, una persona puede cambiar...
2. Una persona puede cambiar por medio de...
3. A uno (no) se le puede quitar...
4. Una persona se puede adaptar...
5. Una persona nace con...

Vocabulario útil

mucho muy	expresión coloquial, particular de México, que da énfasis a la palabra **muy**
bonachona	forma del adjetivo **buena** (se aplica a una persona **muy buena, amable, dócil**)

Actividad D   Nuestros amigos hablan.

Ahora ve **Así lo veo II.** El **Vocabulario útil** te va a ayudar a comprender mejor el segmento.

«Ya no cambia uno... lo exigente no se me quita.» ¿Eres tú exigente? ¿Tienes alguna costumbre que no se te quita?

DESPUÉS DE VER
Comprensión y opiniones

Actividad D   Nuestros amigos hablan.

Indica si lo dijo Ruth o no.

	Sí	No
1. Una persona puede cambiar de personalidad.	☐	☐
2. Es casi imposible cambiar hábitos y actitudes.	☐	☐
3. Soy bastante exigente.	☐	☐
4. Nacemos con la personalidad.	☐	☐
5. Es fácil cambiar tu forma de ser.	☐	☐

Paso 1 Escucha lo que dice Ruth en **Así lo veo II** y completa el segmento con las palabras y expresiones que utiliza.

«En nuestra vida igual cambiamos _____,[1] todo, pero el _____.[2] Yo comento que soy mucho muy _____,[3] soy muy exigente con los hijos y yo sigo siendo muy exigente pero, pues, con el _____,[4] se hace uno más sensible, más _____,[5] y, pues, _____[6]... de ser más bonachona, pero lo exigente no _____.[7]»

Paso 2 Ruth dice que es una persona muy exigente con sus hijos. ¿Cómo influye en nuestra forma de ser el hecho de tener padres exigentes? Escribe tres oraciones positivas y tres negativas sobre las consecuencias de tener padres exigentes.

Modelo: *Los padres exigentes enseñan a sus hijos a ser responsables.*

Paso 1 Ruth opina que las personas no cambian su forma de ser. ¿Estás de acuerdo? ¿Hay algunas características que son fáciles de cambiar y otras que son imposibles de cambiar? Con otra persona, haz una lista de las características negativas que crees que se puede cambiar a través de los años.

Paso 2 Con la misma persona, haz una lista de los malos hábitos que Uds. creen que se puede cambiar.

Paso 3 Presenten sus listas a la clase. ¿Están de acuerdo con Uds.?

 **ASÍ LO PIENSO.**

Paso 1 Escucha mientras Ernesto habla de una característica suya que le gustaría cambiar.

Paso 2 ¿Estás de acuerdo con lo que dice Ernesto? ¿Es algo negativo ser impulsivo? ¿Cuándo es bueno seguir los instintos?

«Tienes que tomarte un tiempo para reflexionar y después actuar, ¿no?»

Vocabulario útil

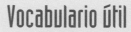

seguir instintos	to follow your instincts

Así lo veo

GRAMÁTICA
Se impersonal y pasivo

A. You've learned that **se** can be a reflexive pronoun and that it can also substitute for **le** when the latter is followed by **lo(s)** or **la(s).**

Go back and listen to the first part of Ruth's interview. She uses **se** in yet a third way. Complete the phrase based on what you hear.

«entonces, pues, _____ adaptar.»

This use of **se** is referred to as the **se** impersonal. It occurs with third-person singular verb forms and refers to no particular person, the way English uses *one, they,* or even *you* when no one person is intended—for example, *You can't fight City Hall.*

Se puede cambiar, pero sólo los hábitos, no la forma de ser.
You can change, but only habits, not the way you are.

B. Spanish, however, also uses the **tú** form of verbs in colloquial language to express the same idea. In this way, it is just like English.

Listen to Ruth talk again. You will see that in the first half of the segment she vacillates between the use of **se** and **tú** to express the idea of *one* or *you.*

«Entonces puedes cambiar actitudes, pero tu forma de ser… »

C. A third way to express the idea of no one in particular as the subject is by using **uno** with third-person singular verbs. Ruth does this when she says the following: **"yo pienso que ya no cambia uno; es difícil."** She could equally have said **"yo pienso que ya no se cambia"** or **"yo pienso que ya no cambias."** All of these would express the same meaning; that Ruth thinks a person (no one in particular) can't change.

Go back and listen to Ruth's segment in its entirety. See when you can spot her switching from **tú** to **se** to **uno** and/or go back and forth among the three options.

D. There is one condition under which **se** cannot be used in an impersonal way; when reflexive verbs are involved. At one point Ruth says **"con el paso de los años se hace uno más sensible, más tranquila."** Note that this sentence has both **se** and **uno** in it. However, it's the **uno** that communicates "impersonal, no one in particular." The **se** is part of the verb construction **hacerse** + *adjective,* which means *to become something*—for example, **Con el paso de los años, me hago más y más conforme con la vida** (*With the passage of time, I become more and more happy with life*).

The typical meaning of **hacer** is *to make* or *to do,* as in these examples:

EL MARAVILLOSO VERBO...

hacer

¿Qué haces?   *What are you doing?*

¿Qué se hace en esa compañía?

What do they (impersonal) *make at that company?*

But you will also remember that **hacer** is used to talk about weather, and thus translated into English as *is* (a form of the verb *to be*).

¿Qué tiempo hace?   *What is the weather like?*

Hace sol.   *It's sunny.*

When used as a reflexive verb accompanied by an adjective, the meaning is *to become* (or *to get*).

Uno no se hace millonario de la noche a la mañana.

A person doesn't become/get rich overnight.

However, only certain adjectives can be used with **hacerse** in this way, usually adjectives that imply a change in fundamental nature (rich, poor, calm—in terms of personality— and so on). Often, the change is gradual.

Abrupt changes in nature are usually indicated with **volverse +** *adjective*, and the most frequently used is with **loco.**

Se ha vuelto loco.   *He's gone crazy.*

With adjectives that involve a change in mental condition or mood, adjectives that often go with **estar,** the reflexive **ponerse** is used.

Esteban **se pone** alterado fácilmente.   *Esteban gets upset easily.*

Actividad A   El se impersonal

Paso 1 A continuación hay dos oraciones en que Ruth no usa el **se** impersonal. Cambia cada oración utilizando el **se** impersonal. Compara tus respuestas con las de otra persona. ¿Son iguales sus oraciones?

Modelo: *Tú puedes cambiar si quieres.* ➜ *Se puede cambiar si se quiere.*

1. «Si tú llegas a una casa y en esa casa vas a habitar y allí te* dicen que son reglas esto, esto y esto... »
2. «Entonces, puedes cambiar actitudes, pero tu† forma de ser, yo pienso que no cambia.»

Paso 2 Añade dos oraciones más con **se** impersonal, siguiendo las ideas de Ruth. Comparte tus oraciones con la clase.

Modelo: *Se nace con la personalidad; no es algo que se forma durante los años.*

---

*This **te** would have to change to **le** given that **se** impersonal is a third-person concept.

†In the same way that **te** changed in the preceding sentence, the possessive **tu** would have to change to **su** here.

Actividad B Hábitos y reglas

Paso 1 Ruth habla de los hábitos o reglas que uno tiene que seguir. ¿Qué hábitos o reglas se tienen que seguir en nuestra sociedad? Haz una lista de por lo menos cinco, utilizando el **se** impersonal.

Modelo: *Se obedece a los padres, hasta que se va uno de la casa.*

Paso 2 Con otras dos personas, haz una lista final de cinco reglas tomadas de sus listas individuales. Preséntenselas a la clase y expliquen si son buenas reglas o no.

Actividad C «Se hace uno... »

Paso 1 Ruth dice: « ...con el paso de los años se hace uno más sensible... » En tu opinión, ¿cómo se hace uno con el paso de los años? Escribe por lo menos tres de tus ideas.

Modelo: *Con el paso de los años se hace uno más comprensivo.*

Paso 2 Cinco personas deben escribir una de sus oraciones en la pizarra. Luego, las otras personas de la clase deben comentar si están de acuerdo o no con lo que dicen. ¿Pueden dar algún ejemplo que muestre cada ejemplo en la pizarra? Entre todos, indiquen al final si hay una tendencia universal respecto a un cambio que ocurre con el paso de los años. Utilicen el verbo **hacerse.**

Actividad D ¿Loco?

Paso 1 Ya sabemos que el personaje Don Quijote se volvió loco leyendo libros. Con otra persona, haz una lista de tres personas o personajes que se volvieron locos y cómo ocurrió. Presenten su lista a la clase.

Modelo: *Don Quijote se volvió loco leyendo novelas de caballería.*

Paso 2 La clase entera debe opinar si están de acuerdo con la siguiente oración o no.

Si uno se vuelve loco, no hay remedio. Es decir, eso no se puede cambiar.

ANTES DE VER

Vocabulario del vídeo

el brazo	arm	**curar**	to heal
el corazón	heart	**llorar**	to cry
el llanto	weeping, crying		
la maravilla	wonder	**además (de)**	besides, in addition to
la pareja	partner, mate; spouse	**conforme**	as; while
		fuerte	strong
acordarse (ue)	to remember		
agarrar	to grab, to take hold	**hace… años**	. . . years ago

Cognados: la crisis, la homosexualidad

Repaso: de repente

«Llegamos a esa plática y hablaron maravillas, maravillas, cosas muy bonitas.»

El verbo **recordar** no quiere decir *to record* sino *to remember*. En español se usa el verbo **grabar** para decir *to record*.

Elizabeth no **recuerda** lo que hizo ayer. (No se acuerda…)
Elizabeth does not remember what she did yesterday.

¿Me puedes **grabar** la película el sábado? No voy a estar en casa.
Can you record the movie on Saturday? I will not be at home.

AMIGO FALSO

recordar

Actividad A   El problema de Laura

Paso 1 Completa la historia usando el vocabulario nuevo. Luego, compara tus respuestas con las de otra persona.

Laura tiene un problema. Vive con su _____,[1] Eddie, en un apartamento. _____[2] de trabajar, Laura se ocupa de la casa. Eddie no hace nada, diciendo que la casa es cosa de mujeres. Han tenido muchas _____[3] sobre la situación, pero Eddie no cambia de opinión. Ni el _____[4] de Laura lo emociona. Ella lo quiere con todo su _____,[5] pero la situación parece ser imposible. No quiere dejar a Eddie, _____[6] solucionar el problema doméstico. ¿Es posible esto?

Paso 2 Contesta la pregunta que termina la historia. Luego, piensa en lo que Laura debe o no debe hacer.

Actividad B   ¿Curar o no?

Paso 1 Con otra persona, escribe una definición del verbo **curar.** Incluyan un ejemplo para dejar claro su significado. A continuación hay un ejemplo con el verbo **acordarse.**

> **Modelo:**   **acordarse:** el acto mental en que algo aparece en la memoria consciente
>
> *Roberto se acuerda de lo que su mamá siempre dice, que «un árbol que crece torcido… »*

Paso 2 Utilizando su definición, comparen el concepto de curar con el concepto de cambiar. ¿Son iguales? ¿Qué cosas «se curan» y qué cosas «se cambian» en las personas?

Actividad C   Gustavo va a hablar

Paso 1 En un momento, vas a escuchar a Gustavo hablar de un episodio de su pasado. A continuación hay unas oraciones suyas. Lee cada oración y luego contesta la pregunta que sigue.

1. «Hace muchos años tuve una... un problema con una... con una pareja que tenía, la segunda pareja que yo tuve». Cuando dice «pareja», ¿se refiere a un hombre o a una mujer? ¿Cómo lo sabes?

2. «Mis papás me estaban apoyando y me veían que estaba yo pasando una crisis muy fuerte.» ¿Qué tipo de crisis? ¿Todavía está hablando de sus relaciones con su pareja o se refiere a otra crisis?

3. (*Habla de cuando lo llevan a una conferencia —una «plática»— en un hotel.*) «De repente recordé que yo estaba ahí porque me querían curar de mi _____.» ¿Qué crees que era de lo que sus padres y amigos querían curarle?

4. «Entonces... yo... me dio un ataque de llanto, que empecé a llorar y llorar.» ¿Crees que en esta situación Gustavo llora porque está triste? ¿Cuáles pueden ser las causas de un ataque de llanto?

5. «Pero lo más cómico es que la amiga que nos invitó... de repente me tomaba del brazo y me decía: "Está bien, acepta a Cristo en tu corazón"... » ¿Adónde llevaron a Gustavo? ¿Por qué le dice su amiga que acepte a Cristo en su corazón?

Paso 2 Según lo que ya has visto de Gustavo, contesta las siguientes preguntas. Presta atención al uso de **saber** y **conocer.**

1. ¿Conoces bien a Gustavo? ¿A quién conoces mejor: a Ruth o a Gustavo?
2. ¿Qué sabes de Gustavo?

Ahora ve **Así lo veo III.** El **Vocabulario útil** te va a ayudar a comprender mejor el segmento.

DESPUÉS DE VER
Comprensión y opiniones

«Me vienen a curarme de lo que soy, cosa que no se puede curar.»

Actividad A   ¿Cierto o falso?

Indica si cada oración es cierta (**C**) o falsa (**F**), según lo que dice Gustavo. Si es falsa, cámbiala para que sea cierta.

	C	F
1. Gustavo estaba pasando una crisis porque tenía problemas con sus padres.	☐	☐
2. Gustavo sabía adónde lo llevaban sus padres y la amiga de ellos.	☐	☐
3. Cuando Gustavo llegó a la plática hablaron maravillas, cosas muy bonitas.	☐	☐
4. Gustavo se da cuenta de que querían curarlo de su homosexualidad.	☐	☐
5. Él lloraba porque quería hacerse cristiano.	☐	☐

Vocabulario útil

jalando	pulling, dragging
estas pláticas	these chats, talks (*Mex.*)
en el Ángel	**el Ángel** se refiere a una zona de la Ciudad de México (Gustavo menciona el hotel Sheraton que está en esa zona)
la bola de ideas	ball of ideas

Actividad B   Lo que dice Gustavo

Lo que le hicieron a Gustavo muchas veces se llama *una intervención* en nuestra cultura. En un párrafo de 100 palabras más o menos, describe lo que es una intervención. También ofrece algunos ejemplos de casos o situaciones en que una intervención se justifica o no.

NOTA CULTURAL
La formación y la experiencia

Como se puede ver en *Así lo veo,* muchas veces las opiniones que expresan las personas se basan en sus propias experiencias. Y claro, muchas de estas experiencias se forman de acuerdo con la formación educativa de la persona y su situación socioeconómica. Ruth y Gustavo, por ejemplo, aunque de diferentes edades, a veces expresan ideas semejantes porque su nivel de educación es similar. También el mundo en que trabajan los expone a una diversidad que no se les ofrece a otros con menos educación o recursos económicos. Por otro lado, Leticia, quien tiene una educación formal limitada y cuya vida radica en el barrio donde vive, a veces expresa opiniones diferentes.

Aunque queremos evitar los estereotipos, la verdad es que el lugar donde vives y la educación que tienes influyen en tus acciones, pensamientos, creencias y manera de hablar —y lo mismo ocurre en el mundo hispano. ¿Has visto que Leticia, por ejemplo, habla con oraciones breves y sus ideas y vocabulario son más concretos? ¿Has visto que Ruth y Gustavo hablan más, que sus oraciones son más largas, y que en general su uso del lenguaje es diferente del de Leticia? Esto no quiere decir que Leticia no tenga ideas profundas ni que a veces Gustavo o Ruth no digan algo que quizás te parezca una tontería. Pero sí muestra la diversidad socioeconómica y educativa que existe no sólo en México sino en todo el mundo hispano. Ahora, la pregunta es si el nivel socioeconómico influye en la idea de que si una persona puede cambiar o no. ¿Qué crees tú?

El mundo hispano muestra mucha variación en cuanto a los niveles socioeconómicos y educativos de sus habitantes, lo cual resulta en diferentes experiencias personales.

Escucha lo que dice Leticia sobre el cambio en las personas. ¿Estás de acuerdo? ¿Has dado tú consejos a alguien que quiere cambiar? ¿Alguien te ha dado consejos a ti?

« ...a lo mejor sí, apoyando [a una persona], este, dándole consejos, a lo mejor, sí puede cambiar... »

GRAMÁTICA
El pretérito y el imperfecto

Listen to the first sentence of Gustavo's segment. He begins with **"Hace muchos años..."** setting the time frame for a while back, some time ago. What happened a long time ago? Complete what Gustavo says in the first part of the sentence.

 PRUÉBALO 7

«Hace _____ problema... »

Do you recognize the form of the verb? What is its infinitive form? Can you translate what Gustavo is saying?

A. The preterite is a past tense used in Spanish to talk about singular events that, in the speaker's mind, are viewed as completed at a particular point in the past. Here are the forms of the regular preterite.

pasar: pasé, pasaste, pasó, pasamos, pasasteis, pasaron

nacer: nací, naciste, nació, nacimos, nacisteis, nacieron

recibir: recibí, recibiste, recibió, recibimos, recibisteis, recibieron

ir/ser: fui, fuiste, fue, fuimos, fuisteis, fueron

dar: di, diste, dio, dimos, disteis, dieron

Other common irregular verbs contain stem changes and do not follow their normal endings.

andar → anduv-	poder → pud-	hacer → hic-/hiz-	-e	-imos
estar → estuv-	poner → pus-	querer → quis-	-iste	-isteis
tener → tuv-	saber → sup-	venir → vin-	-o	-ieron

Note that the irregular verbs ending in **-j** share the same endings except for **-ieron/-eron.**

decir → dij-	traer → traj-	-e	-imos
		-iste	-isteis
		-o	-eron

Finally, -**ir** verbs that have an **e ➔ ie** stem change in the present tense have an **e ➔ i** change in two forms in the preterite: **sintió, sintieron** (but **sentí, sentimos,** and so on). Likewise, the verbs **dormir** and **morir** have **o ➔ u** changes in the same forms: **murió, murieron.**

▶ PRUÉBALO 8

Go back to Gustavo's first utterance, **"Hace muchos años...,"** and complete what he says.

«Hace muchos años tuve una... un problema con una... con _____ muy mal.»

There are two verbs in this sentence that don't appear in the preterite form. Do you recognize them? Why did Gustavo use them instead of the preterite? We'll see why in a minute.

B. The imperfect is another past tense used to talk about events in progress at a given point in time, or to provide background events in a narrative. Most verbs are regular in the imperfect.

tomar: tomaba, **tom**abas, **tom**aba, **tom**ábamos, **tom**abais, **tom**aban
tener: tenía, **ten**ías, **ten**ía, **ten**íamos, **ten**íais, **ten**ían
decir: decía, **dec**ías, **dec**ía, **dec**íamos, **dec**íais, **dec**ían

Three common verbs are the only irregular verbs in the imperfect.

ir: iba, ibas, iba, íbamos, ibais, iban
ser: era, eras, era, éramos, erais, eran
ver: veía, veías, veía, veíamos, veíais, veían

C. As mentioned before, the preterite is generally used for events that the speaker views as completed at a particular point in time. The imperfect is used for events that were occurring at the time of another event, and very often this consists of background information. Let's return to Gustavo's opening statement.

Completed Event	Event That Was In Progress
Hace muchos años tuve un problema (*he views having the problem as a completed event at the point in time:* «**hace muchos años**»)	con una pareja que tenía (*the event of having the partner was occurring at the time he had the problem*) yo estaba muy mal (*the event of being in a bad way was occurring at the time he had the problem*)

Think of some other events that might have been occurring at the same time as Gustavo's problem. For example, where was he living? How old was he? What time of year (season) was it? These are all events that would appear in the imperfect if he had chosen to talk about them.

Gustavo's narrative moves on when he talks about how his friend took him to a meeting. Gustavo actually uses **me llevan,** which is referred to as the historical present; we sometimes slip into present tense when we are talking about something in the past. So let's change what he says to the preterite, to refer to a completed event in the past. Complete the chart with some ideas about what other events were co-occurring when they took him to the meeting. You can watch the segment again, or you can provide logically inferred ideas.

Completed Event	Co-Occurring Events
Me llevaron a una plática.	1. _____
	2. _____
	3. _____

This is your introduction to how speakers of Spanish use preterite and imperfect to create a narrative in the past. Don't expect to be perfect with the past tenses right away; it will take some time. By watching and listening, you will get a better intuitive grasp of how they are used, and you will review and use the preterite and imperfect throughout your studies with *Así lo veo* as well as afterward.

Actividad A   Lo que le pasó a Gustavo

Completa el párrafo con la forma correcta del pretérito o imperfecto del verbo más lógico entre paréntesis. Después, revisa el párrafo con otra persona para ver si lo han completado de la misma manera.

Hace unos años, Gustavo _____ (**acordarse/pasar**)[1] una crisis personal. _____ (**Tener/Hacer**)[2] problemas con una pareja. Sus padres lo _____ (**apoyar/agarrar**)[3] pero él _____ (**ser/estar**)[4] muy mal. Una amiga de la familia lo _____ (**invitar/llamar**)[5] a una conferencia en un hotel. Allí las personas decían maravillas y cosas interesantes. Sin embargo, Gustavo _____ (**empezar/practicar**)[6] a llorar. No por tristeza sino porque _____ (**darse cuenta / recordar**)[7] de que lo _____ (**cambiar/querer**)[8] curar de su homosexualidad.

Actividad B   Preguntas

Contesta las preguntas con información personal. Presta atención al uso del pretérito y del imperfecto. Luego, comparte tus ideas con la clase. ¿Hay algunas ideas en común?

1. ¿En qué año naciste? ¿Dónde habitaba tu familia ese año?
2. ¿Cuántos años tenías cuando te diste cuenta de que Santa Claus no existía?
3. ¿Cuánto tiempo hace que te graduaste en la escuela secundaria? Describe cómo era tu vida, dando dos o tres ejemplos.

¿Te gustaba la escuela secundaria? ¿Cuántos años hace que te graduaste? ¿Cómo celebraste tu graduación?

Actividad C   Hace cincuenta años...

Paso 1 Piensa en la sociedad de hace cincuenta años y luego contesta las preguntas a continuación.

Hace cincuenta años, ...

1. ¿cómo veía la sociedad la homosexualidad?
2. ¿cuál era el papel de la religión en la sociedad?
3. ¿cómo eran «las buenas personas»?
4. ¿cuáles eran las reglas o normas dentro de la familia?

Paso 2 Hasta ahora, hemos reflexionado sobre la posibilidad de cambiarse un ser humano. ¿y la sociedad? ¿Cómo cambian las sociedades? Comparte tus ideas del **Paso 1** con las de otras dos personas. Luego, los tres deben contestar esta pregunta y presentar sus ideas a la clase. ¿Ha cambiado la sociedad en los últimos cincuenta años? ¿Cómo era antes y cómo es ahora?

Actividad D   Un personaje público

Paso 1 Escoge un personaje público que ha tenido problemas recientemente o a quien le ha pasado algo de mucho interés. Escribe un párrafo breve (unas 100 palabras) de lo que le pasó, usando el pretérito e imperfecto.

Paso 2 Intercambia tu párrafo con el de otra persona para que los dos se revisen los párrafos. Después, entrega una versión final a tu profesor(a).

Actividad E   Así lo veo yo.

Escribe una composición de 200 palabras sobre el siguiente tema: **¿Cómo puede cambiar una persona y qué puede cambiar?** Antes de empezar, sigue las recomendaciones a continuación para organizar tus ideas.

Antes de escribir

- Repasa el vídeo y el contenido de las actividades de la lección.
- Apunta las ideas expresadas por algunas personas del vídeo que quieres incluir en tu composición. Pueden ser ideas o perspectivas con las que estás de acuerdo o no.
- Piensa cómo puedes integrar los puntos gramaticales de esta lección.

Al escribir

- Haz un bosquejo (*outline*) para organizar el orden de tus ideas.
- Escribe un borrador y repásalo (con otra persona si quieres), fijándote bien en el contenido y en la gramática.

Versión final

- Pon en limpio el borrador de la composición para entregársela a tu profesor(a).

«El frío que no llega»

Tununa Mercado (Argentina, 1939–)

Perfil de la autora

Tununa Mercado nació en Córdoba, Argentina, en 1939. Mercado ejemplifica la experiencia del exilio[a] político en la vida de una escritora, ya que ella misma vivió esa experiencia en dos ocasiones. Primero en 1966, como resultado de un golpe de estado militar,[b] Mercado tuvo que exiliarse en Francia, donde vivió durante tres años. La segunda vez, y por razones similares, residió con su familia en México entre 1974 y 1986.

[a] *exile* [b] golpe... *military coup*

ANTES DE LEER

Vocabulario

el/la exiliado/a	exile
la ingenuidad	naivete
el malentendido	misunderstanding
el rasgo	trait
la vergüenza	embarrassment, shame
la vergüenza ajena	embarrassment for someone else's actions or attitudes (lit., embarrassment belonging to others)
la voluntad	will
adueñarse de	to take over, to take possession of
ceder	to yield
ocuparse de	to be in charge of
pegarse (gu) a	to stick to
zafarse de	to get away from
vacío/a	empty

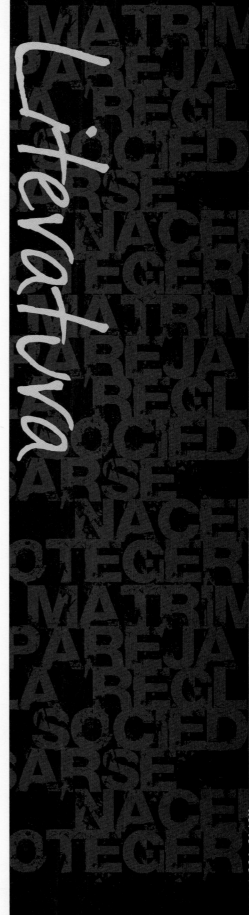

Literatura

Actividad A   Oraciones

Completa las siguientes frases con una palabra del vocabulario.

1. El gobernador no quiso _____ ante la presión de los periodistas.
2. Juan y Luis no se hablan a causa de un _____.
3. Siempre quiere _____ objetos que no le pertenecen.
4. Como no es un buen padre, no quiere _____ la educación de sus hijos.
5. Siempre trata de _____ sus responsabilidades.
6. Necesito echarle gasolina al coche; el depósito (*tank*) está totalmente _____.
7. La _____ de Irene es evidente. ¡Ella cree todas las mentiras que le cuenta su novio!
8. Tiene _____ de luchar por una causa justa.

Actividad B   ¡Me da vergüenza!

Paso 1 Haz una lista de cinco de las cosas que te dan vergüenza.

Modelo: *Me da vergüenza ducharme en el gimnasio.*

Paso 2 Piensa en algunas situaciones que te causan vergüenza ajena.

Modelo: *Cuando mi madre y yo vamos a una fiesta, me da vergüenza que ella baile cuando ya ha tomado mucho vino.*

Paso 3 Compara tu lista con la de otro/a estudiante. ¿Les causan vergüenza cosas o situaciones parecidas?

Paso 4 En la clase, indiquen entre todos qué cosas o situaciones son realmente vergonzosas y cuáles no lo son.

Actividad C   Temas

Aunque tanto Buenos Aires como la Ciudad de México son ciudades latinoamericanas, una se encuentra en el hemisferio sur y la otra en el norte, provocando marcadas diferencias entre las dos ciudades en cuanto a las estaciones y el clima.

Paso 1 Teniendo en cuenta la información sobre Tununa Mercado en **Perfil de la autora** y el título de la lectura, «El frío que no llega», ¿cuál crees que será el tema de la lectura? Apunta dos o tres posibilidades.

Paso 2 Ahora, lee el primer párrafo de la lectura, hasta «requiere eras geológicas». ¿Crees que la lectura se va a tratar de los temas que anotaste en el paso anterior? ¿Por qué razón?

Paso 3 En el primer párrafo de la lectura, la autora nos dice que los mexicanos que trabajan en las oficinas de migraciones reaccionaban pasivamente ante los fuertes reclamos de los argentinos. ¿Cómo reaccionarías tú en esa situación o en otra situación parecida? ¿Respondes con una actitud pasiva o defensiva cuando alguna persona requiere que actúes de forma inmediata a sus reclamos? Con otra persona, comenta si reaccionarías como lo hacen los mexicanos o no y explica cómo lo harías tú y por qué.

El frío que no llega

Con ingenuidad, a muchos exiliados en México se les dio por pensar que seguían siendo, pese a todo,[1] los mejores del mundo y entonces no supieron mezclarse o fundirse[2] en la población —vecinos, colegas, o lo que fuere[3]— y persistieron en mantener rasgos muy nacionales, gesticulaciones[4] muy propias que solían provocar vergüenza ajena en aquellos que por miedo o timidez habían optado por hacerse lo menos evidentes posible. Podía llegar a suceder que alguno hablara de manera estentórea[5] y reclamante[6] en una oficina de migraciones, por ejemplo, y que suscitara[7] en el mexicano o mexicana que se ocupaba del trámite, un súbito[8] bloqueo, defensivo, ante la petulancia;[9] el empleado ponía una cara especial de haber bajado una cortina interna y de haber al mismo tiempo clausurado[10] cualquier entrada o cualquier salida; ni oía ni respondía al discurso demandante de su interlocutor; se enconchaba,[11] *hacía el muerto*,[12] que es una forma que muchas especies animales tienen de neutralizar los asedios[13] del exterior y cuyo aprendizaje requiere eras geológicas.

Esa habilidad de hacerse el muerto [...] la burocracia mexicana la tiene por cultura y casi por naturaleza y por eso mismo no es ni anécdota ni representación, sino un modo del espíritu. Frente a[14] una jactancia[15] de argentino, el mexicano mira con ojos vacíos, oye con oídos cancelados y sella boca,[16] provocando en quien lo interpela[17] una impotencia total. Años puede llevarle a un argentino aprender ese método de distanciamiento ante las desmesuras[18] o vanidades de uno de sus semejantes, y si lo llegara a dominar no sería difícil que le diera una connotación de desdén,[19] cosa que el mexicano no hace; perdonando las generalizaciones, me parece que éste sólo pone en práctica, tal vez sin saberlo, un método para preservar su salud mental o su proverbial dignidad. Esa arma es en extremo dañina[20] y hay muchos argentinos seguros de sí mismos y del lugar que ocupan en los estratos[21] sociales que han sufrido sus estocadas[22] hasta la derrota[23] y que, por lógica, han engendrado animadversión contra quienes la esgrimen,[24] sus anfitriones.[25]

La pasta argentina[26] no dejaba espiro, se pegaba al cuerpo, llenaba la mente, absorbía todos los líquidos y dejaba en la sequedad[27]; quienes podían zafarse de ella o disminuir su consistencia era porque ponían una voluntad

---

[1]pese... *in spite of everything* [2]*to join, unite* [3]lo... *whatever* [4]*gestures* [5]*thundering* [6]*protesting, demanding* [7]*provoked* [8]*sudden* [9]*petulance* [10]*closed* [11]se... *would retreat into him-/herself* [12]hacía... *would play dead* [13]*harrassments* [14]Frente... *In the face of* [15]*boastfulness, arrogance* [16]sella... *seals his mouth* [17]lo... *demands an answer from him* [18]*excesses* [19]*disdain* [20]*harmful* [21]*strata* [22]*stabs* [23]*defeat* [24]han... *have caused animosity towards those who wield it* [25]*hosts* [26]pasta... *Argentine way of being* [27]*dryness*

de hierro[28] para integrarse al medio. Tenían que aprenderlo todo, es decir, aprender a saludar al vecino, a dejarle el paso, a no pasar por entremedio de dos personas que están hablando, a no pasar los platos por delante de las personas en la mesa; a decir «por favor» cuando pedían algo, y las correlativas fórmulas «permiso» y «propio»; a agradecer toda vez que fuera necesario y aún más de lo necesario, respondiendo a las «gracias» del otro con un «para servirle»; a no interrumpir a los demás en las conversaciones, disminuyendo, en lo posible y en el caso de tener el uso de la palabra, el río verbal; a decir «salud» cuando alguien estornudaba[29] y «provecho» cuando daba comienzo la ingesta ajena; a ofrecer con un «¿gusta?» la comida propia al recién llegado (prácticas que hace mucho no tienen uso en la Argentina por decisión de clasemedieros con ínfulas[30]); tuvieron que aprender a ofrecer hospitalidad usando la norma de cortesía local que consiste en decir: «Lo esperamos en *su* casa», para invitar al interlocutor argentino, quien creía que el mexicano se refería a *su* casa, anunciándole una visita; el equívoco[31] solía perdurar[32] largo rato, reiterándose el «*su* casa» con un refuerzo aclaratorio: «*su* casa *de usted*», frase con la cual el mexicano afirmaba la donación generosa de su casa, la de él, al extranjero; este desprendimiento[33] nunca era entendido y los argentinos interpretaban que el mexicano se adueñaba de sus casas, y el «ahí tiene usted su casa de usted» no era captado ni correspondido con análoga cortesía, quedando el argentino mal parado[34] y demostrando su incapacidad para oír a sus diferentes.

Los malentendidos eran resortes que obligaban a aprendizajes acelerados de urbanidad y después de varios años puede decirse con justicia que algunos lograron hacer suyas las leyes de convivencia y se los veía en reuniones con mexicanos haciendo esfuerzos por dejarlos hablar, con una cara de represión enorme de los naturales impulsos por cubrir el espacio con la propia y exclusiva voz, con aire de frustración por verse obligados a ceder la palabra y a dominar los proverbiales y sesudos[35] tonos.

[28]*iron*   [29]*sneezed*   [30]clasemedieros... *pretentious middle-class people*   [31]*ambiguity, confusion*   [32]*last*
[33]*generosity*   [34]quedando... *making the Argentine look bad*   [35]*know-it-all*

DESPUÉS DE LEER

Actividad A   Comprensión

Según lo que leíste, escoge la mejor respuesta a las siguientes preguntas.

1. ¿Por qué eran ingenuos algunos de los argentinos exiliados en México?
   a. Se creían inferiores a los mexicanos.
   b. Se creían superiores a los mexicanos.
   c. Se mezclaban con los mexicanos sin dificultad.

2. ¿Qué rasgo característico de la cultura argentina expone la autora en el primer párrafo?
   a. hablar de manera ruidosa y pretenciosa
   b. hacerse el muerto
   c. responder a la preguntas de los mexicanos

3. ¿Qué caracteriza a la burocracia mexicana?

   a. responder a las preguntas del interlocutor
   b. su destreza para distanciarse de su interlocutor
   c. la rapidez con que responde al interlocutor

4. ¿Qué propone la autora para que los argentinos se integren a la sociedad mexicana?

   a. pasar mucho tiempo en México
   b. aprender el método de distanciamiento de los mexicanos
   c. aprender las normas de cortesía de la sociedad mexicana

5. ¿Qué forma de cortesía, propia de la educación mexicana, causaba malentendidos entre los argentinos?

   a. cuando los argentinos invitaban a los mexicanos a su casa
   b. cuando los argentinos hacían fiestas en la casa
   c. cuando los mexicanos invitaban a los argentinos a su casa

Actividad B   Interpretación

1. Según la narradora, ¿qué es lo que distingue a los exiliados argentinos en México?

2. Explica la relación entre el verbo **enconcharse** y la expresión **hacerse el muerto**.

3. ¿Por qué dice la autora que la habilidad de la burocracia mexicana de hacerse el muerto es «un modo del espíritu»? ¿Qué quiere decir con esto?

4. ¿En qué consiste la «proverbial dignidad» de los mexicanos, según el texto?

5. Explica lo que quiere decir la autora con la declaración: «La pasta argentina no dejaba respiro».

6. ¿Crees que los argentinos exiliados en México acaban o no por integrarse con éxito en la sociedad mexicana? ¿Por qué razón?

Actividad C   Más allá del texto

1. Imagina que estás en otro país con un grupo de estadounidenses de tu universidad. ¿Qué comportamientos (*behaviors*) o aspectos típicos de la cultura norteamericana provocarían en ti vergüenza ajena? Apunta tus ideas en una lista y luego preséntalas a la clase.

2. Escoge un segmento de la lectura y transforma a los argentinos en norteamericanos. ¿De qué forma cambiaría la relación de estos con los mexicanos? Con otra persona, haz una representación de la escena para la clase.

3. Imagina que vives en otro país angloparlante. Escribe una carta a tus padres acerca de las diferencias que encuentras en esa cultura.

Nuestras familias

IDEA 1

Con dos personas, pon en orden de importancia los siguientes conceptos: los amigos, los compañeros de trabajo, la familia nuclear, la familia extendida, la pareja (*spouse, significant other, partner*), las mascotas. ¿Pueden explicar el porqué de su importancia?

IDEA 2

Con otra persona, describe las fotos de las familias en esta página. ¿Qué tipos de familia representan las fotos?

IDEA 3

Con otra persona, lee lo que dicen Gustavo, Leticia y Yolanda. ¿Qué adjetivos se les ocurre para describir (1) las relaciones de ellos con su familia y (2) el tipo de persona que es cada uno?

IDEA 4

¿Te acuerdas del Padre Aguilar? ¿Crees que él está de acuerdo con lo que dice cada una de las personas en la **Idea 3**?

«La familia mexicana no tendría necesidad de cambiar.»

«Ya que tú sales de tu familia nuclear, de tu familia este… de origen, también creas tu propia familia con los amigos.»

«Estar con los míos, eso es lo que me hace más feliz.»

«La familia es bastante importante porque es la base de la sociedad.»

LECCIÓN 3

¿Qué es una familia?

Tamalada, por Carmen Lomas Garza

1. ¿Cómo ves a esta familia?
2. ¿Quiénes son y qué hacen?
3. ¿Crees que es una familia unida?
4. Escribe tres conclusiones que puedes sacar sobre esta familia.

REFRÁN *La ropa sucia se lava en casa.*

En esta lección vas a:

> hablar y escribir sobre la familia y su importancia

> escuchar lo que dicen nuestros amigos sobre lo que es una familia y la importancia que tiene en la vida de cada uno de ellos

> usar el subjuntivo después de antecedentes indefinidos y negativos, y después de expresiones impersonales con **ser**

> leer información cultural y comentar sobre los nuevos modelos de la familia en el mundo hispano

Antes de empezar la lección, ve la **Introducción** de la **Lección 3** en el vídeo.

Así lo veo I

ANTES DE VER

Vocabulario del vídeo

la conducta	conduct, behavior	unir	to unite
la ley	law	valer (g)	to be worth; to value
la regla	rule		
		dentro de	within
casarse (con)	to get married (to)	entonces	then, so
proteger (j)	to protect	por supuesto	of course
tratar de + *inf.*	to try to (*do something*)		

Cognados: el matrimonio, la sociedad

Repaso: la actitud, nacer (zc), la pareja, la regla

Más vocabulario
llevarse bien/mal (con)   to get along well/poorly (with)

La familia: los abuelos, los ahijados, los compadres, los cuñados, los gemelos/mellizos, los hermanastros, el/la hermano/a (los hermanos), los medio hermanos, los padrastros, los padrinos, los primos, los sobrinos, los suegros, los tíos

Ernesto y su hermano, ¿crees que se llevan bien? Explica.

Actividad A Palabras relacionadas

Escoge una palabra o expresión de cada columna para escribir oraciones lógicas. Luego, comparte tus oraciones con el resto de la clase.

1. La familia   … es lo opuesto de…   una pareja.
2. La actitud   … es un sinónimo de…   una sociedad.
3. Casarse   … es la unión legal
                      y/o religiosa de…   la regla.
4. La ley   … es un ejemplo de…   divorciarse.
5. El matrimonio   … se refleja en…   la conducta.

Actividad B Mi familia

Paso 1 En parejas, túrnense para describir a sus familias (mencionen por lo menos cinco de los miembros y las relaciones entre ellos). La otra persona va a dibujar un árbol genealógico. Luego, compartan sus dibujos para verificar la información.

Paso 2 Usando el árbol genealógico como referencia, contesta las siguientes preguntas.

1. ¿Es muy unida tu familia? ¿Cómo se relacionan? ¿Se llevan bien todos?
2. ¿En quién de tu familia tienes mucha confianza (*trust*)?
3. ¿Tiene ahora tu familia tanta influencia sobre tus acciones o decisiones como la que tenía hace cinco años (*five years ago*)? Da unos ejemplos.

Paso 1 En cada familia hay ciertas normas o reglas. Algunas de las reglas de conducta son explícitas; otras no lo son. ¿Había (o hay) reglas en tu familia? Escribe una lista de por lo menos cinco reglas. ¿Qué reglas obedecías normalmente y cuáles no?

> **Modelo:** *En mi familia había que* (one had to) *estar en casa antes de la medianoche.*

Paso 2 Lee tu lista de reglas a tres estudiantes y escucha lo que ellos/ellas tienen en sus listas. Luego, contesta las siguientes preguntas.

1. ¿Hay reglas de conducta parecidas en distintas familias?
2. ¿Sirven las reglas que se han mencionado para proteger a los hijos o para hacerles la vida más fácil a los padres?
3. De las reglas que se han comentado, ¿cuáles piensas imponerles a tus futuros hijos?
4. Cuando los tíos cuidan a sus sobrinos, ¿les aplican las mismas reglas de conducta que esos niños o jóvenes tienen en su hogar?

Actividad D   Nuestros amigos hablan.

Ahora ve **Así lo veo I.** El **Vocabulario útil** te va a ayudar a comprender mejor el segmento.

Vocabulario útil

el fruto	fruit
el camino	path

PALABRAS ENGAÑOSAS

fruto/fruta

Las dos palabras **fruto** y **fruta** se traducen al inglés como *fruit*, pero significan algo diferente en español. El significado principal de **fruto** es la parte de la planta que contiene las semillas (*seeds*), pero en sentido figurado se refiere al provecho o resultado producido por algo, como el trabajo humano.

> Este proyecto es el **fruto** de muchos años de trabajo.
>
> Una familia es el **fruto** de un matrimonio.

En cambio, una **fruta** es algo que se come, como una fresa, una manzana o un plátano.

> El plátano es una **fruta** típica de Centroamérica.

DESPUÉS DE VER
Comprensión y opiniones

Actividad A   ¿Lo dice Ruth?

 Paso 1 Indica si cada oración representa lo que dice Ruth sobre la familia. Si no, cambia la oración para que represente mejor sus ideas.

	Sí	No
1. A veces hay personas que se casan y no se aman.	☐	☐
2. El propósito del matrimonio es criar (*to raise*) a los hijos.	☐	☐
3. Una familia es una sociedad pequeña.	☐	☐
4. Sólo se puede proteger a los hijos si estos siguen las reglas de la familia.	☐	☐
5. La familia es lo más importante en la vida.	☐	☐

Paso 2 Mira y escucha otra vez **Así lo veo I** y apunta las palabras exactas de Ruth para defender tus respuestas del **Paso 1.** Luego, escoge algunas oraciones del **Paso 1** que son ciertas y explica por qué.

Modelo: *Ruth sí piensa que... porque dice que...*

Actividad B   La madre y los hijos

Paso 1 En este segmento, Ruth dice que una madre trata de llevar a los hijos «por un buen camino». Es decir que educar a los hijos es un proceso o como un viaje. Si seguimos con esta comparación, ¿cuáles son algunos posibles «destinos» de ese «buen camino»? Haz una lista de por lo menos tres destinos.

Modelo: *conseguir un trabajo*

Paso 2 Según la lista en el **Paso 1,** ¿cuáles serían las reglas que los hijos deben respetar o las decisiones que deben tomar para llegar a esos destinos?

Modelo: *Para conseguir un buen trabajo, hay que ser disciplinado y muy competente.*

NOTA CULTURAL

Los hijos y la independencia

Ernesto vive con su familia mientras estudia en la UNAM.

En los Estados Unidos, ¿a qué edad dejan los hijos su hogar? Para muchos, esto coincide con los estudios universitarios. O sea, un hijo «deja el nido» cuando sale para la universidad y se va a vivir en una residencia estudiantil. En este país, es típico que un joven tenga su propio apartamento cuando sólo tiene 21 ó 22 años. En cambio, en muchos países hispanos, no hay una edad determinada en que los hijos dejen el hogar familiar para «buscarse la vida». Aún mientras asisten a la universidad, si esta está en la ciudad donde viven, se quedan con su familia, o cuando la universidad está en otra ciudad, viven con parientes. Por ejemplo, Ernesto, a quien ya conoces por este libro, estudia en la Universidad Autónoma de México (*UNAM*). Vive con sus padres y hermanos y no tiene prisa por independizarse. Y en muchas familias hispanas, los hijos se quedan con sus padres hasta que se casan y empiezan a formar sus propias familias. Yolanda, por ejemplo, es una mujer soltera y vive todavía con sus padres.

Actividad C   ¿Se parece a Ruth?

Paso 1 Piensa en varias personas (ficticias o verdaderas) e identifica a una que es…

- … igual a Ruth en cuanto a lo que dice sobre la familia.
- … lo opuesto de Ruth.

Paso 2 Comparte tus ideas con tus compañeros/as. Entre las personas mencionadas, ¿quién es la más (y la menos) parecida a Ruth?

Escucha lo que dice Yolanda acerca de la importancia de la familia. El **Vocabulario útil** te va a ayudar a comprender mejor lo que dice.

¿Coincide Yolanda (*Does Yolanda agree*) con lo que dice Ruth? ¿A qué se refiere cuando dice que «se dan esas flexibilidades para poder interaccionar con otras personas»?

ASÍ LO PIENSO.

Vocabulario útil

poderse	to be able to
desempeñar	to perform
trabajando en equipo	working as a team

¿Qué (no) quiere esta madre que hagan sus hijos?

GRAMÁTICA
Introducción al presente de subjuntivo

A. You may recall from previous Spanish study that Spanish possesses two *moods*, or ways of perceiving events. The indicative mood (which includes forms such as the present, preterite, and imperfect) is used to ask questions and report events that the speaker perceives as real and/or certain. On the other hand, the subjunctive mood expresses events that a speaker may hope/wish for, want, desire, doubt, feel strongly about, but that may not necessarily be true. Examine these two sentences.

Todos saben que **vamos** a México.   Espero que **vayamos** a México.

Both sentences report an event (*we are going to Mexico*). However, in the first sentence this event is stated as a fact that everyone knows (using the present indicative), while in the second sentence it is expressed as a hope (using the present subjunctive) and not as a fact.

PRUÉBALO 1

In the video segment for **Así lo veo I,** did you notice the subjunctive forms that Ruth used? Listen to the segment again, then write down the forms you hear in the expressions below and what you think they mean.

Expresión con el subjuntivo	Significado
_____ como _____,	_____
_____ donde _____, eh,	_____
_____ actitudes que _____,	_____
conducta que _____, siempre una madre va a proteger a un hijo.	_____ a mother will always protect a child.

Throughout *Así lo veo,* you will learn many different uses of the subjunctive, and you will have several opportunities to see and hear these uses in the video. In this section, however, you will review the forms of the present subjunctive and learn about one particular use that appears in Ruth's segment while she talks about her children.

B. To form the present subjunctive for regular verbs, add the following endings to the stem of the **yo** form of the present indicative. For **-ar** verbs, add **-e, -es, -e, -emos, -éis, -en**. For **-er** and **-ir** verbs, add **-a, -as, -a, -amos, -áis, -an.**

hablar: hable, hables, hable, hablemos, habléis, hablen

comer: coma, comas, coma, comamos, comáis, coman

vivir: viva, vivas, viva, vivamos, viváis, vivan

Verbs that have a spelling change in the **yo** form (**-go, -zco**) maintain the spelling change in all of the forms.

conocer: conozco, conozcas, conozca, conozcamos, conozcáis, conozcan

tener: tenga, tengas, tenga, tengamos, tengáis, tengan

Verbs that end in **-car, -gar,** and **-zar** also undergo a spelling change.

buscar: busque, busques, busque, busquemos, busquéis, busquen

llegar: llegue, llegues, llegue, lleguemos, lleguéis, lleguen

empezar: empiece, empieces, empiece, empecemos, empecéis, empiecen

Irregular verbs in the subjunctive include the following.

haber: haya, hayas, haya, hayamos, hayáis, hayan

ir: vaya, vayas, vaya, vayamos, vayáis, vayan

saber: sepa, sepas, sepa, sepamos, sepáis, sepan

ser: sea, seas, sea, seamos, seáis, sean

Note the accent marks for the verbs **dar** and **estar.**

dar: dé, des, dé, demos, deis, den

estar: esté, estés, esté, estemos, estéis, estén

Remember that stem-changing **-ir** verbs have a stem change in the **nosotros** and **vosotros** forms.

dormir: duerma, duermas, duerma, durmamos, durmáis, duerman

pedir: pida, pidas, pida, pidamos, pidáis, pidan

divertirse: me divierta, te diviertas, se divierta, nos divirtamos, os divirtáis, se diviertan

Actividad A ¿Qué (no) quiere tu profesor(a) de español?

Paso 1 Completa cada oración con la forma correcta del subjuntivo. Luego, decide si cada oración sobre tu profesor(a) de español es cierta (**C**) o falsa (**F**).

Mi profesor(a) de español quiere que (nosotros)…

	C	F
1. … (**hablar**) español en la clase.	☐	☐
2. … (**llegar**) tarde a la clase.	☐	☐
3. … (**dormir**) durante la clase.	☐	☐
4. … (**hacer**) la tarea todos los días.	☐	☐
5. … (**ir**) a un país hispanohablante.	☐	☐
6. … (**copiar**) durante los exámenes.	☐	☐
7. … (**buscar**) en el diccionario las palabras que no conocemos.	☐	☐
8. … (**comer**) durante las actividades interactivas.	☐	☐

Paso 2 Verifica las respuestas del **Paso 1** con otra persona. Luego, inventa dos oraciones más para presentar a la clase sobre lo que quiere tu profesor(a) de español. Tu profesor(a) va a decir si tienes razón o no.

Actividad B ¿Qué esperan (*What do they expect?*)?

Paso 1 Escoge a una persona de tu familia que te conoce bien (tu madre, tu padre, tu hermana, etcétera) o a dos personas (tus padres, tus abuelos, tus hermanos, etcétera) que te conocen bien.

Mi(s) _____.

Paso 2 Usando el subjuntivo, escribe cinco oraciones que expliquen lo que esta persona (estas personas) espera(n) de ti.

> **Modelos:** *Mi madre espera que yo…*
> *Mis abuelos esperan que yo…*

Paso 3 Compara lo que escribiste en el **Paso 2** con lo que escribiste en **Después de ver Actividad B** (página 90) sobre la idea de llevar a los hijos por «el buen camino». ¿Están relacionadas tus respuestas?

Actividad C Sean como sean

Paso 1 ¿Recuerdas lo que dice Ruth? Dice que su familia es muy importante porque «para una madre los hijos, pues, valen mucho. Sean como sean, trabajen donde trabajen, eh, tengan actitudes que tengan, conducta que tengan… ». Con otra persona, añade tres frases como «sean como sean» para continuar ejemplificando lo que dice Ruth.

> **Modelo:** *… vivan donde vivan*

Paso 2 Entre todos, hagan una lista en la clase de todas las ideas que escribieron en el **Paso 1.** ¿Son todas fieles a la personalidad de Ruth?

¿Qué espera Leticia de sus hijos y de su nieta?

Así lo veo II

ANTES DE VER

Vocabulario del vídeo

la amistad	friendship	**avanzar (c)**	to advance, move forward
el/la anciano/a	elderly man/woman	**consultar con**	to consult (*someone/something*)
el consejo	(piece of) advice		
los consejos	advice	**contar (ue) con**	to rely/count on (*someone/something*)
los jóvenes	young people		
el lazo	tie, connection between people	**desapegarse (gu)**	to detach oneself
		funcionar	to function, work
el núcleo	center, nucleus	**lograr**	to achieve
		separarse	to separate oneself
aparecer (zc)	to appear	**volverse (ue)**	to become

Cognado: atrapar

Repaso: a través de, la crisis, lograr

Este joven cuenta con los consejos de su abuelo.

PALABRAS ENGAÑOSAS

funcionar/trabajar/servir

Los tres verbos **funcionar, trabajar** y **servir** significan *to work* en inglés, pero no son sinónimos en español. **Funcionar** significa *to function* o *to run*, como en los siguientes ejemplos.

> La relación entre Marta y Julio ya no está **funcionando.** Lo único que hacen es discutir.
>
> *Marta and Julio's relationship isn't working. The only thing they do is argue.*

> Mi auto **funciona** mucho mejor después de llevarlo al mecánico.
>
> *My car runs much better after taking it to the mechanic.*

> El ascensor no **funciona.** Tenemos que subir las escaleras.
>
> *The elevator isn't working. We have to take the stairs.*

Servir (para) significa ser útil para realizar una función o *to be good/useful* (*for*). **No servir de/para nada** significa que algo (o alguien) es completamente inútil.

> Esta computadora me **sirve** mucho. Puedo escribir mis trabajos y ver el Internet.
>
> *This computer works great for me. I can write papers and check the Internet.*

> Este bolígrafo **no sirve** para nada. ¿Tienes otro?
>
> *This pen isn't working at all. Do you have another?*

Por otro lado, **trabajar** significa hacer una actividad que demanda esfuerzo físico o mental, como en los siguientes ejemplos.

> Necesito **trabajar** mucho en mi proyecto para la clase de sociología.
>
> *I need to work a lot on my project for sociology class.*

> Jesús **trabaja** en un restaurante.   *Jesús works in a restaurant.*

Actividad A   La vida familiar

Completa las siguientes oraciones con las palabras o frases apropiadas de la lista a continuación.

a través de	desapegarse	lazos
consultar con	contar con	funcionar

1. Cuando alguien quiere divorciarse, es importante _____ la familia antes de tomar esa decisión.

2. En una familia muy unida en la que todos los miembros se apoyan, uno sabe que siempre puede _____ sus hermanos para lo que necesite.

3. _____ los años los hijos empiezan a apreciar más a los padres.

4. Entre las personas de una familia unida, existen _____ muy fuertes.

5. Un matrimonio no puede _____ si no hay confianza (*trust*) entre la pareja.

6. Si alguien tiene dificultades en _____ de sus padres y piensa que no puede funcionar sin ellos, va a tener conflictos con su pareja.

Actividad B   Preguntas

Paso 1 ¿Cómo contestas las siguientes preguntas?

1. Antes de tomar una decisión importante, ¿con quién consultas? ¿Con uno de tus padres o con otra persona? ¿Por qué con esta persona?

2. ¿Sueles seguir más los consejos de tus amigos o los de tus padres? Si depende de la situación, da unos ejemplos.

3. En una crisis emocional, ¿a quién llamas primero? ¿Por qué a esta persona? ¿Llamas a la misma persona cuando tienes una crisis económica? ¿Por qué (no)?

Paso 2 Compara tus ideas con las de otra persona y anota sus respuestas.

Paso 3 Basándote en las respuestas de tu compañero/a, contesta la siguiente pregunta: ¿Cuenta él/ella más con su familia de origen o con su familia de amigos? Luego, verifica si está de acuerdo con tus conclusiones.

Esta joven busca los consejos de su madre porque...

Actividad C   ¿La familia en peligro?

Paso 1 Algunos dicen que la familia en los Estados Unidos está en peligro o que se ataca a la familia tradicional. Según este punto de vista, ¿qué o quiénes están atacando a la familia? ¿Qué peligro(s) existe(n) para la familia? Tu profesor(a) va a escribir una lista de ideas posibles en la pizarra.

Paso 2 Mira la lista del **Paso 1** y coloca las ideas en la siguiente escala.

Ofrece muy poco peligro   **Ofrece mucho peligro**

1	2	3	4	5

Explica el porqué de tus conclusiones.

Actividad D   Nuestros amigos hablan.

Ahora ve **Así lo veo II.** El **Vocabulario útil** te va a ayudar a comprender mejor el segmento.

Vocabulario útil

patente	clear, evident
pasajera (*adj.*)	fleeting, passing
el asilo	asylum; nursing home
el bombardeo	bombardment

DESPUÉS DE VER
Comprensión y opiniones

Actividad A   ¿Quién lo dijo?

Paso 1 Indica si es Gustavo (**G**) o el Padre Aguilar (**P**) quien expresa las siguientes ideas sobre la familia.

	G	**P**
1. La familia es un apoyo en todas las crisis.	☐	☐
2. La familia mexicana está cambiando a causa de influencias extranjeras.	☐	☐
3. Llega el momento en que es necesario salir de la familia de origen y formar su propia familia.	☐	☐
4. Viene de una familia pequeña pero muy unida.	☐	☐
5. Hay familias en las que no existe el padre o la madre.	☐	☐

Paso 2 Gustavo y el Padre Aguilar hablan de cosas diferentes. ¿Cuáles son? En tu opinión, ¿a qué se deben estas diferencias? ¿a sus creencias religiosas? ¿a sus experiencias personales? ¿a otra cosa?

Actividad B   ¿Qué dice el Padre Aguilar?

Paso 1 Escucha y completa el segmento con las palabras y expresiones que utiliza el Padre Aguilar.

«Sin embargo han _____[1] en tantos modelos de otros países eh... que nos llegan _____[2] películas, _____[3] series televisivas, el modelo de familia donde no existe el padre o no existe la madre, o donde _____[4] solamente tienen una relación _____[5] y sexual, o donde fácilmente se puede abortar, o donde _____[6] se ponen en un asilo, o cosas de este tipo que este _____[7] de programación, de películas empieza a crear una necesidad que antes no existía.»

Paso 2 El Padre Aguilar dice que los medios de comunicación crean ciertas necesidades que no existían antes. En tu opinión, ¿cuáles son estas necesidades? ¿Estás de acuerdo con el Padre? ¿Existe la misma situación en los Estados Unidos?

 ASÍ LO PIENSO.

Vocabulario útil

la nuera	daughter-in-law

Imagina que eres Ruth. ¿Cómo le respondes a Leticia? ¿Y si fueras Gustavo? Escucha lo que dice Leticia sobre lo que la hace más feliz. ¿Qué es? ¿Qué es lo que te hace más feliz a ti?

GRAMÁTICA

El subjuntivo con antecedentes indefinidos o no existentes

A. Like adjectives, adjective clauses describe a noun.

> Conocí a una persona **interesante.** (*adjective*)
>
> Conocí a una persona **que trabaja con estudiantes internacionales.** (*adjective clause*)

In the preceding examples, both the adjective **interesante** and the adjective clause **que trabaja con estudiantes internacionales** modify or describe **persona.** The noun **persona** is called the *antecedent* because it precedes the adjective clause, and the information in the adjective clause refers back to it.

B. Antecedents can be definite, indefinite, or nonexistent. Definite antecedents refer to persons or things that the speaker knows, has contact with, and so forth. Indefinite antecedents refer to someone or something the speaker may need or is looking for but may or may not find. Nonexistent antecedents refer to someone or something that the speaker believes does not exist. When the antecedent is definite, Spanish uses the indicative in the adjective clause. However, if the antecedent is either indefinite or nonexistent, the verb in the adjective clause must be in the subjunctive, as in the examples below.

Definite Antecedent, Indicative

Soy **alguien** que **quiere** tener hijos algún día.

I'm someone who wants to have children some day.

Tengo **un esposo** que me **respeta** y que me **quiere.**

I have a husband who respects me and loves me.

Conozco a **alguien** que **puede** ayudarnos.

I know someone who can help us.

Hay **alguien** aquí que **es** médico.

There is someone here who is a doctor.

Indefinite or Negative Antecedent, Subjunctive

No es **alguien** que **quiera** tener hijos.

He's not someone who wants to have kids.

Busco **un esposo** que me **respete** y que me **quiera.**

I'm looking for a husband who respects me and loves me.

No conozco a **nadie** que **pueda** ayudarnos.

I don't know anyone who can help us.

¿Hay **alguien** aquí que **sea** médico?

Is there anyone here who is a doctor?

In the video segment for this section of the lesson, Gustavo talks about the kind of person he is not. Part of what he says appears below. Do you think he uses the indicative or the subjunctive? Why? Listen to him again and complete the phrase with the verb you hear.

> « … no soy alguien que le _____ a diario a su mamá o una vez a la semana.»

¿Cómo es esta pareja? Termina las siguientes oraciones.

Es una pareja que...

No es una pareja que...

Actividad A   ¿Con quién serías más compatible?

Paso 1 ¿Cuáles son las características que buscas en un buen compañero (una buena compañera) de habitación o de apartamento? Indica cuál
de las siguientes frases expresa tu opinión y conjuga el verbo en la forma
apropiada del subjuntivo.

- Para mí, es necesario vivir con alguien que...
- No es necesario, pero prefiero vivir con alguien que (no)...
- No quiero/puedo vivir con alguien que...

1. ... (**tener**) los mismos intereses que yo.
2. ... (**escuchar**) la misma música que yo.
3. ... (**levantarse**) antes de las 7:00 de la mañana.
4. ... (**fumar**) en la habitación (en el apartamento).
5. ... (**mantener**) la habitación limpia.
6. ... (**sufrir**) una crisis diariamente.
7. ... (**saber**) cocinar bien.
8. ... no (**consultar**) conmigo antes de invitar a alguien a cenar en el
apartamento.

Paso 2 Completa las siguientes oraciones con otras características.
Usa un verbo distinto para cada oración.

1. Para mí, es necesario vivir con alguien que _____.
2. No es necesario, pero prefiero vivir con alguien que (no)
_____.
3. No puedo vivir con alguien que (no) _____.

Paso 3 Compara tus respuestas de los pasos anteriores con las de
tres otras personas. ¿Con quién serías más (o menos) compatible?

Actividad B Mi pareja ideal

Paso 1 ¿Cuáles son las características que quieres (o no quieres) en una pareja? Termina la siguiente oración con seis cláusulas adjetivales.

Quiero una pareja que (no)…

Paso 2 En grupos, comparen sus oraciones. Luego, cada grupo va a decidir cuáles son las características más importantes para presentar a la clase.

Paso 3 ¿Cambian tus ideas cuando tu situación personal cambia? ¿Qué dices si en tu vida te encontraste o te encuentras con una o más de las siguientes situaciones?

- tus padres son distantes contigo
- tus padres no se llevan bien entre ellos
- ya tienes un hijo con otra persona
- uno de tus amigos se enferma y necesita vivir contigo

Actividad C Las familias famosas

Paso 1 Escoge tres familias famosas y escribe dos oraciones sobre cada familia. En cada par de oraciones, usa el indicativo en una oración y el subjuntivo en otra.

> **Modelos:** *Es una familia / un matrimonio que…*
>
> *No es una familia / un matrimonio que…*

Paso 2 Comparte tus oraciones con otra persona. ¿Tienen la misma información? Si tienen algo diferente, escojan la mejor descripción.

Actividad D ¿Qué dices tú?

Paso 1 Hasta ahora en *Así lo veo*, has visto y escuchado a nuestros amigos hablar sobre varios temas. Escribe seis oraciones usando cláusulas adjetivales (tres con el indicativo y tres con el subjuntivo) que describan a algunos de ellos. No debes escribir más de dos oraciones sobre la misma persona. Puedes usar las oraciones a continuación como guía.

Es una persona que…
No es alguien que…

Paso 2 Presenta las oraciones a un grupo de cuatro personas. ¿Pueden adivinar (*guess*) a quién se refiere cada oración?

Así lo veo III

ANTES DE VER

Vocabulario del vídeo

la razón	reason	**honesto/a**	honest
tener (*irreg.*) **uso de razón**	to be able to think	**libre**	free
		más + *adj.* + **que nunca**	more + *adj.* (*adj.* + "er" *ending*) than ever
hartar	to tire, bore		
identificar (qu)	to identify	**más limpio que nunca**	cleaner than ever
romper	to break; to break up		

Repaso: la paz, sentirse (ie, i), transmitir

Más vocabulario

estar (*irreg.*) **harto/a (de)**	to be fed up (with)
romper con	to break up with
tener (*irreg.*) **razón**	to be (in the) right
tener (*irreg.*) **toda la razón**	to be completely (in the) right
volver (ue) con	to get back together with

«La familia es en donde yo puedo sentirme... más yo que nunca.» ¿Estás de acuerdo con Ernesto?

NOTA CULTURAL

El tamaño de la familia

A lo mejor sabes que el tamaño de la familia en los Estados Unidos viene cambiando desde hace varios años. Por ejemplo, en 1940 el tamaño promedio[a] de una familia en este país era de 3,5 personas. Pero en 2007 era de 2,1 según las cifras[b] que reportan las Naciones Unidas para el número de hijos por mujer o tasa de fertilidad.[c] Pues, una tendencia parecida está pasando en muchos países hispanos. En Honduras, por ejemplo, el promedio era de 7,3 por cada mujer en 1970, pero en 2007 bajó a 3,3 hijos por mujer hondureña, una disminución de más de 50 por ciento. En Nicaragua, se calculó la misma cifra en 1970 como 6,9 por cada mujer nicaragüense. En 2007, bajó a 2,8, una disminución de casi 60 por ciento. Aunque no se ha presenciado una disminución tan drástica en todos los países, la tasa de fertilidad ha bajado en la mayoría de los países hispanohablantes. Sin embargo, hay unas excepciones a esta tendencia. Guinea Ecuatorial ha mantenido una tasa de fertilidad bastante alta durante los últimos cuarenta años y el Uruguay ha mantenido una tasa más baja. El gráfico a continuación presenta las cifras de algunos países hispanos. ¿A qué se deben estas tendencias?

[a]*average*   [b]*figures, numbers*   [c]*tasa... birth rate*

Las familias hispanas no son tan grandes como antes. Muchas parejas optan por tener menos hijos que sus padres y sus abuelos.

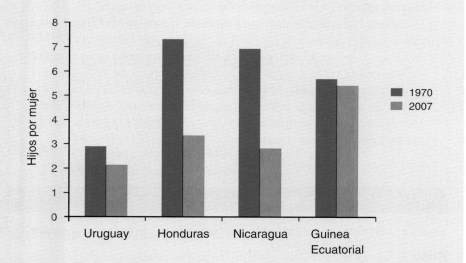

PALABRAS ENGAÑOSAS

gratis/libre

Aunque las palabras **gratis** y **libre** se traducen al inglés como *free*, no significan lo mismo. **Gratis** significa que algo se obtiene sin costar nada, y **libre** significa que algo o alguien está disponible (*available*), que no está atrapado, encarcelado o comprometido. Mira los siguientes ejemplos para ver la diferencia.

La comida era **gratis.** No tuve que pagarla.

The food was free. I didn't have to pay for it.

Después de romper con su novio, Marta se siente **libre.**

After breaking up with her boyfriend, Marta feels free.

¿Estás **libre?** Me gustaría invitarte a tomar un café.

Are you free? I'd like to take you for a coffee.

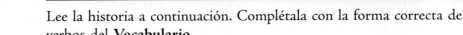

Actividad A   ¿Paz interior?

Lee la historia a continuación. Complétala con la forma correcta de verbos del **Vocabulario.**

Paz García nunca deja de hablar de su novio, Juan Ramón. _____[1] a la gente con sus historias incesantes sobre lo que él le dio, adónde la llevó, y lo que le susurró[a] al oído. Sus compañeros de trabajo _____[2] irritados y deciden _____[3] la tiranía verbal de esta mujer. Furtivamente,[b] le sacan una foto a Juan Ramón hablando con una colega.

«Oye, Paz», le dice una compañera un día durante el almuerzo en la cafetería. «¿Puedes _____[4] al chico de esta foto?»

Pues, la pobre Paz, viendo a su novio con otra mujer, no puede digerir[c] su comida y por poco se enferma allí mismo. Se va de la cafetería corriendo y sollozando.[d] Muy pronto se empieza a _____[5] la noticia de que Paz y Juan Ramón ya no son novios. Dolorida y triste, Paz deja de hablar con sus compañeros de trabajo; prefiere la soledad. A ellos, no les importa mucho...

[a]*whispered* [b]*Secretly* [c]*digest* [d]*sobbing*

Actividad B   Uso de razón

En esta actividad, vas a explorar los varios usos de la palabra **razón.**

Paso 1 Con otra persona, indica desde qué edad crees que «tienes uso de razón» y explica por qué.

Modelo: *Tengo uso de razón desde los _____ años porque...*

Paso 2 Compartan sus ideas del **Paso 1** con el resto de la clase. ¿Hay ideas en común? ¿Qué quiere decir «tener uso de razón»? ¿Cuáles son sus consecuencias? Por ejemplo:

- si dices que tienes uso de razón desde los 3 años, ¿eres responsable de todas tus acciones desde entonces?
- si dices que tienes uso de razón desde los 13 años, ¿deberías tener el derecho a votar?

Paso 3 Como sabes, la expresión **tener razón** quiere decir que alguien está en lo correcto. Entre las personas de *Así lo veo* que hasta el momento has oído hablar de la familia, ¿quién tiene más razón?

EL MARAVILLOSO VERBO...

volver

The verb **volver** usually translates as *to return* or *to come back* (*to a location*). In this instance, it is synonymous with the verb **regresar**.

> ¿A qué hora **vuelves/regresas** a casa?   *What time are you coming back home?*

It can also mean *to get back together* (*with someone*).

> Marcos **volvió con** su novia y ahora está más contento.
> *Marcos got back together with his girlfriend and now he's happier.*

When followed by the preposition **a** and an infinitive (**volver a** + *inf.*) it means *to return to doing something* or *to go back to doing something that was done previously*.

> Elena **volvió a** trabajar para la misma compañía.
> *Elena went back to work for the same company.*

The verb **devolver** means *to return something to a place*.

> Tuve que **devolver** los *jeans* que compré porque no me quedaban bien.
> *I had to return the jeans I bought because they didn't fit me well.*

Like the verb **poner**, **volver** changes meaning when the pseudo-reflexive **volverse** is used. In this case, it means *to become*, expressing an often dramatic change in physical or emotional state.

> A través de los años mi abuelo **se está volviendo** sordo.
> *Over the years my grandfather is becoming deaf.*

> La situación **se ha vuelto** imposible; es dudoso que se resuelva.
> *The situation has become impossible; it's doubtful that it will be resolved.*

Actividad C   Preguntas y opiniones

Con otra persona, contesta estas preguntas según lo que opinas. Usen oraciones completas en sus respuestas.

1. ¿A qué hora crees que el profesor (la profesora) vuelve a su casa después de trabajar en la universidad?
2. Indica cuáles son las causas posibles de cada situación a continuación.

Una persona...
   a. ... se vuelve sorda.
   b. ... vuelve a buscar trabajo.
   c. ... le devuelve un regalo a alguien.
   d. ... se vuelve loca.
   e. ... vuelve con su novio/a.

Vocabulario útil

digiero	I digest (*process*)
vaya*	well (*interj.*)

Ahora ve **Así lo veo III.** El **Vocabulario útil** te va a ayudar a comprender mejor el segmento.

DESPUÉS DE VER
Comprensión y opiniones

Actividad A   ¿Cierto o falso?

Indica si cada oración es cierta (**C**) o falsa (**F**), según lo que dice Ernesto. Si es falsa, cámbiala para que sea cierta.

	C	F
1. Ernesto se siente atrapado viviendo en casa con su familia.	☐	☐
2. A veces cuando está con su familia, hay tensión entre él y sus padres.	☐	☐
3. Para él, es más fácil encontrarles soluciones a sus problemas cuando está con ellos.	☐	☐
4. Es difícil mantener lazos fuertes con la familia cuando uno está trabajando lejos.	☐	☐
5. La familia es muy importante para Ernesto, pero trata de no mencionarla demasiado cuando está con los amigos.	☐	☐

*The expression **vaya** has different uses. Sometimes it is used to express surprise, but it is also used as a "filler" while someone is speaking when she or he suddenly can't think of what to say. Look at the following examples.

> ¡**Vaya!** No me digas...
> *Well! You don't say!*

> Y entonces, este... **vaya,** no sé.
> *And then, well, whatever, I don't know.*

When you listen to Ernesto in this segment (and when you encounter speakers using the expression), pay attention to how it is used.

Paso 1 Utilizando algunas de las siguientes expresiones y cualquier vocabulario nuevo útil, escribe un resumen de entre tres y cinco oraciones sobre lo que dice Ernesto sobre la importancia de la familia.

Según Ernesto…   *According to Ernesto . . .*

Para él…   *For him . . .*

En su opinión…   *In his opinion . . .*

Paso 2 Compara tu resumen con los de dos personas y apunta la siguiente información.

1. Ideas que tienen ellos que tú no tienes en tu resumen.
2. Expresiones o estructuras gramaticales diferentes que quieres incorporar.

Paso 3 Utilizando tu resumen original y la información del **Paso 2,** escribe otra versión de tu resumen para entregarle a tu profesor(a).

Paso 4 Piensa en la actitud típica de un joven norteamericano de 19 años. ¿Es típica la actitud de Ernesto hacia su familia? ¿Por qué (no)?

Escucha lo que dice Gustavo sobre lo que algunas personas le cuentan de sus respectivas familias. Las siguientes palabras y expresiones te van a ayudar a comprender mejor el segmento. ¿De qué tienen miedo? ¿Qué les dice Gustavo? ¿Estás de acuerdo con él? ¿Alguna vez tuviste miedo de contarles algo a tus padres? ¿Ya sabían ellos lo que les ibas a contar?

ASÍ LO PIENSO.

Vocabulario útil

el clóset	closet
las regañizas*	scoldings (*Mex.*)

*More widely used verbs that mean *to scold* include **regañar** and **reñir (i)**.

GRAMÁTICA
El subjuntivo después de expresiones impersonales con *ser*

A. When impersonal expressions (such as **es posible que, es bueno que, es importante que**) communicate doubt, emotion, uncertainty, urgency, or anything except truth or certainty, the subjunctive is used in the dependent clause. Consider the following examples.

> Es verdad (cierto) que Ernesto **viene** de una familia muy unida.
>
> *It is true (certain) that Ernesto comes from a close-knit family.*

> Es fantástico que Ernesto **venga** de una familia muy unida.
>
> *It's great/fantastic that Ernesto comes from a close-knit family.*

Notice how in the first example, the main clause **es verdad que** (or **es cierto que**) expresses certainty. For this reason, the indicative is used. In the second example, the main clause expresses emotion or a feeling about something, therefore the subjunctive is used in the dependent clause.

▶ PRUÉBALO 3

Go back and listen to what Ernesto says when he talks about a family being **unida.** Complete the sentence with what he says.

«Y cuando es una familia muy unida, _____... »

Es probable que esta familia...

B. The following examples show common impersonal expressions with **ser** that take the subjunctive.

To express doubt and uncertainty:

Es dudable que...   (*It's doubtful that . . .*)

Es dudable que **existan** familias sin problemas.
It's doubtful that there are families without problems.

Es increíble que...   (*It's incredible that . . .*)

Es increíble que **lleven** casados treinta años.
It's incredible that they've been married for thirty years.

(No) Es posible que...   (*It's [not] possible that . . .*)

Es posible que el concepto de la familia **esté** cambiando.
It's possible that the concept of family is changing.

(No) Es probable que...   (*It's [not] probable that . . .*)

Es probable que **haya** más padres solteros ahora que hace cincuenta años.
It's probable that there are more single parents today than fifty years ago.

To express emotions and feelings about something:

Es bueno/malo que...   (*It's good/bad that . . .*)

Es bueno que su familia lo **apoye** en todo.
It's good that his family supports him in everything.

Es fácil/difícil que...   (*It's easy/hard that . . .*)

Es difícil para los padres que sus hijos **vivan** tan lejos.
It's hard for parents that their children live so far away.

Es extraño que...   (*It's strange that . . .*)

Es extraño que no nos **llame** nunca.
It's strange that she doesn't ever call us.

Es mejor que...   (*It's better that . . .*)

Es mejor que ya no **trabajen** juntos.
It's better that they no longer work together.

Es triste que...   (*It's sad that . . .*)

Es triste que mi abuelo no se **acuerde** de nada.
It's sad that my grandfather doesn't remember anything.

Es triste que algunos ancianos...

To express wishes, recommendations, and indirect commands:

Es deseable que... (*It's desirable that . . .*)

Es deseable que **llegues** a la cita unos minutos antes.
It's desirable that you arrive at the appointment a few minutes early.

Es importante que... (*It's important that . . .*)

Es importante que se lo **digas** en persona.
It's important that you tell it to him/her in person.

Es necesario/preciso que... (*It's necessary that . . .*)

Es necesario que lo **encontremos** lo antes posible.
It's necessary that we find him as soon as possible.

Es preferible que... (*It's preferable that . . .*)

Es preferible que no **hagas** eso.
It's preferable that you don't do that.

Es recomendable que... (*It's recommended that . . .*)

Es recomendable que nos **avisen** si hay algún cambio.
It's recommended that you all advise us if there's a change.

Actividad A ¿Quién lo diría?

En esta lección, has oído a Ruth, Gustavo, el Padre Aguilar y Ernesto expresar sus ideas sobre la familia. Para cada oración, conjuga el verbo en la forma apropiada y luego decide quién lo diría: Ruth (**R**), Gustavo (**G**), el Padre Aguilar (**P**) o Ernesto (**E**).

	R	G	P	E
1. Es una lástima que la familia mexicana _____ (**estar**) cambiando.	☐	☐	☐	☐
2. Es importante que los padres _____ (**tratar**) de llevar a los hijos por el buen camino.	☐	☐	☐	☐
3. Es cierto que mi familia me _____ (**hacer**) sentir libre.	☐	☐	☐	☐
4. Es necesario que _____ (**haber**) mucho amor en un matrimonio.	☐	☐	☐	☐
5. Es necesario que uno _____ (**crear**) su propia familia con los amigos.	☐	☐	☐	☐
6. Es probable que yo _____ (**hartar**) a mis amigos hablándoles tanto de mi familia.	☐	☐	☐	☐
7. Es verdad que una familia _____ (**ser**) una sociedad en casa.	☐	☐	☐	☐
8. Es muy triste que algunas familias _____ (**poner**) a los ancianos en un asilo.	☐	☐	☐	☐

Actividad B ¿Cómo es esta familia?

Paso 1 Con otra persona, haz cinco oraciones para hacer comentarios sobre la foto a continuación. Empiecen cada oración con una expresión impersonal con **ser.**

Paso 2 Compartan sus oraciones con el resto de la clase. ¿Cuáles son los comentarios más realistas o más interesantes?

Actividad C Una familia unida

Paso 1 ¿Cuáles son las características de una familia unida? Termina cada oración a continuación según lo que piensas.

> **Modelo:** Es importante que… *haya buena comunicación entre los padres y los hijos.*

1. Es necesario que…
2. Es importante que…
3. Es deseable que…
4. Es mejor que…
5. Es preciso que…

Paso 2 Compara tus respuestas para el **Paso 1** con las de tres personas. Luego, indiquen cuáles son las tres recomendaciones más importantes para que una familia sea unida y sana. Presenten sus ideas a los demás miembros de la clase.

Actividad D   ¿Cómo lo ven?

Paso 1 Escribe una oración que resuma lo que ha dicho de la familia cada persona en esta lección. **¡OJO!** No deben ser las mismas ideas expresadas en la **Actividad A.**

Ruth   Gustavo   el Padre Aguilar   Ernesto   Yolanda   Leticia

Paso 2 Escribe el nombre de uno de nuestros amigos que ha comentado algo sobre la familia en esta lección. Luego, termina las oraciones con tus propias ideas utilizando una variedad de expresiones impersonales (como **es verdad que…, es increíble que…, es bueno que…,** etcétera).

> **Modelo:** Estoy de acuerdo con *Ruth* porque *es importante que los padres lleven a los hijos por un buen camino.*

1. Me gusta mucho lo que dijo _____ porque…
2. No estoy de acuerdo para nada con _____ porque…
3. Estoy totalmente de acuerdo con _____ porque…
4. Lo más interesante es lo que dijo _____ porque…
5. Lo más sorprendente (*surprising*) es lo que dijo _____ porque…

Paso 3 El profesor (La profesora) va a seleccionar a algunos estudiantes para que presenten sus ideas a la clase. Si tienes alguna idea en común, díselo a la clase. Si tienes ideas diferentes, también debes decírselo.

Actividad E   Así lo veo yo.

Escribe una composición de 200 palabras sobre el siguiente tema: **La familia y su importancia en tu vida.** Antes de empezar, sigue las recomendaciones a continuación para organizar tus ideas.

Antes de escribir
- Repasa el vídeo y el contenido de las actividades de la lección.
- Apunta las ideas que quieres incluir en tu composición expresadas por algunas personas del vídeo. Pueden ser ideas o perspectivas con las que estás de acuerdo o no.
- Piensa en cómo puedes integrar algunos usos del subjuntivo que has visto en esta lección.

Al escribir
- Haz un bosquejo para organizar el orden de tus ideas.
- Escribe un borrador de la composición. Luego, repásalo (con otra persona si quieres), fijándote bien en el contenido y en la gramática.

Versión final
- Pon en limpio el borrador de la composición para entregársela a tu profesor(a).

Watch interviews with other Spanish speakers on the *Así lo veo* YouTube™ channel, CENTRO, or on the Online Learning Center.

www.youtube.com/asiloveo

www.mhcentro.com

www.mhhe.com/asiloveo

Nuevos modelos de familia

Introducción

En esta lección escuchaste lo que dicen nuestros amigos sobre lo que es una familia y la importancia que tiene en la vida de ellos. Las dos lecturas a continuación describen otros aspectos de la familia en el mundo hispano como la transformación del modelo familiar tradicional y el rol de la familia extendida, la perspectiva social (y los conflictos sociales) de los modelos tradicionales y nuevos modelos de la familia.

ANTES DE LEER

Vocabulario

el/la indocumentado/a	a person without legal papers, with illegal status
los integrantes	members
el jefe de familia	head of the family/household
los padres del mismo sexo	same sex parents
el papel, el rol	role
la reagrupación	regrouping, reunion
el seno	center, middle
los vínculos	relationships
obligar (gu)	to force

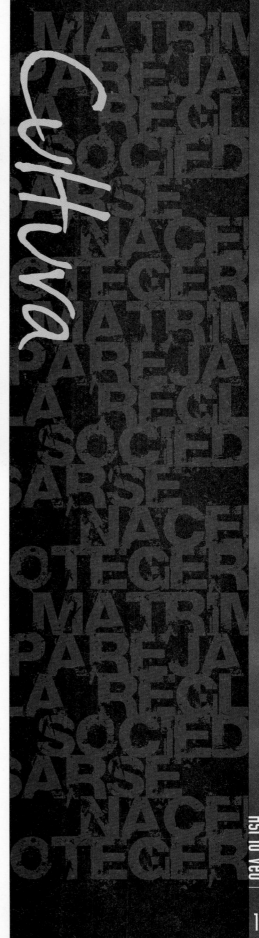

Actividad A   Preguntas

Paso 1 ¿Cómo contestas las siguientes preguntas?

1. ¿Cómo defines «la familia extendida»?
2. ¿Cuáles son los roles tradicionales de los abuelos? ¿de los tíos?
3. ¿Quién es el jefe de la familia en tu casa? En tu opinión, ¿qué rol tiene el jefe?
4. ¿Qué entiendes por «familia transnacional»?

Paso 2 Comparte tus ideas con tus compañeros/as de clase.

Actividad B   La familia moderna

Paso 1 La siguiente tabla presenta algunos tipos de familias no tradicionales. Describe en qué consiste cada tipo de familia y cuáles son las actitudes de la sociedad en general hacia estas familias.

Tipos de familias	Descripción	Actitudes sociales
de padres adoptivos	_____	_____
de madre soltera	_____	_____
sin padres	_____	_____
de padres del mismo sexo	_____	_____
sin hijos	_____	_____
¿ ?	_____	_____

Paso 2 ¿Qué actitudes piensan Uds. que existen / pueden manifestarse en el mundo hispano con respecto a cada tipo de familia? Expliquen las razones posibles. Si no estás de acuerdo con tus compañeros/as, defiende tu punto de vista.

Actividad C   Los títulos

Lee los títulos de las lecturas. ¿Puedes predecir su contenido?

	Título	Predicción
1.	_____	_____
2.	_____	_____

I. La transformación del modelo familiar tradicional

En los últimos años el modelo familiar hispano ha sufrido grandes cambios que han afectado las relaciones intrafamiliares. La familia nuclear, constituida por el padre, la madre y los hijos, se ha visto afectada por las demandas del mundo moderno y los efectos negativos de la globalización. Como consecuencia de estos cambios, aparecen nuevos modelos familiares en el imaginario social[1] que obligan a la familia extendida a tomar un rol no tradicional. Al pensar en el modelo familiar hispano tradicional, el rol de la familia extendida es fundamental. Dentro de los papeles tradicionales familiares se espera que la abuela dé amor a los nietos, los padres eduquen a sus hijos y los tíos, y demás parientes, formen una red de apoyo social. Sin embargo, esta imagen no refleja la realidad de muchas familias hispanas dado que existen otros modelos familiares como familias con un sólo padre o madre, padres solteros, familias adoptivas, familias del mismo sexo y familias sin padres. Estos tipos de familia se consideraban, o consideran, tabú o simplemente no se hablaba, o habla de ellos como si no existieran.

Debido a la transformación del orden familiar nuclear, el rol de la familia extendida hispana tiene un papel más protagónico.[2] Por ejemplo, la abrupta transformación de los órdenes mundiales económicos en un período de tiempo tan corto ha obligado a que abuelos paternos o maternos, tíos y/o hermanos funcionen como padres o jefes de familia cuando uno o ambos padres se van de su comunidad. Se ha visto un fenómeno migratorio indígena de zonas rurales a urbanas por toda Latinoamérica, en especial en el Paraguay, el Ecuador, Bolivia y México, y transnacionales con destino a España, Latinoamérica o los Estados Unidos. En estas comunidades los abuelos se convierten en los jefes de familia y en muchos casos desplazan el rol paternal de uno de sus miembros. El abuelo, tío o familiar cercano asume un papel educativo y administrativo en el seno de la familia nuclear. En algunos países latinoamericanos, como en el Ecuador, para algunos sectores de la sociedad, la definición de familia extendida incluye amigos de la familia, vecinos y empleados. En España y otros países del mundo hispano, el tamaño de la familia ha disminuido grandemente debido a las exigencias económicas, profesionales o personales. Es decir, la idea de la familia extendida grande puede convertirse en algo del pasado si esta tendencia continúa. No sólo se afecta la familia nuclear sino también la extendida ante los nuevos retos[3] del mundo moderno. Como vemos, el modelo familiar hispano no es uno homogéneo sino uno que comparte características con los de otros países. Mientras los nuevos modelos familiares han ido emergiendo, socialmente existe un intento de mantener la imagen ideal de la familia que crea conflictos, especialmente desde un punto de vista religioso, político y cultural.

[1]imaginario... *social world view*   [2]*proactive*   [3]*challenges*

¿Qué tipos de familia representan estas fotos?

II. Familias sin padres o familias transnacionales

La inmigración a zonas urbanas u otros países con mejores oportunidades de empleo ha creado nuevos modelos familiares: las familias sin padres o familias transnacionales. La familia transnacional es una familia de inmigrantes que representa la situación de los padres que inmigran al país de destino pero que mantienen vínculos y roles paternales o maternales con la familia que se queda atrás en el país de origen. Tradicionalmente, la inmigración se ha visto como el movimiento de jefes de familias o familias enteras en busca de mejores condiciones de vida. Sin embargo, se entiende que uno de cada cuatro hijos de inmigrantes en España no vive con sus padres. Esto quiere decir que las familias transnacionales han ido en aumento en relación con el número de inmigrantes que llegan al país de destino. La película *La misma luna* (2007) introduce el tema de la familia transnacional hispana. En la película se narra la historia de Rosario, una inmigrante mexicana, soltera e indocumentada, que vive en el área de Los Ángeles, y de su hijo Carlitos, que vive en México junto a su abuela materna. El objetivo principal de Rosario es la reagrupación familiar con su hijo Carlitos. Hace cinco años que Rosario se encuentra en los Estados Unidos sin lograr su meta. Rosario trabaja como empleada doméstica y niñera en los Estados Unidos y envía dinero a México para la educación y bienestar de Carlitos. Semanalmente la madre se comunica con su hijo vía teléfono donde ejerce su función maternal a distancia. Mientras tanto, Carlitos vive en una casa humilde con la abuela enferma. Es un niño bien educado y trabaja por las tardes ayudando

La familia transnacional implica vivir entre dos mundos.

a una señora en una tienda. Como la abuela recibe dinero constantemente, Carlitos posee juguetes, ropa y zapatos nuevos y se distingue entre los otros miembros de la comunidad. En la película también se presentan algunos efectos negativos que afectan a las familias transnacionales como el sentido de abandono, frustración y soledad.[1] La abuela se convierte en madre y jefe de familia. En momentos debe cuidar de Carlitos como una madre y, en otros, le brinda[2] amor y cariño cuando el niño se frustra por la separación del núcleo familiar. Cuando la abuela muere, Carlitos se va a los Estados Unidos para lograr la reagrupación familiar.

Como la familia de Carlitos, existe una serie de familias transnacionales por toda Latinoamérica. En los últimos años ha aumentado la cantidad[3] de mujeres que emigran a España, la Argentina y los Estados Unidos. Los movimientos migratorios varían de acuerdo a la zona geográfica del país de origen. Es normal el movimiento migratorio de México y Centroamérica a los Estados Unidos como también lo es el movimiento de ecuatorianos, bolivianos y paraguayos a España, la Argentina e Italia. Las emigrantes latinoamericanas buscan trabajo de servicio doméstico o cuido de niños y mantienen, en muchos casos, comunicación constante con sus países de origen y sus funciones maternales a larga distancia. La mayoría de las mujeres latinoamericanas inmigrantes busca la reagrupación familiar una vez localizadas en el país de destino, que en su mayoría es España. Los padres normalmente emigran a los Estados Unidos y en su mayoría mantienen relaciones paternales. ¿Qué pasa con los hijos que se quedan en el país de origen? Como ya vimos, muchos sufren de los efectos de los conflictos sociales. Estos niños tienden[4] a perder la identificación paternal/maternal transfiriéndola a los abuelos u otros miembros de la familia extendida. Algunos de ellos padecen[5] de sentimientos de inseguridad, soledad, abandono y rechazo[6]; mientras que otros crean vínculos más unidos con sus padres a distancia y con sus familiares.

[1]*loneliness* [2]da [3]*number* [4]*tend* [5]sufren [6]*rejection*

DESPUÉS DE LEER

Paso 1 Indica si las siguientes afirmaciones son ciertas (**C**) o falsas (**F**) de acuerdo con el contenido de la primera lectura. Si la afirmación es falsa explica por qué.

	C	F
1. La familia extendida en el mundo hispano no tiene un papel importante.	☐	☐
2. En muchos casos, los abuelos se han convertido en jefes de familia.	☐	☐
3. La familia extendida incluye exclusivamente parientes de sangre.	☐	☐
4. El modelo familiar hispano comparte características con modelos de otros países.	☐	☐
5. El modelo tradicional familiar hispano ha desaparecido.	☐	☐

Paso 2 Completa con tus propias palabras las siguientes oraciones de acuerdo con la información de la segunda lectura.

1. La familia transnacional es…
2. La película *La misma luna* presenta…
3. Rosario, la mamá de Carlitos, al igual que otras mujeres inmigrantes hispanas, trabaja como…
4. Dependiendo de la zona geográfica, los hombres inmigrantes prefieren ir a… mientras que las mujeres van a…
5. Algunos de los efectos negativos que afectan a los niños de familias transnacionales son…
6. Uno de los efectos positivos de los hijos de las familias transnacionales que se quedan en el país de origen es…

1. En tu opinión, ¿está la familia hispana en crisis? Usa las dos lecturas para explicar tu respuesta.
2. Según el artículo, ¿cómo se compara el rol de la familia extendida en el mundo hispano con el de tu comunidad?
3. En el primer artículo dice que la familia nuclear «se ha visto afectada por las demandas del mundo moderno y los efectos negativos de la globalización». ¿Cuáles son estas demandas y efectos negativos? ¿Cómo contribuyen a la creación de algunos nuevos modelos de familia como, por ejemplo, las familias transnacionales?

1. El tema de la familia transnacional desde el punto de vista de los niños también se presenta en la película *Al otro lado* (2005). Mira la película y luego compara con la lectura las realidades de tres niños: un cubano, un mexicano y una niña marroquí. Comenta sus casos con tus compañeros/as o prepara un informe teniendo en cuenta los siguientes aspectos: ¿En qué condiciones se encuentran esos niños? ¿Cómo y con quién viven? ¿Con qué obstáculos se enfrentan? ¿Cómo se comparan las tres historias con lo que dice la lectura II «Familias sin padres o familias transnacionales»? ¿En qué se diferencian? ¿Qué se puede hacer para resolver este problema?

2. Busca una inmigrante hispana en tu comunidad y hazle una entrevista corta en que comenta los efectos que ha tenido en su familia el hecho de tener que inmigrar a este país. Lee otra vez la lectura y prepara unas cinco preguntas sobre el rol de la familia extendida, la familia que tiene en los Estados Unidos y la familia que se ha quedado en su país de origen. Comenta también los efectos positivos y/o negativos que ha tenido la inmigración en la familia nuclear. Prepara un informe oral para presentar en clase.

3. Busca información en el Internet sobre los niños de la calle en el mundo hispano. Este es un modelo de familia muy distinto a los antes mencionados. ¿Por qué abandonan el hogar? ¿Dónde y cómo viven? ¿Con qué problemas o peligros se enfrentan? ¿Cuál será el futuro de estos niños y del modelo familiar? Compara este modelo familiar con uno de los siguientes: familias sin padres, familias de padres solteros o familias transnacionales. Comparte tus opiniones con tus compañeros sobre las estructuras familiares seleccionadas y sus efectos en el mundo hispano del futuro.

LECCIÓN 4

¿Ha cambiado el matrimonio?

La boda de Caná, por el maestro de los Reyes Católicos (España, pintado entre 1495–1497)

1. ¿Quiénes se casan?
2. ¿Qué te parece la pareja de esta boda? ¿Parece una pareja feliz?
3. ¿Crees que se casan por amor o por obligación?
4. ¿Quiénes son las otras personas en el cuadro?

REFRÁN
El amor es ciego, y el matrimonio lo cura.

En esta lección vas a:

> hablar y escribir sobre el matrimonio y cómo ha cambiado

> escuchar lo que dicen nuestros amigos sobre el matrimonio y las uniones civiles

> leer información cultural sobre el matrimonio y el divorcio en los países hispanohablantes

> usar el subjuntivo en oraciones independientes, en oraciones adverbiales y después de expresiones de duda, negación e incertidumbre (*uncertainty*)

> leer el cuento «No se habló más» por Ángeles Mastretta

Antes de empezar la lección, ve la **Introducción** de la **Lección 4** en el vídeo.

Así lo veo I

ANTES DE VER

Vocabulario del vídeo

el compromiso	commitment	**estar** (*irreg.*) **a gusto**	to be content
el lujo	luxury	**estar** (*irreg.*) **regido por**	to be governed/ruled by
el siglo	century	**sobrar**	to be more than enough / too much
la unión civil	civil union		
afectarle a uno	to affect someone	**ambos/as**	both
cuestionar	to question, challenge	**juntos/as**	together
elegir (i, i)(j)	to elect		

Repaso: **el matrimonio**

Más vocabulario

el divorcio	divorce
el matrimonio de conveniencia	arranged marriage
el matrimonio gay	gay marriage
el matrimonio mixto	interracial marriage

Ruth y su marido

Yolanda dice que tanto el matrimonio como la unión civil son compromisos. ¿Estás de acuerdo con ella?

Gustavo y su pareja

AMIGO FALSO

compromiso

El sustantivo **compromiso** no significa *compromise* en inglés, sino que se refiere a una obligación. La palabra más o menos equivalente a *compromise* es **acuerdo** y se utiliza en expresiones verbales como **llegar a un acuerdo** (*to reach a compromise*) o **ponerse de acuerdo** (*to compromise*). Estos son algunos ejemplos.

No puedo verte esta noche. Tengo otro **compromiso**.
I can't see you tonight. I have another commitment.

Los partidos políticos no **llegaron a ningún acuerdo**.
The political parties didn't reach a compromise.

Ellos necesitan **ponerse de acuerdo en** muchas cosas para que funcione su matrimonio.
They need to compromise on a lot of things if their marriage is going to work out.

Actividad A   Asociaciones

Empareja cada palabra o expresión de la columna A con la descripción más apropiada de la columna B.

	A		B
1.	_____ el siglo	**a.**	escoger, preferir a una persona o cosa en vez de otra
2.	_____ ambos	**b.**	la obligación
3.	_____ elegir	**c.**	poner en duda algo afirmado
4.	_____ el compromiso	**d.**	cien años
5.	_____ el lujo	**e.**	algo parecido al matrimonio
6.	_____ cuestionar	**f.**	dos
7.	_____ la unión civil	**g.**	que hay más de lo necesario
8.	_____ sobrar	**h.**	algo que no es necesario

Actividad B   Preguntas

Paso 1 ¿Cómo contestas las siguientes preguntas?

1. ¿Qué compromisos tienes? ¿Con quién(es) tienes esos compromisos?

2. Da un ejemplo de un compromiso que está regido por un contrato o por otro documento. Luego, da un ejemplo de un compromiso que no está regido por un documento. Si un compromiso está regido por un documento, ¿tiene más fuerza o validez?

3. ¿Qué consideras como lujos en tu vida? ¿Es un lujo, por ejemplo, poder estudiar? ¿poder viajar? ¿O piensas que son derechos?

4. ¿Qué cosa o a quién(es) cuestionas? ¿Cuestionas a tus padres? ¿Cuestionas alguna regla de la universidad? ¿al gobierno del país?

NOTA CULTURAL

El matrimonio en épocas anteriores

El matrimonio, tanto en Europa como en América, ha cambiado a lo largo del tiempo. Por ejemplo, hasta finales del siglo XIX muchos matrimonios se celebraban por intereses económicos, políticos y sociales y no necesariamente por una decisión personal entre un hombre y una mujer. En el pasado, las familias de clase alta concertaban[a] el matrimonio de sus hijos con el fin de proteger y aumentar su fortuna y para mantener cierto estatus social. Es decir, el matrimonio debía contribuir al patrimonio familiar y no a los deseos personales de la pareja. Cuando se encontraba la pareja adecuada, se celebraba una ceremonia de compromiso[b] oficial de las partes ante dos testigos. Para la familia de la mujer, este compromiso traía varias ventajas, como ayuda financiera y la estabilidad social de la hija. El compromiso matrimonial obligaba al hombre a casarse con la mujer, a menos que se descubriera que la mujer no era virgen. Raras veces los matrimonios eran forzados,[c] es decir, que un miembro de la pareja (normalmente la mujer) se casaba en contra de su voluntad y sin dar su consentimiento. Más comunes eran los matrimonios concertados o matrimonios de conveniencia, en los que los contrayentes[d] consentían que sus padres (o tutores) les buscaran un esposo o una esposa.

[a]arranged, set up   [b]engagement, commitment   [c]forced   [d]bride, bridegroom

¿Crees que los cambios en el matrimonio se reflejan en las bodas?

5. En tu opinión, ¿cuál es la diferencia entre el matrimonio y la unión civil? En el estado donde vives, ¿existen los dos? ¿Es bueno que existan los dos, o sólo debe haber el matrimonio? O al revés, ¿sólo debe haber la unión civil?

Paso 2 Compara tus ideas con las de otras dos personas. ¿En qué coinciden sus opiniones? Escoge con tus compañeros/as una pregunta y presenten sus ideas a la clase.

Actividad C   El matrimonio

Paso 1 Lee la **Nota cultural** otra vez y piensa en otros ejemplos que muestran cómo ha cambiado el matrimonio. Haz una lista de por lo menos tres cambios e incluye palabras de la lista del vocabulario.

> **Modelo:** *Los matrimonios de conveniencia eran comunes en el pasado pero ahora ya no lo son.*

Paso 2 Comparte tu lista con la clase. Tu profesor(a) va a hacer una lista de las ideas de toda la clase.

Paso 3 En tu opinión, ¿cuáles cambios son positivos y cuáles son negativos? Explica por qué.

Actividad D   Nuestros amigos hablan.

Ahora ve **Así lo veo I.** El **Vocabulario útil** te va a ayudar a comprender mejor el segmento.

Vocabulario útil

exclusivo	exclusive
digámoslo así	let's put it (say it) this way

DESPUÉS DE VER
Comprensión y opiniones

Actividad A   Yolanda

Paso 1 A continuación hay un fragmento de lo que dice Yolanda. ¿Puedes completarlo con las palabras y expresiones que utiliza?

«Bueno, finalmente, eh... tanto el matrimonio como _____[1] son... son _____.[2] Quizás el _____[3] moral con respecto del _____,[4] es un poquito más fuerte. Pero, finalmente, _____[5] tienen proyectos y están _____[6] un papelito, ¿no? [...] El matrimonio no es exclusivo de mujer y hombre, porque, bueno, finalmente, cada quien _____[7] lo que quiere, ¿no? Y si dos personas van a estar bien, _____[8] con esa relación, con esa unión, pues adelante. Por mí no hay _____.[9]»

 Paso 2 Compara tus respuestas con las de otra persona. Luego, escucha otra vez lo que dice Yolanda para verificar tus respuestas.

Paso 3 Mira la segunda oración de lo que dice Yolanda. ¿Por qué piensas que dice que uno de los compromisos es más fuerte que el otro? ¿Qué piensas tú?

Actividad B Ernesto

Paso 1 Escucha lo que dice Ernesto y complétalo con las palabras y expresiones que utiliza. Luego, compara tus respuestas con las de otra persona.

«Yo creo más en el _____,[1] porque teniendo _____[2] con alguien, ya _____[3] sale _____.[4] Un _____[5] ya es _____,[6] digámoslo así, ¿no? [...] Conozco muchas familias que simplemente _____,[7] unidas de palabra, y tienen años y años de _____,[8] ¿no? y son una familia feliz, y para nada, _____,[9] los hijos de ese matrimonio _____[10] a los padres de por qué no están casados, ¿no? Yo pienso que eso ya es de _____[11] pasados.»

Paso 2 Utilizando las siguientes expresiones y cualquier vocabulario nuevo útil, escribe un breve resumen (de tres a cinco oraciones) comparando lo que dice Ernesto con lo que dice Yolanda.

Tanto Ernesto como Yolanda piensan que...

Both Ernesto and Yolanda think that. . . .

A diferencia de Yolanda (Ernesto), ...

Unlike Yolanda (Ernesto), . . .

Actividad C ¿Y los otros amigos?

Según lo que ya sabes de los otros amigos, ¿piensas que estarían (*they would be*) de acuerdo con lo que dicen Yolanda y Ernesto? Con otra persona, escoge a una persona que sí estaría de acuerdo con ellos y a otra que no, y expliquen por qué. Luego, presenten sus ideas a la clase.

Actividad D Para pensar

Yolanda dice que aunque una relación esté regida o no por un papel (*whether it's governed by a piece of paper or not*), debe haber «una verdadera unión». Además, Ernesto dice que conoce a parejas que están muy unidas de palabra. Pero ninguno de los dos explica lo que significa una verdadera unión. ¿Qué significa para ti?

Escucha lo que dice el Padre Aguilar sobre la idea de que el matrimonio es algo pasado de moda. El **Vocabulario útil** te va a ayudar a comprender mejor el segmento.

¿Piensas que el Padre Aguilar tiene razón? ¿Por qué (no)?

 ASÍ LO PIENSO.

Vocabulario útil

pasajeras	(*adj.*) temporary
la cabellera	hair
rapado	clean-shaven (*head*)

EL MARAVILLOSO VERBO...

pasar

The verb **pasar** has a number of meanings and uses in Spanish, including the following.

- *to occur/happen*

  Pasa (Ocurre) en las mejores familias.   *It happens in the best families.*

- *to pass (overcome) a test, obstacle, and so on.*

  No voy a **pasar** (aprobar) el examen; no estudié nada.

  I'm not going to pass the test; I didn't study at all.

- *to enter / come in*

  —¿Puedo **pasar** (entrar)? Necesito hablar contigo.   *May I come in? I need to speak with you.*

  —Claro que sí. **Pasa.**   *Of course. Come in.*

Note the following meanings and uses when **pasar** is used with a reflexive pronoun or with certain prepositions.

- **pasarse** (*to go overboard, too far; to cross the line*)

  El candidato **se pasó** cuando insultó a la mujer de su adversario.

  The candidate went too far when he insulted his opponent's wife.

- **pasar por** (*to be going through; to go by a place with a specific purpose in mind*)

  Ellos están **pasando por** un divorcio muy complicado.

  They're going through a very complicated divorce.

  Pasamos por tu casa a las 8:00 y luego vamos al concierto.

  We'll go by your house at 8:00 (to pick you up) and then we'll go to the concert.

- **pasar de** (*to ignore*)

  Estoy seguro de que me vio pero **pasó de** mí completamente.

  I'm sure he saw me but he ignored me completely.

Pasar is also used in a number of common expressions.

- **pasarlo bien/mal** (*to have a good/bad time*)

  Lo pasamos muy **bien** el otro día en la fiesta.

  We had a great time the other day at the party.

- **lo que pasa es que...** (*what's going on / happening is that . . .; the reason is that . . .*)

  Lo que pasa es que tengo mucho que hacer.

  The reason is that I have a lot to do.

¿Qué pasa en esta foto?

Paso 1 Sustituye en cada oración el verbo **pasar** por uno de los siguientes verbos: **ocurrir, entrar, aprobar.**

1. Déjalo pasar. Tiene una reunión con el jefe.
2. La verdad es que no sé lo que está pasando. No entiendo nada.
3. Tengo miedo de no pasar el curso.

Paso 2 Completa cada oración con la expresión apropiada de **pasar.**

1. ¿A qué hora quieres que Julia y yo _____ ti?
2. Marcos _____ su mujer. No la escucha y no le habla.
3. Ellos _____ en su viaje. Llegaron enfermos y cansados.
4. ¡No _____! Ya me dijiste lo que piensas del asunto.

Paso 3 Con otra persona, indica cuáles son las causas posibles de cada situación a continuación. Empiecen con «Lo que pasa es que... ».

1. Un compañero no llega a la clase.
2. Cancelan las clases en la universidad.
3. Una mujer se separa de su marido.
4. Dos personas se casan tres meses después de conocerse.

GRAMÁTICA

Más usos del subjuntivo: En oraciones independientes; con *el hecho de que*

A. In **Lección 3,** you were introduced to the forms of the present subjunctive and worked with uses of the subjunctive and the indicative in adjective clauses, as in these examples.

Tengo un esposo que me **respeta.**

I have a husband who respects me.

Busco un esposo que me **respete.**

I'm looking for a husband who will respect me.

In addition, you worked with both the subjunctive and indicative in clauses following impersonal expressions.

Es verdad que Ernesto **viene** de una familia muy unida.

It's true that Ernesto comes from a close family.

Es fantástico que Ernesto **venga** de una familia muy unida.

It's fantastic that Ernesto comes from a close family.

In both sets of examples above, the verb following **que** is in the indicative in the first sentence, but the subjunctive is used in the second. Do you remember why?

B. The subjunctive normally appears in *dependent* or *subordinate clauses.* For example, in the sentence **Busco un esposo que me respete, Busco un esposo** is the *main* or *independent* clause because it can stand alone as a complete sentence, and **que me respete** is the dependent or subordinate clause because it cannot stand alone as a complete sentence. In many cases, the dependent clause in Spanish begins with the conjunction (or relative pronoun) **que,** or an adverbial phrase such as **cuando, tan pronto como, para que,** and so forth. You will learn more about some of these uses later on in this lesson.

C. The subjunctive also occurs in certain *independent clauses* introduced by adverbs of probability such as **quizá(s)*** and **tal vez,** both of which mean *maybe* or *perhaps.* With both of these adverbs, the subjunctive and the indicative can be used, as in the following examples.

> **Quizás / Tal vez llego** tarde porque hay mucho tráfico a esas horas.
> *Maybe I'll be late because there's a lot of traffic at that time.*

> ¿No ha llegado todavía? **Quizás / Tal vez** no **sepa** que tenemos una reunión.
> *Hasn't he arrived yet? Maybe he doesn't know we have a meeting.*

The use of the indicative in the first example communicates a greater degree of certainty on the part of the speaker. In the second example, however, the subjunctive is used to communicate a conjecture or possibility without having firsthand information.

PRUÉBALO 1

Complete this sentence that Yolanda says in **Así lo veo I** with the correct form of **ser.** Then listen to verify your answer, and explain why she used the mood (indicative or subjunctive) that she uses.

> «**Quizás** el compromiso moral, con respeto del matrimonio, _____ un poquito más fuerte.»

D. The subjunctive also appears in independent clauses containing **ojalá (que),** which can be translated as *I hope* or *I wish.* Spanish allows **ojalá** with or without **que,** but in either case, the subjunctive is always used.

Ojalá nos casemos en el verano.
I hope we get married in the summer.

Ojalá no cambie de opinión.   *I hope she doesn't change her mind.*

*Both spellings—**quizá** and **quizás**—are correct. **Quizás,** however, is more common.

Another use of the subjunctive that occurs in the video segment is following the expression **el hecho de que...** (*the fact that . . .*). Do you recall how Yolanda completed the following sentence? If not, listen to it again.

PRUÉBALO 2

« ... para mí no es muy importante el... el hecho de que _____ o no regido por un papel... »

E. These examples illustrate the use of the subjunctive following **el hecho de que.**

El hecho de que Pedro **sonría** no significa que esté contento.

The fact that Pedro is smiling doesn't mean he's happy.

El hecho de que Adela **estudie** no quiere decir que saque buenas notas en los exámenes.

The fact that Adela studies doesn't mean that she'll get good grades on the exams.

Notice in the examples above that, in addition to using the subjunctive after **el hecho de que,** it's also used after the clause **no significa que...** (or **no quiere decir que...**) because it expresses skepticism about Pedro being happy or that Adela will get good grades on the exams. You will learn more about this use of the subjunctive later on. In this section, however, you only need to focus on using the subjunctive after **el hecho de que,** and in independent clauses that begin with **quizás, tal vez,** and **ojalá.**

Actividad A   Quizás el futuro sea mejor.

Paso 1 Usando el subjuntivo, escribe cinco oraciones sobre lo que puede pasar en cuanto a ciertas circunstancias (sociales y/o políticas) actuales. Empieza cada oración con **Quizás...** or **Tal vez...**

Modelos: *Quizás bajen los precios de la gasolina en los próximos tres meses.*

Tal vez haya más uniones civiles en el futuro.

Paso 2 Comparte tus oraciones con tres personas. Luego, reacciona ante las oraciones que escribieron ellos/as, indicando lo más probable y lo menos probable. Usa el subjuntivo en tus reacciones.

Modelos: *Lo más probable es que... (haya más uniones civiles en el futuro...)*

Lo menos probable es que... (bajen los precios de la gasolina...)

Paso 3 ¿Estás de acuerdo con las reacciones de tus compañeros?

Actividad B   Ojalá...

Paso 1 Usando **ojalá** con el verbo en el subjuntivo, escribe cinco oraciones sobre lo que deseas para ti y/o tu familia. Luego, ponlas en orden de importancia.

> **Modelo:** *Ojalá (que) tenga muchos hijos.*

Paso 2 Comparte tus oraciones con la clase. En general, ¿con qué tienen que ver los deseos de tus compañeros? ¿Con la salud? ¿la felicidad? ¿el dinero?

Actividad C   El hecho de que estemos casados...

Paso 1 Escoge una expresión verbal de la lista para completar cada oración de una manera lógica.

| discutir mucho | trabajar mucho | conocerse por un mes |
| ser guapo | tener mucho dinero | vivir en ciudades distintas |

El hecho de que...

1. ... dos personas sólo _____ no quiere decir que no deban casarse.
2. ... su novio _____ no implica que sea buena persona.
3. ... ella _____ no quiere decir que sea generosa.
4. ... ellos _____ no significa que no sepan ponerse de acuerdo.
5. ... ellos _____ no implica que vayan a romper.
6. ... el esposo _____ no quiere decir que no pueda ayudar en casa.

Paso 2 Compara tus respuestas con las de otra persona. Luego, indica con qué afirmaciones estás de acuerdo.

Así lo veo II

ANTES DE VER

Vocabulario del vídeo

la cuestión	question; issue, matter	**exigir (j)**	to demand
el derecho	right	**faltar**	to be missing/absent
la herencia	inheritance	**firmar (un contrato)**	to sign (a contract)
		obtener (*like* **tener**)	to get, obtain
compartir	to share	**quedar** + *adj.*	to remain (+ *adj.*)
convivir	to coexist, live together	**referirse (ie, i) a**	to refer to
designar	to designate, specify		
estar (*irreg.*)			
equivocado/a	to be wrong		

Cognados: ancestral, la base, legal, la procreación, procrear

Repaso: exigir (j)

«Desde un tiempo ancestral pues, el concepto legal, el concepto social del matrimonio ha sido unión entre hombre y mujer para convivir, compartir en la vida y procrear.»

Las palabras **cuestión** y **pregunta** se pueden traducir al inglés como *question*, pero no se refieren al mismo concepto en español. La palabra **cuestión** significa asunto (*matter, issue*) mientras que una **pregunta** es algo que se hace para obtener una respuesta.

El futuro del matrimonio es una **cuestión** de gran importancia para mucha gente.

The future of marriage is a question (matter, issue) of great importance for many people.

Quiero hacerle una **pregunta**. ¿A cuántos kilómetros está la estación?

I have a question. How many kilometers away is the station?

PALABRAS ENGAÑOSAS

cuestión/pregunta

Actividad A   ¿Quién lo diría?

Paso 1 Para cada oración, escoge la palabra o expresión más apropiada de la lista a continuación. Luego, indica quién lo diría: Leticia, Ernesto, Ruth, Gustavo, Yolanda o el Padre Aguilar. Puede haber más de una respuesta.

ancestral	un derecho	obtener	quede embarazado
la base	firmar	procrear	se ha referido a

1. «El matrimonio es _____ para todos, no sólo para los heterosexuales.»
2. «El matrimonio y la familia siempre han sido _____ de la sociedad.»
3. «El compromiso entre dos personas es más importante que ir a _____ un papel. Eso ya es un lujo.»
4. «Desde un tiempo _____ el matrimonio siempre _____ la unión entre un hombre y una mujer.»
5. «Si dos hombres o dos mujeres quieren _____ el derecho de casarse, no hay ningún problema.»
6. «Si el propósito del matrimonio es _____, no puede haber matrimonio entre dos hombres porque es imposible que un hombre _____.»

Paso 2 ¿Con qué afirmaciones del **Paso 1** estás de acuerdo? ¿Qué piensan tus compañeros/as?

Actividad B   Asociaciones y definiciones

Paso 1 Indica lo que asocias con cada palabra y/o cómo la defines.

1. compartir
2. faltar
3. designar
4. estar equivocado
5. legal
6. herencia

Paso 2 Presenta tus ideas a la clase sin decir la palabra. ¿Puede la clase deducir a qué palabra se refiere?

Actividad C   ¿Estás de acuerdo?

Con otra persona, indica si estás de acuerdo o no con estas oraciones y comenta por qué. Luego, presenta tus opiniones a la clase.

1. El propósito principal del matrimonio es la procreación.
2. El concepto del matrimonio ha cambiado en los últimos años.
3. En un matrimonio o unión civil, es necesario que la pareja lo comparta todo.
4. Es buena idea firmar un acuerdo prematrimonial antes de casarse.
5. Es necesario crear contratos civiles para proteger los derechos de las parejas homosexuales.

Ahora ve **Así lo veo II.** El **Vocabulario útil** te va a ayudar a comprender mejor el segmento.

Vocabulario útil

la margarita	daisy
la flor	flower
le inoculen	they impregnate him / inject him with something
que se te pegue la gana	whatever (*noun*) you want / feel like

DESPUÉS DE VER
Comprensión y opiniones

Actividad A   ¿Lo dicen?

Indica si cada oración representa lo que dicen el Padre Aguilar y Gustavo sobre el matrimonio. Si no, cambia la oración para que represente mejor sus ideas.

	Sí	No

Según el Padre, …

1. … el matrimonio siempre ha sido unión entre hombre y mujer para convivir, compartir y procrear. ☐ ☐

2. … aunque dos hombres pudieran procrear juntos, no sería matrimonio. ☐ ☐

3. … será imposible que un hombre quede embarazado en el futuro. ☐ ☐

4. … se debe inventar otro nombre para las uniones entre dos personas del mismo sexo. ☐ ☐

Según Gustavo, …

5. … va a firmar un contrato para formalizar la unión con su pareja. ☐ ☐

6. … un papelito que rige una unión no es tan importante como el compromiso. ☐ ☐

Actividad B   ¿Es un lujo el papel?

Paso 1 En **Así lo veo I,** Yolanda y Ernesto no le dan mucha importancia al contrato legal (o el «papelito») entre dos personas. De hecho (*In fact*), Ernesto piensa que no es esencial. ¿Está Gustavo de acuerdo con este punto de vista? ¿Por qué (no)?

Paso 2 En cuanto a la importancia del «papelito», ¿con quién estás más (o menos) de acuerdo? Explica por qué.

Actividad C   Interpretación

Justifica tu respuesta a cada pregunta según lo que dicen (o no dicen) el Padre Aguilar y Gustavo.

1. Según lo que dice el Padre, ¿está él en contra de las uniones civiles para las parejas homosexuales o sólo en contra del matrimonio?
2. ¿Habla Gustavo del matrimonio o de la unión civil?
3. ¿Existe alguna manera de reconciliar las perspectivas del Padre con las de Gustavo? ¿Cómo?

GRAMÁTICA
El subjuntivo y el indicativo en cláusulas adverbiales

A. Like adverbs, adverbial clauses modify a verb or verb phrase by indicating *how, when, in what way,* and so forth, as in the following examples.

> Pienso casarme **pronto.** (*adverb*)   *I plan to get married soon.*

> Pienso casarme **tan pronto como termine mis estudios.** (*adverbial clause*)
>
> *I plan to get married as soon as I finish my studies.*

In the previous examples, both the adverb **pronto** (*soon*) and the adverbial phrase **tan pronto como termine mis estudios** (*as soon as I finish my studies*) modify the verb phrase **Pienso casarme** by indicating *when.* In addition to **tan pronto como,** other adverbial conjunctions of time include the following.

cuando	when	**hasta que**	until
después (de) que	after	**mientras (que)**	while, as long as
en cuanto	as soon as		

B. The subjunctive is used in adverbial clauses of time when the event in the adverbial clause has not yet occurred or is hypothetical.

134

An example of this use of the subjunctive occurs when Padre Aguilar is talking about marriage. Listen to him again and complete the phrase with the verb you hear. Can you explain why the subjunctive is used in this context?

«Cuando un hombre y otro hombre _____ procrear juntos... »

C. If the event or situation described in the adverbial clause already exists and/or has already taken place in the past, the indicative is used. The following examples contrast the subjunctive and indicative in temporal adverbial clauses. See if you can explain why the indicative or the subjunctive is used in each example.

Indicative	Subjunctive
Mucha gente asistió a la boda **cuando se casaron.**	Mucha gente va a asistir a la boda **cuando se casen.**
Many people attended the wedding when they got married.	*Many people are going to attend the wedding when they get married.*
Después de que se divorciaron, Carmen se sintió más libre que nunca.	**Después de que se divorcien,** Carmen va a sentirse más libre que nunca.
After they got divorced, Carmen felt freer than ever.	*After they get divorced, Carmen will feel freer than ever.*
En cuanto termina el semestre, siempre vamos a la playa.	**En cuanto termine** el semestre, vamos a la playa.
As soon as the semester ends, we always go to the beach.	*As soon as the semester ends, we're going to the beach.*
No me casé con Juan **hasta que** él **dejó** de fumar.	No me caso con Juan **hasta que** él **deje** de fumar.
I didn't marry Juan until he stopped smoking.	*I won't marry Juan until he stops smoking.*
El padre se quedaba en casa **mientras** los niños **eran** pequeños.	El padre se queda en casa **mientras** los niños **sean** pequeños.
The father stayed at home while the children were little.	*The father stays at home as long as the children are little.*

D. With the adverbial conjunctions **después de que** and **hasta que,** if there is no change in subject between the main and subordinate clauses, Spanish speakers often drop the **que** and use an infinitive instead of a conjugated verb, as in the following examples.

Estos dos van a casarse cuando...

Después de trabajar tanto, necesito unas vacaciones.
After working so much, I need a vacation.

No puedo ir **hasta terminar** lo que estoy haciendo.
I can't go until I finish what I'm doing.

Actividad A   ¿Qué vas a hacer? ¿Qué hiciste?

Paso 1 Completa las siguientes oraciones por escrito de una forma lógica.

1. Cuando me gradúe en la universidad, (no) voy a…
2. Cuando me gradué en la escuela secundaria, (yo)…
3. Después de que termine el semestre, (no) voy a…
4. En cuanto salga de la clase de español, (no) voy a…
5. Hasta tener suficiente dinero, no voy a…
6. Hasta tener 16 años, no pude…
7. Mientras que esté en la universidad, (no)…
8. Mientras que estaba en la escuela secundaria, (no)…

Paso 2 Comparte solamente la segunda parte de algunas oraciones del **Paso 1** con dos personas para que adivinen el resto de la oración.

> **Modelo:** E1: *No voy a poder comprar un coche.*
>
> E2: *Hasta tener suficiente dinero, ¿verdad?*
>
> E1: *Exacto.*

Actividad B   Oraciones lógicas

Paso 1 Con otra persona, escoge una expresión verbal de la lista para completar cada oración de una manera lógica. Luego, indiquen con qué afirmaciones están de acuerdo.

tener 35 años

casarse

haber menos infidelidad entre las parejas

serme fiel mi pareja

ya no poder cuidarse

terminar la temporada de fútbol americano

cumplir 60 años

1. No va a bajar la tasa de divorcio hasta que…
2. Pienso casarme cuando…
3. Voy a tener hijos en cuanto…
4. No pienso divorciarme mientras…
5. Mis padres vivirán (*will live*) conmigo cuando…
6. Pienso jubilarme cuando…
7. Los hombres van a ayudar más en casa en cuanto…

Paso 2 Presenten sus oraciones a la clase para verificar sus respuestas y para averiguar (*find out*) si sus compañeros están de acuerdo con las mismas afirmaciones.

Paso 1 Imagina que tienes un hijo de 16 años. ¿Qué (no) le permitirías hacer en el futuro? ¿En qué circunstancias? Completa las siguientes oraciones con algo que le dirías (*would say*). Usa las expresiones de la lista.

cuando   mientras   hasta que   en cuanto   después de que

1. No puedes beber bebidas alcohólicas…
2. Debes asistir a todas tus clases…
3. Te doy las llaves de mi coche…
4. No puedes salir por la noche…
5. No te comprometas (*get engaged*)…
6. Puedes seguir viviendo en casa…
7. Te prestamos dinero para un coche nuevo…
8. Te ayudamos a pagar tus estudios en la universidad…
9. Puedes vivir en tu propio apartamento…
10. Tienes que obedecer las reglas de la casa…

Paso 2 Comparte tus oraciones con tres compañeros/as. En general, ¿cómo serían (*would they be*) tus hijos como padres? ¿Serían más estrictos (*strict*) que tú? ¿O más permisivos?

Actividad D   Los famosos

Paso 1 Escoge entre tres y cinco personas (o parejas) famosas. Usen las acciones a continuación para escribir lo que esas personas dirían sobre sus planes para el futuro.

casarse   tener hijos o adoptar niños   trabajar para el gobierno
divorciarse   hacer más películas   ¿ ?

> **Modelo:** *No voy a hacer más películas hasta que me ofrezcan más dinero.*

Paso 2 Presenta tus oraciones a la clase. Tus compañeros van a decidir cuáles son las más probables.

Así lo veo III

ANTES DE VER

Vocabulario del vídeo

el impacto	impact	**estar** (*irreg.*) **acostumbrado/a a**	to be used to
la mentalidad	mentality		
el morbo	morbid curiosity/ fascination	**ser** (*irreg.*) **consciente de**	to be conscious/aware of
		sorprender	to surprise
acostumbrarse	to get used to	**apenas**	barely, hardly; just

Cognado: el impacto

Más vocabulario

la cifra	statistic
la infidelidad	infidelity
el qué dirán	what others may say
la tasa (de divorcio)	(divorce) rate

Repaso: la convivencia, el hogar

«No estamos con esa mentalidad, no estamos acostumbrados a vivirlo.» ¿A qué se refiere Ruth?

NOTA CULTURAL

El divorcio en los países hispanos

El divorcio es casi tan antiguo como el matrimonio, pero muchas culturas no lo permitían por razones religiosas, sociales o económicas. Por ejemplo, durante la dictadura de Francisco Franco en España (1939–1975), el divorcio estaba prohibido por la ley. En 1981, unos años después de la muerte de Franco, se legalizó el divorcio en España con la restauración de las libertades democráticas. En 2006, uno de cada tres matrimonios españoles termina en una separación legal, y España tiene la tasa de divorcio más alta de la Unión Europea. En otros países hispanos el índice de separaciones legales no es tan alto como en España. Sin embargo, el número de divorcios sigue en aumento,[a] reflejando una tendencia similar al modelo español. Por ejemplo, en Costa Rica, el Ecuador y Puerto Rico, el porcentaje de divorcios ahora es casi el doble de lo que fue durante los años 90. ¿A qué se debe este crecimiento? Las causas no están tan claras, pero se pueden identificar varios factores que parecen contribuir a que las parejas se separen. Entre ellos, la proximidad de la familia extendida no parece ser un instrumento de cohesión tan importante como en el pasado. Además, las uniones civiles, el debate sobre el matrimonio gay y las familias monoparentales[b] han influido en un cambio radical en la percepción de la familia tradicional. Por otra parte, la situación económica obliga a los dos miembros de la pareja a trabajar fuera de casa, provocando en algunos casos tensiones en la convivencia. Por último, el qué dirán ya no tiene la fuerza social que tenía antes.

[a]en... *rising*   [b]*single-parent*

¿Qué retos se enfrentan las familias monoparentales?

Actividad A   Asociaciones

Empareja cada palabra o expresión de la columna A con la descripción más apropiada de la columna B.

A	B
1. _____ estar consciente de algo	**a.** darse cuenta de algo inesperado
2. _____ el impacto	**b.** modo o manera de pensar
3. _____ el morbo	**c.** el efecto de algo inesperado
4. _____ sorprender	**d.** inclinación patológica hacia algo no sano
5. _____ la mentalidad	**e.** estar cómodo con algo o alguien
6. _____ acostumbrarse	**f.** tener conocimiento de una situación

Actividad B   El divorcio

Paso 1 Lee la **Nota cultural** en la página 139 e identifica los factores que contribuyen al crecimiento del número de divorcios. ¿Puedes pensar en otros factores?

Paso 2 Comparte tus ideas con la clase. Tu profesor(a) va a apuntar las ideas en la pizarra. En tu opinión, ¿cuál es el factor que más contribuye al divorcio? Escribe un breve párrafo de cinco oraciones explicando por qué.

Actividad C   Preguntas

Paso 1 ¿Cómo contestas las siguientes preguntas?

1. ¿Piensas que es buena idea que dos personas vivan juntas antes de casarse?
2. ¿Te importa mucho el qué dirán? Da un ejemplo.
3. ¿Hay algo que te sorprenda de la sociedad actual? Explica qué es.
4. ¿A qué (no) te has acostumbrado? ¿Estás acostumbrado/a a eso ahora o todavía no?

Paso 2 Compara tus ideas con las de otras dos personas. ¿En qué coinciden sus opiniones? Tú y tus compañeros deben escoger una pregunta y presentar sus ideas a la clase.

Actividad D   Nuestros amigos hablan.

Ahora ve **Así lo veo III.** Escucha bien lo que dice Ruth.

DESPUÉS DE VER
Comprensión y opiniones

Actividad A   ¿Qué dijo Ruth?

Contesta las siguientes preguntas.

1. Ruth habla de «cambios drásticos». ¿A qué cambios se refiere?
2. Según Ruth, ¿para qué hizo Dios al hombre y a la mujer?
3. ¿De qué es consciente Ruth?
4. ¿Qué quiere decir Ruth cuando dice: «no estamos con esa mentalidad»? ¿Con «la mentalidad» de qué?
5. Hablando de una boda entre dos hombres, Ruth dice que no sabe si la gente fue por apoyar o simplemente por _____. ¿Por qué iría la gente por esta razón?
6. ¿En qué insiste Ruth?

Paso 1 Después de escuchar los comentarios de nuestros amigos sobre el matrimonio, ¿tienes preguntas que hacerles a ellos? Si pudieras (*If you could*) ¿qué preguntas les harías (*would you ask*)? Trabajando individualmente o en un grupo, escribe cuatro preguntas que te gustaría hacerles. Dos de las preguntas pueden ser para hacerle a la misma persona. Luego, entrégaselas a tu profesor(a).

Paso 2 Tu profesor(a) va a elegir las preguntas y varios grupos de estudiantes van a decir cómo contestarían (*would answer*) nuestros amigos.

GRAMÁTICA
El subjuntivo después de expresiones de duda, negación e incertidumbre

A. In **Lección 3,** you worked with uses of the indicative and the subjunctive after expressions with the verb **ser,** as in the following examples.

> **Es cierto que** Ernesto **vive** en casa con sus padres.
>
> *It's true that Ernesto lives at home with his parents.*

> **Es dudable que** Gustavo **vuelva** a vivir con sus padres.
>
> *It's doubtful that Gustavo will live with his parents again.*

In the first example, the main clause **es cierto que** expresses certainty. For this reason, the indicative is used. However, in the second example, the main clause **es dudable que** expresses doubt, and the subjunctive is used in the dependent clause.

B. In addition to expressions with **ser** that express doubt and uncertainty, such as **(no) es probable / posible que, no es verdad que,** the subjunctive is used after other expressions of doubt, denial, and uncertainty. Consider the following examples below

> **Creo que** Ruth **tiene** razón.   *I think Ruth is right.*
>
> **No creo que** Ruth **tenga** razón.   *I don't think Ruth is right.*

In the first example, the statement *Ruth is right* is true in the mind of the speaker. That is, the speaker believes it to be true. In the second example, however, the speaker doubts the truthfulness of the same statement (*Ruth is right*). Therefore, the subjunctive is used. Generally speaking, the indicative is used when the speaker is fairly certain or knowledgeable that a proposition is true. In contrast, the subjunctive is used when the speaker denies, doubts, or is uncertain about the veracity of a proposition.

PRUÉBALO 4

Do you remember which verb Ruth used in the fragment below? Listen to it again and write down the verb that you hear.

«Puede ser que _____ lo mismo que yo siento por mi esposo.»

Can you explain why she used this form?

C. Below is a summary of common verbs used to express certainty, which are followed by the indicative, as well as common expressions of doubt and denial, which introduce the subjunctive.

Indicative	Subjunctive
creer/pensar (*to believe/think*)	**no creer / pensar** (*to not believe/ think*)
Creo que **se separan** pronto.	No pienso que **se separen**.
I believe they're separating soon.	*I don't think they'll separate.*
no dudar (*to not doubt*)	**dudar** (*to doubt*)
No dudamos que lo **puedes** hacer.	Dudamos que lo **puedas** hacer.
We don't doubt that you can do it.	*We doubt that you can do it.*
estar seguro/a de (*to be sure*)	**no estar seguro/a de** (*to not be sure*)
Está segura de que Ramón la **quiere**.	No está segura de que Ramón la **quiera**.
She's sure that Ramón loves her.	*She's not sure that Ramón loves her.*
no negar (*to not deny*)	**negar** (*to deny*)
No niega que **hay** problemas.	Niega que **haya** un problema.
He doesn't deny that there are problems.	*He denies that there is a problem.*
parecer (*to seem*)	**no parecer** (*to not seem*)
Me parece que **está** embarazada.	No me parece que **esté** embarazada.
It seems to me that she's pregnant.	*It doesn't seem (I don't think) she's pregnant.*
	(no) puede ser (*it could/couldn't be*)
	Puede ser que ya lo **sepa**.
	It could be that he already knows.

Actividad A   ¿Conoces bien a tu compañero/a?

Paso 1 Usando algunas expresiones de la lista (u otras que quieras incluir), completa las siguientes oraciones sobre un compañero (una compañera) de clase.

> **Modelo:** *Dudo que se gradúe este año.*

estar preparado/a para la clase de hoy   querer tener muchos hijos
venir de un país hispanohablante   levantarse antes de las ocho
casarse dentro de un año   ¿ ?

1. Creo que…
2. No pienso que…
3. Puede ser que…
4. Dudo que…
5. Estoy seguro/a de que…

Paso 2 Lee las oraciones a tu compañero/a, pero cambia el verbo en la oración subordinada a la forma de tú. Tu compañero/a te va a decir si tienes razón o no.

> **Modelo:** *Dudo que te gradúes este año.*

Paso 3 Con el mismo compañero (la misma compañera), escribe tres oraciones sobre su profesor(a). Luego, presenten las oraciones a la clase. Su profesor(a) les va a decir si tienen razón.

1. Creemos que…
2. Dudamos que…
3. Puede ser que…

Actividad B   Reacciones

A continuación hay varias afirmaciones sobre la familia y el matrimonio. Usando las siguientes expresiones de la lista, expresa tus reacciones ante las afirmaciones y explica por qué.

creo/pienso que   no creo/pienso que   puede ser que
no dudo que   dudo que

1. Una familia es el fruto de un matrimonio.
2. La familia tradicional está en crisis.
3. Mi grupo de amigos tiene la misma influencia en mi vida que mi familia de origen.
4. Me siento más «yo» cuando estoy con mi familia de origen.
5. Los padres ya saben que sus hijos les ocultan (*hide from them*) cosas.
6. Un matrimonio no puede funcionar si una persona todavía está apegada a su familia de origen.

Actividad C　¿Qué dices tú?

Paso 1 En esta lección de *Así lo veo*, has visto y escuchado a nuestros amigos ofrecer varios puntos de vista sobre el matrimonio. Para cada persona a continuación, apunta una oración que represente lo que ha dicho sobre el matrimonio.

> **Modelo:** Ruth → *Lo ideal es un matrimonio entre un hombre y una mujer.*

1. Yolanda　**2.** Ernesto　**3.** el Padre　**4.** Gustavo　**5.** Ruth

Paso 2 En grupos de tres o cuatro personas, expresen su opinión sobre cada afirmación del **Paso 1,** usando el subjuntivo si es necesario.

> **Modelo:** *Como Ruth, creo que lo ideal es un matrimonio entre un hombre y una mujer.*
>
> o *A diferencia de Ruth, no creo que lo ideal sea un matrimonio entre un hombre y una mujer.*

Paso 3 ¿Tienen Uds. reacciones parecidas? Presenten sus ideas a los demás miembros de la clase.

Actividad D　Así lo veo yo

Escribe una composición de 200 palabras sobre uno de los siguientes temas.

- La importancia del matrimonio hoy en día
- Los cambios positivos o negativos en el matrimonio

Antes de escribirla, sigue las recomendaciones a continuación para organizar tus ideas.

Antes de escribir

- Repasa el vídeo y el contenido de las actividades de la lección.
- Apunta las ideas que quieres incluir en tu composición expresadas por algunas personas del vídeo. Pueden ser ideas o perspectivas con las que estás de acuerdo o no.
- Piensa en cómo puedes integrar algunos usos del subjuntivo que has visto en esta lección.

Al escribir

- Haz un bosquejo para organizar el orden de tus ideas.
- Escribe un borrador de la composición. Luego, repásalo (con otra persona si quieres), fijándote bien en el contenido y en la gramática.

Versión final

- Pon en limpio el borrador de la composición para entregársela a tu profesor(a).

OTRAS VOCES

Watch interviews with other Spanish speakers on the *Así lo veo* YouTube™ channel, CENTRO, or on the Online Learning Center.

www.youtube.com/asiloveo

Your media center for languages

www.mhcentro.com

www.mhhe.com/asiloveo

«No se habló más»

Ángeles Mastretta (México, 1949–)

Perfil de la autora

Ángeles Mastretta nació en Puebla, México (1949). Hija de un periodista, dice que su papá fue la inspiración para su carrera de escritora. La problemática de la mujer constituye un tema central en la narrativa de Mastretta, que trata el asunto a través de las relaciones entre hombres y mujeres. El segmento en esta sección, «No se habló más», pertenece a *Maridos*, una colección de relatos[a] cortos publicada en 2007. En este cuento, la protagonista resuelve un conflicto matrimonial que había provocado su marido.

[a]*stories*

ANTES DE LEER

Vocabulario

la fuente	fountain, source
el huérfano	orphan
el quehacer	chore
el tesoro	treasure
acariciar	to caress
cargar (gu)	to carry
compartir	to share
contar (ue)	to tell (*a story*)
nacer (zc)	to be born
ordenar	to order (*someone to do something*)
temer	to fear
cuyo/a	whose
largo/a	long

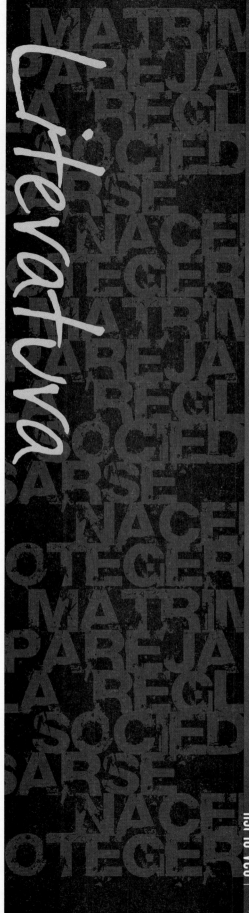

Literatura

Repaso de gramática

Remember that **saber** in the preterit translates as *to find out, to come to know something.*

> Así es como Paz **supo** la verdad del niño abandonado.
> *That's how Paz found out the truth about the abandoned child.*

Actividad A   Preguntas

Comparte con otra persona tus respuestas a las siguientes preguntas.

1. De niño, ¿qué quehaceres te obligaban a hacer tus padres? ¿O no tenías ninguna obligación? Cuando estás en casa con tus padres, ¿ayudas con algunos quehaceres?
2. ¿Eres el tesoro de tus padres? ¿Es alguien el tesoro de tu vida?
3. ¿En qué año naciste? Si tienes hermanos, ¿en qué año nacieron ellos? ¿Se agrupan Uds. en cuanto a la edad o los separan algunos años?
4. ¿Qué cosas de tu vida compartes ahora con tu familia? ¿Qué cosas prefieres no compartir?
5. ¿Temes algo? ¿Qué es lo que temes?

Actividad B   Asociaciones y definiciones

Paso 1 Indica lo que asocias con cada palabra o cómo la defines.

1. huérfano   2. acariciar   3. fuente   4. contar

Paso 2 Presenta tus ideas a la clase sin decir la palabra. ¿Puede la clase deducir a qué palabra se refiere lo que dices?

Actividad C   Temas: Otros tiempos

Lee el primer párrafo de la historia. Luego, con otra persona, contesta las siguientes preguntas.

1. ¿Qué es una «buena fuente» en el contexto de este párrafo? ¿Crees que los pueblos pequeños tienen «buenas fuentes» como dice la autora? ¿Puedes dar ejemplos de «malas fuentes»?
2. En este cuento, hay una mujer y un hombre que viven en un pueblo pequeño en «otros tiempos». ¿Qué características y comportamientos esperas encontrar en los personajes sabiendo esta información? ¿Cómo son las relaciones entre el hombre y la mujer?
3. La autora dice que «un hijo de su marido había quedado huérfano». ¿A qué alude la autora cuando dice «un hijo de su marido»?

No se habló más

Eran otros tiempos cuando Paz Gutiérrez, una mujer cuyo nombre reñía[1] con ella a cada rato, supo de buena fuente, porque en los pueblos chicos las fuentes siempre son buenas, que un hijo de su marido había quedado huérfano la tarde anterior.

Felipe, su marido, era un hombre de pocas palabras, que hablaba a gritos[2] porque siempre fue un poco sordo.[3] Su figura robusta acompañaba un andar rápido y su destreza[4] para el trabajo era drástica como el desdén[5] con que ordenaba el quehacer de otros. Su fortuna era grande como la tierra verde de la hacienda en que vivía con su mujer y sus hijos. Una propiedad que llegaba desde las orillas[6] del pueblo más cercano a su casa hasta la entrada, a mil hectáreas, del siguiente pueblo. Todo era suyo bajo aquel cielo[7] largo, como todo a su alrededor[8] parecía suyo, estuviera en donde estuviera.

Había en su finca[9] tantos caballos, vacas, naranjales y potreros[10] que él, cuya fortaleza física era la de un percherón,[11] tardaba semanas en recorrerlos.[12] Hasta un río cruzaba aquella hacienda. Un río que en la época de lluvias crecía de tal manera y tan aprisa[13] que en una noche podía partir en dos aquel mundo y dejar a quienes estaban de un lado presos[14] de la ladera opuesta hasta que los aguaceros[15] se calmaran y el agua volviera a quedar tersa por un tiempo. Lo cruzaban en unas pangas[16] largas, despacio, bajo el sol arduo del amanecer[17] en esa tierra. Luego quedaban a merced[18] de la corriente y su voluntad para emprender la vuelta.[19]

Justo del otro lado del río, se lo dijeron a Paz una tarde de mayo, había muerto una mujer cuyo hijo, niño de temporal y no de riego,[20] engendró don Felipe alguna noche de ésas en que el agua no bajó a tiempo para llevarlo de regreso a la orilla donde dormían Paz y sus hijos. Quién sabe cuántas veces, aunque bajara el agua, no volvió el marido. Como sea, resultaron suficientes. Nació un niño del que nadie habló nunca, cuya existencia no existía, cuya madre era pobre como un ángel en el infierno, cuyo nombre no sabía ni su padre, porque no quería ni llamarlo.

Felipe olvidó que vivía, porque no era cosa de recordar. Y si alguien tuvo el asunto en su memoria, lo último en que pensó fue en decir algo que fuera a disgustar a don Felipe, como lo llamaba todo el que lo conocía, incluida Paz que, a pesar de la distancia con que lo nombraba, había sabido quererlo porque el hombre puso en ella, sobre todo al principio,[21] una ternura[22] que fue imposible no encontrar reparadora de todo mal. Incluso el mal carácter. Porque no era fácil tratar con[23] aquel hombre cuya cólera temían[24] los más bravos. Paz no, porque tenía muy clara su fortaleza y sabía como nadie triunfar a ratos sobre la guerra eterna en que vivía su cónyuge.[25]

Le temía medio mundo, pero nunca falta quien conoce la piedad antes que el miedo y dos días después de ver al niño abandonado tras la muerte de su madre, una vecina se atrevió[26] a cruzar el río para contarle a Paz toda

---

[1]clashed   [2]a... shouting   [3]deaf   [4]ability   [5]disdain   [6]edges   [7]sky   [8]a... around him   [9]farm   [10]pastures
[11]strong horse   [12]round them up   [13]quickly   [14]prisoners   [15]downpours   [16]flat boat   [17]dawn   [18]mercy
[19]emprender... undertake the return trip   [20]de... conceived in the rainy, not the dry, season
[21]al... in the beginning   [22]tenderness   [23]tratar... to deal with   [24]feared   [25]spouse   [26]se... dared

la historia. Ella no quiso entrar en los detalles. Tomó la panga del amanecer y se fue en busca del hermano de sus hijos.

Era preciosa Paz de madrugada, tenía el cabello atado en una trenza[27] que luego dobló como quien teje un moño, tenía los ojos tenues y azules, tenía el imperio de su nombre en el alma.[28]

Cuando llegó a la otra orilla, con su carga de armonía y sus brazos redondos apoyados en la cintura, el pequeño lugar estaba al tanto de cuanto fue guardado tanto tiempo.[29] La gente se había juntado a esperarla, de pronto urgida de contar el cómo y el cuándo, el dónde y el porqué acallados durante dos años, diez meses y nueve días: el niño era hijo de una mujer que llegó al pueblo sola como una hoguera, que hablaba en totonaca[30] con quien pudiera entenderla y no se entendía mucho en otro idioma. Por lo mismo vivía casi en silencio, tejiendo[31] sombreros de palma como tantas otras campesinas del rumbo.

Paz oyó todo sin decir mucho, se limitó a preguntar cuál era la casa, si así podía llamarse el cuarto de carrizo y escombros[32] en que encontró a un niño hecho una mezcla atroz de mocos, mugre, piojos y llanto.[33] Los vecinos lo habían amarrado[34] a la pata de la cama para que no se perdiera mientras le encontraban en dónde estar. Estremecida y suave, Paz se le acercó hablándole bajito y le puso en la boca una botella con tapa de caucho[35] que terminaba en una punta parecida a un pezón.[36] Mamila, se llama ahora y la venden en cualquier parte, pero entonces era algo nunca visto que sólo Paz tenía y sólo de sus hijos había sido. El niño dejó que ella le pusiera el chupón en la boca y sorbió[37] un poco de agua dulce. Ella le puso una mano en la cabeza y lo acarició despacio.

—¿Vienes conmigo? —le preguntó sin esperar respuesta.

El niño abrió los ojos grandes y se dejó cargar. Paz salió de la casa en penumbras a la violenta luz de aquel campo. Les había pedido a los hombres de la panga que hicieran un viaje extra y les pagó dos jornales[38] por hacerlo. La larga barca plana inició el regreso con ella recargada contra el único barandal,[39] abrazando al niño como si fuera un tesoro.

[...]

[*Aquí el cuento continúa, hasta que don Felipe vuelve a casa esa tarde.*]

—¿Quién es este monigote?[40] —preguntó Felipe mirando al niño que jugaba con su hijo mayor y que en menos de una tarde compartía con él cuarto y mamá, sin grandes dificultades.

—Bien que sabes —le contestó Paz sin dejar de mecerse.[41] —Pues que no se hable más del tema —dijo don Felipe. Y no se habló más.

Eran otros tiempos aquellos tiempos. Y aunque todo lo de antes nos parezca impensable, la verdad es que el tono de aquel silencio maduró un hombre sonriente y apacible[42] como la madre que lo hizo suyo en un día.

La libertad viene de la luz que tienen dentro quienes nacen con ella puesta.[43] Era el caso de Paz y fue el de sus siete hijos. El único cautivo[44] entre ellos resultó Felipe, su marido, pero de eso, para infortunio suyo, tampoco se habló más.

[27]atado... *tied in a braid* [28]*soul* [29]estaba... *was just as it was a long time ago* [30]*indigenous language in Mexico* [31]*weaving* [32]cuarto... *shack (of reeds and rubble)* [33]mocos... *snot, filth, lice and crying* [34]*tied* [35]*tire rubber* [36]*nipple* [37]*sipped* [38]*days* [39]*railing* [40]*strange, weird-looking person* [41]*to swing, rock* [42]*calm* [43]*put on* [44]*captive*

DESPUÉS DE LEER

Contesta cada pregunta según lo que leíste.

1. ¿En dónde vivían Felipe y Paz?
2. ¿Cómo es Felipe? ¿Cómo es Paz? Busca acciones en el texto que ejemplifiquen tus ideas.
3. Explica por qué a veces don Felipe no volvía a casa.
4. ¿Cómo supo Paz acerca del niño huérfano? ¿Cómo reaccionó al oír las noticias?
5. ¿Qué hizo entonces Paz?
6. Cuando Felipe volvió a casa, ¿qué encontró y cómo reaccionó?
7. ¿Qué pasó con el niño huérfano al final?

Actividad B   Interpretación

1. Explica la relación entre el nombre de la protagonista y su manera de ser.
2. ¿Por qué crees que nunca «se habló más» del niño huérfano aunque viviera en la misma casa?
3. ¿Tienen Felipe y Paz conceptos diferentes de «la familia» en la sociedad que describe la autora?
4. ¿Qué está diciendo la autora en este relato sobre las relaciones entre hombres y mujeres?
5. Al final del relato, la autora describe a Felipe como «el único cautivo». ¿Qué quiere decir con esta descripción?
6. ¿Te acuerdas del refrán al comienzo de esta lección: «La ropa sucia se lava en casa»? ¿Se podría aplicar al tema de este cuento? Explica.

Actividad C   Más allá del texto

1. Entre todos, conviertan en una pequeña obra dramática lo que pasa desde el momento en que Felipe vuelve a casa al final del cuento. Escojan a los personajes, un director, etcétera, entre los miembros de la clase, e inventen un nuevo diálogo si es necesario.
2. Escribe una pequeña composición (100 palabras más o menos) en que comparas a uno de los personajes con alguien a quien tú conoces en persona.
3. ¿Crees que puede ser fácil para ti integrar a un hijo de tu pareja en tu propia familia como lo hizo Paz? Con varias personas, haz una lista de los obstáculos y sus posibles soluciones.

El hombre y la mujer

IDEA 1

Con otras dos personas, comenta si se diferencian los hombres y las mujeres en lo siguiente: la forma de caminar y hablar, la personalidad, inteligencia, moralidad. ¿Pueden explicar el porqué de sus opiniones o dar ejemplos si creen que se diferencian?

IDEA 2

Con otra persona, mira las fotos de esta página. Luego, contesten las siguientes preguntas.

1. ¿Cómo son estas personas?
2. ¿Qué características masculinas y femeninas se manifiestan en estas fotos?

Cayetano Rivera, torero español
Bárbara Mori, actriz uruguaya
Gloria Fuertes, poeta española
Walter Mercado, astrólogo puertorriqueño

IDEA 3

Con otra persona, lee lo que dicen Leticia, Yolanda y Ernesto. Según ellos, ¿con qué desafíos se enfrenta la mujer mexicana para encontrar pareja? ¿Se enfrentan las mujeres de los Estados Unidos con los mismos desafíos?

IDEA 4

¿Qué crees que diría el Padre Aguilar sobre las actitudes de los hombres que mencionan las personas de la **Idea 3**?

«Ya cuando pasa la realidad el hombre que golpea (*beat*) o casi deja semimuerta (*half-dead*) a su esposa, lo dejan libre en seguida.»

«Ya no, si un hombre te ve, te va... prácticamente te va a rechazar (*reject*), porque eres exitosa (*successful*).»

«Cuando la mujer quiere tomar el mando (*take control*), cuando la mujer quiere ser la que lleve la batuta (*to be in charge*), todos los hombres no saben qué hacer.»

LECCIÓN 5

¿Son iguales los hombres y las mujeres?

Hanz & Fritz, por la artista chicana Yolanda González

1. ¿Cómo describirías al hombre de este cuadro? ¿Y a la mujer?
2. ¿Qué información nos da el título del cuadro?
3. ¿Crees que son una pareja «tradicional»? ¿Por qué?
4. Describe sus relaciones. Por ejemplo, ¿quién es más dominante?, ¿hay mucho cariño entre ellos?, etcétera.

REFRÁN   *En la casa, el hombre reina y la mujer gobierna.*

En esta lección vas a:

> hablar de las diferencias entre los hombres y las mujeres

> escuchar lo que dicen nuestros amigos sobre algunas de las diferencias entre los hombres y las mujeres

> leer información cultural sobre la Fiesta Rosa en El Salvador y sobre el machismo

> hacer comparaciones de igualdad y desigualdad; usar el subjuntivo para expresar opiniones subjetivas; usar el pretérito y el imperfecto para narrar eventos en el pasado

> leer y comentar la selección cultural sobre las imágenes femeninas en la cultura hispana

Antes de empezar las actividades, ve la **Introducción** del vídeo de esta lección.

ANTES DE VER

Vocabulario del vídeo

el arreglo personal	personal appearance	**afeminado/a**	effeminate
la cadencia	cadence, rhythm	**brusco/a**	abrupt
el comportamiento	behavior	**cuadrado/a**	narrow-minded
el detalle	detail	**delgado/a**	thin
la preocupación	concern, worry	**desarrollado/a**	developed
el sentido	sense	**despreocupado/a (por)**	unconcerned (about)
el sexto sentido	sixth sense	**ligero/a**	light, agile
		reflexivo/a	reflective, thoughtful
caminar	to walk	**sutil**	subtle, delicate
fijarse en	to notice	**torpe**	clumsy
fumar	to smoke	**tosco/a**	rough
ocuparse en	to take an interest in		
sonar (ue)	to sound		

Cognados: la apariencia, circular, femenino/a, intuitivo/a, el movimiento, obeso/a, objetivo/a, observador(a), el rol

Repaso: la característica, preocupado/a por

Más vocabulario
la señal   sign

A este hombre le importa su arreglo personal.

¿A qué se debe la mayoría de las discusiones? ¿A alguien que no escucha o a alguien que no entiende?

NOTA CULTURAL
Diferencias en el estilo de conversación

Según investigaciones realizadas por[a] sociolingüistas, muchos problemas con la comunicación entre las parejas se deben a diferencias en el estilo de conversación entre hombres y mujeres. Los análisis demuestran[b] que mientras escuchan, las mujeres tienden a hacer más ruidos,[c] como «mmm» y «ajá» y otros de este tipo, que los hombres, lo cual da la impresión de que estos no están escuchando. Además, los hombres y mujeres hacen tales ruidos con propósitos[d] distintos. Las mujeres los hacen para indicar que están escuchando; los hombres los hacen para indicar que están de acuerdo. En cuanto al contenido de las conversaciones, las investigaciones revelan que los hombres suelen hablar de hechos[e] acerca de temas como la política, el deporte o la economía. Las mujeres, en cambio, prefieren hablar de los detalles del día y recontar conversaciones que tuvieron con otros. Es más, en comparación con los hombres, las mujeres se enfocan más en los metamensajes de la conversación. En un momento vas a escuchar a Ernesto comentar sobre esto cuando dice: «[Los hombres] no vemos detrás. No vemos qué hay atrás, ¿no? y una mujer no. Una mujer siempre ve y siempre te comenta cosas que en la vida tú imaginaste o en la vida tú viste. O sea, puede decirte: «Oye, ¿te fijaste en la actitud de tal persona?»

[a]*realizadas... carried out by*   [b]*show*   [c]*noises*   [d]*purposes*   [e]*facts*

PALABRAS ENGAÑOSAS

rol/papel

Las palabras **rol** y **papel** significan *role* en inglés y con este significado son sinónimos; pueden intercambiarse.

El **rol/papel** de la mujer en la sociedad ha cambiado mucho.

The role of women in society has changed a lot.

Sergio hizo el **papel/rol** de Hamlet en el drama.

Sergio played the role of Hamlet in the play.

Sin embargo, **papel** tiene otro significado que no comparte con **rol,** el de *paper.* Cuando **papel** significa *paper,* no puede cambiarse por **rol.**

¿Compraste **papel** para la impresora?   *Did you buy paper for the printer?*

AMIGO FALSO

reflexivo

El adjetivo **reflexivo** significa *reflexive* cuando se habla de fenómenos gramaticales como los verbos reflexivos, por ejemplo. Cuando **reflexivo** se aplica a una persona, se usa con el significado de *reflective* o *thoughtful.*

Las mujeres son más **reflexivas** que los hombres.

Women are more reflective than men.

154

Actividad A   Características

Completa las oraciones a continuación con un adjetivo apropiado de la lista de vocabulario.

1. Una persona _____ considera los puntos de vista de todos; es imparcial.
2. Alguien que no se preocupa mucho por las cosas es _____.
3. La gente _____ no acepta las ideas y opiniones de otros.
4. La persona _____ tiene muy bien desarrollado el sexto sentido.
5. Si alguien piensa mucho antes de hacer o decir algo es _____.
6. Una persona _____ es ruda y tosca.
7. La gente _____ suele hacer ejercicio y comer bien.
8. Una persona _____ no tiene tacto ni es amable.

Actividad B   Comportamientos

Paso 1 Apunta los nombres de tres amigos y tres amigas que conoces muy bien. Tomando en cuenta su conducta y sus actitudes, contesta las siguientes preguntas.

1. ¿Quiénes se fijan más en los detalles, tus amigos o tus amigas? ¿Quiénes se preocupan más por el arreglo personal? ¿Quiénes hablan de manera más brusca?
2. ¿Quiénes son más objetivos, tus amigos o tus amigas? ¿Más reflexivos? ¿Más intuitivos? ¿Más despreocupados? ¿Más torpes?

Paso 2 Compara tus respuestas con las de otra persona. Comenten si hay comportamientos y características típicamente femeninos o típicamente masculinos y presenten sus ideas a la clase.

Actividad C   Las conversaciones entre hombre y mujer

Paso 1 Divídanse en grupos por sexo (sólo de hombres o sólo de mujeres) y contesten las siguientes preguntas.

1. En una conversación, ¿qué señales buscas para saber que la otra persona te escucha? ¿Qué señales das tú para indicar que escuchas?
2. Cuando te juntas con amigos del mismo sexo, ¿de qué cosas suelen hablar?
3. ¿Cuál es la diferencia entre un mensaje y un metamensaje? Da un ejemplo. (Pista: un metamensaje va más allá de las palabras.)

Paso 2 Presenten sus ideas del **Paso 1** a la clase. Un(a) estudiante va a apuntar las ideas de los hombres en una lista y las de las mujeres en otra. ¿Qué diferencias y semejanzas notan?

Paso 3 La clase entera debe leer la **Nota cultural** en la página 154 sobre lo que los sociolingüistas han descubierto acerca de las conversaciones entre hombres y mujeres. ¿Refleja lo que escribieron en los **Pasos 1** y **2**? Explica por qué sí o no.

Vocabulario útil

los detallitos | little details

Actividad D   Nuestros amigos hablan.

Ahora ve **Así lo veo I.** El **Vocabulario útil** te va a ayudar a comprender mejor el segmento.

Ernesto usa la expresión **¿no?** con frecuencia. Significa *right?* en la mayoría de los contextos pero lo más importante es notar que es una convención de discurso como *you know?*

DESPUÉS DE VER
Comprensión y opiniones

Actividad A   ¿A quiénes se refiere Ernesto?

Paso 1 Las siguientes afirmaciones representan ideas que menciona Ernesto. Para cada idea, indica si Ernesto se refiere a las mujeres (**M**) o a los hombres (**H**).

	M	H
1. Ven las cosas tal y como parecen, sin ver qué hay detrás.	☐	☐
2. Se fijan en los detalles.	☐	☐
3. Se ocupan mucho en su arreglo personal.	☐	☐
4. Se preocupan por cómo caminan y hablan.	☐	☐
5. Sus movimientos son torpes y bruscos.	☐	☐

Paso 2 Con otra persona, indica si estás de acuerdo con las ideas de Ernesto. ¿Conocen a hombres o mujeres que no tienen las características que él menciona?

Actividad B Ernesto

 Paso 1 Escucha y completa lo que dice Ernesto con las palabras y expresiones que usa.

«Un hombre es muy _____[1] muchas cosas, desde _____[2] hasta su _____[3] que no en todos los casos es igual. O sea, sí hay casos en los que _____[4] cambian completamente y te puedes encontrar a una mujer totalmente _____[5] y a un hombre que le ves actitudes completamente _____,[6] que no son, que no es _____.[7] Tiene a lo mejor, com... este, _____.[8] No es afeminado, ¿no? Que a lo mejor _____[9] mucho tiempo en su arreglo personal, ¿no?»

Paso 2 Ernesto distingue entre el hombre afeminado y el hombre que tiene comportamientos femeninos. ¿Cuál es la diferencia? ¿Cuáles son las características del hombre afeminado que lo distinguen del hombre que sólo tiene comportamientos femeninos?

Actividad C Un experimento fuera de clase

Paso 1 Siéntate en un lugar público del campus por diez minutos y mira pasar a la gente, fijándote en cómo caminan los hombres y las mujeres. Luego, contesta las siguientes preguntas.

1. ¿Quiénes mueven más las caderas (*hips*), los hombres o las mujeres? ¿Y los brazos (*arms*)? ¿Y los hombros (*shoulders*)?
2. ¿Quiénes dan pasos más grandes?
3. ¿Quiénes caminan más rápido? ¿Y más erguidos (*upright*)?
4. ¿Crees que la gente es consciente de cómo camina o no?

Paso 2 Presenta los resultados de tu investigación en tu próxima clase. La clase va a determinar si los datos recogidos confirman o desmienten (*refute*) la hipótesis de Ernesto.

Escucha lo que dice Leticia sobre los hombres y las mujeres. Según ella, ¿quiénes son más astutos: los hombres o las mujeres? ¿Por qué piensa así? ¿Estás de acuerdo con ella?

 ASÍ LO PIENSO.

Vocabulario útil

se vale por sí misma	she fends for herself
flojo	lazy
salir adelante	to get ahead, to be successful
astuta	clever

GRAMÁTICA
Los comparativos

A. Comparisons of inequality express differences between things. The expressions **más... que** and **menos... que** express differences involving adjectives, adverbs, and nouns.

PRUÉBALO 1

Did you notice the comparisons of inequality that Ernesto used in the video segment for **Así lo veo I?** Complete Ernesto's statements with **más/que** or **menos/que** and read the accompanying photo and caption. Then watch the segment again to check your answers.

«Siempre el movimiento de un hombre, desde el caminar hasta el hablar, es _____[1] torpe _____[2] el de una mujer. [...] Las mujeres son _____[3] reflexivas y _____[4] observadoras y _____[5] eh... _____[6] objetivas _____[7] un hombre, ¿no?»

«Son más intuitivas, más... Tienen ese sexto sentido muchísimo más desarrollado que el de un hombre.» ¿Estás de acuerdo con lo que dice Ernesto sobre las mujeres?

Ernesto's comparisons involved adjectives. Below are some comparisons using adverbs and nouns.

Carlos camina **más** despacio **que** Manuel porque se lastimó el pie.

Carlos walks slower than Manuel because he hurt his foot.

¿Todavía ganan las mujeres **menos** dinero **que** los hombres?

Do women still earn less money than men?

B. Comparisons of equality express similarities between things. The expression **tan... como** is used to make comparisons involving adjectives and adverbs.

Los hijos son **tan** inteligentes **como** su madre.

The children are as intelligent as their mother.

El reportero habla **tan** torpemente **como** el entrevistado.

The reporter speaks as clumsily as the interviewee.

Dicen que la gente mayor es **tan** terca (*stubborn*) **como** los adolescentes. ¿Qué piensas tú?

C. Similarities involving nouns use the expression **tanto... como.** Note in the following examples that **tanto** agrees in gender and number with the noun in the comparison.

No tengo **tanto** tiempo para estudiar **como** tú.
I don't have as much time to study as you do.

El autor no se fija en **tantos** detallitos **como** el editor.
The author doesn't notice as many little details as the editor.

Juan no hace **tanta** tarea **como** Rafael.
Juan doesn't do as much homework as Rafael.

Tenemos **tantas** preocupaciones **como** Uds. en este momento.
We have as many worries as you do right now.

D. The expression **tanto como** is used to make similarities that do not involve adjectives, adverbs, or nouns.

Hoy día los adolescentes fuman **tanto como** los adultos.
These days adolescents smoke as much as adults.

Actividad A   ¿Qué opina Ernesto?

Paso 1 Completa las oraciones con **más** o **menos** para que cada oración refleje las opiniones de Ernesto. Luego, compara tus respuestas con las de otra persona.

1. Los hombres están _____ preocupados por su apariencia que las mujeres.
2. Las mujeres son _____ intuitivas que los hombres.
3. Los movimientos del hombre son _____ sutiles y _____ bruscos que los de la mujer.
4. En general, las mujeres tienen _____ preocupaciones que los hombres.
5. Las mujeres son _____ cuadradas que los hombres.

 Paso 2 Escribe dos oraciones como las del **Paso 1** para reflejar las opiniones de Leticia. Si es necesario, ve otra vez el vídeo de **Así lo pienso.**

Vocabulario útil

atento/a	helpful
comprensivo/a	understanding
disponible	available
exigente	demanding
flexible	
justo/a	
organizado/a	
paciente	
puntual	

Actividad B   Los profesores y las profesoras

Paso 1 Algunos estudiantes prefieren tener o profesores o profesoras. ¿En qué manera son similares los profesores y las profesoras? ¿En qué son diferentes? Usa las expresiones **más/menos… que** y **tan/tanto… como** para expresar las tendencias que has notado. Incluye por lo menos tres diferencias y tres semejanzas.

Modelos: *Los profesores tienden a ser menos flexibles que las profesoras.*

Las profesoras son tan trabajadores como los profesores.

Paso 2 Divídanse en grupos por sexo (sólo de hombres y sólo de mujeres), comparen sus respuestas y anoten las ideas que tienen en común.

Paso 3 El profesor (La profesora) va a seleccionar entre los grupos algunos para que presenten sus ideas a la clase. ¿Tienen los hombres y las mujeres las mismas opiniones sobre los profesores y las profesoras? ¿Prefieren los hombres tener profesores o les gustan más las profesoras? ¿Y las mujeres?

Actividad C   ¿Tanto como yo?

Paso 1 Contesta las siguientes preguntas.

1. ¿Cuántas clases tienes este semestre?
2. ¿Cuántas horas trabajas a la semana?
3. ¿Cuánta tarea haces cada noche?
4. ¿Cuánto ejercicio haces a la semana?
5. ¿Cuántos correos electrónicos escribes al día?

Paso 2 Entrevista a otra persona con las preguntas del **Paso 1** y apunta sus respuestas.

Paso 3 Con la información de los **Pasos 1** y **2,** escribe tres comparaciones con las formas apropiadas de **tanto… como.** Incluye detalles de la entrevista, según el modelo.

Modelos: *No tengo tantas clases como Jack. Él tiene cinco, y yo, cuatro.*

¿Quién está más ocupado/a? ¿Tú o tu compañero/a de clase?

Vocabulario útil

cómico/a	liberal
conservador(a)	optimista
extrovertido/a	serio/a
feliz	talentoso/a
guapo/a	

Actividad D   ¿Con quién te identificas (*identify*)?

Usa comparaciones de igualdad y desigualdad para escribir un breve párrafo en el cual te comparas con los personajes de **Así lo veo.** ¿Eres tan activa como Ruth? ¿Más alegre que Yolanda o menos que ella? ¿Más trabajadora que Leticia o menos trabajadora que ella? ¿Con quién de **Así lo veo** te identificas más hasta ahora?

Así lo veo II

ANTES DE VER

Vocabulario del vídeo

el ánimo	mind, mood	arreglarse	to get oneself ready
el estado de ánimo	state of mind, mood	arreglarse las manos	to get a manicure
la calidad	quality	arreglarse el pelo	to fix up one's hair
la calidad de vida	quality of life		
la colonia	cologne; colony, neighborhood	aventar (ie)	to throw
		cuidarse	to take care of oneself
el gusto	pleasure	depender de	to depend on
el humor	humor, mood	regalar	to give as a gift
los cambios de humor	mood swings	regirse (i, i) (j) por	to be ruled or controlled by
el nivel	level		
el nivel de sangre	blood level	ambos/as	both
la vivencia	experience	estresante	stressful
		gruñón/gruñona	grumpy
agradarle a alguien	to please someone	indiscutible	indisputable
		maquillado/a	done up with makeup
		pésimo/a	awful
		vestido/a	dressed

Cognados: la diversidad, la hormona

Más vocabulario

afeitarse	to shave
ducharse	to shower
maquillarse	to put on makeup

Yolanda siempre sale de casa maquillada y bien vestida. ¿Y tú? ¿Vas a clase arreglado/a?

PALABRAS ENGAÑOSAS

calidad/cualidad

Las palabras **calidad** y **cualidad** significan *quality* en inglés, pero no quieren decir lo mismo. **Calidad** se refiere a la excelencia o superioridad de un objeto o producto.

> Este tequila ha envejecido durante muchos años; es de muy alta **calidad.**
> *This tequila has aged for many years; it's very high quality.*

> La **calidad** de vida es muy alta en este país.
> *The quality of life is very high in this country.*

Cualidad se refiere a los atributos o características de una persona.

> Manuel tiene las **cualidades** de un buen maestro.
> *Manuel has the qualities of a good teacher.*

> La paciencia es una **cualidad** indispensable si se quiere ser padre.
> *Patience is an indispensable quality if one wants to be a parent.*

AMIGO FALSO

humor

El significado principal de **humor** es *humor*, como en el siguiente ejemplo.

> Bill tiene muy buen sentido del **humor.**   *Bill has a great sense of humor.*

Humor también se refiere al estado emocional o mental de una persona. A ver unos ejemplos.

> Carlos está de mal **humor** hoy.   *Carlos is in a bad mood today.*

> Algunos medicamentos influyen en el **humor** de una persona.
> *Some medications cause mood swings in a person.*

Actividad A   Mi estado de ánimo

Paso 1 Completa cada oración a continuación con información que es verdadera para ti.

> **Modelo:** *Mi estado de ánimo depende mucho del tiempo; si hace frío, mi estado de ánimo es pésimo.*

1. Mi estado de ánimo depende mucho de...
2. Me pongo de mal humor cuando...
3. Para mí, una cosa muy estresante es...
4. Me considero una persona muy/poco gruñona porque...
5. Me preocupo mucho por...
6. En general, mi calidad de vida es buena/mala porque...

Paso 2 Compara tus respuestas con las de otra persona de la clase. En general, ¿cómo es el estado de ánimo de Uds. dos: bueno o malo?

NOTA CULTURAL

La Fiesta Rosa y los Quince Años

La fiesta de los Quince Años celebra la llegada de una joven a la edad adulta.

En muchos países hispanoamericanos, para una joven, el hecho de llegar a la edad adulta, es decir, de convertirse en mujer,[a] es algo que se celebra. En El Salvador, por ejemplo, cuando una muchacha cumple los 15 años, sus padres le hacen su «Fiesta Rosa» o *pink party*.* Ese día la quinceañera[b] asiste a misa con su familia. Lleva vestido y guantes[c] rosados y zapatos bajos.[d] El color rosado simboliza la niñez y la inocencia. Durante la misa se le pone una corona.[e] Después de la coronación es común que la muchacha se ponga zapatos de tacones altos[f] y un vestido de otro color, generalmente rojo, como símbolo de haber llegado a la edad adulta. El regalo tradicional que se le da a la quinceañera es el maquillaje. En la cultura mexicana y mexicoamericana, la celebración lleva el nombre de los Quince Años o simplemente los Quince. En la celebración mexicana, la quinceañera suele llevar un vestido blanco.

La Fiesta de Quince Años se celebra en todos los países centroamericanos y es popular también en Cuba, la República Dominicana y Puerto Rico, dónde la celebración suele incluir danzas coreografiadas de vals y otros ritmos como la salsa y el merengue. En la Argentina, la fiesta incluye un ritual llamado la Ceremonia de las Velas,[g] en la cual la quinceañera les dedica unas palabras a las quince personas con quienes ha compartido momentos importantes en su vida. Cada una de las personas elegidas enciende una vela y pide un deseo para ella. Las quince velas simbolizan los quince años vividos.

[a]convertirse... *becoming a woman* [b]*15-year-old girl* [c]*gloves* [d]*flat* [e]*crown* [f]zapatos... *high heels* [g]*Candles*
*Los detalles de la fiesta dependen de la situación económica de la familia.

Actividad B   La calidad de vida

Paso 1 En grupos pequeños, hagan una lista de los factores que contribuyen a una vida estresante.

Paso 2 Coloca los factores del **Paso 1** en la siguiente escala para indicar el efecto que tienen en el estado de ánimo.

Afecta poco   Afecta mucho

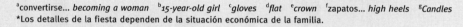

1   2   3   4   5

Paso 3 ¿Hay factores de la lista que afectan más el estado de ánimo de las mujeres que el de los hombres y viceversa? ¿Hay diferencias en la manera en que los hombres y las mujeres manejan (*manage*) el estrés? Da ejemplos para apoyar tus opiniones.

Actividad C   Más sobre el arreglo personal

Paso 1 Contesta las siguientes preguntas sobre cómo te arreglas para ir a la universidad.

1. ¿Siempre te duchas?
2. ¿Te afeitas la cara / las piernas?
3. ¿Te pones perfume/colonia?
4. ¿Te arreglas el pelo?
5. ¿Sales bien vestido/a?
6. ¿Te maquillas? ¿Te pintas las uñas (*nails*)?

Paso 2 Entrevista a tres hombres y tres mujeres con las preguntas del **Paso 1** y apunta sus respuestas.

Paso 3 Basándote en la información de los pasos anteriores, selecciona la oración que mejor refleja la tendencia de tu clase.

- Las mujeres se preocupan más por la apariencia física que los hombres.
- Los hombres se preocupan tanto por la apariencia física como las mujeres.

Actividad D   Nuestros amigos hablan.

Ahora ve **Así lo veo II.** El **Vocabulario útil** te va a ayudar a comprender mejor el segmento.

Vocabulario útil

la fodonga	slob

DESPUÉS DE VER
Comprensión y opiniones

Actividad A   ¿Qué dice Yolanda?

Paso 1 Completa las oraciones según las ideas expresadas por Yolanda. Si es necesario, escucha **Así lo veo II** otra vez.

Yolanda dice que...

1. el carácter femenino se rige por _____.
2. los hombres deben ponerse _____ y arreglarse las manos.
3. el estado de ánimo depende de _____ que se lleva.
4. la diversidad entre los hombres y las mujeres es buena porque da _____.
5. el hombre tiene que cuidarse físicamente para _____ a la mujer.

Paso 2 Basándote en **Así lo veo I,** ¿crees que Ernesto estaría de acuerdo con todas las ideas del **Paso 1** de Yolanda? ¿Con cuáles sí y con cuáles no?

Actividad B   Las mujeres y el arreglo personal

En este segmento Yolanda dice que las mujeres en México tienen que preocuparse mucho por el físico, pero que los hombres pueden estar «así como los aventaron al mundo»; es decir, no necesitan cuidarse físicamente para gustar a las mujeres. ¿Crees que su comentario se aplica a lo que pasa en los Estados Unidos? ¿Tienen las mujeres aquí tanta presión para estar siempre bien arregladas? ¿Tienen los hombres aquí poca presión para cuidarse físicamente? Repasa tus respuestas de **Antes de ver Actividad C** (página 164) para tener algunas ideas. Menciona por lo menos tres ejemplos para apoyar tu opinión.

GRAMÁTICA
El subjuntivo para expresar actitudes sujetivas

A. In addition to other uses of the subjunctive you have studied, Spanish speakers use the subjunctive when they express subjective attitudes about people, things, and situations. Consider the following example.

No me gusta que Cecilia **se case** con Juan.

I'm not pleased that Cecilia is marrying Juan.

The speaker's attitude or feeling (*I'm not pleased*) appears in the main clause, and the person, thing, or situation commented on (Cecilia's marriage to John) appears in the dependent clause with a subjunctive verb form. In the following sections, you'll learn some different ways to express subjective attitudes in Spanish with the present subjunctive.

B. One way to express attitudes is to use **qué** followed by an adjective. Note the use of the subjunctive in the dependent clause.

Qué bueno que **tenga** mi cartera.

It's a good thing I have my wallet.

Qué malo que Ana no **cene** con nosotros.

It's too bad Ana won't have dinner with us.

Qué lindo que tus parientes te **visiten.**

It's so nice that your relatives visit you.

Sometimes **qué** is followed by a noun instead of an adjective.

> Qué lástima que no **vayas** a la fiesta.
>
> *It's a shame you aren't going to the party.*

> Qué milagro que no **estemos** heridos.
>
> *It's a miracle we're not injured.*

> Qué suerte que **vivan** en la playa.
>
> *How lucky it is that they live on the beach.*

Usando expresiones con qué, haz un comentario sobre las noticias actuales.

C. When expressions with **ser** (**es triste que, es una lástima que**) are used to express subjective attitudes, the subjunctive is used in the dependent clause.

> Es bueno que **seas** bilingüe.
>
> *It's a good thing you're bilingual.*

> Es una lástima que mi jefe **piense** así.
>
> *It's a shame my boss thinks that way.*

Some useful expressions of this type include the following: **es difícil que, es fácil que, es fantástico que, es importante que, es increíble que, es malo que, es mejor que, es necesario/preciso que,** and **es absurdo que.**

▶ PRUÉBALO 2

Keeping in mind the two ways of expressing subjective attitudes discussed so far, go back and listen to Yolanda's comments about men and women. Then complete the sentences with what she says.

«El carácter entre los hombres y las mujeres, obviamente, eso es indiscutible. Y qué _____[1] que _____,[2] porque finalmente eso nos lo regalan las hormonas, ¿no? Y para mí es _____[3] que... que _____[4] hombres y mujeres.»

D. Spanish also uses a number of verbal expressions to express attitudes about people, things, and situations. Note the use of the subjunctive in the dependent clause in the examples below.

alegrar	A los niños les **alegra** que les **hayas** encontrado su perro.
	The children are happy that you found their dog.
encantar	Me **encanta** que mi esposo me **regale** joyas.
	I love that my husband gives me jewelry.
enfadar	Me **enfada** que **siga** subiendo el precio de la gasolina.
	It angers me that the price of gas continues to rise.
gustar	Nos **gusta** que **tengas** experiencia con este software.
	We like that you have experience with this software.
hartar / estar harto/a de	Me **harta** / **Estoy harto/a de** que Diana no me **escuche.**
	I'm fed up that Diana won't listen to me.
molestar	¿No te **molesta** que Sonia **fume** en tu casa?
	It doesn't bother you that Sonia smokes in your house?
odiar	**Odio** que no **pueda** ir al gimnasio esta semana.
	I hate that I can't go to the gym this week.

A esta mujer le molesta que...

Actividad A   ¿Cuánto te molesta?

Paso 1 Conjuga el verbo en la forma apropiada del subjuntivo. Luego, contesta las preguntas.

¿Te molesta que la gente...

1. _____ (**fumar**) en los restaurantes?
2. _____ (**hablar**) por el celular en el coche?
3. _____ (**contestar**) el celular en el cine o el restaurante?
4. _____ (**tomar**) el ascensor para bajar un piso?
5. _____ te (**mandar**) correos *spam?*
6. _____ (**ponerse**) mucho perfume o colonia?

Paso 2 Entrevista a otra persona con las preguntas del **Paso 1.** ¿Quién se pone más molesto/a (*annoyed*) por estas cosas, tú o tu compañero/a de clase?

Paso 3 ¿Qué otras maneras de comportarse te molestan o te hartan? Apunta algunas ideas con **me molesta / me harta que** y preséntalas a la clase.

Actividad B La profesora de español

Usando las expresiones verbales en la página 167, escribe unas oraciones que describan lo que le agrada y le enfada a la maestra de español según los dibujos a continuación.

Modelo: *A la profesora le enfada/encanta que...*

Paso 1 Completa las oraciones a continuación para expresar tus opiniones acerca de tu universidad.

Modelo: *Es bueno que los profesores estén disponibles (available).*

1. Es bueno que...
2. Es fantástico que...
3. Me encanta que...

4. Es malo que...
5. Es una lástima que...
6. Me enfada que...

Paso 2 En grupos de tres, compartan sus opiniones y escojan dos (una positiva y otra negativa) con las que todos están de acuerdo, para presentar a la clase.

Paso 3 Hagan una recomendación para mejorar la situación que presenta cada opinión negativa que se mencionó en el **Paso 2**. Usen **es necesario/preciso que.**

Modelo: Opinión: *Es malo que no haya más clases por la noche.*

Recomendación: *Es necesario que se ofrezcan más cursos a partir de las 6:00 de la noche* (from 6:00 P.M. onward).

Paso 1 ¿Recuerdas lo que dice Yolanda acerca de los hombres?: «Yo creo que es muy bueno que también se preocupen por el físico.» Divídanse en grupos (sólo de hombres y sólo de mujeres). Usen expresiones con el subjuntivo para inventar tres opiniones que expresen sus actitudes acerca del arreglo personal del sexo opuesto.

Modelos: Mujeres: *Es bueno que los hombres se pongan colonia para agradar a su mujer.*

Hombres: *Es importante que las mujeres se arreglen el pelo.*

Paso 2 Presenten sus ideas a la clase mientras su profesor(a) u otro estudiante las apunta en la pizarra.

Paso 3 En sus grupos indiquen si las opiniones del sexo opuesto son fáciles o difíciles de considerar y mencionen por qué.

Modelo: Mujeres: *Es fácil que nos pongamos perfume, pero es difícil que siempre nos arreglemos el pelo porque eso lleva mucho tiempo.*

Así lo veo III

ANTES DE VER

Vocabulario del vídeo

la juventud	youth, young people	**destacar (qu)**	to stand out
la paz	peace	**mandar**	to be in charge
(que) en paz descanse	may he/she rest in peace	**recoger (j)**	to pick up
aportar	to provide	**abnegado/a**	self-sacrificing
atender (ie)	to look after, take care of	**aun**	even
cooperar	to cooperate		

Cognado: el macho

Más vocabulario
Repaso: los quehaceres (de casa)

Leticia es muy abnegada.
Trabaja por el beneficio de su
familia.

PALABRAS ENGAÑOSAS

aun/aún

Los dos adverbios **aun** y **aún** se pronuncian igual en español, pero no quieren decir lo mismo. **Aun,** sin tilde, significa «incluso» (*even*). **Aún,** con tilde, equivale a «todavía» (*still*). Mira los ejemplos para ver la diferencia.

Aun los doctores tienen problemas de salud. *Even doctors have health problems.*

Ximena sale por la noche **aun** cuando tiene que despertarse temprano.
Ximena goes out at night even when she has to wake up early.

Aún no tenemos suficiente comida para la fiesta.
We still don't have enough food for the party.

¿**Aún** no ha llegado Cristina? *Cristina still hasn't arrived?*

Pronto vas a escuchar a Ruth hablar de cómo han cambiado las actitudes de las mujeres. ¿Qué adverbio crees que va a usar en la siguiente oración, **aun** o **aún**?

« … tenemos diferente conducta y actitudes en esta época _____ siendo nosotros un matrimonio ya de cuarenta y tantos años de casados.»

When indicating the location of inanimate objects, the verb **quedar** translates as *to be*. In this context, it is synonymous with **estar**. But note that **estar** (and not **quedar**) is used to indicate the location of animate objects (people, pets).

> La iglesia **queda/está** en el centro.   *The church is located downtown.*

> Carolina **está** en la biblioteca.   *Carolina is in the library.*

When used with clothing items, **quedar** renders the English meaning *to fit*.

> Ese pantalón te **queda** muy bien.   *That pair of pants fits you well.*

When used with adjectives, participles, and prepositional phrases, **quedar** means *to end up*.

> La casa **quedó** destrozada por el fuego.   *The house ended up destroyed in the fire.*

Like the verbs **poner** and **volver,** the meaning of **quedar** changes when the pseudo-reflexive **quedarse** is used. When referring to location, it means *to stay* or *to remain*.

> Los turistas **se quedaron** en la playa por varias horas.
> *The tourists stayed on the beach for several hours.*

> **Me quedé** en la oficina hasta las 9:00 de la noche.
> *I stayed at the office until 9:00 P.M.*

When used with adjectives, **quedarse** expresses an abrupt change in physical or emotional state. The meaning is akin to *to become*, but translations vary according to idiomatic expressions in English, as in the following examples.

> Ramón **se quedó** deprimido tras la muerte de su esposa.
> *Ramón became depressed after the death of his wife.*

> Viendo la tele, **nos quedamos** dormidos en el sofá.
> *While watching TV, we fell asleep on the couch.*

> Mi abuela **se** está **quedando** ciega del ojo izquierdo.
> *My grandmother is going blind in her left eye.*

EL MARAVILLOSO VERBO...

quedar

Actividad A   Acciones

Completa cada oración a continuación con una forma correcta de un verbo de la lista de vocabulario.

1. Por ser rebeldes, los adolescentes no suelen _____ con sus padres u otros adultos.

2. Esa niñera (*nanny*) es buenísima; _____ muy bien a los niños.

3. Paco tiene muchas cualidades buenas, pero la que más _____ es su generosidad.

4. En tiempos difíciles, el gobierno se niega (*refuses*) a _____ fondos para servicios sociales.

5. Muchos estudiantes no _____ sus trabajos escritos al terminar el semestre.

6. En mi casa la que _____ es mi madre; lo que ella dice, se hace.

Actividad B ¿Te quedas o te vas?

Indica qué haces (o qué crees que harías) en las siguientes situaciones.

1. Tu profesor(a) no ha llegado. Se ha atrasado quince minutos. ¿Te quedas o te vas?

2. Conoces a una persona poco atractiva en una cita a ciegas (*blind date*). ¿Te quedas o te vas?

3. Una persona enferma se sienta a tu lado en un café u otro lugar. ¿Te quedas o te vas?

4. Llegas a una fiesta y no hay bebidas alcohólicas. ¿Te quedas o te vas?

5. ¿ ?

Actividad C Mi familia

Paso 1 En los hogares tradicionales, el padre aporta lo económico y la madre atiende la casa. ¿Cómo era la situación en tu casa? Contesta las siguientes preguntas.

- ¿Quién aportaba lo económico? ¿Quién manejaba (*managed*) las finanzas?

- ¿Quién hacía los siguientes quehaceres de casa: lavar la ropa, cocinar, limpiar la casa, lavar los platos, hacer las compras, llevar a los hijos a la escuela, recoger a los hijos en la escuela? ¿ ?

Paso 2 Compara tus respuestas con las de tres personas. Luego, completen la siguiente oración con **algo** (*somewhat*), **mucho** o **poco** para indicar su opinión.

Los hombres de la generación de mi padre cooperaban _____ en la casa.

Ahora ve **Así lo veo III.** El **Vocabulario útil** te va a ayudar a comprender mejor el segmento.

DESPUÉS DE VER
Comprensión y opiniones

Actividad A   ¿Cierto o falso?

Indica si cada oración es cierta o falsa, según lo que dice Ruth. Si la oración es falsa, explica por qué, usando evidencia del vídeo.

		C	F
1.	El esposo de Ruth es el clásico macho mexicano.	☐	☐
2.	Ruth nunca trabajó fuera de casa.	☐	☐
3.	La suegra de Ruth tenía actitudes modernas para su época.	☐	☐
4.	Según Ruth, las mujeres sólo destacan por su trabajo en la casa.	☐	☐
5.	Al esposo de Ruth no le gusta que ella estudie.	☐	☐

Actividad B   Mujeres que se destacan

Paso 1 En este segmento, Ruth nota que actualmente tanto las mujeres como los hombres se destacan por sus logros (*accomplishments*) fuera de casa. Con otra persona, piensa en cinco mujeres exitosas (*successful*) y mencionen por qué se destacan.

> **Modelo:** *J. K. Rowling se destaca como escritora excelente de libros de ficción.*

Paso 2 Reto (*challenge*): ¿Pueden nombrar a cinco mujeres hispanas que se destacan y mencionar por qué?

¿Puedes identificar a estas mujeres?

Dolores Huerta, cofundadora de *United Farm Workers*; Sofía Margarita Victoria Federica, reina (*queen*) de España; Christy Turlington, modelo; Frida Kahlo, pintora mexicana; Cameron Díaz, actriz estadounidense]

NOTA CULTURAL

El machismo

En épocas anteriores el machismo consistía principalmente en restricciones físicas: los hombres no permitían a sus esposas trabajar fuera de casa, estudiar o incluso salir de casa para alternar[a] con amigas o familiares. Hoy en día, las mujeres hispanoamericanas estudian, trabajan, salen sin sus esposos o novios y gastan su propio dinero. Sin embargo, el hombre todavía ejerce bastante control psicológico sobre la mujer, control que se manifiesta por medio de varios estándares dobles. Por ejemplo, al volver la mujer a la casa es común que se le pida una explicación de sus actividades (dónde y con quién andaba, cuánto gastó). Al contrario, el hombre no tiene que rendir cuentas a[b] nadie. Además, si bien[c] los hombres están dispuestos a[d] ayudar más en la casa, muchos se niegan a[e] hacer tareas tradicionalmente «femeninas» como planchar ropa, limpiar el baño o cocinar, y se burlan de[f] los hombres que las hacen. El clásico macho mexicano diría que el esposo de Ruth es **mandilón**: un hombre que hace lo que le dice su esposa, que no «lleva los pantalones» en su casa. ¿Notaste la expresión en la cara del esposo de Ruth cuando ella comentó que él la ayuda a lavar ropa? Como se puede ver, el machismo es una mentalidad que va cambiando, pero poco a poco.

[a]*socialize* [b]*rendir... report to* [c]*si... even though* [d]*dispuestos... willing to* [e]*se... refuse to*
[f]*se... they make fun of*

¿Cómo interpretaste la reacción del esposo de Ruth en este segmento? ¿Estaba enojado? ¿sorprendido? ¿avergonzado?

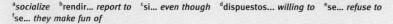

Actividad C   Los esposos en la casa

Lee la **Nota cultural** sobre el machismo. Luego, contesta las siguientes preguntas.

1. ¿Hay en inglés una expresión equivalente a **mandilón**?
2. ¿Crees que los hombres de los Estados Unidos tildarían de (*would label*) mandilón al esposo de Ruth? Explica tu opinión.
3. La clase debe volver a leer el refrán al principio de este capítulo. ¿De qué manera se aplica (o no) a las relaciones entre Ruth y su esposo?

Escucha lo que dice Gustavo sobre el estatus de la madre en la sociedad mexicana. Tomando en cuenta lo que él dice y lo que han dicho Ernesto, Yolanda y Ruth, ¿quién parece tener más peso en la sociedad mexicana: la madre o la esposa? ¿Se puede decir lo mismo en los Estados Unidos?

 ASÍ LO PIENSO.

Vocabulario útil

para abajo	on down the line
un peso	importance, influence
a pesar de	in spite of
llegar a ser	to become
el matriarcado	matriarchy

GRAMÁTICA
Repaso del pretérito y del imperfecto

A. As you learned in **Lección 2,** Spanish uses two sets of verb forms to talk about the past: the *preterite* and the *imperfect*. The preterite is used when the speaker wants to convey that the action or event reported is completed.

> Luis me **dijo** que Ana está enferma.   *Luis told me that Ana is sick.*

> Los niños **jugaron** en la playa durante dos horas.
> *The children played on the beach for two hours.*

As the second example illustrates, preterite verb forms are oftentimes accompanied by time expressions that indicate the duration of the action or event.

B. The imperfect is used when the speaker chooses to report the action or event as in progress (even though in real time the event has ended). English renders this use of the imperfect as *was/were + -ing*. Compare the following sentences with the ones above.

> Luis me **decía** que Ana está enferma.
> *Luis was telling me that Ana is sick.*

> Los niños **jugaban** en la playa con sus amigos.
> *The children were playing on the beach with their friends.*

The imperfect is also used to report actions and events that happened repeatedly in the past. The English equivalent of this use is *used to* or *would*.

> **Tomaba** café a diario, pero ya no.
> *I used to drink coffee every day, but not anymore.*

> Mi familia y yo **hacíamos** camping en el verano.
> *My family and I used to (would) go camping in the summer.*

Cuando era joven, Ruth estudió y trabajó fuera de casa. ¿Hicieron lo mismo tus abuelas?

C. Narrating stories in the past in Spanish usually requires both the preterite and the imperfect. Speakers use the imperfect to provide background information about an event or action (what was happening at the time). The preterite interrupts the action in progress and moves the story forward in time. A story told entirely in the preterite would probably sound like a monotonous list of events. Likewise, a story told entirely in the imperfect might sound like it's not going anywhere.

A good example of narrating using both the preterite and the imperfect occurs when Ruth discusses how attitudes about men and women have changed in Mexico. Listen to her again and complete what she says with the verbs you hear.

▶ PRUÉBALO 3

«Aquí en México ha cambiado muchísimo la conducta y la actitud del hombre y de la mujer. Porque la mujer no _____[1]... para nada. Antes, cuando nosotros tra... por ejemplo, yo _____[2] treinta años. Cuando yo _____[3] me acuerdo, mi suegra... en paz descanse, le _____:[4] "Es que, no debe de trabajar tu esposa", le dice a mi esposo. "Tu esposa debe quedarse en casa". Pero, pues, si yo _____,[5] yo _____[6] seguir trabajando, ¿no? lo que había estudiado y ya me _____[7] oportunidad mi esposo y la _____[8] bien.»

Actividad A   La historia de Juan Diego

Lee el relato de Juan Diego Cuauhtlatoatzin y complétalo con formas correctas del pretérito y del imperfecto.

Cuando Juan Diego _____ (**salir**)[1] de su casa ese día de diciembre de 1531, no _____ (**saber**)[2] lo que le _____ (**ir**)[3] a pasar. Camino a[a] la iglesia, como _____ (**ser**)[4] su costumbre, esta vez _____ (**empezar**)[5] a oír su nombre. _____ (**Subir**)[6] la colina[b] y _____ (**ver**)[7] allí a una mujer muy linda; _____ (**parecer**)[8] una princesa azteca. _____ (**Ser**)[9] la Virgen María. La Virgen le _____ (**decir**)[10] que si el obispo[c] le construyera una iglesia en la colina, ella protegería a los habitantes del pueblo. Juan Diego le _____ (**contar**)[11] lo ocurrido al obispo, pero este no le _____(**creer**);[12] le _____ (**pedir**)[13] una señal.[d] Entonces, la Virgen _____ (**tomar**)[14] unas rosas y las _____ (**poner**)[15] en la tilma[e] que _____ (**llevar**)[16] Juan Diego para que se las regalara al obispo. Cuando Juan Diego _____ (**abrir**)[17] su tilma delante del obispo, las rosas _____ (**caer**)[18] al suelo y en la tilma _____ (**quedar**)[19] impresa[f] la imagen de la Virgen. En ese momento, el obispo _____ (**creer**)[20] y así fue como después _____ (**mandar**)[21] a construir una iglesia en honor a la Virgen.

[a]Camino... *On his way to* [b]*hill* [c]*bishop* [d]*sign* [e]*blanket* [f]*imprinted*

Actividad B   Mi primer viaje solo/a

Paso 1 Utiliza las palabras para crear oraciones completas. Luego, compara tus respuestas con las de otra persona. Los espacios en blanco son para el **Paso 2.**

- _____ nerviosa / la noche / y / estaba / emocionada / antes de salir de viaje
- _____ a España / me divertí / cada verano / que / tanto / ahora / vuelvo
- _____ el primer viaje / fue / para estudiar / que / a España / hice solo
- _____ a Madrid / muy buenos / una vez / hice / llegué / unos amigos / que
- _____ lejos / no quería / seis meses / de mi familia / durante / estar

Paso 2 Con tu compañero/a, ordena las oraciones del **Paso 1** para crear un cuento lógico.

Paso 3 Haz los cambios necesarios para que las oraciones sean verdaderas para ti y comparte el cuento con la clase.

Actividad C   Historias en cadena (*chain*)

En grupos de tres, escojan uno de los siguientes temas y escriban una historia de nueve oraciones. Un miembro del grupo escribirá la primera oración en una hoja y luego se la pasará al siguiente estudiante para que escriba la segunda. Sigan turnándose hasta que todos hayan escrito tres oraciones diferentes. Tu profesor(a) va a leer las historias y la clase va a determinar cuál es la más dramática, la más cómica, etcétera.

Tema 1: Mario jamás va a olvidar (*will forget*) lo que pasó ese día terrible de enero.

Tema 2: Isabel sigue riéndose de lo que pasó la semana pasada.

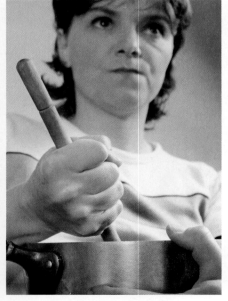

¿Qué le pasó a esta mujer?

178

Actividad D   ¿Cómo te sentías?

Paso 1 Piensa en la última vez que te pusiste de mal humor por lo que te hizo otra persona. Apunta su nombre o descríbelo/la si no sabes su nombre, por ejemplo, un taxista, un mesero (*waiter*), etcétera.

Paso 2 Contesta las siguientes preguntas acerca de lo ocurrido.

1. ¿Cuándo ocurrió el incidente? ¿Dónde estabas? ¿Con quiénes estabas? ¿Qué hacías?
2. ¿Qué hizo (o no hizo) la persona que provocó tu mal humor?
3. ¿Cómo te sentiste en ese momento? ¿Cómo reaccionaste? ¿Y cómo se sintieron los demás?
4. ¿Qué hiciste después para cambiar tu estado de ánimo?

Paso 3 Con la información del **Paso 2,** escribe un breve párrafo en el cual expliques lo que pasó. Luego, compara tu párrafo con el de otra persona. ¿Quién tuvo la situación más difícil? ¿Quién resolvió mejor su situación?

Actividad E   Así lo veo yo.

Escribe una composición de 200 palabras sobre el siguiente tema: **¿En qué se parecen los hombres y las mujeres y en qué son distintos?** Antes de empezar, sigue las recomendaciones a continuación para organizar tus ideas.

Antes de escribir

- Repasa el vídeo y el contenido de las actividades de la lección.
- Apunta las ideas expresadas por algunas personas del vídeo que quieres incluir en tu composición. Pueden ser ideas o perspectivas con las que estás de acuerdo o no.
- Repasa lo que has escrito anteriormente y escoge la información que quieres incluir en tu composición.
- Piensa cómo puedes integrar los puntos gramaticales de esta lección.

Al escribir

- Haz un bosquejo para organizar el orden de tus ideas.
- Escribe un borrador y repásalo (con otra persona si quieres), fijándote bien en el contenido y en la gramática.

Versión final

- Pon en limpio el borrador de la composición para entregársela a tu profesor(a).

Así lo veo

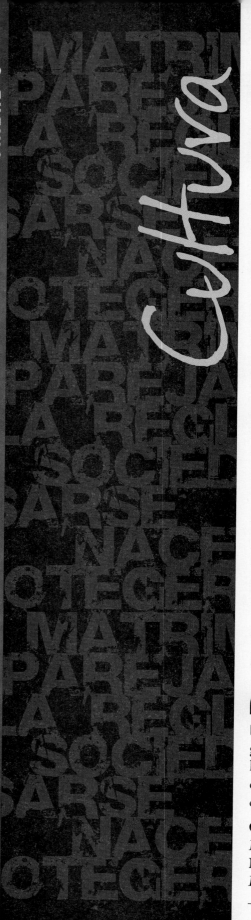

Cultura

Imágenes femeninas en la cultura popular hispana

Introducción

En esta lección escuchaste lo que dicen nuestros amigos sobre las diferencias entre los hombres y las mujeres, desde el aspecto físico hasta las manifestaciones del carácter. Las dos lecturas a continuación describen algunas percepciones sociales sobre la mujer y el hombre en la música y la búsqueda de la igualdad de la cultura femenina.

ANTES DE LEER

Vocabulario

el ámbito	field, circle
la cuenca	region
el homenaje	tribute
la letra	lyrics
la traición	betrayal, treason
chocar (qu) con	to crash, collide with
contrarrestar	to counteract
destacarse (qu)	to stand out
emprendedor(a)	enterprising
de (mucho) arraigo	(deeply) rooted

Actividad A   ¿Qué música te gusta?

Paso 1 ¿Qué género musical te gusta? ¿Cómo son las canciones de este género? ¿Cuáles son sus temas? ¿Cómo se describe a la mujer? Completa la siguiente tabla con información de tu música favorita. Explica cómo cada género musical describe a la mujer e identifica cuáles son las actitudes de la sociedad hacia cada género.

Género musical	Descripción de la mujer	Actitudes sociales
Rock	_____	_____
Música «country»	_____	_____
Hip-Hop	_____	_____

Paso 2 ¿Qué actitudes piensas tú que pueden existir en el mundo hispano con respecto a este tipo de música? Explica las posibles razones. Si no estás de acuerdo con tus compañeros/as, defiende tu punto de vista.

Actividad B   Preguntas

Paso 1 ¿Cómo contestas las siguientes preguntas?

1. ¿Qué géneros musicales o bailes del mundo hispano conoces?
2. Entre los cantantes hispanos, ¿a quiénes conoces? ¿Cuáles son los temas de sus canciones?
3. ¿Cómo se presenta a la mujer en la letra, bailes o vídeos?
4. ¿Sabes de alguna novela o película en que la heroína lucha contra la discriminación y/o las convenciones sociales? Da algunos ejemplos de novelas/películas, sus heroínas y lo que combaten. ¿Tienen éxito las protagonistas?

Paso 2 Comparte tus respuestas con otras personas de la clase.

I. La imagen femenina en la música

En la letra de algunas canciones románticas, ya sea en la bachata, el bolero, el tango, la salsa o el *reggaetón,* el público frecuentemente puede apreciar[1] que la imagen de la mujer se crea en términos negativos. En muchos casos a través de estos y otros géneros musicales, la imagen femenina se construye como un objeto sexual o algo que puede poseerse. El imaginario[2] musical se diferencia muchísimo de una realidad en la que muchas mujeres se destacan en diversas áreas construyendo imágenes positivas que cuestionan las creadas en el sector musical. Esta presencia de la mujer en la esfera pública ayuda a contrarrestar las tradiciones y provee oportunidades no sólo para educar acerca de la igualdad de los géneros, sino también para adquirir derechos sobre esta. En un número variado de distintos tipos de comunidades, desde las pobres hasta las muy modernas, algunas mujeres participan anónimamente en el activismo social y político. Por otro lado, Michelle Bachelet, Rigoberta Menchú y Cristina Kirchner son, en el mundo hispano, algunos de los modelos positivos de la presencia femenina en el ámbito político. La imagen positiva de estas y otras mujeres en el imaginario social choca con la que se reproduce en el ámbito popular a través de géneros musicales de mucho arraigo. Cada época y región tiene un género musical que influye tanto en los jóvenes como en las personas mayores y que presenta nuevas ideologías sobre el hombre y la mujer.

---

[1]*detect, notice*   [2]ideología

De forma cronológica, comenzando con el tango, el bolero, la salsa, la bachata y terminando con el *reggaetón,* se puede encontrar en las letras de las canciones y en las características de su baile una variedad de perspectivas con respecto al elemento femenino, que en la mayoría de los casos son despectivas. La mujer se percibe[3] como inmoral, objeto sexual, propiedad, es tonta o sumisa, y si tiene un rol activo alejado[4] de las convenciones sociales puede ser considerada como prostituta, calculadora, vengativa, fría y hasta criminal. En el tango, género musical argentino de principios del siglo XX, de arraigo popular e internacionalmente famoso, aparece la imagen de la mujer mostrando varias de las características negativas mencionadas. Más tarde en el bolero, fenómeno musical latinoamericano muy popular, de los años 40 y 50 y originario de[5] la cuenca caribeña, la imagen de la mujer continúa representándose como seductora, sumisa y objeto amoroso sexual. Esta se identifica con características positivas cuando se amolda[6] pasivamente al orden social y cultural. En cambio, el hombre se presenta como la víctima de las acciones de la mujer o como el agente seductor que rompe con las reglas morales para satisfacer sus deseos sexuales amorosos. Con el surgimiento[7] de la salsa, nacida en Nueva York a mediados del siglo XX, la representación de la imagen femenina no cambió mucho ya que tradicionalmente se presenta como calculadora, seductora o propiedad masculina. Al mismo tiempo, la imagen del hombre machista que controla a la mujer, la casa y la calle, aparece constantemente en dicho género.

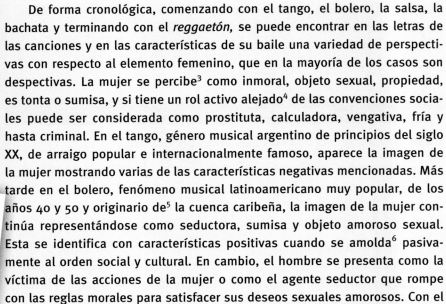

Continuando la tradición musical, la bachata, de origen dominicano y que tuvo avances internacionales en los años 90, también presenta la relación amorosa y la imagen femenina como en el tango, el bolero y la salsa. A finales del siglo XX surgió[8] otro género musical que ha tenido una gran influencia por todo el mundo hispano: el *reggaetón.* Este es un producto de la cultura urbana donde se presentan imágenes femeninas bien contrastantes. Las canciones que han tenido más éxito influyen y reproducen las mismas imágenes de la mujer y del hombre que ya aparecen en los géneros musicales de principios del siglo XX. El perreo, baile sexualmente sugestivo del *reggaetón,* en conjunto con la letra de sus canciones, ayudan a imprimir una marca sexista y machista, manteniendo y reproduciendo así la desigualdad entre el hombre y la mujer. Algunos críticos dicen que no sólo la letra de la canción sino también la manera de bailar ese baile son metáforas de la desigualdad entre los géneros porque recrean ideologías de dominación.

[3]se... *is perceived* [4]*remote* [5]originario... *originally from* [6]adapta [7]*rise* [8]*arose*

¿Puedes identificar el baile que representa cada foto? ¿Qué tipo de relación entre el hombre y la mujer se presentan?

II. La igualdad de la mujer

La presencia, influencia e importancia de la mujer como agente activo en la sociedad española y latinoamericana no es algo exclusivo del mundo moderno. Desde antes de la llegada de Cristóbal Colón a América en muchas comunidades indígenas la mujer ha sido la figura central. En España en el siglo XV, la Reina Isabel I de Castilla tuvo un papel importante en la Reconquista y en la empresa colombina al Nuevo Mundo. En la época colonial en México, Sor Juana Inés de la Cruz escribía sobre las convenciones sociales y tradiciones culturales que creaban desigualdades entre el hombre y la mujer. En la época de la independencia muchas mujeres tuvieron un rol activo en los movimientos disidentes en contra del imperio español. A lo largo del siglo XX un sinnúmero[1] de mujeres se ha destacado en la política, el arte, el cine, la sociología, las leyes, las letras y las ciencias. Estos roles públicos o de importancia política, cultural y social plantean una idea de la presencia de la cultura femenina en el mundo hispano. En el ámbito literario del siglo XX, Isabel Allende es un ejemplo de la creación de mundos narrativos en donde sus heroínas luchan en contra de las desigualdades de género y las convenciones sociales. Muchas cineastas[2] presentan la lucha de la mujer y los problemas que esta enfrenta en la sociedad dando una imagen bien real de su realidad. Pedro Almodóvar rinde homenaje a la cultura femenina en *Volver* (2006) mostrando una familia y comunidad de mujeres que sufren los efectos de la traición masculina. Aparecen problemas cotidianos que reflejan algunas de las realidades femeninas y que a pesar de las circunstancias negativas estas mujeres luchan por seguir adelante en busca del bienestar familiar, económico y social. La solidaridad, la amistad, la familia, el cuido al desvalido,[3] el seguimiento de las tradiciones culturales, la mujer emprendedora, con y sin educación, son algunos de los aspectos positivos que se presentan en esta historia. Además, también están los problemas que aquejan[4] a muchas mujeres debido a la falta de un programa de educación social y la desigualdad entre géneros que pueden llevar al crimen como el abuso y la violencia. Según cifras[5] de Amnistía Internacional y Unicef, el crimen contra la mujer que va en aumento es la violencia doméstica, a pesar de los altos niveles educativos que la mujer ha alcanzado. El femicidio es el crimen contra la mujer que refleja el control y la posesión del hombre que intenta minimizar o borrar[6] la igualdad de ella para continuar reproduciendo ideologías machistas. En muchos países se han logrado cambios en la legislación debido al alto activismo de las supervivientes[7] de la opresión, cambios que conducen a[8] políticas de educación y desarrollo en busca de la igualdad de género y defensa de los derechos femeninos e infantiles. En algunas comunidades rurales y citadinas[9] se ha logrado cambiar el futuro de muchas mujeres por medio de la educación y activismo comunitario con el fin de alcanzar la igualdad entre el hombre y la mujer.

Raimunda (Penélope Cruz) y Paula (Yohana Cobo) en la película Volver

[1]*countless number* [2]*filmmakers* [3]*helpless person* [4]*afflict* [5]*numbers* [6]*erase* [7]*survivors*
[8]conducen... *lead to* [9]*urban*

Actividad A   Comprensión del texto

Paso 1 Completa con tus propias palabras las siguientes oraciones de acuerdo con la información de la lectura.

1. La mujer frecuentemente se presenta de forma negativa en...
2. En el ámbito político podemos encontrar modelos positivos femeninos en las figuras de...
3. Los géneros musicales presentan a veces a la mujer como...
4. Dos de los géneros musicales que se hicieron famosos a finales del siglo XX son...
5. El perreo es el nombre de...
6. Se puede concluir diciendo que la imagen de la mujer en la música...

Paso 2 Lee las siguientes afirmaciones e indica si son ciertas (**C**) o falsas (**F**) según la segunda lectura. Si una afirmación es falsa explica por qué.

	C	**F**
1. La presencia de la mujer en la esfera pública en Latinoamérica y España es un producto del siglo XX.	☐	☐
2. Isabel Allende escribe sobre mujeres que luchan en contra de las convenciones sociales y las desigualdades de género.	☐	☐
3. *Volver* muestra los efectos en la política de la ausencia de la mujer en la esfera pública.	☐	☐
4. Existe una correspondencia entre el aumento de la violencia contra la mujer a pesar de los altos niveles de educación de esta.	☐	☐
5. Un nuevo modelo de liberación femenina se llama femicidio.	☐	☐

Actividad B   Reflexión

1. En tu opinión, ¿se puede lograr la igualdad entre el hombre y la mujer? Usa las dos lecturas para explicar tu respuesta.
2. Según el artículo, ¿cómo se compara el rol de la mujer, dentro y fuera del hogar, en el mundo hispano, con el de la mujer en este país? ¿En qué se parecen?
3. El segundo artículo dice que el crimen contra la mujer va en aumento a pesar de los altos niveles educativos que esta ha alcanzado. ¿Qué implicaciones positivas o negativas tiene esto para la defensa del desarrollo de la igualdad entre el hombre y la mujer? ¿Cómo influyen el machismo y el feminismo en este tipo de conducta?

1. La desigualdad entre los géneros se manifiesta a partir del hogar, en donde muchas veces tienen origen el maltrato y la violencia. Mira estas dos películas españolas *Volver* (2006) y *Te doy mis ojos* (2003) y compara y contrasta la representación de la mujer en ambas películas usando la segunda lectura. Después, analiza las diferencias y similitudes de la representación femenina teniendo en cuenta los problemas y obstáculos que no permiten el desarrollo de la mujer como un ente social igual. ¿En qué condiciones se encuentra la mujer? ¿Cómo vive? ¿Con quién(es) vive? ¿Cómo se enfrenta a los problemas? ¿Qué se puede hacer para resolver este problema? Escribe una carta a Amnistía Internacional proponiendo legislación y soluciones al mencionado problema.

2. Busca estudiantes latinas o mujeres hispanohablantes de distintas edades en tu comunidad y hazle a cada una una entrevista corta en la que hable de los efectos que ha tenido en su vida la desigualdad de género. Lee otra vez la segunda lectura y prepara unas cinco preguntas sobre las ventajas y desventajas de la presencia de la mujer en el espacio público y privado y sus repercusiones sociales. Prepara un breve informe oral para presentar en clase expresando tu opinión basada en los distintos puntos de vista de las entrevistadas.

3. Selecciona una canción de uno de los exponentes masculinos del *reggaetón* como Daddy Yanki, Don Omar u otro. Luego, selecciona una canción de la reggaetonera Ivy Queen y analiza cómo se presenta la imagen femenina en ambas canciones. ¿Hay cambios en la letra de cada una? ¿Se presentan puntos de vista distintos? ¿Qué añade la perspectiva femenina? ¿Qué implicaciones tiene en la búsqueda de la igualdad de la mujer? Para ayudarte, busca en la red un diccionario de *reggaetón*. Prepara de forma organizada tu punto de vista y busca ejemplos específicos que lo apoyen. Debate con tus compañeros de clase tu análisis sobre la construcción de la imagen femenina en este fenómeno musical y de qué maneras, si existen algunas, afecta a la sociedad.

LECCIÓN 6

¿Cómo son diferentes los hombres y las mujeres?

Un cartel de la Guerra (*war*) Civil española (1936–1939).

1. ¿A quiénes se dirige el mensaje?
2. F. E. T.* y J. O. N.-S.* son organizaciones asociadas con la ideología fascista en España. ¿Qué imagen quieren promover con este cartel?

*Falange Española Tradicionalista y Juntas de Ofensiva Nacional-Sindicalista.

REFRÁN *A las mujeres, ni con el pétalo de una rosa*

En esta lección vas a:

> hablar y escribir sobre el papel de los géneros

> escuchar lo que dicen nuestros amigos sobre los problemas con que se enfrenta la mujer

> leer información cultural sobre la violencia doméstica en Colombia y México, y sobre el origen del término **amazona**

> usar el artículo definido, el presente perfecto del subjuntivo y el subjuntivo con verbos de volición y cláusulas adverbiales

> leer y comentar segmentos del drama *La casa de Bernarda Alba* de Federico García Lorca

Antes de empezar las actividades, ve la **Introducción** del vídeo de esta lección.

ANTES DE VER

Vocabulario del vídeo

la campaña	campaign	gozar (c) de	to enjoy
la empresa	firm, company	maltratar	to mistreat
el gobierno	government	sacar (qu)	to remove
el machote	tough guy		
la mentira	lie	golpeado/a	beaten up
cortar	to cut, to fire (*from a job*)	semimuerto/a	half dead
dejar	to leave	traumado/a	traumatized
dejar libre	to set free	en seguida	right away, immediately
golpear	to beat		

Cognados: la discriminación (de género), la violencia (doméstica/ intrafamiliar)

Repaso: agarrar, destacar (qu), proteger (j)

Más vocabulario

amenazar (c) (con)	to threaten (to, with)
castigar (gu)	to punish
dar(le) (*irreg.*) **una bofetada (a alguien)**	to slap (someone) in the face
empujar	to push

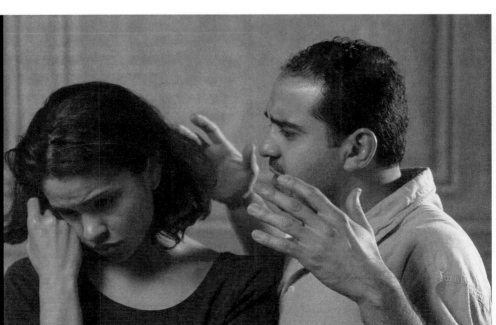

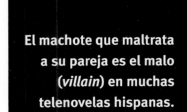

El machote que maltrata a su pareja es el malo (*villain*) en muchas telenovelas hispanas.

PALABRAS ENGAÑOSAS

golpear/ganar/batir

Los tres verbos **golpear, ganar** y **batir** significan *to beat* en inglés, pero no quieren decir lo mismo. **Golpear** significa *to hit* o *to strike* como en el siguiente ejemplo.

Los padres abusivos **golpean** a sus hijos.   *Abusive parents hit their children.*

Ganar y **batir** se usan en el pasado con el significado de **vencer a alguien,** ya sea en una competición entre contrincantes (*opponents*), en una guerra, etcétera. Hay que notar que aunque **ganar** se usa en el presente para hablar de competencias, el verbo **batir** no.

Italia **batió** / le **ganó** a Francia en la Copa Mundial de Fútbol de 2006.

Italy beat France in the 2006 World Cup.

Michael Phelps **batió** siete récords olímpicos en Pekín.

Michael Phelps broke/beat seven Olympic records in Beijing.

No quiero competir contra ti. ¡Siempre me **ganas**!

I don't want to compete against you. You always beat me!

Además, **batir** se usa para indicar la fuerza de los elementos naturales (un huracán, el viento, la lluvia) contra algo y, en la cocina, con el significado de mover con vigor algo.

Las olas **batían** la costa sin parar.

The waves were beating against the coast nonstop.

La ciudad fue **batida** por un gran huracán.

The city was battered by a huge hurricane.

Batimos los huevos y la mantequilla y luego añadimos el azúcar.

We beat the eggs and the butter and then added the sugar.

Actividad A   La violencia doméstica

Marta y Cristina trabajan para una empresa de mercadotecnia (*marketing*). Lee su diálogo y complétalo con palabras de la lista de vocabulario.

Cristina llega al trabajo traumada. Se sienta en la silla de su escritorio y en seguida empieza a llorar.

MARTA: Cristina, ¿qué te pasa? ¿Te ocurre algo?

CRISTINA: Anoche llegué tarde a casa porque me quedé preparando lo de la nueva _____[1] de Coca-Cola. En seguida Carlos empezó con su ritual de interrogación: «¿Dónde andabas? ¿Con quién?» Cuando le di mi explicación, no me creyó. Dijo que era _____,[2] que yo estaba con otro hombre. Y como se cree tan _____,[3] decidió «ponerme en mi lugar». _____[4] una revista que estaba por allí y con ella me _____[5] la cara y la cabeza. Y lo que es peor, los niños lo vieron todo.

MARTA: Cristina, tienes que llamar a la policía para que lo...

NOTA CULTURAL

La violencia doméstica en Latinoamérica

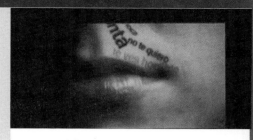

Hay palabras que duelen. ¿Qué clase de violencia contra la mujer denuncia este anuncio chileno: la económica, la emocional, la física o la sexual?

La violencia en contra de las mujeres se ha convertido en un problema social muy grave en muchos países hispanoamericanos. Según un informe de la Organización de Naciones Unidas, entre el 30 y el 60 por ciento de las mujeres, según[a] el país, son víctimas de alguna forma de violencia doméstica—sea emocional, económica, física o sexual—por parte de su pareja, ex pareja o un familiar. Las cifras[b] con respecto a la violencia física son especialmente alarmantes. Según una encuesta[c] realizada[d] por el Instituto Colombiano de Bienestar Familiar en 2005, el 47 por ciento de las bogotanas[e] casadas o que viven en unión libre han sido víctima de algún tipo de agresión física, como los empujones[f] y golpes.[g] Es más,[h] en Colombia más de sesenta mujeres al año mueren a manos de su pareja. Las cifras son aún más altas en otros países, como México. Entre mayo de 2006 y marzo de 2007, unas 112 mujeres en el estado de Oaxaca fueron asesinadas por sus maridos, ex parejas o compañeros de vivienda,[i] o novios. Con intención de poner fin a la violencia contra la mujer en México, en febrero del 2007 el gobierno federal aprobó la Ley General de Acceso de las Mujeres a una Vida Libre de Violencia, cuya meta[j] es promocionar la igualdad entre hombres y mujeres y sancionar los delitos[k] en contra de las mujeres. En **Así lo veo I**, Ruth y Leticia mencionan esta campaña. Al ver el segmento, fíjate en lo que dice Leticia sobre la ley nueva. ¿Tiene una actitud optimista o pesimista hacia la campaña?

[a]*depending on* [b]*rates* [c]*survey* [d]*conducted* [e]*women from Bogotá* [f]*shoves* [g]*blows* [h]*Es... Furthermore*
[i]*compañeros... live-in partners* [j]*cuya... whose goal* [k]*crimes*

CRISTINA: ¿La policía? ¿Crees que me va a _____⁶? La última vez que vino un policía a la casa _____⁷ a Carlos y después de hacerle unas preguntas tontas lo _____.⁸ Así, como si nada hubiera pasado. Para que la policía haga algo tienes que estar allí _____,⁹ desangrándote[a] en el piso.

MARTA: Sí, sí, tienes razón. Entonces no te queda otro remedio. Tienes que dejarlo, por ti y por tus hijos.

[a]*bleeding to death*

Actividad B   ¿En qué consiste la violencia doméstica?

Paso 1 Como viste en la **Nota cultural** en la página 189, la violencia doméstica toma varias formas, entre ellas la física, la emocional y la económica. Completa la siguiente oración con dos ejemplos de cada forma de violencia, según los modelos.

Eres víctima de violencia física/emocional/económica si...

> **Modelos:** *Eres víctima de violencia física si tu pareja destruye tus cosas.*
>
> *Eres víctima de violencia emocional si tu pareja te impide ir a la escuela.*

Paso 2 Compara tus oraciones con las de dos personas y seleccionen los ejemplos más comunes de cada forma para compartirlos con la clase.

Actividad C   ¿Qué significa ser un verdadero hombre?

Paso 1 Completa la siguiente oración con varios adjetivos. Tu profesor(a) va a escribir una lista en la pizarra.

Un verdadero hombre es: _____.

Paso 2 Selecciona cuatro adjetivos del **Paso 1** y escribe una oración que refleje cómo trata a su pareja el hombre que tiene esa característica. Sigue el modelo.

> **Modelo:** *Un verdadero hombre es honesto. No le miente a su pareja.*

Paso 3 Divídanse en grupos por sexo (hombres y mujeres separados), comparen sus oraciones y escojan las mejores para presentar a la clase. ¿Tienen los hombres y las mujeres de la clase las mismas ideas sobre lo que significa ser hombre?

Actividad D   Nuestros amigos hablan.

Ahora ve **Así lo veo I.** Escucha bien lo que dicen Ruth y Leticia.

DESPUÉS DE VER
Comprensión y opiniones

Actividad A   ¿Quién lo dijo?

Indica si es Ruth (**R**) o Leticia (**L**) quien expresa las siguientes ideas sobre los problemas con que se enfrentan las mujeres.

		R	L
1.	Ahora la policía agarra a los hombres que golpean a la mujer.	☐	☐
2.	Si una mujer destaca en el trabajo, la cortan.	☐	☐
3.	La violencia doméstica se provoca por hombres que se creen muy machotes.	☐	☐
4.	Los hombres violentos dejan traumados a sus esposas e hijos.	☐	☐
5.	El gobierno ha hecho una campaña para proteger a la mujer de la violencia doméstica.	☐	☐

Actividad B   Ni con el pétalo de una rosa

Paso 1 Con tu profesor(a), repasa el significado del refrán «A las mujeres, ni con el pétalo de una rosa» en la página 186 de esta lección.

Paso 2 En este segmento, Leticia dice que este refrán es mentira. ¿Qué evidencia ofrece para apoyar tal afirmación? ¿A quién le echa la culpa de la situación de la mujer? ¿Estás de acuerdo con ella? Si no, ¿a quién le corresponde poner fin a la violencia intrafamiliar?

Escucha lo que dice Leticia sobre las mujeres. ¿A qué crees que se refiere cuando dice que hoy en día hay «más atención a las mujeres»? ¿A qué clase de atención se refiere?

 ASÍ LO PIENSO.

Vocabulario útil

¿Cómo le diré?	How should I put it?

GRAMÁTICA
Los usos del artículo definido

A. In Spanish, the definite article corresponding to *the* in English has four forms, depending on the gender and number of the noun it modifies. Masculine nouns are preceded by **el** or **los** and feminine nouns by **la** or **las,** as in the examples below.

el libro   **los** libros

la casa   **las** casas

In this lesson you will learn about some differences between Spanish and English regarding the use of the definite article.

B. Unlike English, Spanish uses the definite article with abstract nouns (for example, **la violencia, el amor, la paz**), nouns that denote mass quantities (for example, **la leche, el arroz**), and nouns that refer to concepts, substances, or objects in general.

La violencia doméstica es injusta.   *Domestic violence is unjust.*

La leche es buena para los huesos.   *Milk is good for the bones.*

Los hombres no deben maltratar a **las** mujeres.
Men shouldn't mistreat women.

El papel debe reciclarse.   *Paper should be recycled.*

A mi sobrino le gustan **los** videojuegos.
My nephew likes video games.

However, the article is omitted after the preposition **de** when the noun following **de** does not refer to a specific person or thing.

La conducta **de machote** es injustificable.
Tough-guy behavior is unjustifiable.

La ropa **de niños** es barata en esa tienda.
Children's clothes are inexpensive in that store.

 PRUÉBALO 1

A good example of these uses of the definite article occurs when Ruth discusses domestic violence in Mexico. Listen to her again and complete what she says with the articles you hear. Note: You will not always need an article, so pay attention!

«En cuestión de _____[1] matrimonio, pues, a veces hay actitudes de _____[2] hombres que hasta golpean a _____[3] mujer. _____[4] machos, ¿no? Aquí en México, ahorita hay una campaña muy grande para proteger a _____[5] mujer sobre _____[6] violencia intra... interfamiliar porque hay _____[7] hombres que maltratan a _____[8] mujeres.»

C. Spanish uses definite articles instead of possessive adjectives to talk about body parts, clothing, and other things that can be construed as personal possessions.

Claudia se lava **las** manos antes de comer.

Claudia washes her hands before eating.

Sara, ponte **el** suéter.   *Sara, put on your sweater.*

Héctor hizo **la** tarea.   *Héctor did his homework.*

D. When an infinitive is the subject of a sentence, it is preceded by **el.**

El fumar causa problemas de salud.   *Smoking causes health problems.*

El correr quema muchas calorías.   *Running burns a lot of calories.*

However, when infinitives are used in idiomatic expressions, the article is often omitted.

Errar es humano, perdonar es divino.

To err is human, to forgive is divine.

E. Days of the week in Spanish are preceded by **el** or **los** depending on whether the meaning is singular or plural.

Vamos al cine **el** sábado.   *We're going to the movies on Saturday.*

Llamo a mis padres **los** domingos.   *I call my parents on Sundays.*

F. **La** and **las** are used to tell time and to tell at what time you do things.

Es **la** 1:15.   *It's 1:15.*

Te veo a **las** 7:00.   *I'll see you at 7:00.*

G. Definite articles are used before titles when talking about people but not when speaking directly to them, as in the following examples.

La profesora Suárez enseña literatura.

Professor Suárez teaches literature.

Profesora Suárez, ¿recibió Ud. mi trabajo?

Professor Suárez, did you get my paper?

H. The definite article, especially in Latin America, precedes the names of some countries (**la** Argentina, **el** Brasil, **el** Canadá, **la** China, **el** Ecuador, **la** India, **el** Japón, **el** Paraguay, **el** Perú, **el** Uruguay), cities and districts (**La** Habana, **el** Distrito Federal), and states (**la** Florida).

La Argentina cuenta con vinos excelentes.

Argentina has excellent wines.

Mi esposo va seguido a **la** Florida.

My husband frequents Florida.

María volvió de un viaje a **la** India.

María returned from a trip to India.

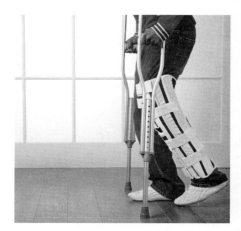

Este hombre se rompió la pierna. ¿Alguna vez te has roto tú el brazo, la pierna u otro hueso (*bone*)?

Actividad A   Más sobre la violencia intrafamiliar

Paso 1 Completa cada afirmación con el artículo definido correcto. Luego, indica si estás de acuerdo (**Sí**) con lo que dice o no (**No**).

	Sí	No
1. _____ gobierno tiene _____ responsabilidad de poner fin a _____ violencia doméstica.	☐	☐
2. _____ maltratar a _____ animales es tan malo como _____ maltratar a _____ seres humanos.	☐	☐
3. Es violencia emocional si _____ hombre alza _____ voz (*raises his voice*) durante una discusión con su pareja.	☐	☐
4. Constituye violencia física si _____ madre agarra a _____ hijos por _____ brazo o los zurra (*spanks*) cuando se portan mal (*misbehave*).	☐	☐
5. _____ policía puede proteger a _____ mujeres contra _____ violencia física, pero no contra la emocional y económica.	☐	☐

Paso 2 Compara tus respuestas con las de otra persona, explicándole por qué contestaste así. ¿Tienen opiniones iguales sobre estas ideas?

Actividad B   Opiniones

Paso 1 Contesta las siguientes preguntas según tus propias creencias o tu experiencia. ¿Puedes defender tus respuestas?

1. ¿Qué tema de conversación provoca más discusiones (*arguments*): la religión o la política?
2. ¿Cuál es más valioso (*valuable*): la salud, el dinero o el amor?
3. ¿Qué recurso natural se va a acabar (*run out*) primero: el agua o el petróleo?
4. ¿Qué vicio es más peligroso: los cigarrillos, las drogas o el alcohol?
5. ¿Quiénes influyen más sobre los hijos: los padres, los hermanos, los maestros o los amigos?

Paso 2 Entrevista a otra persona con las preguntas del **Paso 1** y apunta sus respuestas. Si tu compañero/a no explica alguna respuesta, pídeselo.

Paso 3 Prepara algunas oraciones sobre las opiniones que tienen en común para compartirlas con la clase.

> **Modelo:** *Ana y yo creemos que el agua se va a acabar primero porque…*

Actividad C ¿Qué hacen/hicieron estas personas?

Describe lo que pasa en los siguientes dibujos usando artículos defini-
dos. Luego, compara tus oraciones con las de otra persona.

Vocabulario útil

la pata	paw
cepillarse	to brush
lamer	to lick

Actividad D El horario de mi compañero/a

Paso 1 Entrevista a otra persona para averiguar su horario. Apunta
los días y las horas en que tiene clase, trabaja, hace ejercicio, etcétera.

	lunes	martes	miércoles	jueves	viernes
Por la mañana					
Por la tarde					
Por la noche					

Paso 2 Con la información del **Paso 1,** escribe un breve resumen en
el cual comparas tu horario con el de tu compañero/a.

Paso 3 Comparen sus resúmenes para verificar si la información y
también el uso del artículo definido están correctos.

Así lo veo

195

Así lo veo II

ANTES DE VER

Vocabulario del vídeo

la amazona	strong, brave, independent woman	**ganar**	to earn, to win
la competencia	competition	**impactar**	to have an impact on, to affect
el hecho	fact		
el hecho de que	the fact that	**platicar (qu)**	to tell, to talk
la maestría	master's degree	**rechazar (c)**	to reject
el promedio	average, grade point average	**exitoso/a**	successful
		profesional/	professional
la traba	obstacle, difficulty	**profesionista** (*Mex.*)	

Repaso: recordar (ue)

Más vocabulario

el acoso sexual	sexual harassment
el doctorado	doctorate
el éxito	success
la especialización	major
el título	degree
especializarse (c) en	to major in

Cognado: profesional

Muchas empresas ofrecen talleres (*workshops*) para educar a sus empleados sobre el acoso sexual y la discriminación en el ámbito laboral.

Los dos verbos **recordar** y **acordarse de** significan *to remember* en inglés y con este significado son sinónimos.

> No **recuerdo** / **me acuerdo de** lo que buscaba.
> *I don't remember what I was looking for.*

> ¿**Te acuerdas de** / **Recuerdas** a la mujer que vimos en la calle?
> *Do you remember the woman we saw on the street?*

Recordar tiene un significado secundario, *to remind*, como en el siguiente ejemplo.

> **Recuérdame** que llame al dentista mañana.
> *Remind me to call the dentist tomorrow.*

Cuando se omite el pronombre reflexivo, **acordar** significa *to agree*.

> **Acordamos** que tú pagarías la gasolina y yo la comida.
> *We agreed that you should pay for the gas and I should pay for the food.*

El significado principal del sustantivo **competencia** no se refiere a las habilidades o talentos de una persona. **Competencia** se refiere a una rivalidad entre personas. La palabra más o menos equivalente al inglés *competence* es **capacidad.**

> Juan tiene celos de Pedro. Lo ve como **competencia.**
> *Juan is jealous of Pedro. He sees him as competition.*

> Isabel tiene muy buena **capacidad** de aprendizaje.   *Isabel has great learning ability.*

Actividad A   Los estudios universitarios

Completa las siguientes oraciones con palabras y frases de la lista de vocabulario.

1. Para graduarse con honores, hay que tener _____ muy alto.
2. El comité _____ mi solicitud (*application*) para estudiar en Chile porque el promedio de mis calificaciones es inferior a 3,5.
3. A causa de sus malas notas, Gloria encontró muchas _____ para graduarse a tiempo.
4. Para enseñar en la preparatoria (*high school*), generalmente se necesita tener o la credencial de enseñanza o _____ en educación o en otra materia.
5. La clase sobre el comportamiento humano me _____ mucho. Cambié mi especialización en historia por psicología.
6. El _____ de que Juan sea muy fuerte no quiere decir que sea machote.
7. Un amigo me _____ que los exámenes en esta clase son muy difíciles.

¿Cómo se siente esta estudiante? ¿Por qué?

Actividad B   La competencia

Paso 1 Apunta tu especialización y la profesión que intentas hacer. Luego, contesta las preguntas a continuación. Si aún no has elegido una especialización, apunta la que más te interese.

Especialización: _____   Profesión: _____

1. ¿Hay competencia para entrar en tu especialización? Si contestas que sí, ¿qué promedio se tiene que tener para entrar?

2. ¿Cuál es el promedio mínimo que tienes que mantener para graduarte? ¿Con qué promedio puedes graduarte con honores (*cum laude*, *magna cum laude* o *summa cum laude*)?

3. ¿Se matriculan (*enroll*) en tu especialización el mismo número de mujeres que de hombres?

4. ¿Necesitas sacar la maestría, el doctorado u otro título profesional para obtener tu profesión?

Paso 2 Comparte tu información con los demás miembros de la clase. Entre todos, completen las siguientes oraciones.

1. Hay más competencia para especializarse en _____ que en _____ .

2. Entre todas las especializaciones, las mujeres están mal representadas (*underrepresented*) en _____ .

3. Se necesita la maestría para ser _____ y el doctorado para ser _____ .

Actividad C   Las trabas de las mujeres

Paso 1 Con otra persona, repasa la lista de trabas con que se enfrentan las mujeres en el ámbito laboral y trata de agregar (*add*) dos más.

el acoso sexual

la competencia con los hombres / otras mujeres

la discriminación en los sueldos

la violencia en el trabajo

cómo equilibrar (*balance*) la vida familiar con la profesional

conseguir ausencia con sueldo por maternidad

¿ ?

Paso 2 Ahora coloquen las ideas del **Paso 1** en la siguiente escala.

Afecta a una minoría de   Afecta a la mayoría de
las mujeres   las mujeres

1	2	3	4	5

Ahora ve **Así lo veo II.** Escucha bien lo que dice Yolanda.

Vocabulario útil

profesionista | professional

DESPUÉS DE VER
Comprensión y opiniones

Actividad A   Las opiniones de Yolanda

Paso 1 Completa la siguiente oración con dos ideas que menciona Yolanda. Luego, compara tus respuestas con las de otra persona.

Cuando Yolanda dice: «Y, pues, es triste que todavía tengamos esas maneras de pensar», se refería al hecho de que _____ y también al hecho de que _____ .

Paso 2 ¿Qué otras formas de pensar o actuar te parecen primitivas con respecto a las mujeres? Usa **Es triste que** para expresar tus opiniones.

Modelo: *Es triste que las mujeres todavía tengan que confrontarse con el acoso sexual en el trabajo.*

Actividad B   Amazona: ¿insulto o halago (*flattery*)?

Paso 1 En este segmento, Yolanda recuerda una ocasión en que un compañero de trabajo le dijo que era «amazona». Lee la **Nota cultural** en la página 200 para más información sobre el origen y el significado de este término.

Paso 2 Ahora vuelve a mirar **Así lo veo II,** fijándote en la reacción de Yolanda ante este término. ¿Lo tomó como insulto o halago? Apunta sus palabras exactas para defender tu respuesta.

NOTA CULTURAL

El origen del término «amazona»

En la mitología griega las amazonas eran una raza guerrera[a] formada sólo por mujeres. A excepción de breves visitas para la procreación, las amazonas vivían independientes de los hombres en un país regido por[b] una reina.[c] Valiéndose por sí mismas,[d] las amazonas se ocupaban en tareas tradicionalmente masculinas como son la caza[e] y la guerra.[f] En tiempos modernos, el término «amazona» se ha empleado para referirse a mujeres fuertes, valientes e independientes. En el uso actual, este término tiene un trasfondo[g] de sarcasmo. No obstante,[h] la figura de la mujer guerrera sigue siendo popular en la literatura y cine contemporáneos. El mejor ejemplo de una amazona moderna es la Mujer Maravilla, o en inglés, Wonder Woman.

[a]raza... *warrior race*   [b]regido... *governed by*   [c]*queen*   [d]Valiéndose... *Getting by on their own*   [e]*hunting*
[f]*war*   [g]*undertone*   [h]No... *Nevertheless*

Un friso (*frieze*) en el Mausoleo de Halicamassus representando la batalla entre los griegos y las amazonas

 ASÍ LO PIENSO.

Vocabulario útil

el que	reduction of **el hecho de que**

Escucha lo que dice Gustavo sobre el término **amazona**. ¿Lo interpreta él como lo interpretó Yolanda? ¿Cómo lo ves tú? ¿Como insulto o halago?

GRAMÁTICA

El presente perfecto de subjuntivo; El subjuntivo después de verbos de volición

A. In **Lección 2** you learned to use the present perfect indicative to talk about what has happened. You may recall that the present perfect indicative consists of a form of **haber** followed by a past participle (for example, **hablado, comido, vivido**), as in **Susana ha llegado tarde** (*Susana has arrived late*). The present perfect subjunctive is formed the same way as the present perfect indicative, except that **haber** is conjugated in the subjunctive.

haber: haya, hayas, haya, hayamos, hayáis, hayan

The present perfect subjunctive can be used in any dependent clause that requires the subjunctive. Below are some examples with uses of the subjunctive you already know.

Dudo que Susana…

Es malo que Susana… } **haya llegado** tarde.

Me molesta que Susana…

I doubt that Susana . . .

It's bad that Susana . . . } *(has) arrived late.*

It bothers me that Susana . . .

B. Knowing when to use the present perfect subjunctive instead of the simple present subjunctive depends on whether the event in the dependent clause is completed. The simple present subjunctive is used to talk about an event that is habitual, in progress, or that will occur in the future. The present perfect subjunctive is used to talk about an event that has already occurred. Compare the following examples.

Simple present subjunctive: Dudo que Susana **llegue** tarde.

I doubt that Susana arrives / is arriving / will arrive late.

Present perfect subjunctive: Dudo que Susana **haya llegado** tarde.

I doubt that Susana (has) arrived late.

An example of the present perfect subjunctive occurs when Yolanda recalls the episode when a coworker called her **amazona.** Listen to her again and complete what she says with the verb form that you hear. How would you translate this sentence into English?

 PRUÉBALO 2

«"Eres amazona", así me dijo. Entonces, eso, para mí, pues, sí, me… me impactó el… el hecho de que me lo _____.»

C. In addition to other uses of the subjunctive you have studied thus far, Spanish also uses the subjunctive after verbs of volition or desire. Verbs of volition or desire such as **desear, querer,** and **esperar** express a speaker's intent to influence what others think or do, or their hopes and expectations for what others will do or how an event will turn out, as in the following examples.*

> María desea que su esposo la **ayude** en los quehaceres de casa.
> *María wants her husband to help her with the household chores.*

> Espero que no **se rompan** los platos durante la mudanza.
> *I hope the dinner plates don't break during the move.*

PRUÉBALO 3

Did you notice Yolanda's use of the subjunctive after **esperar** when talking about her hopes for how successful women will be perceived? Listen to her again and complete what she says with the verb you hear.

> «Ya no… si un hombre te ve, te va… prácticamente te va a rechazar, porque eres exitosa. «Eres amazona», así me dijo. Entonces, eso, para mí, pues, sí, me… me impactó el… el hecho de que me lo haya dicho. Pero, pues, bueno, finalmente la vida continúa y **espero que** eso no se _____ realidad.»

D. Below are some verbs commonly used to express wishes, desires, and expectations.

desear	**Deseamos** que el gobierno **haga** una campaña contra la violencia doméstica.
	We want the government to make a campaign against domestic violence.
esperar	**Espero** que el juego no **se convierta** en competencia.
	I hope the game doesn't turn into a competition.
	Se **espera** que **asistas** a la reunión.
	It's expected that you'll attend the meeting.
insistir en	Los padres **insisten en** que sus hijos no **lleven** zapatos en la casa.
	The parents insist that their children not wear shoes in the house.
permitir	No **permito** que la gente **fume** en mi casa o en mi auto.
	I don't allow people to smoke in my house or my car.
preferir	**Preferimos** que nuestra hija **se case** con un hispanohablante.
	We prefer our daughter marry a Spanish speaker.

*Remember that the infinitive is used when there is no change of subject: **María desea** *ayudar* **en los quehaceres de casa.**

prohibir	Algunos machotes **prohíben** que sus esposas **tengan** amigos (*masculinos*). *Some macho men prohibit their wives from having male friends.*
querer	Manuel **quiere** que **trabaje** su esposa. *Manuel wants his wife to work.*
recomendar	El profesor **recomienda** que **estudiemos** mucho para el examen. *The professor recommends we study hard for the exam.*
sugerir	¿**Sugieres** que yo **siga** los consejos de Julio o los de Enrique? *Do you suggest I follow Julio's or Enrique's advice?*

¿Qué sugieres que haga Yolanda si alguien la insulta en el trabajo?

Actividad A   Reacciones ante las noticias (*news*) recientes

Paso 1 Usa el presente perfecto del subjuntivo de los verbos a continuación para completar las reacciones de algunas personas ante las noticias en los últimos años.

enviar   ganar   morir   subir   vender   volver

1. Me sorprende que la gasolina _____ a $4.85 al galón en California.
2. Es triste que tanta gente _____ por los terremotos en la China.
3. Es bueno que los científicos _____ más misiones a Marte (*Mars*).
4. Es increíble que Michael Phelps _____ ocho medallas (*medals*) de oro en las olimpiadas de Pekín.
5. Es fantástico que Apple _____ tantos reproductores de música digital.
6. Es una lástima que muchos soldados (*soldiers*) todavía no _____ de Iraq.

Paso 2 Inventa dos oraciones como las del **Paso 1** para comentar las noticias actuales.

Paso 3 En grupos de tres, compartan sus oraciones e indiquen cuáles noticias los han impactado más. Completa la siguiente oración para presentar a la clase.

Nos impactó mucho el hecho de que _____.

Actividad B   Me sorprende que mi profesor(a)...

Paso 1 Usando el presente perfecto del subjuntivo, completa cada oración a continuación con cuatro ideas sobre tu profesor(a).

> **Modelo:** *Es probable que mi profesora haya probado (tried) el tequila.*

1. Es dudoso que (mi profesor[a])...
2. Es probable que (mi profesor[a])…

Paso 2 Compara tus oraciones con las de otra persona. Escojan las más interesantes (¡y apropiadas!) para entrevistar a su profesor(a). Usen **tú** o **Ud.** según la costumbre de su clase.

> **Modelo:** *¿Ha/Has probado el tequila?*

Paso 3 Entre todos, mencionen las cosas que más les sorprende de su profesor(a) y por qué les sorprenden.

> **Modelo:** *Nos sorprende que la profesora no haya probado el tequila porque vivió en México durante un año.*

Actividad C   ¿Qué buscas en una pareja?

Paso 1 Completa las oraciones con información que refleje el tipo de pareja que quieres tener.

1. Quiero que mi pareja _____ y _____ .
2. Deseo que mi pareja _____ y _____ .
3. Insisto en que mi pareja _____ y _____ .
4. Permito que mi pareja _____ y _____ .
5. Prohíbo que mi pareja _____ y _____ .

Paso 2 Compara tus oraciones con las de otras dos personas. Luego, indica cuál de las siguientes oraciones describe mejor a tus compañeros.

- Mi compañero/a es realista; va a encontrar a alguien a su gusto.
- Mi compañero/a es poco realista; le va a llevar tiempo encontrar su pareja.
- Mi compañero/a es bastante exigente; va a estar sin pareja mucho tiempo.

Actividad D   La clase más difícil

Paso 1 Menciona la clase más difícil que hayas tomado en la universidad hasta ahora. Dale cuatro consejos a un estudiante matriculado (*enrolled*) en este curso sobre cómo salir bien / sobrevivir usando **recomendar que** y **sugerir que.**

Paso 2 Presenta tus ideas a la clase usando la siguiente oración como modelo.

Si tomas o vas a tomar _____ , recomiendo que…

Gustavo
27, San Juan

Me considero una persona muy optimista y luchadora, romántica, tierna y soñadora.

Odio las mentiras y las falsedades, he sido aventurero toda mi vida hasta este punto de mi vida.

¿Por qué estoy aquí? Por curiosidad y porque creo en el amor.

No busco aventuras de una noche. Busco una buena pareja que me haga sentir y que sepa comunicarse bien.

Soy el ser más imperfecto del mundo pero con ganas de corregir errores y dar lo mejor de mí.

Véase el bio-perfil completo | Email

Así lo veo III

ANTES DE VER

Vocabulario del vídeo

la batuta	baton	**darse** (*irreg.*)	to happen
llevar la batuta	to be the boss, to be in command	**rondar**	to court (a woman)
el mando	control	**tener** (*irreg.*) **atenciones con**	to give (affectionate) attention to
tomar el mando	to take control	**toparse con**	to run into
la pared	the wall		
conquistar	to win over (*in courtship*)	**conveniente**	advisable, suitable
		demasiado	too many

Cognados: la atención, el ritual

¿Quién crees que lleva la batuta en el matrimonio de Ruth: ella o su esposo? ¿Quién tiene el mando en tu familia: tu padre o tu madre?

Los dos verbos **llevar** y **traer** indican el movimiento o transporte de algo o alguien de un lugar a otro. **Llevar** se refiere al transporte de algo cercano a un lugar más lejano y su significado en inglés suele ser *to take*. **Traer** se refiere al transporte de algo lejano a un lugar más cerca y en inglés significa *to bring*. A ver unos ejemplos.

Amor, ¿me **llevas** a París?   *Darling, will you take me to Paris?*

¿Me **traes** algo de París?   *Will you bring me something from Paris?*

Llevé el perro al veterinario.   *I took my dog to the veterinarian.*

El perro me **trajo** la pelota.   *The dog brought me the ball.*

PALABRAS ENGAÑOSAS

llevar/traer

AMIGO FALSO

conveniente

El adjetivo **conveniente** no sólo quiere decir *convenient*, sino también *advisable* o *suitable*, como en los siguientes ejemplos.

> Es **conveniente** no tomar alcohol en exceso.
> *It's advisable not to drink alcohol in excess.*

> Esa película no es **conveniente** para niños.   *That movie is not suitable for children.*

En español, no hay una palabra sola que equivalga al inglés *convenient*. Así, cuando se habla de horarios, se usa la frase **venir bien.**

> Vamos hoy, si te **viene bien.**   *Let's go today, if it's convenient for you.*

> A esa hora no me **viene bien.**   *That time isn't convenient for me.*

Cuando se habla de la distancia de algún lugar, se puede usar **bien situado/a.**

> Tu apartamento está **bien situado** con respecto al almacén.
> *Your apartment is convenient for the mall.*

Práctico se usa en una variedad de otros contextos.

> Es **práctico** vivir cerca del supermercado.
> *It's convenient living near the grocery store.*

> Esta maleta es pequeña y **práctica.**   *This suitcase is small and convenient.*

Actividad A   Preguntas

Paso 1 Contesta las siguientes preguntas con oraciones completas.

1. ¿Qué hacías la última vez que te topaste con algo o alguien? ¿Con qué o con quién te topaste?
2. ¿Qué tiene que hacer tu pareja para conquistarte?
3. ¿Qué ritual sigues cuando rondas a alguien?
4. ¿En qué situaciones o circunstancias prefieres llevar tú la batuta? ¿En cuáles no?
5. ¿Qué es lo peor para conseguir pareja: ser demasiado tímido/a o ser demasiado atrevido/a (*bold*)?

Paso 2 Selecciona una de las preguntas del **Paso 1** y entrevista a cinco personas de la clase.

Paso 3 Con la información de tu entrevista, escribe un breve resumen de cincuenta palabras para presentar a la clase.

¿Demasiado atrevido?

The primary meaning of the verb **llevar** is *to take,* as in to transport something or someone from its present location to a new location. If a vehicle is involved, **llevar** can be translated as *to drive.*

Sofía, **lleva** estos informes al Sr. Ruiz.   *Sofía, take these reports to Mr. Ruiz.*

¿Me **llevas** al aeropuerto?   *Will you take/drive me to the airport?*

Llevar also means *to carry,* as in the following example.

Pablo **llevó** la computadora a su oficina.   *Pablo carried the computer to his office.*

When used with clothing items, **llevar** means *to wear.*

El abogado **lleva** traje y corbata.   *The lawyer is wearing a suit and tie.*

Llevar means *to have* when it is used with physical features that grow, like hair and nails.

Genaro **lleva** barba.   *Genaro has a beard.*

Susana **lleva** el pelo corto.   *Susana has short hair.*

Llevar is also used to indicate how long someone has been doing something or how long it takes someone to do something.

¿Cuánto tiempo **llevas** en Texas?   *How long have you been in Texas?*

Llevo una hora esperando tu llamada.   *I've been waiting for your call for an hour.*

Me **lleva** veinte minutos llegar a casa.   *It takes me twenty minutes to get home.*

As with other verbs you've studied, **llevar** changes meaning when the pseudo-reflexive form **llevarse** is used. **Llevarse** has several meanings. On the one hand, **llevarse** means to take something with someone.

Juan **se llevó** la cámara a Hawai.   *Juan took his camera to Hawaii.*

Puedes **llevarte** el libro.   *You can take/borrow the book.*

When used with natural forces like rain, waves, wind, and so forth, **llevarse** has the meaning of *to take away.* Translations will vary depending on what makes sense in context.

La lluvia **se llevó** la tierra del jardín.   *The rain washed away the soil in the yard.*

El viento **se llevó** las hojas.   *The wind blew away the leaves.*

Llevarse is also used with **bien** and **mal** to indicate how people get along with each other.

David y Carlos **se llevan** mal.   *David and Carlos do not get along well.*

Actividad B   ¿Quién lleva la batuta en las relaciones amorosas?

Paso 1 Usando porcentajes (*percentages*), indica con qué frecuencia, en una pareja, el hombre y la mujer hacen las siguientes cosas.

> **Modelo:** *El 40 por ciento de los hombres...*
>
> *El 60 por ciento de las mujeres...*

1. Ronda a su pareja.
2. Conquista a su pareja.
3. Paga la cuenta en el restaurante.
4. Se atreve a dar el primer beso.
5. Llama para concertar (*to set*) la segunda cita.
6. Recoge a su pareja y la lleva a su casa.
7. Es el primero (la primera) en presentar a su pareja a su familia.
8. Le propone matrimonio a su pareja.

Paso 2 Divídanse en grupos por sexo (hombres y mujeres separados), comparen sus respuestas y pónganse de acuerdo con respecto a los porcentajes.

Paso 3 ¿Quién lleva la batuta en las relaciones: el hombre o la mujer? Presenten los resultados a la clase, según el modelo.

> **Modelo:** *En el 50 por ciento de los casos, el hombre/la mujer es el que paga la cuenta.*

Actividad C   ¿Conoces bien a tu profesor(a)?

Lee **El maravilloso verbo *llevar*** en la página 207. Luego, con otra persona, contesta las siguientes preguntas sobre tu profesor(a). Si no saben la respuesta a alguna pregunta, pregúntenle a su profesor(a).

1. ¿Cuánto tiempo lleva enseñando español en la universidad?
2. ¿Lo/La lleva alguien al *campus*?
3. ¿Qué cosas lleva al *campus* a diario? ¿El almuerzo? ¿el café? ¿la mochila?
4. ¿Cuánto tiempo crees que le lleva corregir las tareas? ¿Y los exámenes?
5. ¿Qué clase de ropa lleva para dar clases?
6. ¿Se lleva mal con alguien, quizás con algún pariente o vecino?

Actividad D   Nuestros amigos hablan.

Ahora ve **Así lo veo III.** Escucha bien lo que dice Ernesto.

DESPUÉS DE VER
Comprensión y opiniones

Actividad A ¿Lo dice Ernesto?

Indica las ideas que mencionó Ernesto en **Así lo veo III.**

Tradicionalmente se espera que el hombre...

1. ☐ lleve a la mujer a su casa.
2. ☐ le abra la puerta a la mujer.
3. ☐ inicie el contacto físico.
4. ☐ acompañe a la mujer al trabajo.
5. ☐ conquiste a la mujer.
6. ☐ vaya con ella a la casa de sus padres.

Actividad B Ernesto dice...

 Paso 1 Escucha otra vez lo que dice Ernesto y completa el segmento con las palabras y expresiones que usa.

«Ante... ante eso, yo creo que hay _____[1] hombres que no saben cómo actuar. Cuando la mujer quiere _____,[2] cuando la mujer quiere ser la que _____,[3] todos los hombres no saben qué hacer. No, no saben, ¿no? O sea, como que _____[4] con _____.[5] Como que las reacciones que empiezan a tener no son como que las más... las más _____[6] para que algo _____,[7] ¿no?»

Paso 2 Ernesto comenta que los hombres no tienen reacciones «convenientes» ante las mujeres que toman el mando en una relación, pero no da ejemplos. Con otra persona, inventa dos situaciones en las que la mujer toma el mando y el hombre reacciona de manera poco conveniente.

   Modelo: *La mujer intenta pagar la cuenta y el hombre se ofende.*

¿Conoces a mujeres que toman el mando?

GRAMÁTICA
El subjuntivo después de conjunciones condicionales

A. In addition to using the subjunctive to express wishes, desires, and expectations, Spanish uses the subjunctive to express contingencies. A contingency is an action or event that is dependent on something else. Consider the following English example.

   Ricardo won't go to the party unless Natalia drives him.

In this case, going to the party is contingent on someone else driving. Contingent events are introduced with conjunctions of contingency such as *unless*, *provided that*, and *so that* and in Spanish are followed by the subjunctive. Below is the Spanish version of the English sentence you just read.

Ricardo no va a la fiesta **a menos que** Natalia lo **lleve.**

▶ PRUÉBALO 4

Another example of the subjunctive after conjunctions of contingency occurs when Ernesto speaks about men's reactions to women taking control. Do you remember what verb he uses in this quote? Try to complete the sentence, then watch the segment again and check your answer.

«Como que las reacciones que empiezan a tener no son como que las más... las más convenientes **para que** algo se _____ dar, ¿no?»

B. Below are examples of conjunctions of contingency in Spanish. Note the use of the subjunctive in the dependent clause in each example.

Vamos a la playa **a menos que empiece** a llover de nuevo.
We're going to the beach unless it starts raining again.

Compra los boletos **antes de que suban** los precios.
Buy the tickets before the prices go up.

Los niños pueden jugar **con tal de que hayan terminado** de comer.
The children can play provided they have finished eating.

Llévate la barra de proteínas **en caso de que** te **dé** hambre.
Take the protein bar in case you get hungry.

El doctor te ve hoy **para que** no **tengas** que esperar.
The doctor will see you today so you don't have to wait.

No puedo pagar los estudios **sin que** mis padres me **ayuden.**
I can't pay for my studies without my parents helping me.

C. When there is no change in subject in the dependent clause, **antes de que** and **para que** shorten to **antes de** and **para** and are followed by an infinitive instead of the subjunctive. Compare the following examples.

Voy al gimnasio **antes de que se llene** de gente.
I'm going to the gym before it gets crowded.

Voy a ir al gimnasio **antes de cenar.**
I'm going to the gym before eating dinner.

El profesor usa PowerPoint **para que** sus estudiantes **vean** los gráficos.
The professor uses PowerPoint so that his students will see the graphs.

El profesor usa PowerPoint **para organizar** sus ideas.
The professor uses PowerPoint to organize his ideas.

¿Cómo te arreglas para que alguien se fije en ti?

Actividad A   ¿Quién lo diría?

En esta lección has oído las ideas de Ruth, Leticia, Yolanda, Gustavo y Ernesto sobre algunos problemas con los que se enfrentan las mujeres. En cada afirmación, conjuga el verbo en la forma apropiada del subjuntivo. Luego, indica quién lo diría y si estás de acuerdo o no.

1. Una mujer exitosa puede encontrar pareja con tal que los hombres no la _____ (**ver**) como competencia.

2. Muchos hombres golpean a sus esposas sin que la policía los _____ (**agarrar**).

3. El gobierno ha hecho una campaña para que los machotes _____ (**dejar**) de maltratar a las mujeres.

4. La mujer profesional tiene que ser emocionalmente fuerte en caso de que su jefe le _____ (**decir**) «amazona» u otras expresiones como insulto.

5. Los hombres saben manejar las relaciones a menos que la mujer _____ (**tomar**) el mando.

6. Si el gobierno quiere ayudar a la mujer, necesita intervenir antes de que el hombre la _____ (**golpear**), no después.

Actividad B   Condiciones

Paso 1 ¿Cuándo decides cortar tu relación con tu pareja? Completa la siguiente oración con cinco ideas.

Continúo la relación con mi pareja a menos que él/ella…

Paso 2 Compara tus oraciones con las de otra persona. Luego, seleccionen las ideas que tienen en común y preparen unas oraciones usando **con tal que** para presentar a la clase. La clase debe determinar/opinar cuáles son las tres razones principales para cortar con alguien.

> **Modelo:** *No cortamos una relación con nuestra pareja con tal que él/ella no insulte a nuestros amigos.*

¿Por qué está rota la foto?

Actividad C   Precauciones

Paso 1 Pregúntale a otra persona cuáles son los tres países o ciudades que quiere visitar antes de morirse. Selecciona uno de los lugares que mencionó tu compañero/a (sin decirle cuál has escogido) y escribe cuatro precauciones que debe tomar antes de ir a ese lugar. Explica la razón de tus consejos usando **en caso de que** o **para.**

> **Modelos:** *Debes llevar una chaqueta en caso de que haga frío.*
> *Debes comer en lugares seguros para no enfermarte del estómago.*

Paso 2 Léele tus oraciones a tu compañero/a de clase. ¿Puede adivinar qué lugar describes?

Actividad D   ¿Quiénes te molestan?

Paso 1 Completa las siguientes oraciones con actividades y personas, según el modelo.

> **Modelo:** *No puedo estudiar en casa sin que Dave me interrumpa.*

1. No puedo _____ sin que _____ me interrumpa(n).
2. No puedo _____ sin que _____ se enoje(n).
3. No puedo _____ sin que _____ me llame(n) repetidas veces.
4. No puedo _____ sin que _____ se queje(n).
5. No puedo _____ sin que _____ se ponga(n) nervioso/a/os/as.

Paso 2 Convierte tus oraciones en preguntas para entrevistar a otro estudiante. Apunta sus respuestas.

> **Modelo:** *¿Puedes estudiar en casa sin que alguien te interrumpa?*

Paso 3 Prepara un breve resumen de la entrevista para presentar a la clase.

Actividad E   Así lo veo yo.

Escribe una composición de 200 palabras sobre el siguiente tema: **La mujer en la sociedad: retos del siglo XXI.** Antes de empezar, sigue las recomendaciones a continuación para organizar tus ideas.

Antes de escribir

- Repasa el vídeo y el contenido de las actividades de la lección.
- Apunta las ideas expresadas por algunas personas del vídeo que quieres incluir en tu composición. Pueden ser ideas o perspectivas con las que estás de acuerdo o no.
- Repasa lo que has escrito anteriormente y escoge la información que quieres incluir en tu composición.
- Piensa cómo puedes integrar los puntos gramaticales de esta lección.

Al escribir

- Haz un bosquejo para organizar el orden de tus ideas.
- Escribe un borrador y repásalo (con otra persona si quieres), fijándote bien en el contenido y en la gramática.

Versión final

- Pon en limpio el borrador de la composición para entregársela a tu profesor(a).

La casa de Bernarda Alba (segmentos de Actos I, II y III)

Federico García Lorca (España, 1898–1936)

Perfil del autor

Federico García Lorca es uno de los escritores más representativos de la literatura española moderna. Es autor de importantes colecciones de poesía y obras de teatro, como las tragedias rurales, *Bodas de Sangre, Yerma* y *La casa de Bernarda Alba.* De esta última se han seleccionado los tres segmentos de la lectura. En los temas de sus libros, sobresalen[a] el mundo mítico de los gitanos, la problemática de la mujer, la crítica al sistema capitalista y la experiencia homosexual masculina.

[a]*stand out*

ANTES DE LEER

Vocabulario

el castigo	punishment
el consuelo	solace, comfort
la hembra	woman, female
la herencia	inheritance
el luto	mourning period
el mozo	young man
la queja	complaint
el varón	man, male
el veneno	poison
la viuda	widow
apretar	to squeeze, to fit/hold tight
dar (*irreg.*) lo mismo	to not care
envenenar	to poison
(des)obedecer (zc)	to (dis)obey
tardar (en)	to take time to do something

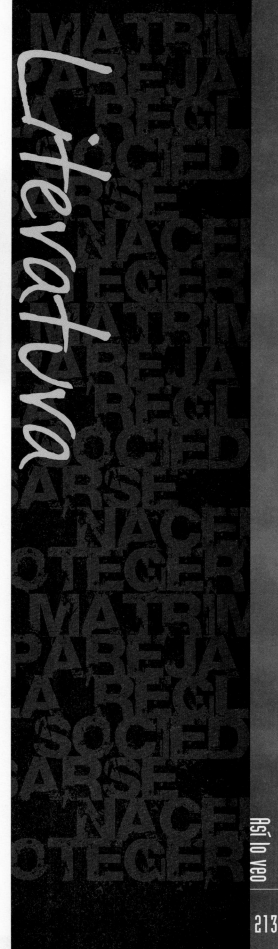

Actividad A   Asociaciones

¿Qué palabra del vocabulario asocias con las palabras y expresiones de la siguiente lista? Explica en qué basas tu asociación. ¿Son sinónimos, antónimos? **¡OJO!** ¡Puede haber varias posibilidades!

> **Modelo:** *quedar grande* → *apretar, son antónimos. Algo que queda grande no aprieta.*

1. el premio
2. demorarse
3. su esposo ya murió
4. importar
5. masculino
6. la mujer joven
7. la fiesta
8. el legado (*legacy*)
9. rebelarse

Actividad B   Preguntas

Con otra persona, observa la foto de la página 215 y contesta las siguientes preguntas.

1. ¿Cómo describirían a las mujeres de la foto?
2. ¿Por qué están vestidas de negro?
3. ¿Con qué adjetivos describirías la vida en su casa?
4. Teniendo en cuenta la foto, ¿podrías decir si la obra es una tragedia o una comedia?

Actividad C   Estereotipos sexuales

Según informa el subtítulo de la obra, *La casa de Bernarda Alba* es un «drama de mujeres en los pueblos de España». Todas las escenas ocurren en la casa de Bernarda donde ella y sus hijas guardan luto después de la muerte del segundo marido de Bernarda. Todos los personajes son femeninos, pero los hombres y/o las características masculinas están continuamente presentes en los diálogos y se puede decir que también determinan la acción de la obra.

Lee el primer segmento (Acto 1). Con otra persona, contesta las siguientes preguntas.

1. En ese diálogo se encuentran varios estereotipos sexuales ¿Qué estereotipos se asocian con los hombres y con las mujeres? Haz una lista de ambos.
2. Bernarda usa la metáfora del miedo a beber el agua del pueblo por temor a que esté envenenada. En el contexto del diálogo ¿con qué estereotipo sexual está relacionado este comentario? ¿Puedes proporcionar otra opción? Explica tus razones.
   a. Las mujeres son chismosas. Porque...
   b. Los hombres son desordenados y sucios. Porque...
   c. No se refiere a un estereotipo sexual. Bernarda se refiere a...
3. Desde el punto de vista de una definición tradicional del género (masculino o femenino), Bernarda y Magdalena presentan algunos problemas. ¿En qué se diferencian Bernarda y Magdalena de los otros personajes?

La casa de Bernarda Alba

Personajes:

BERNARDA (60 años)

MAGDALENA (hija de Bernarda, 30 años)

AMELIA (hija de Bernarda, 27 años)

MARTIRIO (hija de Bernarda, 24 años)

ADELA (hija de Bernarda, 20 años)

LA PONCIA (criada, 60 años)

PRUDENCIA (50 años)

Una producción de La Casa de Bernarda Alba *en Nueva York*

Acto Primero

[...]

PONCIA (*Entrando con una bolsa*)	De parte de los hombres esta bolsa de dineros para responsos.[1]
BERNARDA	Dales las gracias y échales una copa de aguardiente.[2]
MUCHACHA (*A Magdalena*)	Magdalena.
BERNARDA (*A Magdalena, que inicia el llanto*)	Chiss. (*Golpea con el bastón*) (*Salen todas. A las que se han ido*) ¡Andar a vuestras cuevas[3] a criticar todo lo que habéis visto! Ojalá tardéis muchos años en pasar el arco de mi puerta.
PONCIA	No tendrás queja ninguna. Ha venido todo el pueblo.
BERNARDA	Sí, para llenar mi casa con el sudor[4] de sus refajos[5] y el veneno de sus lenguas.
AMELIA	¡Madre, no hable usted así!
BERNARDA	Es así como se tiene que hablar en este maldito pueblo sin río, pueblo de pozos,[6] donde siempre se bebe el agua con el miedo de que esté envenenada.
PONCIA	¡Cómo han puesto la solería[7]!
BERNARDA	Igual que si hubiera pasado por ella una manada de cabras.[8] (*La Poncia limpia el suelo*) Niña, dame un abanico.[9]
ADELA	Tome usted. (*Le da un abanico redondo con flores rojas y verdes.*)
BERNARDA (*Arrojando[10] el abanico al suelo*)	¿Es éste el abanico que se da a una viuda? Dame uno negro y aprende a respetar el luto de tu padre.
MARTIRIO	Tome usted el mío.

---

[1]*prayers for the dead* [2]*échales... pour them a glass of strong liquor* [3]*caves* [4]*sweat* [5]*underskirts*
[6]*wells* [7]*floor* [8]*manada... herd of goats* [9]*handheld fan* [10]*Throwing*

BERNARDA	¿Y tú?
MARTIRIO	Yo no tengo calor.
BERNARDA	Pues busca otro, que te hará falta. En ocho años que dure el luto no ha de entrar en esta casa el viento de la calle. Haceros cuenta[11] que hemos tapiado[12] con ladrillos puertas y ventanas. Así pasó en casa de mi padre y en casa de mi abuelo. Mientras, podéis empezar a bordaros el ajuar.[13] En el arca tengo veinte piezas de hilo[14] con el que podréis cortar sábanas y embozos.[15] Magdalena puede bordarlas.
MAGDALENA	Lo mismo me da.
ADELA	(*Agria*) Si no queréis bordarlas irán sin bordados. Así las tuyas lucirán[16] más.
MAGDALENA	Ni las mías ni las vuestras. Sé que yo no me voy a casar. Prefiero llevar sacos al molino.[17] Todo menos estar sentada días y días dentro de esta sala oscura.
BERNARDA	Eso tiene ser mujer.
MAGDALENA	Malditas sean las mujeres.
BERNARDA	Aquí se hace lo que yo mando. Ya no puedes ir con el cuento a tu padre. Hilo y aguja[18] para las hembras. Látigo y mula[19] para el varón. Eso tiene la gente que nace con posibles.

(*Sale* ADELA)

[...]

Acto Segundo

[...]

(*Se oyen unos campanillos[20] lejanos, como a través de varios muros.*)

MAGDALENA	Son los hombres que vuelven al trabajo.
PONCIA	Hace un minuto dieron las tres.[21]
MARTIRIO	¡Con este sol!
ADELA (*Sentándose*)	¡Ay, quién pudiera salir también a los campos!
MAGDALENA (*Sentándose*)	¡Cada clase tiene que hacer lo suyo!
MARTIRIO (*Sentándose*)	¡Así es!
AMELIA (*Sentándose*)	¡Ay!
PONCIA	No hay alegría como la de los campos en esta época. Ayer de mañana llegaron los segadores.[22] Cuarenta o cincuenta buenos mozos.

[11]Haceros... *Keep in mind*   [12]*closed*   [13]bordaros... *embroider the trousseau*   [14]*linen cloth*   [15]sábanas... *sheets and the upper hem of a top sheet*   [16]*will stand out*   [17]*mill*   [18]Hilo... *Thread and needle*   [19]Látigo... *Whip and mule*   [20]*church bells*   [21]dieron... *it struck three o'clock*   [22]*reapers, harvesters*

MAGDALENA	¿De dónde son este año?
PONCIA	De muy lejos. Vinieron de los montes.[23] ¡Alegres! ¡Como árboles quemados! ¡Dando voces y arrojando piedras! Anoche llegó al pueblo una mujer vestida de lentejuelas[24] y que bailaba con un acordeón,[25] y quince de ellos la contrataron para llevársela al olivar.[26] Yo los vi de lejos. El que la contrataba era un muchacho de ojos verdes, apretado como una gavilla de trigo.[27]
AMELIA	¿Es eso cierto?
ADELA	¡Pero es posible!
PONCIA	Hace años vino otra de éstas y yo misma di dinero a mi hijo mayor para que fuera. Los hombres necesitan estas cosas.
ADELA	Se les perdona todo.
AMELIA	Nacer mujer es el mayor castigo.
MAGDALENA	Y ni nuestros ojos siquiera nos pertenecen.
	(*Se oye un canto lejano que se va acercando.*)
	[...]
	Acto Tercero
	[...]
PRUDENCIA	Ya me voy. Os he hecho una visita larga. (*Se levanta.*)
BERNARDA	Espérate, mujer. No nos vemos nunca.
PRUDENCIA	¿Han dado el último toque[28] para el rosario?
PONCIA	Todavía no.
	(PRUDENCIA *se sienta.*)
BERNARDA	¿Y tu marido cómo sigue?
PRUDENCIA	Igual.
BERNARDA	Tampoco lo vemos.
PRUDENCIA	Ya sabes sus costumbres. Desde que se peleó con sus hermanos por la herencia no ha salido por la puerta de la calle. Pone una escalera y salta las tapias[29] del corral.
BERNARDA	Es un verdadero hombre. ¿Y con tu hija?...
PRUDENCIA	No la ha perdonado.
BERNARDA	Hace bien.
PRUDENCIA	No sé qué te diga. Yo sufro por esto.

[23]*mountains* [24]*sequins* [25]*accordion* [26]*olive grove* [27]gavilla... *sheaf of wheat* [28]Han... *Has the last church bell rung* [29]*fences*

BERNARDA	Una hija que desobedece deja de ser hija para convertirse en enemiga.
PRUDENCIA	Yo dejo que el agua corra. No me queda más consuelo que refugiarme en la iglesia, pero como estoy quedando sin vista tendré que dejar de venir para que no jueguen con una los chiquillos.[30] (*Se oye un gran golpe, como dado en los muros.*) ¿Qué es eso?
BERNARDA	El caballo garañón,[31] que está encerrado y da coces[32] contra el muro. (*A voces*) ¡Trabadlo[33] y que salga al corral! (*En voz baja*) Debe tener calor.
PRUDENCIA	¿Vais a echarle las potras[34] nuevas?
BERNARDA	Al amanecer.
PRUDENCIA	Has sabido acrecentar[35] tu ganado.
BERNARDA	A fuerza de dinero y sinsabores.[36]
PONCIA (*Interviniendo*)	¡Pero tiene la mejor manada de estos contornos[37]! Es una lástima que esté bajo de precio.
BERNARDA	¿Quieres un poco de queso y miel?
PRUDENCIA	Estoy desganada.[38]
	(*Se oye otra vez el golpe.*)
PONCIA	¡Por Dios!
PRUDENCIA	¡Me ha retemblado[39] dentro del pecho!
BERNARDA (*Levantándose furiosa*)	¿Hay que decir las cosas dos veces? ¡Echadlo que se revuelque[40] en los montones de paja[41]! (*Pausa, y como hablando con los gañanes*) Pues encerrad las potras en la cuadra, pero dejadlo libre, no sea que nos eche abajo las paredes. (*Se dirige a la mesa y se sienta otra vez.*) ¡Ay, qué vida!
PRUDENCIA	Bregando[42] como un hombre.
BERNARDA	Así es. (*Adela se levanta de la mesa.*) ¿Dónde vas?
ADELA	A beber agua.
BERNARDA (*En alta voz*)	Trae un jarro de agua fresca. (*A Adela*) Puedes sentarte.
	ADELA (*Se sienta*)
	[...]

[30]*kids* [31]*caballo... stud* [32]*da... kicks* [33]*Tie him up* [34]*young, female horses* [35]*increase* [36]*problems* [37]*surrounding areas* [38]Estoy... *I'm not hungry.* [39]*resounded* [40]¡Echadlo... *Let him wallow* [41]*hay* [42]*Working hard*

DESPUÉS DE LEER

Indica si las siguientes oraciones son ciertas (**C**) o falsas (**F**), y justifica tu respuesta con un ejemplo del texto.

	C	F
1. Se han muerto el padre y el abuelo de Bernarda.	☐	☐
2. Bernarda decide que sus hijas pasen ocho años sin salir porque se van a casar.	☐	☐
3. Adela le da un abanico apropiado a su madre.	☐	☐
4. Bernarda tiene ideas muy claras acerca de las actividades propias de los hombres y de las mujeres.	☐	☐
5. Los segadores son hombres del pueblo que trabajan en el campo.	☐	☐
6. Bernarda es una mujer comprensiva.	☐	☐
7. Bernarda piensa que los hombres deben ser comprensivos.	☐	☐
8. El caballo garañón tiene hambre y por eso da coces contra el muro.	☐	☐

Actividad B   Los símbolos

Un símbolo es una palabra o una imagen que significa otra cosa. Por ejemplo, en los Estados Unidos, el águila es el símbolo de la nación. García Lorca utiliza varios símbolos en el texto. Con otra persona, identifica y explica el significado de algunos símbolos en la lectura. ¿Están relacionados con algún estereotipo sexual?

los segadores   el agua   el pozo   la casa   el caballo

Actividad C   Más allá de la lectura

1. Transforma las opiniones de Bernarda y escribe un breve diálogo feminista sobre el papel de la mujer en la sociedad.
2. Compara las opiniones de dos de nuestros amigos relacionadas con los géneros (masculino y femenino) con las de dos personajes de *La casa de Bernarda Alba*.
3. Conviertan en una pequeña obra dramática lo que pasa en el acto segundo. Escojan los actores, un director, etcétera, entre la clase e inventen un diálogo nuevo si es necesario.

La religión

¡DEA 1

Con otra persona, haz una lista de las características de una persona religiosa. Luego, hagan otra lista de las características de una persona espiritual. ¿En qué son similares o diferentes sus listas? Expliquen.

¡DEA 2

Con otra persona, describe lo que ocurre en las fotos de esta página. ¿Saben con qué tradiciones religiosas están relacionadas? ¿Qué saben de estas tradiciones?

IDEA 3

Lee lo que comentan Gustavo, Yolanda y Ruth. ¿Cómo se comparan sus ideas con las que tú escribiste en la **Idea 1**?

IDEA 4

Ahora lee lo que dice el Padre Aguilar. ¿Es diferente la opinión del Padre de las de las otras personas? Explica por qué. ¿Con quién estás de acuerdo?

«La espiritualidad es una necesidad de cualquier persona en cualquier credo religioso.»

«Yo trato de que la espiritualidad sea importante en mi vida... No, no, soy muy religioso.»

«La religión y la espiritualidad, para mí, son cosas diferentes.»

«La espiritualidad es algo personal.»

LECCIÓN 7

¿Qué es la religión para ti?

La coronación de la Virgen, por el pintor
español Diego Velázquez (1599—1660)

1. ¿Quiénes están en el cuadro? ¿Puedes identificarlos?
2. Este cuadro tiene una composición triangular. ¿Cómo
   contribuye esto al equilibrio y armonía de la imagen y qué
   importancia religiosa puede tener?

REFRÁN
*A quien se ayuda, Dios le
ayuda.*

En esta lección vas a:

> hablar y escribir sobre la
  religión y la espiritualidad

> escuchar lo que dicen nuestros
  amigos sobre la religión y la
  espiritualidad y la importancia
  de estas en su vida

> leer información cultural sobre
  la religión en los países
  hispanohablantes

> usar el condicional; la negación;
  lo más + *adjetivo*, y repasar el
  pretérito y el imperfecto

> leer y comentar las lecturas
  culturales sobre la
  espiritualidad y la religiosidad

Antes de empezar las
actividades, ve la **Introducción**
del vídeo de esta lección.

Así lo veo I

ANTES DE VER

Vocabulario del vídeo

el/la ateo/a	atheist	**creer (y) en**	to believe in
el camino	road, path	**inculcar (qu)**	to instill
la creencia	belief	**llenar**	to fill
el descanso	rest, break	**ocupar**	to occupy
el dolor	pain	**ofrecer (zc)**	to offer
el encuentro	encounter	**perdonar**	to forgive
el hueco	hollow (*n.*), empty space	**predicar (qu)**	to preach
los mandamientos	commandments	**renunciar**	to renounce, to quit
la misa	Mass	**rezar (c), orar**	to pray
la primera comunión	first communion	**satisfacer** (*like* **hacer**)	to satisfy
apegarse (gu) a	to cling to; to attach to	**cualquier**	any
bautizar (c)	to baptize	**íntimo/a**	intimate, private
confesarse (ie)	to confess	**vacío/a**	empty

Cognados: la Biblia, el/la budista, el/la católico/a, la creatividad, cristiano/a, la espiritualidad, la filantropía, materialista, la necesidad, la presencia, puro/a, el servicio

Más vocabulario
Cognados: el/la agnóstico/a, la conversión, el/la misionero/a, la salvación

«Todos los humanos tienen una espiritualidad.» ¿Estás de acuerdo con el Padre Aguilar?

PALABRAS ENGAÑOSAS

rezar/orar

Los verbos **rezar** y **orar** significan *to pray*. Pero el uso de cada verbo depende de la tradición religiosa. Por ejemplo, en las tradiciones católica, islámica y judía se usa más la palabra **rezar,** pero otras tradiciones cristianas, como la evangélica, suelen usar más el verbo **orar.** En estas tradiciones **rezar** significa recitar algo establecido como el Padrenuestro (*Lord's prayer*) o el Ave María, mientras que **orar** significa hablar con Dios de una manera más personal.

¿Están orando o rezando?

AMIGO FALSO

predicar

El verbo **predicar** no quiere decir *to predict* sino *to preach*. Si se quiere decir *to predict*, se usa el verbo **pronosticar.**

El pastor **predicó** sobre la salvación.   *The pastor preached about salvation.*

El meteorólogo **pronosticó** lluvia para este fin de semana.
The meteorologist predicted rain for this weekend.

Paso 1 ¿Qué sabes del catolicismo? Completa las oraciones a continuación con la palabra apropiada de la lista de vocabulario.

1. Los católicos generalmente van a _____ los domingos.
2. Los católicos prefieren _____ en la iglesia aunque algunos también lo hacen antes de comer.
3. Es una costumbre católica _____ a los niños.
4. A los niños se les _____ el temor a Dios desde muy pequeños.
5. Muchos niños hacen la _____ a los 8 años.
6. La mayoría de los católicos aprende los _____.
7. Los sacerdotes (*priests*) insisten en que los creyentes se _____ a menudo.

Paso 2 Verifica tus respuestas con la clase. Luego, indica qué afirmaciones del **Paso 1** se aplican a otras religiones y/o a otras tradiciones cristianas.

Paso 1 Indica si en tu opinión, cada afirmación se refiere a una persona religiosa, a una persona espiritual, a ambas o a ninguna.

1. Le cuesta trabajo mantenerse en silencio.
2. Cuando está solo/a reflexiona en lugar de ver la televisión.
3. No asiste a misa los domingos, pero reza con frecuencia.
4. Es capaz de reconocer sus errores y pedir perdón.
5. Sólo cree en lo que se puede ver.
6. Da gracias a los demás por los favores recibidos.
7. Suele dedicar un momento del día para rezar.
8. Tiene la creencia de que hay un Ser superior.
9. Cuando se siente vacío/a recurre a (*he/she draws comfort from*) la meditación.
10. Sólo piensa en Dios cuando está en la iglesia.

Paso 2 Compara tus respuestas con las de otra persona. Presenten a la clase las afirmaciones del **Paso 1** en las que tienen opiniones diferentes y expliquen por qué.

NOTA CULTURAL
Las religiones del mundo hispano

La sinagoga de la congregación israelita de la República Argentina en Buenos Aires

Sin duda, el catolicismo es la religión más practicada en España y en Latinoamérica, tanto que entre el 70 por ciento y el 95 por ciento de la población total de los países hispanohablantes se identifica como católico. Sin embargo, el catolicismo que se practica en algunas zonas de Latinoamérica no se parece tanto al catolicismo que se practica en los Estados Unidos o en Europa. En algunas zonas de México, Centroamérica y los países andinos, donde existen muchos indígenas (o personas de ascendencia indígena), el catolicismo se ha mezclado con elementos de las tradiciones religiosas prehispánicas resultando en una mezcla de dioses indígenas con santos católicos.

En los últimos años, las estadísticas indican que el número de creyentes no católicos se ha incrementado de manera notable. Una de las religiones que tiene más seguidores es la evangélica,* que en años recientes ha alcanzado un porcentaje de más del 10 por ciento en los países latinoamericanos. En Guatemala, por ejemplo, los evangélicos han alcanzado ya el 25 por ciento de la población. En cambio, en España no han tenido tanto éxito. Sin embargo, debido a la inmigración proveniente de África (especialmente de Marruecos) durante los últimos veinte años, ahora el 2,5 por ciento de la población española es de religión musulmana. La comunidad judía también está presente en el mundo hispano. Se concentra sobre todo en la Argentina, como resultado de la inmigración provocada por las expulsiones y persecuciones que hubo en Europa durante los siglos XIX y XX.

*In many parts of the Spanish-speaking world, **los evangélicos** refers to all non-Catholic Christians.

El Centro Cultural Islámico y Mezquita Omar de Madrid

Actividad C   Preguntas

Paso 1 ¿Cómo contestas las siguientes preguntas?

1. ¿Crees que es posible ser ambas cosas al mismo tiempo? ¿Por qué (no)?
   - ser espiritual sin ser religioso
   - ser religioso sin ser espiritual
   - ser religioso y espiritual
   - ser espiritual y ser ateo o agnóstico
   - ser religioso y ser ateo o agnóstico

2. Se ha dicho que todos los seres humanos tienen un vacío que quieren llenar. ¿Estás de acuerdo? Además de llenar este vacío con la religión, ¿con qué más se puede llenar?

3. ¿Es importante confesarse? ¿Con quién debe uno confesarse?

Paso 2 Compara tus ideas con las de dos personas. ¿En qué coinciden sus opiniones? Tú y tus compañeros deben escoger una pregunta y presentar sus ideas a la clase.

Actividad D   Nuestros amigos hablan.

Ahora ve **Así lo veo I.** Escucha bien lo que dicen el Padre Aguilar, Yolanda, Ruth y Leticia.

DESPUÉS DE VER
Comprensión y opiniones

Actividad A   Comparaciones

Paso 1 Haz una tabla de las ideas de cada persona acerca de la espiritualidad y la religión.

La espiritualidad	La religión

Paso 2 ¿Tienen nuestros amigos ideas parecidas sobre los dos conceptos? Entre las descripciones, explica cuál te gusta más.

Actividad B   ¿Cómo se expresa la espiritualidad?

Paso 1 En este segmento, el Padre Aguilar dijo que «todos los humanos tienen una espiritualidad que la pueden llenar con creatividad, con poesía, con arte, con filantropía». Es decir, que hay diferentes formas de cultivar y expresar nuestra espiritualidad. Piensa en la gente que forma parte de tu vida, o en algunas personas famosas. ¿Cómo expresan y cultivan su espiritualidad estas personas? Haz una lista de por lo menos siete manifestaciones diferentes.

Paso 2 Según la lista del **Paso 1**, ¿cuáles serían algunas de las expresiones de espiritualidad que te gustaría intentar por ti mismo? Si ninguna de las opciones te convence, comparte algunas de tus ideas.

Modelo: *Me gustaría expresar mi espiritualidad a través de la pintura porque…*

Paso 1 Entrevista a dos personas de la clase sobre lo que es la religión y la espiritualidad para ellos. Toma apuntes de las opiniones de cada persona.

Paso 2 Escribe un párrafo donde comparas y contrastas las ideas de tus compañeros. ¿Tienen ideas en común con nuestros amigos?

Escucha lo que dice Gustavo. ¿Piensa él que hay alguna diferencia entre la religión y la espiritualidad? ¿Se parece en la forma de pensar a otra persona? ¿A quién?

Vocabulario útil

amarrado a	tied to
sin un ápice o gota	without an iota or drop

GRAMÁTICA
El condicional

Listen to what Padre Aguilar says and complete what he says as best you can, based on what you remember from previous study of Spanish.

«El camino concreto en que una persona trate de ocupar esa espiritualidad _____¹ lo que yo _____² religión.»

A. If you completed what Padre Aguilar said correctly, you would have used what is called the conditional. The conditional is usually translated with *would* in English, as in *I would say that if I believed it,* and is used to refer to hypothetical situations or situations in which an event is projected to happen from a past viewpoint.

Hypothetical

Nunca lo **diría.**   *I would never say that.*

This situation is hypothetical because the conditions don't exist; the person is talking about what might happen given certain circumstances (that is, he or she might say it if the situation ever demanded it but the situation normally doesn't demand it).

Projected from the Past

Dije que lo **haría.**   *I said I would do it.*

At the point in time in which I *spoke* (**dije**), I was projecting doing something later on.

Return to **Pruébalo 1** and see if you can translate into English what Padre Aguilar said.

B. The conditional is formed by adding an *-ía-* ending to the infinitive.

trataría, tratarías, trataría, trataríamos, trataríais, tratarían

sería, serías, sería, seríamos, seríais, serían

iría, irías, iría, iríamos, iríais, irían

There are a handful of irregular stems as well.

poder: podr- (podría, podrías,…)

tener: tendr- (tendría, tendrías,…)

hacer: har- (haría, harías,…)

decir: dir- (diría, dirías,…)

Note that with **poder** the translation into English would normally be *could*. Listen to what Padre Aguilar says when he says **"Una persona con otra religión…"** Can you translate this sentence into English as well?

► PRUÉBALO 2

¿Cambiarías de religión para casarte con alguien de otra religión?

Actividad A   ¿Qué harían?

Paso 1 En grupos, propongan por lo menos cinco de las cosas que harían las siguientes parejas para educar a un hijo de ellos desde pequeño: una pareja religiosa (pero no espiritual), una pareja espiritual (pero no religiosa) y una pareja ni espiritual ni creyente. Pueden usar algunos verbos de la siguiente lista u otros que se les ocurran.

bautizar	enseñar	obligar
castigar	inculcar	rezar (por)

Paso 2 Comparen sus oraciones con las que escribió otro grupo para el mismo tipo de pareja, y hagan una sola lista para presentar a la clase.

Paso 3 Escuchen las ideas de los otros grupos. ¿Educarían a sus hijos de la misma manera las diferentes parejas? ¿Cuáles serían las diferencias?

Paso 1 Usando el condicional, escribe cinco oraciones que expliquen lo que harían tus padres u otros familiares si decidieras (*if you decided*) cambiar de religión. Empieza con la siguiente oración.

«Si decidiera dejar de ser _____ para ser _____, mis padres (familiares)… »

Paso 2 Compara tus respuestas con las de otra persona. ¿Quién tiene los padres (familiares) más comprensivos? Explica por qué.

Modelo: *Los padres de mi amigo son más comprensivos porque lo apoyarían…*

Actividad C   Propósitos del Año Nuevo

Paso 1 Piensa en tus propósitos (*resolutions*) del Año Nuevo (o del principio del semestre). ¿Qué dijiste que harías? Haz una lista de cinco de tus propósitos.

Modelos: *Dije que estudiaría más.*

Dije que iría a misa todos los domingos.

Paso 2 Compara tu lista con la de otra persona. Él/Ella te va a decir si cree que lo has hecho o no. Luego, verifica si tiene razón.

Modelo: E1: *Dije que estudiaría más.*

E2: *Creo que sí has estudiado más este semestre.*

E1: *Sí, pero no tanto como debería.*

Actividad D   La religión ideal

Paso 1 Lee la opinión del Padre Aguilar sobre lo que sería la religión.

«El camino concreto en que una persona trate de ocupar esa espiritualidad sería lo que yo llamaría religión.»

En tu opinión, ¿cómo sería la religión ideal? Escribe cinco de tus ideas usando el condicional.

Modelo: *En la religión ideal las personas no tendrían que escuchar sermones de más de diez minutos.*

Paso 2 Comparte tus ideas con la clase y escucha con atención las ideas de los demás.

Paso 3 Con la información que obtuviste de tus compañeros, escribe un párrafo donde expliques cuál sería la mejor propuesta. No olvides usar el condicional.

Modelo: *La mejor propuesta sería la de Juan porque en su religión la gente…*

Así lo veo II

ANTES DE VER

Vocabulario del vídeo

la armonía	harmony	**el sol**	sun
el/la conocido/a	acquaintance	**el temor**	fear, dread
la huella	trace, footprint		
dejar huella en	to leave a lasting impression on (*someone*)	**filosofar**	to philosophize
		saltar	to jump, to leap
		subirse a	to go up to
la luna	moon		
el relleno	filling	**soberbio/a**	arrogant, proud

Cognados: considerar, el/la hipócrita

Repaso: vacío/a

«Si no te pones a filosofar en todas esas cosas, muy difícilmente puedes llegar a algo importante en la vida.» ¿A qué «cosas» piensas que se refiere Ernesto?

Las palabras **temor** y **miedo** significan *fear* en inglés, pero se usan en algunos contextos distintos. La palabra **miedo** se usa comúnmente para expresar el sentimiento de angustia del que se ve frente a un peligro o para expresar que teme que suceda algo malo. Normalmente se usa con el verbo **tener** o **dar,** como en los siguientes ejemplos.

¡No tengas **miedo**!   *Don't be afraid/scared!*

Las películas de horror me dan **miedo**.   *Horror movies scare me.*

¡Qué **miedo**!   *How scary!*

Una expresión común con la palabra **temor** es **el temor de Dios.** En este contexto **temor** implica un miedo moderado, acompañado de respeto y reverencia.

En algunas religiones a los niños les inculcan el **temor** de Dios para que se porten bien.

Some religions instill the fear of God in children so that they behave.

Actividad A   Oraciones

Completa cada oración a continuación con la palabra correcta de la lista de vocabulario.

1. Karina es excesivamente orgullosa, por eso la gente dice que es
   _____.

2. Una persona que no le encuentra ningún sentido a la vida se
   siente _____.

3. Roberto tiene muchas cualidades buenas, por eso (yo) lo
   _____ un buen amigo.

4. Los hombres y las mujeres sabios tienden a _____ sobre
   la vida.

5. La vida en _____ es necesaria para la felicidad.

6. Muchas religiones usan el _____ de Dios como motivación
   para una buena conducta.

7. Una persona _____ finge (*pretends*) lo que no es.

Actividad B   ¿Estás de acuerdo?

Con otra persona, indica si estás de acuerdo o no con estas afirmaciones y explica por qué. Luego, presenten sus opiniones a la clase.

1. No se puede creer en alguien que no cree en nada.

2. Las personas que no creen en Dios son soberbias y vacías.

3. La religión es importante para que los jóvenes sean más
   respetuosos.

Actividad C   ¿Admiras a una persona espiritual?

Paso 1 Escoge a una persona espiritual que admiras o a quien le tienes respeto y explica por qué. Puedes usar las preguntas a continuación como guía. Si no admiras a ninguna persona espiritual, explica por qué.

1. ¿Es una persona famosa o una persona que conoces personalmente? ¿Es de tu misma religión?
2. ¿Por qué admiras a esta persona?
3. ¿Cómo sabes que es una persona espiritual?
4. ¿Qué huella ha dejado esta persona en tu vida?

Paso 2 Compara tu descripción con las de tres personas. En general, ¿tienen algo en común las personas espirituales que admiramos? ¿Cuáles son estas características?

Actividad D   Nuestros amigos hablan.

Ahora ve **Así lo veo II.** Escucha bien lo que dicen Ruth y Ernesto.

DESPUÉS DE VER
Comprensión y opiniones

Actividad A   ¿Quién lo dijo?

Paso 1 Indica si es Ruth (**R**) o Ernesto (**E**) quien expresa las siguientes ideas.

		R	E
1.	Si no crees en nada, yo no puedo creer en ti.	☐	☐
2.	Si la persona tiene una religión, tiene temor a algo.	☐	☐
3.	Cuando la familia tiene una religión, tiene armonía.	☐	☐
4.	Aunque tengas dinero, si no crees en algo no puedes dejar una huella en los seres humanos.	☐	☐
5.	La religión es muy importante.	☐	☐
6.	Eres soberbio si no hay algo que consideres superior a ti.	☐	☐

Paso 2 Vuelve a leer las oraciones en el **Paso 1** y contesta las siguientes preguntas. ¿Piensas que Ernesto y Ruth tienen opiniones similares? ¿Es la religión importante en la vida de ambos? ¿Hay diferencias entre las opiniones de Ruth y las de Ernesto sobre la religión? Explica.

Actividad B   ¿Qué dice Ernesto?

▶ **Paso 1** Escucha a Ernesto y completa lo que dice con las palabras y expresiones que utiliza.

«Si no _____[1] en nada, yo no puedo creer en ti. Si no crees, si no hay algo que... que... que _____[2] superior a ti, desde, eres _____.[3] ¿Por qué? Porque no crees en nada, o sea, no te pones a _____[4] de "¿Por qué estamos aquí?", "¿Qué es lo que nos _____[5] aquí?", "¿Cuál es mi misión en la vida?" [...] A lo mejor _____[6] tener mucho dinero, a lo mejor puedes ser muy exitoso, pero realmente dejar _____[7] en los seres humanos, no creo que se _____,[8] no. Y en los ateos definitivamente no creo porque tengo amigos ateos —no amigos, _____[9] ateos— y las dificultades son muchas, porque siempre _____[10] ese... ese verdadero yo que llevo siempre conmigo.»

Paso 2 ¿Estás de acuerdo con lo que dice Ernesto? Explica por qué (no). Lee la última frase del **Paso 1.** ¿Qué quiere decir Ernesto cuando dice que «las dificultades son muchas» y «ese verdadero yo»?

Paso 1 Ernesto habla de «dejar huella» en los seres humanos. ¿A qué se refiere con esta expresión? ¿Crees que es necesario creer en un ser superior para «dejar huella» en los demás?

Paso 2 ¿Cómo quieres dejar huella en tu entorno (*around you*)?

GRAMÁTICA
La negación

PRUÉBALO 3

Listen again to Ernesto's first statement and complete it with the missing information you hear.

«Si _____[1] crees en _____,[2] yo no puedo creer en ti.»

A. You may remember from previous study that unlike English, Spanish uses double negation with words like **nada, nadie, ningún (ninguno/a), nunca, jamás, tampoco,** and so on, if a **no** is present.

Yo **no** creo en **nada.**	*I don't believe in anything.*
No lo cree **nadie.**	*No one believes it/him.*
No tengo **ninguna** creencia.	*I do not have any belief.*
Yo **no** lo diría **nunca.**	*I would never say that.*
No lo creo **tampoco.**	*I don't believe it either.*

B. **Nunca, nadie,** and **tampoco** are frequently used without the **no,** in which case they must precede the verb and any object pronouns.

Nadie lo cree.	*No one believes it/him.*
Nunca lo diría.	*I would never say that.*
Tampoco lo creo.	*I don't believe it/him either.*

¿Qué no haría nunca?

PRUÉBALO 4

Now go back and listen to Ruth. A little more than halfway through she says: **"Entonces siento que la religión es muy importante."** What does she say next?

«Es muy importante, porque si crecemos _____[1] creer en _____,[2] no le entiendo yo.»

Do you see how **sin** is part of double negation in this sentence?

Actividad A   La opinión de Ernesto

Paso 1 Completa las oraciones con las palabras negativas correctas. Luego, indica si cada oración refleja las opiniones de Ernesto. Justifica tus respuestas.

		Sí	No
1.	No puedo creer en alguien que no cree en _____.	☐	☐
2.	No creo en la gente soberbia _____.	☐	☐
3.	_____ persona puede dejar huella sin creer en algo.	☐	☐
4.	No me cae bien la gente que _____ se pone a filosofar.	☐	☐
5.	_____ rezo porque no sirve para _____.	☐	☐
6.	_____ sería amigo de un ateo.	☐	☐
7.	_____ puede llegar a ser importante sin tener una creencia.	☐	☐

Paso 2 Compara tus respuestas con las de otra persona.

Actividad B   Los creyentes y los no creyentes

Paso 1 ¿Crees que la religión influye en la actitud de las personas? ¿Hay cosas que una persona religiosa nunca haría pero que un ateo sí haría? Usando las palabras negativas, escribe cinco de las cosas que una persona religiosa no haría y cinco de las cosas que un ateo nunca haría.

> **Modelos:** *Ningún ateo / Ninguna persona religiosa…*
>
> *Una persona religiosa nunca…*

Paso 2 Comparte tus ideas con la clase. Después de escuchar las ideas de varias personas, ¿cuáles son las diferencias más destacadas (*prominent*) entre los creyentes y los no creyentes?

Actividad C   No lo haría nunca.

Paso 1 Piensa en tres maneras de terminar cada oración.

1. No tengo ninguna duda (de que / sobre)…
2. (Yo) Jamás diría que…
3. (Yo) Nunca…

Paso 2 Comparte tus oraciones con otra persona y responde a cada oración con tu propia opinión.

> **Modelo:** E1: *Nunca sería sacerdote (a priest).*
>
> E2: *Yo tampoco porque no soy católico.*
>
> E3: *Yo sí. Me gustaría mucho trabajar con la iglesia para ayudar a la comunidad.*

Así lo veo III

ANTES DE VER

Vocabulario del vídeo

la corriente	current, movement	**manejar**	to drive
el/la creyente	believer	**morirse (ue, u)**	to die
el/la santo/a	saint	**pedirle (i, i) algo (a alguien)**	to ask for something (from someone)
darle (*irreg.*) **gracias (a alguien) por**	to give thanks (to somebody) for	**vender**	to sell
encajar	to fit	**pegado/a**	attached to
escoger (j)	to pick, to choose	**indudablemente**	undoubtedly, doubtless

Cognados: la concepción, la devoción, educar (qu), revelar

«Cuando me voy a vender le pido mucho a Dios para que me vaya bien.» ¿Le pides tú algo a Dios?

The verb **pedir** has a number of uses and appears in a variety of expressions, some of which are described below.

- **pedir:** to order (*something*) (*in a restaurant*)

  ¿Qué vas a **pedir?**   *What are you going to order?*

- **pedirle algo a alguien:** to ask someone for something

  Necesito **pedirte** un favor.   *I need to ask you for a favor.*

- **pedirle que** + **subjuntivo:** to ask someone to do something

  Le pido a Dios **que** proteja a mi familia.   *I ask God to protect my family.*

  Me **pide** que la acompañe a misa.   *She asks me to go with her to Mass.*

- **pedir por:** to ask (*something*) on behalf of / for (*the sake of someone*)

  Te lo **pido por** mi madre.   *I'm asking you for (the sake of) my mother.*

- **pedirle la mano (a alguien):** to ask for someone's hand in marriage

  ¿Cuándo le vas a **pedir la mano?**   *When are you going to ask her to marry you?*

¿Qué le piden los niños a Dios?

Actividad A   El verbo *pedir*

Paso 1 Completa cada oración con uno de los usos del verbo **pedir.**

1. ¡Enrique me _____ anoche! Vamos a casarnos en la primavera.
2. Sólo te _____ no se lo digas a nadie. Es un asunto muy delicado.
3. Mi hermano no tiene vergüenza. Hace cinco años que no me habla y ahora _____ dinero.
4. Le _____ mucho a Dios _____ la salud de mi abuela.
5. No sé qué _____ en este restaurante. Todo es delicioso.

Paso 2 ¿Qué le piden los creyentes (de cualquier religión) a Dios cuando rezan? Con otras personas, haz una lista de por los menos cinco de las cosas que crees que piden.

El Festival de Santo Domingo de Guzmán en Managua, Nicaragua

Una carroza (float) en el Festival de la Romería, Benalmádena, España

NOTA CULTURAL
Santos y vírgenes en el mundo hispano

En Latinoamérica y España, como en el resto de los países católicos del mundo, «el santo patrón» o «santa patrona» es considerado el santo o la santa que defiende y protege a las personas de cierto grupo, pueblo o país. Por ejemplo, San Cristóbal es considerado como el santo patrón de los viajeros[a] y Nuestra Señora del Rosario como la protectora de Guatemala y Colombia. Así, la mayoría de los pueblos y provincias de España y Latinoamérica tiene designado a un santo patrón (un santo de la Iglesia católica) y/o una santa patrona (muchas veces una advocación de la Virgen María) que se veneran cada año durante las fiestas patronales. Estas fiestas se celebran según el santoral, es decir, el calendario litúrgico que indica la fecha en la que se celebran las fiestas patronales de los santos.

El concepto del santo patrón fue impuesto a los pueblos indígenas de Latinoamérica por los colonizadores españoles en la segunda mitad[b] del siglo XVI a través de las misiones religiosas. Se cree que durante las expediciones de la evangelización y consiguiente colonización de los indígenas, los frailes[c] franciscanos escogían un santo patrón para cada pueblo considerando dos factores: la cercanía a una fecha importante en el santoral católico y el santo patrón del fundador de la misión o del fraile franciscano a cargo.[d] Aunque no se conoce en detalle cómo se asignó el santo patrón a cada uno de los miles de pueblos de Latinoamérica, lo cierto es que la celebración de las fiestas patronales es una práctica profundamente arraigada en[e] las costumbres de los hispanos y es su devoción la que ha mantenido esta tradición viva desde los tiempos de la conquista.

[a]*travelers* [b]*half* [c]*friars, monks* [d]*a... in charge* [e]*profundamente... deeply rooted in*

Con otra persona, indica si estás de acuerdo o no con estas afirmaciones y explica por qué. Si es apropiado, deben comentar si las ideas son buenas en teoría, pero no son fáciles de aplicar en la vida real. Luego, presenten sus opiniones a la clase.

1. Todos los niños pequeños deben recibir educación religiosa.
2. Los padres son los responsables de la educación religiosa de los hijos.
3. Los jóvenes deben pertenecer a la misma religión de sus padres.
4. Cada persona debe escoger su religión libremente.
5. La espiritualidad y la religión tienen que ver más con sentir que con razonar (*reasoning*).

Actividad C   Los santos

Lee la **Nota cultural** en la página p. 240 y luego contesta las preguntas.

1. Con tus propias palabras, ¿cómo explicarías el concepto de un santo patrón o una santa patrona?
2. ¿Sabes cuáles son los santos patrones de algunas ciudades en los Estados Unidos?
3. Tomando en cuenta lo que ya sabes sobre la personalidad de Ernesto, Leticia y Gustavo, ¿quién es más devoto y cree más en los santos: Ernesto, Leticia o Gustavo? ¿En qué aspectos de su personalidad basas tu opinión?

Vocabulario útil

los santeros	personas devotas de los santos
San Judas Tadeo	para los católicos, el santo de los casos difíciles y desesperados

Actividad D   Nuestros amigos hablan.

Ahora ve **Así lo veo III.** El **Vocabulario útil** te va a ayudar a comprender mejor el segmento.

DESPUÉS DE VER
Comprensión y opiniones

Actividad A   ¿Qué entendiste?

Contesta las siguientes preguntas según lo que dicen Ernesto, Leticia y Gustavo.

1. Para Ernesto, ¿cómo es Dios?
2. ¿En qué o en quiénes más cree?
3. ¿Qué pide Ernesto cuando reza?
4. ¿Cuándo reza Leticia?
5. ¿Qué le pide a Dios?
6. ¿Por quiénes reza?
7. ¿Qué quiere decir Leticia cuando dice que no están pegados, pero son creyentes?
8. ¿Cómo educaron a Gustavo sus padres?
9. ¿Qué religión ha escogido Gustavo y por qué?

Actividad B   Preguntas

Paso 1 Vuelve a las respuestas que diste a las preguntas de la **Actividad C** de **Antes de ver.** Después de escuchar lo que dijeron Ernesto, Leticia y Gustavo, ¿cambiarías alguna(s) de tus respuestas? ¿Por qué (no)?

Paso 2 ¿Te identificas con alguien de este segmento del vídeo (o con lo que alguien ha dicho)? ¿Con quién? Escribe un párrafo en que explicas por qué estás de acuerdo con uno de nuestros amigos o por qué no estás de acuerdo con nadie.

Actividad C   Las bases de la religión

Gustavo comenta que cuando sus padres lo educaron, le dieron «las bases» de la religión. En grupos de tres, den tres respuestas para cada una de las siguientes preguntas.

1. ¿Cuáles podrían ser las bases de cualquier religión?
2. ¿Cómo pueden educar los padres a sus hijos sobre estas bases?
3. ¿Cuál es la responsabilidad de los hijos después de que sus padres les dan estas bases?

¿De qué religiones son estos símbolos?

GRAMÁTICA
Lo + adjetivo

Listen again to Ernesto and complete these phrases.

«O sea, es algo superior a nuestra inteligencia, superior a _____[1]... »
«Nunca he pedido nada. _____[2] que sí he pedido es salud.»

In both cases he uses **lo** + *adj*. The neuter article **lo** can be used with adjectives to make a noun in Spanish. **Lo único,** for example, would be *the only thing*, **lo físico** would be *the physical*, and so on. What would the following mean?

lo sobrenatural   lo espiritual   lo típico

Repaso del pretérito y del imperfecto

A. You will remember the basic differences between preterite and imperfect. The preterite is used to talk about isolated events in the past that advance a story. The imperfect is used for background events and states, things that were ongoing or in progress when something else happened.

Cuando **tenía** 17 años me **llevaron** a una junta. **Había** muchas personas y no **conocía** a nadie. Pues, una mujer se **acercó** y me **dijo**…

In the above, **me llevaron a una junta** and **se acercó y me dijo** are events expressed in the preterite. These are single, isolated events that advance the story (for example, first this happened, then that happened, then this other thing happened). The following are the background events: **tenía 17 años** (ongoing at the time when they took me to the meeting); **había muchas personas, no conocía a nadie** (in progress when I arrived at the meeting).

In this segment, you just listened to Gustavo talk about how he was educated regarding religion. Listen again and complete what he says.

«Me... me _____[1] como católico, pero, además, desde que me _____,[2] a mí... me _____[3]: "Te vamos a dar las bases de nuestra religión para que tú escojas después qué religión quieres llevar". Y, pues, no _____[4] esa.»

Notice how he is just narrating a series of events without any background information. What are some things we could add?

Events that Advance the Story	Background
Me educaron como católico.	Claro, todos eran católicos en México. Casi no existía el budismo aquí, ni otras sectas cristianas.
Y, pues, no escogí esa.	No me gustaban. De hecho, ninguna religión me gustaba mucho.

B. One way to work with the preterite and imperfect, then, is to isolate the events that advance the story (move it along) and those that provide background events that are ongoing or in progress during the events expressed in the preterite.

Actividad A   Lo lógico es...

Completa la oración según el caso. Luego, con otra persona, compara las diferencias entre lo lógico, lo típico y lo espiritual.

> **Modelo:** *Cuando las personas tienen un problema lo espiritual es rezar.*

1. Cuando las personas tienen un problema...

lo lógico es _____.

lo típico es _____.

lo espiritual es _____.

2. Cuando las personas tienen mucho dinero...

lo lógico es _____.

lo típico es _____.

lo espiritual es _____.

3. Cuando las personas están buscando pareja...

lo lógico es _____.

lo típico es _____.

lo espiritual es _____.

Actividad B   La niñez de Santa Teresa de Jesús

Completa la historia sobre la niñez de Teresa de Ávila (Santa Teresa de Jesús) con la forma correcta del pretérito o del imperfecto de los verbos de la lista.

| empezar | escaparse | ir | querer | vivir |
| encontrar | gustar | llevar | tener | volver |

De niña, Teresa _____[1] una imaginación muy fuerte y le _____[2] mucho leer. En esa época, Teresa _____[3] a pensar que _____[4] a ser mártir. De hecho, un día Rodrigo, su hermano mayor, y ella _____[5] de casa para ir a las «tierras de infieles», es decir, donde _____[6] los musulmanes, pensando que los musulmanes los matarían porque ellos _____[7] ser mártires. Afortunadamente, mientras el tío de Teresa y Rodrigo _____[8] de un viaje, _____[9] a los dos en las afueras de la ciudad y los _____[10] a casa.

**Santa Teresa de Jesús
(España, 1515–1585)**

Paso 1 Ya sabes un poco sobre Juan Diego Cuauhtlatoatzin —el primer santo indígena de Latinoamérica. Con otra persona, usa los dibujos a continuación para escribir una historia sobre Juan Diego. Deben usar el pretérito y el imperfecto.

Paso 2 Compartan su historia con el resto de la clase. ¿Tienen todos la misma información?

Actividad D   Mi educación religiosa

Paso 1 Completa las oraciones con la forma correcta del pretérito o del imperfecto de los verbos entre paréntesis. Luego, indica si las oraciones son ciertas (**C**) o falsas (**F**) para ti.

C   F

1. _____ (**Pertenecer**) a la misma religión de mis padres, pero ya no. ☐ ☐
2. Mis padres me _____ (**educar**) para ser más espiritual que religioso/a. ☐ ☐
3. _____ (**Ir**) frecuentemente al lugar de adoración (*worship*) con mis padres. ☐ ☐
4. Yo _____ (**escoger**) mis propias creencias religiosas. ☐ ☐
5. De niño/a _____ (**ser**) muy religioso/a, pero ya no lo soy. ☐ ☐

Paso 2 Cambia las oraciones a las que respondiste **falso** en el **Paso 1** para que representen mejor tus ideas.

Paso 3 Entrevista a otra persona con las oraciones del **Paso 1.** No olvides apuntar sus respuestas. ¿Tuvieron tú y tu compañero/a una educación religiosa parecida? ¿Por qué (no)?

Actividad E   Así lo veo yo

Escribe una composición de 200 palabras sobre el siguiente tema: **La religión y la espiritualidad en mi vida.** Antes de empezar, sigue las recomendaciones a continuación para organizar tus ideas.

Antes de escribir
- Repasa el vídeo y el contenido de las actividades de la lección.
- Apunta las ideas expresadas por algunas personas del vídeo que quieres incluir en tu composición. Pueden ser ideas o perspectivas con las que estás de acuerdo o no.
- Repasa lo que has escrito anteriormente y escoge la información que quieres incluir en tu composición.
- Piensa cómo puedes integrar los puntos gramaticales de esta lección.

Al escribir
- Haz un bosquejo para organizar el orden de tus ideas.
- Escribe un borrador y repásalo (con otra persona si quieres), fijándote bien en el contenido y en la gramática.

Versión final
- Pon en limpio el borrador de la composición para entregársela a tu profesor(a).

OTRAS VOCES

Watch interviews with other Spanish speakers on the *Así lo veo* YouTube™ channel, CENTRO, or on the Online Learning Center.

www.youtube.com/asiloveo

www.mhcentro.com

www.mhhe.com/asiloveo

Espiritualidad y religiosidad

Introducción

En esta lección escuchaste las opiniones de nuestros amigos acerca de la religión y la espiritualidad. Las tres lecturas a continuación describen algunas manifestaciones sincréticas de la espiritualidad en el mundo hispano como son la santería, celebraciones religiosas indígenas como el Día de los Muertos y la fiesta de la Virgen de Guadalupe, así como también las celebraciones en donde las creencias religiosas y las supersticiones populares se mezclan como en la fiesta de San Juan.

Manifestaciones de nuestra espiritualidad

ANTES DE LEER

Vocabulario

el/la adepto/a	follower, believer
el bien	good
el bienestar	well-being

el cabezudo	big head—type of mask
el/la devoto/a	follower, believer
la hoguera	bonfire
el mal	evil
el tambor	drum
la trata	treatment
construir (y)	to build
rendir (i, i)	to give
rendir culto	to worship
pictórico/a	visual
proveniente	from

Actividad A ¿Qué sabes de la religión en el mundo hispano?

Paso 1 Contesta las siguientes preguntas según lo que aprendiste en la **Lección 7** y/o según tus propias ideas.

1. ¿Qué religiones existen en el mundo hispano?
2. En tu opinión, ¿cuáles son las actitudes de las personas ante estas?
3. ¿Qué entiendes por santería?
4. ¿Conoces historias de santos o de personajes bíblicos?

Paso 2 Comparte tus ideas con la clase.

Actividad B Las supersticiones

Paso 1 Haz una lista de supersticiones o creencias populares relacionadas con la suerte y/o la religión. Luego, márcalas del 1 (no creo) al 5 (creo) para indicar hasta qué punto llega tu creencia.

Modelo: *Tienes siete años de mala suerte si se te rompe un espejo.*

Grado de creencia

No lo creo				Sí lo creo
1	2	3	4	5
1	2	3	4	5
1	2	3	4	5
1	2	3	4	5
1	2	3	4	5
1	2	3	4	5

Paso 2 Compara tu tabla con la de tus compañeros. Explica las posibles razones de estas creencias. Si no estás de acuerdo con tus compañeros/as, defiende tu punto de vista.

I. La santería

La espiritualidad hispana, tradicionalmente identificada con el catolicismo, también se refleja en creencias propias del judaísmo, islamismo, protestantismo, de la santería y de la religiosidad indígena. Con la colonización española llegó el catolicismo que después se mezcló con creencias religiosas indígenas y africanas, creando un sincretismo religioso. La santería, religión proveniente de los yorubas en África y que llegó a Latinoamérica con la esclavitud, se practica de distintas maneras en las zonas identificadas con la trata de esclavos durante la colonia, como el Caribe y el Brasil (este último de habla portuguesa). La santería se ha extendido por toda Latinoamérica, España y hasta los Estados Unidos. El sincretismo se manifiesta por medio de los santos, que son los intermediarios religiosos de los cristianos católicos.

Esta religión tiene una estructura similar, aunque no igual, a la del catolicismo. La idea de la Trinidad —Dios padre, Hijo y Espíritu Santo— del catolicismo tiene ecos en la manera en que se organiza el mundo en la santería. Los elementos naturales como la tierra, el aire y el agua son bien importantes para la armonía del sujeto, dado que esta religión tiene un enfoque en el mundo de los vivos. La santería tiene como objeto ayudar al bienestar del sujeto, tanto físico (salud) como mental, sin importar si se trata de un devoto o no. De acuerdo con Miguel de la Torre, en *Santería,* los creyentes de la santería utilizan un conjunto[1] de principios como guía, en donde el bien o el mal no tienen influencia. El santero o santera, sacerdote[2] vestido de blanco, hace rituales en honor a los orishas (las deidades[3]). El orisha se revela en un santo o una virgen, como por ejemplo: Babalú Aye (San Lázaro); Changó (Santa Bárbara); Oshún—diosa de los ríos (Cuba—La Virgen de la Caridad del Cobre); Yemayá—diosa del mar (Cuba—La Virgen de la Regla); Eleguá (El Niño de Atocha); Osún (San Juan Bautista). Algunos orishas se manifiestan en múltiples santos como Osún (San Rafael Arcángel, San Pedro, San Pablo). Cada orisha tiene sus atributos, colores y rituales, y ayuda, en el caso de las enfermedades, con dolencias[4] específicas. Para cada ritual se puede comprar en la botánica[5] artefactos, hierbas y otros productos que luego se pondrán en un altar o se utilizarán en una ceremonia para rendir devoción al orisha. La devoción al orisha no es similar a la del santo católico ya que es más maleable y menos permanente. Uno de los rituales más conocidos de la santería es el sacrificio de animales. Esta práctica creó mucha controversia en los Estados Unidos donde la santería había ganado adeptos y florecido[6] dentro de la comunidad cubana. En 1992 la Corte Suprema de los Estados Unidos dictaminó[7] que el sacrificio de animales en relación con los rituales de la santería es un derecho constitucional.

[1]*set, collection*   [2]*priest*   [3]*deities*   [4]*aches, pains*   [5]*medicinal herb store*   [6]*thrived*   [7]*ruled*

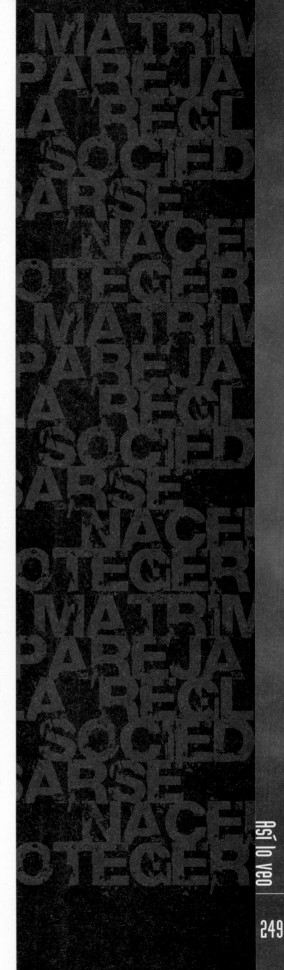

II. Sincretismo y religiosidad indígena: El Día de los Muertos y la Virgen de Guadalupe

El Día de los Muertos y la fiesta de la Virgen de Guadalupe en México son, quizás, las fiestas religiosas más famosas que revelan el sincretismo de las creencias religiosas de los indígenas y el catolicismo. En México, el Día de los Muertos es el día en que se rinde culto a los muertos con altares, ofrendas, danzas y bailes. Hoy en día, las fechas y formas de esa celebración varían dependiendo de la comunidad indígena. En algunas comunidades, las celebraciones son serias, mientras que en otras son festivas con tonos carnavalescos. En algunas comunidades, los cadáveres de los muertos permanecen en la comunidad durante semanas, mientras que en otras son enterrados inmediatamente. La muerte en estas comunidades se ve como el comienzo, o final, de un ciclo de vida. Tradicionalmente, la celebración del Día de los Muertos se divide en dos días que coinciden con el calendario católico: el Día de Todos los Santos (1 de noviembre) y el Día de los Muertos (2 de noviembre). Según historiadores, esta celebración se incorporó al calendario católico alrededor del siglo XIII. En México, el primer día de la celebración de los muertos está dedicado a los niños, y el segundo a los adultos. Esta fiesta religiosa fue adaptada en América por los españoles dentro del calendario católico para lograr[1] una transición a la nueva religión católica.

La devoción a la Virgen no tuvo tanto éxito en la conversión de los indígenas al cristianismo, dado que implicó un cambio más drástico. Los indígenas se resistieron más a la adopción de la imagen de la Virgen que a las celebraciones del día de los santos y de los muertos. La película *La otra conquista* presenta la agonía de Topiltzin* al aceptar la nueva religión de los españoles. La imagen de Tonantzin (madre tierra, o diosa madre), es destruida y sustituida por la imagen de la Virgen. En *La otra conquista* se presenta el tema de la resistencia al catolicismo en México en el siglo XVI (1526) de una forma violenta que sirve como metáfora pictórica de la eliminación de una cultura y sus creencias. El culto a Tonantzin no desaparece[2] y según especialistas, la devoción por la diosa madre, o madre tierra, se mantuvo a pesar de los intentos de los españoles. De acuerdo con[3] la leyenda, en 1531, la Virgen de Guadalupe se le aparece a Juan Diego en el cerro[4] Tepeyac, lugar del templo dedicado a Tonantzin que había sido destruido por los españoles. Estos tenían la práctica de construir iglesias y lugares de poder encima de las ruinas indígenas. El lugar donde hoy en día se encuentra la catedral de la Virgen de Guadalupe es el lugar donde antes estuvo el templo de Tonantzin y representa un símbolo del sincretismo religioso.

[1]achieve   [2]dissappear   [3]De... According to   [4]hill

*Topiltzin, el hijo ilegítimo de Moctezuma, sobrevive la masacre de cientos de aztecas en el Templo Mayor.

III. El día de San Juan Bautista: De la religión a la superstición

El 24 de junio se celebra en el calendario católico el día de San Juan Bautista. Este coincide con el solsticio de verano en el calendario astrológico, con la fiesta de Inti Raymi (Dios del Sol) en lugares andinos y con el día del orisha Osún en la santería. Entre los católicos, se celebra el nacimiento del profeta que bautizó a Jesucristo. El día de San Juan se festeja[1] de distintas maneras de acuerdo con la región o país, mezclando lo religioso, cultural y popular de una manera singular. Las comunidades indígenas de la selva amazónica del Perú rinden culto y muestran su devoción a su patrón comiendo «juane», una comida hecha con arroz, huevo y otros ingredientes envueltos en una hoja de banano[2] con forma de cabeza de una planta de la zona. Además se hacen procesiones y paseos campestres[3] a la orilla del río.[4] En España se hace una procesión de cabezudos y gigantes, y se prenden hogueras, referencia a las celebraciones paganas que rendían culto al fuego. En Venezuela, esta celebración coincide con las fiestas patrias y se hacen procesiones al son del tambor en la parte interior del país, mientras que en la costa se hace una procesión marítima. En Tucson, Arizona, se celebra con un desfile de charros y adelitas,[5] además de la charrería, una especie de rodeo.

La celebración de San Juan en el mundo hispano se hace siempre cerca de un cuerpo de agua, ya sea un río o el mar. La víspera, la noche del 23 de junio, momento importantísimo de la fiesta, todos los devotos (y no devotos, dado que es una fiesta de carácter popular) se dan un baño[6] en el mar. Esta práctica es común en todos los países; sin embargo, varía el momento en que lo hacen. En España se hace una hora antes de la medianoche, en Puerto Rico se hace exactamente a medianoche, y en el Perú se hace en la madrugada.[7] Con esta celebración se manifiesta de forma abierta la superstición. Muchos creen en supersticiones relacionadas con la suerte, buena o mala: Ver un gato negro después de la medianoche es de mala suerte, pero ver el reflejo de siete estrellas en el agua, tirarse tres veces de espalda[8] a la medianoche, cortarse el pelo ese día y lavarse el pelo son de buena suerte. Se cree que se puede prevenir el mal dejando secar un ramo[9] de flores mojado con el agua del día de San Juan o ponerse una ramita[10] detrás de la oreja.

[1]celebra [2]hoja... *banana tree leaf* [3]*rural* [4]a... *on the river bank* [5]charros... *cowboys and cowgirls*
[6]se... *go for a swim* [7]*dawn* [8]tirarse... *to fall (into the water) on one's back three times* [9]*bouquet*
[10]*flower (sprig)*

DESPUÉS DE LEER

Actividad A   Comprensión del texto

Paso 1 Completa con tus propias palabras las siguientes oraciones de acuerdo con la información de la primera lectura.

1. Además del catolicismo la espiritualidad hispana se manifiesta en…
2. Los orígenes de la santería se asocian con…
3. Los elementos naturales asociados con la santería son…
4. Los orishas son… y se manifiestan en…
5. La virgen de la Caridad del Cobre, Santa Bárbara y San Lázaro corresponden a estos orishas: …
6. Se rinde culto a los orishas…
7. La Corte Suprema de los Estados Unidos dictaminó en 1992 que…

Paso 2 Indica si las siguientes afirmaciones son ciertas (**C**) o falsas (**F**) de acuerdo con el contenido de la segunda lectura. Si la afirmación es falsa explica por qué.

	C	F
1. La incorporación de las fiestas del Día de los Santos y del Día de los Muertos fue más difícil que la adopción de la devoción a la Virgen de Guadalupe.	☐	☐
2. La película *La otra conquista* muestra la aceptación incondicional del catolicismo por los indígenas.	☐	☐
3. Según la leyenda, la Virgen de Guadalupe se apareció dentro del templo de Tonantzin.	☐	☐
4. Los españoles tenían la práctica de conservar los lugares importantes de los indígenas.	☐	☐

Paso 3 Contesta las siguientes preguntas según la información de la tercera lectura.

1. ¿Cómo se celebra el día de San Juan en el mundo hispano?
2. ¿Qué es un «juane»?
3. ¿Qué se hace la noche de San Juan?
4. ¿Qué supersticiones están relacionadas con la buena suerte?

Actividad B   Reflexión

1. En tu opinión, ¿cuáles son las características que muestra la espiritualidad en el mundo hispano? ¿Qué efecto crea en el lector? Usa las lecturas para explicar tu respuesta.
2. ¿Cómo se compara la santería con tus creencias religiosas? ¿En qué se diferencian? ¿Cómo pueden Uds. explicar las similitudes y diferencias?
3. En el tercer artículo dice que la fiesta de San Juan es un ejemplo del sincretismo religioso. ¿Cómo se manifiesta el sincretismo religioso en comparación con las primeras dos lecturas? ¿Cómo se contribuye o no se contribuye a una representación no estereotipada de la espiritualidad en el mundo hispano?

1. En el mundo hispano existen otras religiones o manifestaciones de espiritualidad que no se comentan en la lectura. Selecciona una de las religiones y busca información en la biblioteca o la red. Prepara un breve informe para presentar a la clase. Ten en cuenta las siguientes preguntas: ¿Cómo llegó al mundo hispano la religión que seleccionaste? ¿Cómo se practica esta religión? ¿Dónde se practica? ¿Hay información que ofrezca evidencia de sincretismo religioso? ¿Tiene esta religión algún papel importante en la comunidad? ¿Con quiénes se asocian los que la practican?

2. Mira los documentales *Santería y espiritismo* preparado por estudiantes universitarios sobre la santería en Venezuela, y el documental *Yo soy hechicero*. Busca información sobre la práctica del vudú y haz una comparación entre las prácticas y sus rituales. Prepara una presentación escrita u oral que muestra en qué difiere y en qué coinciden estos documentales con relación al tratamiento del tema. Presenta tus opiniones sobre los efectos positivos y/o negativos que ha tenido la práctica de la santería y el vudú.

3. En la película *La otra conquista* se presenta el tema de la resistencia religiosa y cultural en un mundo de colonización. Mira la película y comenta cómo la forma en que se presenta el tema influye en dramatizar la desaparición de las prácticas religiosas. Habla con tus compañeros sobre los efectos negativos que tiene en el hombre la pérdida de la fe. Usa ejemplos de la película para analizar la destrucción del individuo y la sociedad cuando la religiosidad se manifiesta en forma de fanatismo o en la incomprensión de las diferencias culturales. Comenten sobre las implicaciones que tiene este tema hoy en día.

LECCIÓN 8

¿Cómo influye la religión en la sociedad?

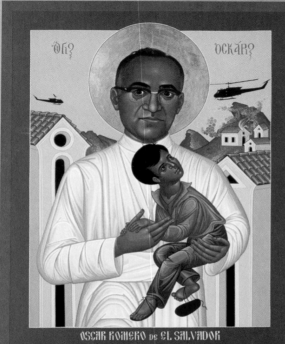

Óscar Romero of El Salvador by Br. Robert Lentz, © 1987, Courtesy of Trinity Stores, www.trinitystores.com

1. ¿Cómo describirías a las personas en este cuadro?
2. ¿Es positiva o negativa la imagen del hombre en el centro? ¿Por qué?

REFRÁN *Bien predica quien bien vive.*

En esta lección vas a:

> hablar y escribir sobre las influencias de la religión en la sociedad

> escuchar lo que dicen nuestros amigos sobre la religión en la sociedad y en la política

> leer información cultural sobre la religión y la política en El Salvador y España

> usar los mandatos afirmativos y negativos, verbos que requieren preposiciones y el pasado de subjuntivo

> leer y comentar sobre el ensayo «Mi religión» por el escritor español Miguel de Unamuno

Antes de empezar las actividades, ve la **Introducción** del vídeo de esta lección.

Así lo veo I

ANTES DE VER

Vocabulario del vídeo

la pastilla	pill	gobernar (ie)	to govern
la postura	stake, posture, attitude	mezclar	to mix
el reino	kingdom	permitir	to allow
la salvación	salvation	salvar	to save
la tierra	land, earth		
		desnudo/a	nude
alejarse de	to move away from	encarcelado/a	imprisoned, jailed
concordar (ue)	to reconcile, to agree	somero/a	superficial, shallow

Cognados: **el condón, radical, rígido/a**

Repaso: **la fe**

«Un cristiano no puede alejarse de la política.»

Los tres verbos **salvar, guardar** y **ahorrar** se traducen al inglés como *to save*, pero cada uno significa algo diferente en español. **Salvar** significa rescatar (*to rescue*) a una persona, como en el siguiente ejemplo.

> Juan me **salvó** de la vida que llevaba. *Juan saved me from the lifestyle I had.*

El verbo **guardar** se usa frecuentemente con el sentido de *to save / to keep safe*. Se aplica para referirse a guardar una cosa, documentos, joyas, etcétera.

> **Guardé** la presentación en mi computadora.
> *I saved the presentation on my computer.*

> ¡**Guarda** el recibo! *Save the receipt!*

Cuando se habla de dinero se usa el verbo **ahorrar**.

> Necesito **ahorrar** más dinero para poder salir de viaje.
> *I need to save more money to go on vacation.*

PALABRAS ENGAÑOSAS

salvar/guardar/ahorrar

Actividad A Asociaciones

Empareja cada palabra o expresión con la descripción más apropiada.

1. _____ la pastilla
2. _____ la postura
3. _____ alejarse de

4. _____ mezclar
5. _____ rígido/a
6. _____ somero/a
7. _____ concordar

8. _____ gobernar

a. poner en el mismo sitio cosas distintas
b. inflexible
c. pieza pequeña de medicina que se toma para prevenir el embarazo o curar enfermedades
d. expresar lo mismo; coincidir
e. dirigir o manejar una organización
f. actitud o posición hacia cierto asunto
g. separarse, distanciarse de algo/alguien
h. sin profundidad; superficial

Actividad B Definiciones y descripciones

Paso 1 ¿Qué ideas asocias con cada palabra o expresión?

la política	la salvación	la fe
hacer política	el mundo del más allá	el reino de Dios

Paso 2 Presenta tus ideas a un grupo de entre tres y cuatro personas. ¿Tienen ideas en común? Luego, presenten sus ideas a la clase sin decir la palabra. ¿Pueden deducir a qué palabra se refiere?

Actividad C La religión en la sociedad

Paso 1 ¿Cómo influye la religión en la política y/o en la sociedad? Haz una lista de por lo menos tres o cuatro ejemplos.

Paso 2 Compara tu lista con las de tres compañeros/as. Explica por qué elegiste esos ejemplos. ¿En qué difieren?

Paso 3 Después de escuchar las opiniones de tus compañeros/as, ¿cuáles de las influencias son positivas y cuáles son negativas? Explica tus razones.

Actividad D   Nuestros amigos hablan.

Ahora ve **Así lo veo I.** El **Vocabulario útil** te va a ayudar a comprender mejor el segmento.

Vocabulario útil

| las bienaventuranzas | beatitudes (por ejemplo: *Blessed are those who . . .*) |

DESPUÉS DE VER
Comprensión y opiniones

Actividad A   ¿Qué dijeron?

Paso 1 Completa cada oración con lo que dicen el Padre Aguilar o Yolanda.

1. Según el Padre Aguilar, un cristiano no puede alejarse de _____.
2. Darle de comer a alguien que no tiene nada para comer es _____.
3. El cristiano no está viviendo su fe si _____.
4. Para Yolanda, la religión en la sociedad es muy _____.
5. La gente religiosa actúa de cierta forma y _____.
6. Los que practican la religión lo hacen para que _____.
7. Una cosa es la política y (otra es) _____ con la religión.

Paso 2 ¿Con qué afirmaciones del **Paso 1** (no) estás de acuerdo? Explica por qué.

Actividad B   La Iglesia católica

Paso 1 Yolanda comenta que la Iglesia católica es muy rígida ante muchos aspectos. ¿Cuáles son estos aspectos rígidos según ella? (Menciona por lo menos tres aspectos.)

Paso 2 Con otra persona, escribe otras tres posturas de la Iglesia católica (o de otra religión) que Uds. pueden considerar rígidas.

Paso 3 ¿Qué criterio usas para determinar si una postura es demasiado rígida o no?

Así lo veo

257

Óscar Arnulfo Romero y Galdámez,
Arzobispo de San Salvador (1917–1980)

NOTA CULTURAL

Religión y política en El Salvador: El Arzobispo Óscar Romero (1917–1980)

Como resultado de más de una década de falta de libertades y una brecha[a] social extrema entre ricos y pobres (el 80 por ciento de las riquezas del país estaba en manos del 10 por ciento de la población), la violencia entre el gobierno militar y la oposición izquierdista en El Salvador degeneró en una guerra civil que duró desde 1980 hasta 1992. Antes de estallar[b] la guerra, más de cincuenta religiosos fueron atacados, amenazados, torturados y/o asesinados por el gobierno militar y sus cómplices. Sacerdotes y monjas[c] denunciaron violaciones de derechos humanos y demostraron su solidaridad con las víctimas de la violencia, la mayoría pobres y campesinos. Durante esta época, Óscar Romero, el Arzobispo de San Salvador, tomó como su principal responsabilidad eclesiástica la defensa de los más desprotegidos. Así, Monseñor Romero predicaba en contra de la violencia y en defensa de los pobres del país, y predicaba que la Iglesia sólo encontraría la salvación si se identificaba con los pobres, los oprimidos y los humillados. En 1980 Monseñor Romero pidió públicamente al gobierno de los Estados Unidos que dejara de financiar a los militares de El Salvador. Un mes más tarde, mientras celebraba misa en la capilla[d] de un hospital, el Arzobispo Romero fue asesinado por un miembro de un llamado «escuadrón de la muerte», un grupo de paramilitares de ultraderecha. Durante el funeral de Monseñor Romero en la catedral de San Salvador, donde unas cincuenta mil personas habían acudido[e] para despedir al arzobispo, murieron más de treinta personas en un ataque terrorista perpetrado por francotiradores[f] del Estado. Treinta años más tarde, Óscar Romero se ha convertido en el símbolo de un cristianismo liberador y muchos ya se refieren a él como «San Romero de América» aunque el proceso de su canonización continúa.

[a]*gap* [b]*breaking out* [c]*Sacerdotes... Priests and nuns* [d]*chapel* [e]*turned up* [f]*snipers*

Actividad C   Hacer política

Paso 1 El Padre Aguilar y Yolanda tienen ideas diferentes de lo que significa ser cristiano (o religioso) y hacer política. ¿Cuáles son?

Paso 2 ¿Es posible reconciliar las opiniones de los dos? ¿Cómo?

Paso 3 Lee la **Nota cultural.** Explica cómo Monseñor Romero «hacía política». ¿Hay alguna relación entre lo que dice el Padre y las acciones de Monseñor Romero?

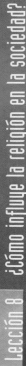

GRAMÁTICA
Los mandatos

A. Commands are direct ways to tell someone to do something. Compare.

Indirect	**Direct**
Could you pass me the salt, please?	Pass the salt, please.
It would be nice if you believed in something.	Believe in something!

In Spanish, **Ud.** and **Uds.** commands are formed the same way as the subjunctive. The present tense **yo** form provides the stem, and the "opposite" vowel is used.

> **pasar** ➔ **paso** ➔ **pas-** + e = **pase**   **Páse**me la sal, por favor.
>
> **creer** ➔ **creo** ➔ **cre-** + a = **crea**   ¡**Crea** en algo!

Any irregularities in the **yo** present-tense form are carried into the command form: **conozco** ➔ **conozca; traigo** ➔ **traiga;** and so on. Of course, an **-n** is added for **Uds.**

> **Crean** en algo.   *Believe in something.*

Listen again to Padre Aguilar when he says **las palabras que Cristo nos dijo...** Did you catch the command form of **construir** (*to build*)?

PRUÉBALO 1

> «_____ mi reino ya de es... desde esta tierra.»

Why is there a **y** in the form?

Irregular command forms are the same as irregular subjunctive forms: **sea/sean, dé/den, vaya/vayan.**

B. Negative **tú** commands use the same form as the **Ud.** and **Uds.** commands but with the characteristic **-s** ending for **tú.**

> **No vayas** muy lejos.   *Don't go very far.*
>
> **No digas** nada.   *Don't say anything.*
>
> **No seas** tonto.   *Don't be silly.*

Affirmative **tú** commands, however, are different. In general, they take the same form as third-person (**él, ella**) verb forms in the present tense. There is no **-s** ending on these forms.

> **Pása**me la sal.   **Cree** en algo.

Common irregular **tú** forms include **ser** (**sé**), **ir** (**ve**), **venir** (**ven**), **hacer** (**haz**), and **decir** (**di**).

> **Sé** honesto conmigo. (**ser**)   *Be honest with me.*
>
> **Ve** a misa este domingo. (**ir**)   *Go to mass this Sunday.*

¿Qué mandatos se espera oír en la iglesia?

C. Object and reflexive pronouns are added to the end of affirmative commands, but placed in front of negative commands.

Créame cuando lo digo.   *Believe me when I say it.*

No me crea si no quiere.   *Don't believe me if you don't want to.*

Actividad A   Los mandamientos

Paso 1 Muchas religiones tienen mandamientos. Con otra persona, escribe diez mandamientos usando mandatos (**Uds.**) afirmativos y negativos. Pueden usar los siguientes verbos y expresiones y otros que se les ocurran.

ayunar (*to fast*)

codiciar (*to covet*)

cometer adulterio

dar limosna (*to give money to beggars*)

hacer una peregrinación (*pilgrimage*) a...

honrar a los padres

matar

mentir (dar falso testimonio)

robar

Paso 2 Compartan su lista con otro grupo de compañeros. Si ellos tienen otros mandamientos que Uds. no tienen en su lista, añádanlos. Luego, indiquen qué mandamientos se asocian con una religión determinada y cuáles se asocian con más de una religión.

Actividad B   Los mandatos de los padres religiosos

Paso 1 Usando los mandatos informales (**tú**), escribe una lista de cinco de los mandatos típicos que unos padres religiosos le darían a su hijo/a.

Modelo: *Reza todos los días.*

Paso 2 En grupos de cuatro y usando la siguiente escala, evalúen la importancia de los mandatos para los hijos y presenten sus conclusiones a la clase.

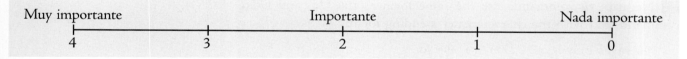

Muy importante			Importante			Nada importante
4	3		2	1		0

Actividad C   Los mandatos de líderes religiosos

Los líderes religiosos dan muchas órdenes a los feligreses (*parishoners, followers*). Pero a mucha gente le gustaría dar órdenes a algunos religiosos. En tu opinión, ¿qué órdenes o sugerencias le darían unos de nuestros amigos a un sacerdote (*priest*) o a otro líder religioso? En grupos de tres o cuatro personas, hagan una lista de los mandatos (forma de **Ud.**) que uno de nuestros amigos daría. Pueden usar los verbos a continuación u otros verbos que se te ocurran. Luego, lean los mandatos con tres estudiantes. ¿Pueden adivinar quién los daría?

ayudar

cobrar una cuota por...

criticar

dar

decir sermones largos

exigir

gastar dinero en...

juzgar

meterse en

permitir

Así lo veo II

ANTES DE VER

Vocabulario del vídeo

el/la agonizante	dying person	**entrometerse en**	to meddle in, to intrude in
la cuota	fee, quota	**hacer** (*irreg.*) **daño**	to cause pain
el/la difunto/a	dead person, deceased	**poner** (*irreg.*) **su granito**	to do one's part
el hábito	habit (*of a nun*)	**de arena**	
el/la huérfano/a	orphan	**pudrir**	to rot
el negocio	business	**rodear**	to surround
apostar (ue)	to bet	**desagradable**	disagreeable, unpleasant
cobrar	to collect; to charge	**evangélico/a**	protestant (*adj.*)
defender (ie)	to defend	**fanático/a**	fanatical
descuidar	to neglect	**soltero/a**	single
echarse a perder	to go bad, to spoil		
enriquecerse (zc)	to get rich	**desgraciadamente**	unfortunately
		supuestamente	supposedly

Repaso: el sacerdote

«Los sacerdotes ya están cobrando las misas bien caras.»

Actividad A ¿Quién lo diría?

Para cada oración, escribe la palabra o la expresión más apropiada de la lista de vocabulario. Si es un verbo, conjúgalo en la forma correcta. Luego, indica si lo diría Ernesto, Leticia o Ruth. Luego, compara tus respuestas con las de otras dos personas y explica tus razones.

1. «Cuando una persona _____ mucho en la religión, cambia de actitud, cambia de conducta... »

2. «Hay religiosos y religiosas que realmente hacen su labor en la sociedad: ayudar al prójimo, recluir a madres _____... poner su _____ en la sociedad... »

3. «Los sacerdotes ya están _____ las misas bien caras.»

4. «Llámense católica, _____, la que se llame, son fanatismos que _____. »

5. «Tuve un difunto y fui a ver al padre para que viniera y no vino porque no completábamos el dinero _____... »

6. «¿Cómo puede ser posible que una persona que se pone un _____, que utiliza una vestimenta religiosa llegue a hacer ese tipo de cosas cuando realmente Jesús no era eso?»

Actividad B ¿Positivas o negativas?

Con otra persona, indica si las siguientes situaciones o acciones son negativas o positivas o si pueden ser a la vez positivas y negativas. Prepárense para explicar sus razones a la clase.

1. rodearse de amigos de la misma religión
2. entrometerse en la vida de otros
3. alejarse de los fanáticos
4. ser sacerdote/pastor y enriquecerse
5. cobrar dinero por las misas
6. nunca hacerle daño a nadie

Actividad C Preguntas

Paso 1 ¿Cómo contestas las siguientes preguntas?

1. ¿Qué es un fanático? Da unos ejemplos.
2. ¿Cómo cambia la religión a una persona? ¿Son los cambios positivos o negativos?
3. Se ha criticado a la gente religiosa por no poner en práctica lo que predican. ¿Estás de acuerdo? Da unos ejemplos.

Paso 2 Compara tus ideas con las de dos personas. ¿En qué coinciden sus opiniones? Tú y tus compañeros/as deben escoger una pregunta y presentar sus ideas a la clase.

NOTA CULTURAL

Religión y política en España durante y después del franquismo

Ildebrando Antonuitti, el nuevo nuncio apostólico (*papal representative*) en España, le presenta sus documentos al Generalísimo Francisco Franco en 1953.

El catolicismo ha estado íntimamente relacionado con la política de España durante siglos. En la primera parte del siglo XX, el gobierno de la Segunda República (1931–1939) estableció una constitución secular que separó la Iglesia del Estado, pero con la victoria de los nacionalistas en la Guerra Civil española (1936–1939), el catolicismo volvió a ser la religión oficial de España durante el régimen dictatorial del general Francisco Franco durante casi cuarenta años (1939–1975). En esa época, el estado español volvió a la más estricta ortodoxia católica, concediendo a la Iglesia grandes privilegios como la financiación de los sueldos de los sacerdotes, la reconstrucción de iglesias destruidas durante la guerra y la exención de pagar impuestos.[a] Además, el régimen franquista estableció leyes que se ajustaban al dogma católico como la prohibición del divorcio, anular la validez del matrimonio civil, imponer la enseñanza religiosa (católica) en todas las escuelas y prohibir la venta de anticonceptivos. Por su parte, la Iglesia otorgó[b] a Franco el derecho de nombrar a los obispos y a los sacerdotes en España. Desde la muerte de Franco en 1975, España ha presenciado la secularización de la sociedad y de la política y aunque el 80 por ciento de los españoles se consideran católicos, sólo el 20 por ciento asiste a misa. Sin embargo, el proceso de secularización político y social en España es un asunto complicado debido a los continuos desacuerdos entre la jerarquía religiosa y los órganos de la administración del Estado. La legalización del matrimonio homosexual y los programas educativos en las escuelas constituyen todavía puntos de conflicto entre la Iglesia y el Estado.

[a]exención... *tax exemption*   [b]dio

Actividad D   Nuestros amigos hablan.

Ahora ve **Así lo veo II.** Escucha bien lo que dicen Ruth, Leticia y Ernesto.

DESPUÉS DE VER
Comprensión y opiniones

Actividad A   Ruth

Paso 1 Contesta las siguientes preguntas según lo que dice Ruth.

1. ¿Cómo cambia una persona que se entromete mucho en la religión?
2. ¿A quiénes hace daño el fanatismo?
3. ¿En qué piensan los fanáticos?

Paso 2 ¿Puedes pensar en algún ejemplo concreto para cada respuesta del **Paso 1**?

Actividad B   Leticia

Paso 1 Contesta las siguientes preguntas según lo que dice Leticia.

1. ¿Qué no le gusta a Leticia de la religión?
2. ¿Cuánto cobran los sacerdotes por las misas sencillas? ¿Y por las misas con flores?
3. ¿Por qué dice Leticia que la gente cambia de religión?
4. ¿Qué pasó cuando alguien de la familia de Leticia se murió?
5. Según Leticia, ¿qué es mentira?

Paso 2 Leticia dice: « ...lo veo ya como negocio». Explica lo que quiere decir. ¿Estás de acuerdo con ella?

Actividad C   Ernesto

 Paso 1 Escucha lo que comenta Ernesto. Escribe cuál es **lo positivo** y **lo negativo** que hace una persona religiosa, según él.

Paso 2 ¿Añadirías más a las listas del **Paso 1**?

Paso 3 Ernesto dice que «del 100 por ciento de esas personas el _____ hace lo que debe de hacer». ¿Estás de acuerdo con él? ¿O piensas que los que hacen daño llaman más la atención y perjudican (*damage*) la reputación de los otros?

 ASÍ LO PIENSO.

Escucha lo que dice Ernesto. Según él, ¿la religión es un método de qué? ¿A qué evidencia se refiere? ¿Puedes pensar en algunos ejemplos concretos? ¿Estás de acuerdo con lo que él dice?

GRAMÁTICA
Verbos que requieren preposiciones

Did you notice the preposition that Ruth used with **cambiar**? Listen to the first things she says and write down the missing preposition:

▶ PRUÉBALO 2

« ...cambia _____ actitud, cambia _____ conducta. »

Some verbs take prepositions in Spanish whereas equivalent English verbs do not, or the English and Spanish prepositions do not match. You will just have to memorize these. Here are some verbs that take prepositions in Spanish. Others you will have to pick up during your studies and interaction with Spanish.

aprender a	to learn
Aprendí a no depender de él.	*I learned not to depend on him.*
ayudar a	to help
¿Quieres **ayudarme a** hacer algo?	*Do you want to help me do something?*
consistir en	to consist of
La religión **consiste en** muchas cosas.	*Religion consists of many things.*
contar con	to count on, rely on
Antes **contaba con** mis creencias.	*Before I used to rely on my beliefs.*
dejar de	to stop (doing something)
Dejé de ir a misa hace muchos años.	*I stopped going to mass years ago.*
pensar en	to think about
¿En qué **piensas**?	*What are you thinking about?*
Pienso en visitar Chile.	*I'm thinking about visiting Chile.*
pensar de	to think about (have an opinion)
¿Qué **piensas de** la religión?	*What do you think about religion?*
soñar con	to dream about
¿**Con** qué **sueñas**?	*What do you dream about?*
tratar de	to try (to do something)
Traté de ayudarlo.	*I tried to help him.*

¿En qué piensan Uds. mientras escuchan el sermón?

El pasado de subjuntivo: Introducción

A. Spanish uses the subjunctive in the past tense almost exactly as it does in the present tense. Its endings are typically **-ara** and **-iera.**

▶ **PRUÉBALO 3**

About halfway through her interview, Leticia uses the past subjunctive with **para que.** Listen and complete what she says with the verb you hear.

«Por ejemplo, yo en mi caso, apenas tuve un difunto, y lo fui a ver al Padre para que _____ y no vino... »

B. The past subjunctive is formed by using the third-person plural (**ellos/ellas**) preterite stem and adding **-ara-** for **-ar** verbs and **-iera** for **-er** and **-ir** verbs, plus the typical endings to mark person and number (who). Here are some examples.

vinieron ➔ **vin-** + **-iera** = **viniera** (for **tú** + **-s** = **vinieras**)

tomaron ➔ **tom-** + **-ara** = **tomara** (for **nosotros** + **-mos** = **tomáramos**)

Note the accent on the **nosotros** form. Try completing this past subjunctive paradigm for the verbs **apoyar** and **poder.**

yo	apoyara pudiera	nosotros/as	_____ _____
tú	_____ _____	vosotros/as	_____ _____
Ud.	_____ _____	Uds.	_____ _____
él/ella	_____ _____	ellos/ellas	_____ _____

C. All the uses of the subjunctive in the present tense also occur in the past. In this part of the lesson, you will focus on the use of the past subjunctive with **para que** as well as impersonal expressions as in the following examples.

Lo llamé para que **viniera,** pero no vino.
I called him so that he would come but he didn't come.

Era imposible que **viniera.**
It was impossible for him to come.

Paso 1 Completa las siguientes oraciones con tus propias ideas.

1. En los momentos difíciles, cuento con...
2. Para poner mi granito de arena en la sociedad trato de...
3. Hace... año(s) dejé de..., pero todavía quiero dejar de...
4. Para mí, ser buena persona consiste en...
5. Sueño con...

Paso 2 Comparte tus oraciones con dos personas y apunta sus ideas. Luego, comenta si la religión (o la fe) influye en las ideas del **Paso 1**.

Paso 3 Organiza las ideas del **Paso 2** para escribir un párrafo de cien palabras comparando tus ideas con las de las otras personas. Luego, entrégaselo a tu profesor(a).

Paso 1 Completa las siguientes frases usando el pasado de subjuntivo. Luego, indica qué afirmaciones se te aplican a ti (**sí**) o no (**no**).

Mis padres nos llevaban a la iglesia/mezquita/sinagoga para que mis hermanos y yo...

Estos padres llevan a sus hijos a la iglesia para que...

	Sí	No
1. _____ (**tratar**) a la gente con respecto.	☐	☐
2. _____ (**aprender**) a amar y respetar a Dios.	☐	☐
3. _____ (**enriquecer**) nuestras vidas.	☐	☐
4. _____ (**defender**) a la gente que necesitaba ayuda.	☐	☐
5. no _____ (**hacer**) daño a la gente a nuestro alrededor.	☐	☐
6. no _____ (**descuidar**) hacer algo por el sufrimiento de nuestros semejantes.	☐	☐
7. no _____ (**echarse**) a perder.	☐	☐

Paso 2 Escribe cuatro ejemplos más.

Paso 3 Comparte con la clase las oraciones que se te aplican. ¿Cuáles eran las razones principales para ir a la iglesia/mezquita/sinagoga?

Actividad C   Era muy importante que...

Paso 1 ¿Qué reglas había en tu familia cuando eras más joven? Para cada expresión impersonal, escribe dos oraciones usando el pasado de subjuntivo.

Cuando yo era niño/a, ...

1. ... era muy importante que (yo / mis hermanos y yo)...
2. ... era imposible que...
3. ... era necesario que...

Paso 2 Comparte tus oraciones con tres personas. Luego, indica quién tenía los padres más estrictos y por qué.

Actividad D   ¿Ha cambiado?

Paso 1 Piensa en cómo han cambiado ciertos aspectos de la religión (o la importancia de esta en la sociedad) y cómo otros aspectos no han cambiado a lo largo de los años. Luego, escribe cinco oraciones usando una expresión impersonal y el pasado de subjuntivo.

> **Modelo:** *Antes era imposible que las mujeres llegaran a ser sacerdotes y ahora...*

Paso 2 Comparte tus oraciones con un grupo de tres o cuatro personas. Luego, indiquen cuáles son los cambios más positivos en la religión y por qué. ¿Hay cosas que no han cambiado todavía, pero que deben cambiar?

Esta madre ya le explicó a su hija que era importante que...

Así lo veo III

Vocabulario del vídeo

la carencia	lack	**estorbar**	to hinder; to obstruct; to get in the way
el/la causante	cause		
el/la consejero/a	advisor	**guardarle rencor a alguien**	to hold a grudge (against someone)
el crecimiento	growth		
el/la indígena	indigenous person	**juzgar (gu)**	to judge
el soporte	support	**odiar**	to hate
detener (*like* **tener**)	to stop	**atrapado/a**	caught, trapped
encasillar	to classify	**lejano/a**	distant, remote
encuadrar	to frame, to fit	**molesto/a**	annoyed
		vengativo/a	vindictive

«Dios sí puede ayudar mucho, o de lo contrario, puede estorbar mucho.»

El adjetivo **molesto** no quiere decir *molested*, sino que significa **disgustado, descontento** u **ofendido**. Mira los siguientes ejemplos.

Tengo unos compañeros de trabajo muy **molestos**.
I have some very annoying colleagues.

Todavía estoy **molesto** con ellos porque no vinieron a la fiesta.
I'm still annoyed with (offended by) them because they didn't come to the party.

¿Estás **molesta** conmigo? *Are you annoyed with me?*

AMIGO FALSO

molesto

Actividad A Definiciones y descripciones

Paso 1 ¿Qué ideas asocias con cada palabra o expresión?

atrapado/a	crecimiento	estorbar	vengativo/a
consejero/a	encasillar	guardarle rencor	

Paso 2 Presenta tus ideas a un grupo de tres o cuatro personas. ¿Tienen ideas en común? Luego, preséntenlas a la clase sin decir la palabra. ¿Pueden deducir tus compañeros a qué palabra se refiere?

Actividad B Contextos posibles

Con otra persona, explica un contexto posible para cada oración y expresa la misma idea con otras palabras.

1. La religión puede ser un soporte para mucha gente.
2. Dios puede ayudar mucho o puede estorbar mucho.
3. Muchos religiosos siguen atrapados con la idea del Dios padre.
4. Cuando Dios es solamente un concepto, puede ser el enemigo del crecimiento de una persona.
5. Siguen queriendo encasillar y dirigir tu vida.

Actividad C Oraciones

Paso 1 Termina cada oración según tu opinión.

1. Uno de los aspectos positivos de la religión es...
2. Uno de los aspectos negativos de la religión es...
3. Algo que no se puede detener en la sociedad es... porque...
4. Si alguien tiene el concepto de un Dios vengativo...
5. Lo que impide a... muchas personas son las carencias de...

Paso 2 Tu profesor(a) va a elegir algunas ideas de la clase y va a escribirlas en la pizarra. Lee las ideas en la pizarra y compáralas con lo que has escrito. ¿Piensas que algunas de las ideas en la pizarra son mejores que las tuyas? ¿Cuáles? Apúntalas a lado de las tuyas.

Paso 3 Presenta tus comparaciones a la clase. Puedes usar las expresiones a continuación para comunicar mejor tus ideas.

- Yo también creo que (mucha gente hace la vista gorda [*look the other way*] ante...)
- A diferencia de... creo que...
- Al principio creía que..., pero ahora estoy de acuerdo con... y creo que...

Ahora ve **Así lo veo III.** Escucha bien lo que dicen Gustavo y el Padre Aguilar.

DESPUÉS DE VER
Comprensión y opiniones

Actividad A   Comparaciones

Paso 1 Gustavo y el Padre Aguilar hablan en este segmento sobre cómo la religión (o Dios) puede ayudar y cómo puede estorbar. Haz una tabla para apuntar las ideas principales de cada uno.

Gustavo	El Padre Aguilar

Paso 2 En grupos de tres o cuatro personas, comparen la información que tienen. Luego, piensen en otras maneras en las que la religión (o Dios) puede ser una ayuda o puede ser un estorbo o algo negativo en la vida de una persona.

Actividad B   El Padre Aguilar

Paso 1 A continuación hay un fragmento de lo que dice el Padre Aguilar. ¿Puedes completarlo con las palabras y expresiones que él utiliza?

«Cuando Dios es solamente un concepto puede ser incluso _____[1] del _____[2] de la persona. Pongamos un ejemplo: si mi concepto de Dios es un Dios _____, _____[3] enojado, _____,[4] ese Dios no ayuda para el cambio ni para la transformación. Es un Dios al que _____[5] y al que se le _____.[6] Cuando Dios es _____[7] —cuando la gente tiene esa idea— _____[8] de mis problemas, de la muerte de un ser querido, de mi limitación física, etcétera, ese Dios no ayuda.»

 Paso 2 Compara tus respuestas con las de otra persona. Luego, escucha otra vez lo que dice el Padre Aguilar para verificar tus respuestas.

Paso 3 En tu opinión, ¿de dónde viene el concepto de Dios que describe el Padre Aguilar? Si alguien tiene ese concepto de Dios, ¿es posible que lo cambie? ¿Cómo?

Actividad C   ¿Cómo lo ven?

Paso 1 Escribe un resumen de cinco a seis oraciones en el cual comparas lo que dicen dos de nuestros amigos en esta lección sobre la influencia de la religión.

Paso 2 Trabaja con otra persona que haya elegido a una de las mismas personas. Comparen sus resúmenes y apunten la siguiente información.

1. Ideas que tiene tu compañero/a que no tienes en tu resumen.
2. Expresiones o estructuras gramaticales diferentes que quieres incorporar.

Paso 3 Utilizando tu resumen original y la información del **Paso 2,** escribe otra versión de tu resumen para entregarle a tu profesor(a).

Escucha lo que dice Yolanda. Para ella, ¿cuáles son los aspectos positivos y negativos de la religión? Piensa en un ejemplo de cada aspecto que menciona.

Vocabulario útil

el arrepentimiento | repentance

GRAMÁTICA
El pasado de subjuntivo: Continuación

A. As you saw in **Así lo veo II,** the past subjunctive is used in contexts similar to those of the present subjunctive. However, the past subjunctive is used only in past contexts.

> Es importante que venga.   *It's important that he come.*

> Era importante que viniera.   *It was important that he come.*

Even if the event expressed by the past subjunctive is projected to occur in the present or the future, the past subjunctive is normally used if the main clause or sentence that triggers the use of the subjunctive is in the past. Let's take an example from a paraphrasing of what Ernesto says and put it into a past-tense context.

> ¿Cómo **es** (*present*) posible que una persona **llegue** a hacer ese tipo de cosas?
>
> *How is it possible for a person actually to do such a thing?*

> ¿Cómo **era** (*past*) posible que una persona **llegara** a hacer ese tipo de cosas?
>
> *How was it possible for a person actually to do such a thing?*

B. You may recall from earlier study that the subjunctive is used after expressions of will and desire (for example, **querer que, desear que, necesitar que, esperar que**). Note the similar uses of the subjunctive in the present and past.

> **Quiero** que me **apoyes.**   *I want you to support me.*

> **Quería** que me **apoyaras.**   *I wanted you to support me.*

> **Espero** que no **sea** así.   *I hope it's not like that.*

> **Esperaba** que no **fuera** así.   *I hoped it wasn't like that.*

Imagine that Gustavo has made the following statements. What would their equivalents in the past be?

> «La iglesia quiere que pensemos de tal manera y no de otra.»
> «La iglesia quería que _____. »
> «Mis padres esperan que algún día me case con una mujer.»
> «Mis padres esperaban que _____. »

¿Qué quería la Virgen de Guadalupe que hiciera Juan Diego?

EL MARAVILLOSO VERBO...

echar

The verb **echar** has a number of meanings and uses in Spanish, including the following.

- *to throw/toss*

  No **eches** la basura por la ventana.   *Don't throw the garbage out of the window.*

- *to produce, yield; to spew*

  El auto está **echando** mucho humo.   *The car is spewing a lot of smoke.*

- *to pour/give*

  ¿Te **echo** más agua?   *Shall I pour you more water?*

  ¡No me **eches** más comida! Estoy lleno.   *Don't give me more food! I'm full.*

Note the following meanings and uses when **echar** is used with a reflexive pronoun or with certain prepositions.

- **echar de** (*to throw someone out of somewhere*)

  Estaba tan borracho que lo **echaron del** bar.
  He was so drunk that they threw him out of the bar.

- **echarse** (*to throw oneself on/onto something*)

  El policía **se echó** sobre el ladrón.   *The policeman threw himself onto the thief.*

  Cuando me vio, mi sobrina **se echó** sobre mí.
  When she saw me, my niece threw herself on me.

Echar is also used in a number of common expressions.

- **echar a perder** (*to spoil*)

  Si cocinas demasiado el arroz, lo **echarás a perder.**
  If you cook the rice too long, you'll spoil it.

- **echarse a perder** (*to go bad, to go down the drain, to be ruined*)

  Desde que se metió con esa secta, **se ha echado a perder.**
  Ever since he got involved with that sect, he's gone down the drain.

- **echar de menos** (*to miss*)

  Echo mucho **de menos** a mi familia.   *I miss my family a lot.*

- **echarle la bronca** (*to tell someone off / to yell at someone*)

  Me echó la bronca por darte la noticia.   *She told me off for telling you the news.*

- **echar una siesta** (*to take a nap*)

  Voy a **echar una siesta** antes de ponerme a trabajar.
  I'm going to take a nap before getting to work.

- **echar las tripas** (*to throw up*)

  Pasó toda la noche **echando las tripas.**   *She spent all night throwing up.*

Actividad A   Echar

Paso 1 Con otra persona, piensa en una causa posible para cada situación a continuación.

Alguien...

1. ... echa de menos a otra persona.
2. ... está echando las tripas.
3. ... se echó a perder.
4. ... va a echar una siesta.
5. ... echó a alguien de casa.
6. ... le echó la bronca a su mejor amigo/a.

Paso 2 Lean las causas a la clase. ¿Puede la clase adivinar la situación? ¿Cuáles son las causas más creativas o interesantes que escribió la clase?

Actividad B   ¿Qué querían?

Paso 1 ¿Quiénes te inculcaron los valores cuando eras niño/a? Escribe cinco de las cosas que querían que hicieras y explica por qué.

Modelo: *Mis padres querían que comiera todo lo que me ponían en el plato para no tirar la comida (waste food).*

Paso 2 ¿Vas a querer que tus hijos hagan lo mismo? ¿Por qué (no)?

Actividad C   Cuando no siguen los principios

En esta lección, Ernesto habla de la hipocresía de algunos religiosos cuando dice: «Jesús era otra cosa muy distinta». En todas las religiones, hay seguidores que no son fieles a los principios del fundador o del profeta (como Moisés, Jesús, Mahoma, Buda, etcétera). Piensa en la religión que conoces mejor y escribe tres o cuatros oraciones sobre lo que quería su fundador (o profeta) y lo que hacen los seguidores hoy.

Modelo: *Jesús quería que la gente se amara, pero algunos cristianos...*

¿Puedes describir las fotos usando el verbo echar?

Actividad D   ¿Quién lo dijo?

Utilizando las palabras y haciendo los cambios necesarios, escribe una oración en el pasado e indica quién lo dijo. **¡OJO!** Empieza las oraciones con el nombre de esa persona y la frase ... dijo que... .

Modelo: *un cristiano / no ser posible que / de la política / alejarse*
El Padre Aguilar dijo que no era posible que un cristiano se alejara de la política.

1. cobrar / ser horrible que / las misas / los sacerdotes / tan caras
2. los religiosos / mover masas / ser preocupante que / dedicarse a
3. a la gente / la religión / darle / ser bueno que / un soporte
4. un Dios lejano / la gente / ser triste que / un concepto de / tener
5. ser malo que / de muchos / llegar a / la religión / encasillar / la vida

Actividad E   Así lo veo yo.

Escribe una composición de 200 a 300 palabras sobre el siguiente tema: **La influencia de la religión en la sociedad.** Antes de empezar, sigue las recomendaciones a continuación para organizar tus ideas.

Antes de escribir

- Repasa el vídeo y el contenido de las actividades de la lección.
- Apunta las ideas expresadas por algunas personas del vídeo que quieres incluir en tu composición. Pueden ser ideas o perspectivas con las que estás de acuerdo o no.
- Repasa lo que has escrito anteriormente y determina qué información quieres incluir en tu composición.
- Piensa cómo puedes integrar los puntos gramaticales de esta lección.

Al escribir

- Haz un bosquejo para organizar el orden de tus ideas.
- Escribe un borrador y repásalo (con otra persona si quieres), fijándote bien en el contenido y en la gramática.

Versión final

- Pon en limpio el borrador de la composición para entregársela a tu profesor(a).

OTRAS VOCES

Watch interviews with other Spanish speakers on the *Así lo veo* YouTube™ channel, CENTRO, or on the Online Learning Center.

www.youtube.com/asiloveo

www.mhcentro.com

www.mhhe.com/asiloveo

« Mi religión »

Miguel de Unamuno (España, 1864–1936)

Perfil del autor

Miguel de Unamuno es un escritor español asociado a la llamada *Generación de 1898*, un grupo de intelectuales interesados en asuntos relacionados con la identidad nacional y cultural de España en esa época. Unamuno era vasco y nació en Bilbao en 1864. Fue un escritor prolífico y cultivó diversos géneros literarios como la novela, la poesía, el ensayo y el teatro. Fue también un gran filósofo, profundamente preocupado por temas de tipo religioso y existencial, como lo demuestra en sus libros *Del sentimiento trágico de la vida* y *La agonía del cristianismo*. La lectura en esta lección es una versión editada de su ensayo «Mi religión» (1910), en el que responde a un amigo que le informa acerca de la reacción que sus escritos religiosos había provocado en Chile. En su respuesta, Unamuno plantea asuntos relacionados con el comportamiento religioso y espiritual tan actuales hoy como lo eran a principios del siglo pasado.

ANTES DE LEER

Vocabulario

el consuelo	consolation, comfort
el infierno	hell
la inquietud	preoccupation, worry
el/la necio/a	stupid person, fool
el pedante	arrogant person who brags about how much he/she knows
la pereza	laziness
encasillar	to pigeonhole
huir (y) de	to flee from
luchar	to fight
rechazar (c)	to reject
repugnar	to disgust, revolt
sacudir	to shake
transigir (j)	to compromise

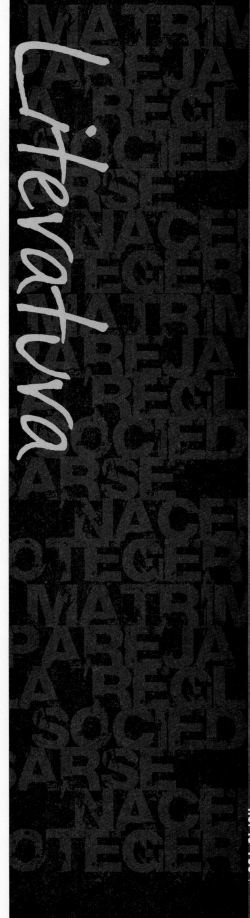

Actividad A   Oraciones

Escoge la palabra más apropiada de la lista para terminar las siguientes frases.

consuelo	inquietud	pedante	rechazan	transigen
encasille	necio	pereza	repugna	

1. No me gusta que la gente me _____ dentro de un estereotipo racial.

2. Mis padres nunca aceptan mis opiniones. Las _____ continuamente.

3. Aunque no estén de acuerdo, mis padres _____ y aceptan lo que hago.

4. Un _____ siempre habla de sí mismo y de cuánto sabe.

5. Sentimos _____ cuando no queremos trabajar.

6. Un _____ es ignorante, terco y nunca tiene razón.

7. Sentimos _____ cuando estamos ansiosos o queremos saber algo.

8. Esa actitud me _____; me desagrada profundamente.

9. Cuando estoy muy triste, mi familia o mis amigos intentan darme _____.

Actividad B   La religión

Cada religión, o cada sistema de valores espirituales, morales o ideológicos (aquello en lo que creemos o lo que pensamos) se rige por una serie de normas a través de las cuales se prohíbe o se prescribe (ordena, manda) hacer algo.

Paso 1 Piensa en cinco de las cosas que tu religión / sistema de valores prohíbe y cinco de las cosas que tu religión prescribe.

Paso 2 ¿Sigues o no sigues los preceptos de tu religión / sistema de valores? Piensa al menos en dos de los casos en que estás de acuerdo con los preceptos de tu religión / sistema de valores, y dos de los casos en que no estás de acuerdo con ellos.

> **Modelo:** *Mi religión prohíbe/permite comer carne algunas veces, y yo (pero yo no) sigo esa norma.*

Paso 3 Compara tus respuestas con las de otra persona. ¿Son Uds. consecuentes (*consistent*) en sus creencias?

Paso 1 Lee el primer párrafo de la lectura.

Paso 2 En grupos discutan el significado de las siguientes oraciones del primer párrafo de la lectura.

1. « ... mi religión es buscar la verdad en la vida y la vida en la verdad... »

2. « ... mi religión es luchar con Dios desde el romper del alba hasta el caer de la noche... »

3. «No puedo transigir con aquello del Inconocible... Y en todo caso quiero trepar a lo inaccesible.»

Paso 3 Unamuno es católico. Según su opinión o conocimiento del tema, ¿sigue este escritor los preceptos religiosos del catolicismo? ¿Pueden Uds. aplicar sus ideas a otras creencias religiosas / sistemas de valores?

Paso 4 Comparen sus respuestas e ideas con las de otros grupos.

Mi religión

[♦ ♦ ♦]

Y bien, se me dirá, ¿cuál es tu religión? Y yo responderé: mi religión es buscar la verdad en la vida y la vida en la verdad, aun a sabiendas de[1] que no he de encontrarlas mientras viva; mi religión es luchar incesante[2] e incansablemente con el misterio; mi religión es luchar con Dios desde el romper del alba[3] hasta el caer de la noche, como dicen que con Él luchó Jacob. No puedo transigir con aquello del Inconocible —o Incognoscible, como escriben los pedantes— ni con aquello otro de «de aquí no pasarás». Rechazo el eterno *ignorabimus*. Y en todo caso quiero trepar[4] a lo inaccesible.

«Sed perfectos como vuestro Padre que está en los cielos es perfecto», nos dijo el Cristo, y semejante ideal de perfección es, sin duda, inasequible.[5] Pero nos puso lo inasequible como meta y término de nuestros esfuerzos. Y a ello ocurrió, dicen los teólogos, con la gracia.[6] Y yo quiero pelear mi pelea sin cuidarme de la victoria. ¿No hay ejércitos y aun pueblos que van a una derrota[7] segura? ¿No elogiamos[8] a los que se dejaron matar peleando antes que rendirse? Pues ésta es mi religión.

Ésos, los que me dirigen esa pregunta, quieren que les dé un dogma, una solución en que pueda descansar el espíritu en su pereza. Y ni esto quieren, sino que buscan poder encasillarme y meterme en uno de los cuadriculados[9] en que colocan a los espíritus, diciendo de mí: es luterano, es calvinista, es católico, es ateo, es racionalista, es místico, o cualquier otro de estos motes,[10] cuyo sentido claro desconocen, pero que les dispensa de pensar más. Y yo no quiero dejarme encasillar, porque yo, Miguel de Unamuno, como cualquier otro hombre que aspire a conciencia plena, soy especie única. «No hay enfermedades, sino enfermos», suelen decir algunos médicos, y yo digo que no hay opiniones, sino opinantes.

En el orden religioso apenas hay cosa alguna que tenga racionalmente resuelta, y como no la tengo no puedo comunicarla lógicamente, porque sólo es lógico y transmisible lo racional. Tengo, sí, con el afecto, con el corazón, con el sentimiento, una fuerte tendencia al cristianismo, sin atenerme[11] a dogmas especiales de esta o de aquella confesión cristiana. Considero cristiano a todo el que invoca con respeto y amor el nombre de Cristo, y me repugnan los ortodoxos, sean católicos o protestantes —éstos suelen ser tan intransigentes como aquéllos— que niegan cristianismo a quienes no interpretan el Evangelio como ellos. Cristiano protestante conozco que niega el que los unitarios sean cristianos.

[...]

Nadie ha logrado convencerme racionalmente de la existencia de Dios, pero tampoco de su no existencia; los razonamientos de los ateos me parecen de una superficialidad futesa[12] mayores aun que los de sus contradictores. Y si creo en Dios, o por lo menos creo creer en Él, es, ante todo, porque quiero que Dios exista, y después, porque se me revela, por vía cordial, en el Evangelio y a través de Cristo y de la historia. Es cosa de corazón.

---

[1]*a... knowing* [2]*without ceasing* [3]*el... daybreak* [4]*to climb up* [5]*unavailable* [6]*grace* [7]*defeat* [8]*praise*
[9]*grid squares* [10]*nicknames* [11]*sticking to* [12]*insignificant*

Lo cual quiere decir que no estoy convencido de ello como lo estoy de que dos y dos hacen cuatro.

Si se tratara de algo en que no me fuera la paz de la conciencia y el consuelo de haber nacido no me cuidaría acaso del problema; pero como en él me va mi vida toda interior y el resorte de toda mi acción, no puedo aquietarme con decir: ni sé ni puedo saber. No sé, cierto es; tal vez no pueda saber nunca, pero «quiero» saber. Lo quiero y basta.

Y me pasaré la vida luchando con el misterio y aun sin esperanza de penetrarlo, porque esa lucha es mi alimento y es mi consuelo. Sí, mi consuelo. Me he acostumbrado a sacar esperanza de la desesperación misma. Y no griten ¡paradoja! los mentecatos[13] y los superficiales.

No concibo a un hombre culto sin esta preocupación, y espero muy poca cosa en el orden de la cultura —y cultura no es lo mismo que civilización— de aquellos que viven desinteresados del problema religioso en su aspecto metafísico y sólo lo estudian en su aspecto social o político. Espero muy poco para el enriquecimiento del tesoro espiritual del género humano de aquellos hombres o de aquellos pueblos que por pereza mental, por superficialidad, por cientificismo, o por lo que sea, se apartan de las grandes y eternas inquietudes del corazón. No espero nada de los que dicen: «¡No se debe pensar en eso!»; espero menos aun de los que creen en un cielo y un infierno como aquel en que creíamos de niños, y espero todavía menos de los que afirman con la gravedad del necio: «Todo eso no son sino fábulas y mitos; al que se muere lo entierran,[14] y se acabó.» Sólo espero de los que ignoran, pero no se resignan[15] a ignorar; de los que luchan sin descanso por la verdad y ponen su vida en la lucha misma más que en la victoria.

[...]

De lo que huyo, repito, como de la peste,[16] es de que me clasifiquen, y quiero morirme oyendo preguntar de mí a los holgazanes[17] de espíritu que se paren alguna vez a oírme: «Y este señor, ¿qué es?» Los liberales o progresistas tontos me tendrán por reaccionario y acaso por místico, sin saber, por supuesto, lo que esto quiere decir, y los conservadores y reaccionarios tontos me tendrán por una especie de anarquista espiritual, y unos y otros por un pobre señor afanoso de singularizarse y de pasar por original y cuya cabeza es una olla de grillos.[18] Pero nadie debe cuidarse de lo que piensen de él los tontos, sean progresistas o conservadores, liberales o reaccionarios.

Y como el hombre es terco y no suele querer enterarse y acostumbre después que se le ha sermoneado cuatro horas volver a las andadas, los preguntones, si leen esto volverán a preguntarme: «Bueno, ¿pero qué soluciones traes?» Y yo para concluir les diré que si quieren soluciones acudan a[19] la tienda de enfrente, porque en la mía no se vende semejante artículo. Mi empeño ha sido, es y será que los que me lean piensen y mediten en las cosas fundamentales, y no ha sido nunca el de darles pensamientos hechos. Yo he buscado siempre agitar y, a lo sumo, sugerir más que instruir. Si yo vendo pan, no es pan, sino levadura[20] o fermento.

[13]*idiots* [14]*bury* [15]*no... don't resign themselves to* [16]*plague* [17]*apathetic, lazy people* [18]*crickets*
[19]*acudan... call upon* [20]*yeast*

Hay amigos, y buenos amigos, que me aconsejan me deje de esta labor y me recoja a hacer lo que llaman una obra objetiva, algo que sea, dicen, definitivo, algo de construcción, algo duradero. Quieren decir algo dogmático. Me declaro incapaz de ello y reclamo mi libertad, mi santa libertad, hasta la de contradecirme si llega el caso. Yo no sé si algo de lo que he hecho o de lo que haga en lo sucesivo habrá de quedar por años o por siglos después que me muera; pero sé que si se da un golpe en el mar sin orillas[21] las ondas en derredor[22] van sin cesar, aunque debilitándose. Agitar es algo. Si merced[23] a esa agitación viene detrás otro que haga algo duradero, en ello durará mi obra.

Es obra de misericordia suprema despertar al dormido y sacudir al parado,[24] y es obra de suprema piedad religiosa buscar la verdad en todo y descubrir donde quiera el dolo,[25] la necedad[26] y la inepcia.

[21]*shorelines* [22]*ondas... ripples* [23]*by grace* [24]*sacudir... shake the dead/lazy* [25]*deceit, fraud* [26]*foolishness*

DESPUÉS DE LEER

Actividad A   Comprensión

Contesta cada pregunta según lo que leíste.

1. ¿Le preocupa a Unamuno tener éxito en una búsqueda de la perfección?
2. ¿Por qué piensa Unamuno que la gente lo quiere encasillar en una determinada creencia religiosa?
3. ¿Cuáles son las ideas de Unamuno con respecto al cristianismo?
4. ¿Cómo negocia Unamuno la fe en Dios?
5. ¿Qué tipo de personas viven la religión de forma auténtica según el autor?
6. ¿Por qué huye Unamuno de ciertas personas?
7. ¿Qué pretende el autor con la publicación de sus escritos religiosos?

Explica estos fragmentos del texto según los argumentos de Unamuno con respecto a la religión.

1. «¿No hay ejércitos y aun pueblos que van a una derrota segura? ¿No elogiamos a los que se dejaron matar peleando antes que rendirse? Pues esta es mi religión.»

2. «No hay opiniones, sino opinantes.»

3. «Sólo es lógico y transmisible lo racional.»

4. «No estoy convencido de [la existencia de Dios] como lo estoy de que dos y dos hacen cuatro.»

5. «Los conservadores y reaccionarios tontos me tendrán por una especie de anarquista espiritual... , un pobre señor... cuya cabeza es una olla de grillos.»

6. «Si quieren soluciones acudan a la tienda de enfrente, porque en la mía no se vende semejante artículo.»

7. «Si yo vendo pan, no es pan, sino levadura o fermento.»

8. «Agitar es algo.»

1. ¿Estás de acuerdo con el autor? Escribe un resumen de cien palabras como reacción a una de las ideas de Unamuno sobre la religión.

2. Identifica ideas contenidas en el texto que todavía se debaten en la actualidad y explica tus razones.

3. Compara las ideas religiosas de Unamuno con las de:

   • otro personaje famoso de tu elección

   • uno de nuestros amigos

Nuestra sociedad

IDEA 1

Con otra persona, describe las fotos de esta página. ¿Qué problema o desafío (*challenge*) representa cada foto? Luego, clasifiquen estos desafíos en orden de gravedad (1 = situación más grave) y presenten sus listas a la clase. ¿Con qué otros problemas serios se enfrenta la sociedad hoy?

IDEA 2

Con otra persona, lee lo que dicen nuestros amigos sobre algunos problemas de la sociedad. En la opinión de Uds., ¿quién creen que hace cada afirmación? ¿Por qué? Guarden su lista para verificar sus ideas más tarde.

1. «La policía son unos corruptos.»
2. «Los niños de la calle, los niños marginados, para mí es lo más importante.»
3. «Me parece que uno de los problemas más importantes es la falta de educación y la cultura.»
4. «Si cada uno, yo, le voy a enseñar a uno a leer y escribir, pues sacamos al país.»

IDEA 3

Entre todos, traten de ampliar las afirmaciones de nuestros amigos y dar algunos ejemplos concretos.

Ruth

el Padre Aguilar

Leticia

Ernesto

LECCIÓN 9

¿Con qué problemas se enfrenta la sociedad?

La noche de los pobres (1923), por el pintor y muralista mexicano Diego Rivera (1886–1957)

1. Describe el cuadro. ¿Cómo son los colores? ¿Cómo son las imágenes? ¿Abstractas? ¿Realistas? ¿Distorsionadas? ¿Cómo son las personas representadas?
2. Fíjate en el título del cuadro. ¿Qué aspectos del cuadro sugieren la noche? ¿Qué aspectos sugieren la pobreza?

REFRÁN *Más quiero libertad pobre, que prisión rica.*

En esta lección vas a:

> hablar y escribir sobre problemas actuales de la sociedad

> escuchar lo que dicen nuestros amigos sobre los problemas más serios de su país

> leer información cultural sobre la pobreza entre los indígenas, y sobre la inmigración en los países hispanohablantes

> usar el subjuntivo después de antecedentes indefinidos y negativos, y en oraciones condicionales

> leer y comentar las lecturas culturales sobre las cosas que nos preocupan

Antes de empezar las actividades, ve la **Introducción** del vídeo de esta lección.

ANTES DE VER

Vocabulario del vídeo

el analfabetismo	illiteracy	**menospreciar**	to scorn, disdain
la delincuencia	delinquency, crime	**reubicar (qu)**	to place again, relocate
el poblado	village		
la pobreza	poverty	**aislado/a**	isolated
el punto de vista	point of view	**cómodo/a**	comfortable
		rescatable	recoverable
abusar de (alguien)	to abuse (someone)		
alfabetizar (c)	to teach to read and write	**no (me) importa**	it doesn't matter (to me)
hacer (*irreg.*)	to turn a blind eye		
la vista gorda			

Cognados: el/la alcohólico, el/la vagabundo/a

Repaso: en cuanto a

Más vocabulario
Cognados: abandonado/a, atacar (qu), discriminado/a, discriminar, identificado/a, remoto/a

Repaso: sentir(se) (ie, i)

«El problema social —que siento que está muy grave— es eh... la educación. Todavía hay mucho analfabetismo aquí en México.» ¿Cuál es el problema social más grave donde vives tú?

Un niño en Santa Ana de Malacos, Nicaragua

EL MARAVILLOSO VERBO...

sentir

The verb **sentir** has many uses, including the following.

1. to perceive something via the senses

   Siento frío / calor / una presencia extraña / etcétera.
   I feel cold / hot / a strange presence / and so on.

2. to have the impression of something (used with **que** + indicative)

   Siento que es un problema muy serio.   *I feel that it's a very serious problem.*

3. to lament or be sorry about something (used with **que** + subjunctive if change in subject)

   Sentimos mucho llegar tarde.   *We're sorry we're late.*

   Lo **siento** mucho.   *I'm very sorry.*

   Sentimos que no puedas venir a la fiesta.
   We're sorry you can't come to the party.

4. to feel a certain emotion (**sentirse**)

   Se siente triste / enfermo / mejor / etcétera.
   She feels sad / sick / better / and so on.

Note that in uses 2 and 3 the meaning of **sentir** changes depending on whether the subjunctive or indicative is used. If the sentence in (2) were changed to **Siento que sea un problema muy serio,** how would that change the meaning?

¡OJO! When the verb **sentir(se)** is used in the subjunctive, it can be easy to confuse it with the verb **sentarse** (*to sit down*). For example, the sentence **Espero que se sienta cómodo en mi casa** means *I hope he feels comfortable in my house,* not *I hope he sits down comfortably in my house.*

Actividad A   Preguntas y opiniones

Paso 1 Indica cuáles son las causas posibles de cada situación a continuación.

Una persona...

1. se siente enferma.
2. siente el miedo en la voz de un amigo.
3. siente que su novio/a es infiel.
4. siente que su novio/a haya sido infiel.

Paso 2 Léele las causas posibles a otra persona. ¿Puede adivinar la situación?

NOTA CULTURAL

Los pueblos indígenas y la pobreza

Los pueblos indígenas de Latinoamérica y el Caribe están relacionados culturalmente con sus antepasados precolombinos, es decir, los que habitaban el continente americano antes de la llegada de Cristóbal Colón en 1492. Se estima que hoy en día Latinoamérica cuenta con 50 millones de indígenas (el 10 por ciento de la población de toda la zona), y la mayor parte (el 90 por ciento) vive en Bolivia, Guatemala, el Ecuador, México y el Perú, y son los descendientes de los antiguos aztecas, incas, mayas y otros grupos indígenas del continente. Aunque la población indígena de estos países aporta riquezas históricas, culturales y lingüísticas, estas comunidades tienen los peores indicadores de analfabetismo, desnutrición y pobreza. Por ejemplo, en el Perú, Bolivia y Guatemala la extrema pobreza afecta a más del 75 por ciento de las comunidades indígenas. Además, en Guatemala la mitad de los indígenas no habla ni escribe el español y sólo conoce su lengua materna (una de entre las más de veinte lenguas mayas) por tradición oral, lo cual impide su participación activa en la sociedad más allá de su propia comunidad y contribuye a su exclusión y discriminación.

Esta mujer y la niña son de Guatemala. ¿Sabes de qué grupo indígena son descendientes?

Actividad B   Asociaciones y definiciones

Indica lo que asocias con cada palabra y/o cómo la defines. Presenta tus ideas a la clase sin decir la palabra. ¿Pueden deducir a qué palabra se refiere?

1. el analfabetismo
2. la pobreza
3. la delincuencia
4. cómodo
5. rescatable
6. hacer la vista gorda
7. atacar
8. aislado
9. menospreciar

Actividad C   Me preocupa...

Paso 1 Haz una lista de los cinco problemas de tu comunidad, estado o país que más te preocupan. Pueden ser problemas sociales, políticos, económicos, etcétera.

Paso 2 Compara tu lista con las de tres personas. Explica por qué elegiste esos problemas. ¿En qué difieren?

   Modelo: *Siento que...*

Paso 3 Después de escuchar las opiniones de tus compañeros/as, añade a tu lista los problemas que mencionaron ellos (si no los tenías). Luego, pon los problemas en orden de gravedad, según tu opinión.

Actividad D   En mi opinión

Paso 1 Termina cada oración según tu opinión.

1. Mucha gente hace la vista gorda ante (*in the presence of*)...
2. Un adicto o delincuente ya no es rescatable cuando...
3. Uno de los grupos marginados y discriminados en la sociedad norteamericana es... porque...
4. Algunas de las causas de la pobreza son...
5. Existe mucha delicuencia en...

Paso 2 Tu profesor(a) va a escoger algunas ideas de la clase y escribirlas en la pizarra. Lee las ideas que están en la pizarra y compáralas con lo que has escrito. ¿Piensas que algunas de las ideas en la pizarra son mejores que las tuyas? ¿Cuáles? Apúntalas a lado de las tuyas.

Paso 3 Presenta tus comparaciones a la clase. Puedes usar las expresiones a continuación para comunicar mejor tus ideas.

- Yo también creo que (mucha gente hace la vista gorda ante...)
- A diferencia de... creo que...
- Antes pensaba que..., pero ahora estoy de acuerdo con... y creo que...

Actividad E   Nuestros amigos hablan.

Ahora ve **Así lo veo I.** El **Vocabulario útil** te va a ayudar a comprender mejor el segmento.

Vocabulario útil

el quehacer	chore
la sierra	mountain range
la sirvienta	servant (*female*)

DESPUÉS DE VER
Comprensión y opiniones

Actividad A   ¿Quién dijo qué?

Paso 1 Indica quién ha expresado las siguientes ideas sobre la situación actual en la sociedad mexicana: Ernesto (**E**) o Ruth (**R**).

	E	R
1. Existe mucho analfabetismo en México.	☐	☐
2. Mucha gente hace la vista gorda ante la situación de los indígenas.	☐	☐
3. Los niños son mucho más rescatables que los adultos.	☐	☐
4. Hay personas que no les gusta tener sirvientas con niños o bebés.	☐	☐
5. Las zonas más pobres son las zonas con más delincuencia.	☐	☐

Paso 2 Escribe una oración que explica el contexto y/o la razón de cada idea expresada en el **Paso 1.**

Actividad B   Los niños

Tanto Ernesto como Ruth hablan de los niños. ¿Ponen énfasis en las mismas cosas? Compara y contrasta lo que dicen en cuanto a los niños.

Actividad C   Los problemas actuales

A continuación hay una lista de los problemas que mencionan Ernesto y Ruth. Explica a qué se refiere cada problema y si está relacionado con otro problema o condición social. Luego, presenta tus ideas a la clase.

> **Modelo:** *El analfabetismo se refiere a la condición de no poder leer ni escribir. Según Ruth, el analfabetismo contribuye a otros problemas como la delincuencia y la pobreza.*

el analfabetismo   los indígenas   la pobreza
la delincuencia   los niños

Escucha lo que dice Leticia sobre los cambios en su comunidad. Según ella, ¿cómo han cambiado las cosas? ¿Y cómo han cambiado en tu comunidad?

 ASÍ LO PIENSO.

Vocabulario útil
la maldad | evil

GRAMÁTICA
Repaso del subjuntivo después de antecedentes negativos o indefinidos

A. In **Lección 7,** you learned about how negation works in Spanish, using negative words such as **nada** and **nadie.** You may also be familiar with indefinite words like **algo** and **alguien.** Here is a summary of indefinite and negative nouns and adjectives.

Indefinite	**Negative**
algo (*something*)	**nada** (*nothing*)
Hay **algo** que no entiendo.	No hay **nada** que puedas hacer.
There's something I don't understand.	*There's nothing you can do.*
alguien (*someone*)	**nadie** (*no one, not anyone*)
Es **alguien** que sabe mucho del tema.	No ve a **nadie** que conozca.
She's someone who knows a lot about the topic.	*He doesn't see anyone he knows.*
algún (**alguna, algunos, algunas**) (*some, any*)	**ningún** (**ninguna, ningunos, ningunas**) (*none, not any*)
Hay **algunos** días que son mejores que otros.	No hay **ninguna** persona que sea perfecta.
There are some days that are better than others.	*There's not a single person who's perfect.*

B. In each of the preceding examples, the indefinite or negative word is an antecedent to an adjective clause. Do you recall what an antecedent and an adjective clause are? In **Lección 3,** you worked with the subjunctive and the indicative in adjective clauses such as the following:

Soy una persona que **quiere** tener muchos hijos.

No soy una persona que **quiera** tener muchos hijos.

Can you identify the adjective clause and its antecedent in the above examples? Do you remember why the subjunctive is used in the second example?

C. When an adjective clause modifies a negative word, the subjunctive is always used, as the examples above demonstrate. However, when an adjective clause modifies an indefinite word, the indicative is used when the indefinite word refers to something (or someone) that the speaker knows to exist. Otherwise, the subjunctive is used. See if you can explain why the indicative or the subjunctive is used in each of the following sentences.

Indicative	Subjunctive
Hay **algo** que **puedes** hacer.	¿Hay **algo** que **pueda** hacer?
There's something you can do.	*Is there anything I can do?*
Es **alguien** que **ayuda** mucho a los demás.	No es **alguien** que **ayude** a los demás.
She's someone that helps others a lot.	*She's not someone that helps others.*
Hay **algunos problemas** que **son** difíciles de solucionar.	¿Hay **algunos problemas** que **sean** más fáciles que otros?
There are some problems that are difficult to solve.	*Are there some problems that are easier than others?*

La sobrepoblación. (No) Es algo que...

Here is an excerpt from the video from the first part of this lesson. Do you remember who says it? Try completing the sentence, then watch the segment to see if you are correct.

«La gente no ve, realmente, ese problema como... como _____¹ que _____² parte de la sociedad.»

Actividad A **¿Quién lo dijo?**

En *Así lo veo*, has oído a nuestros amigos expresar sus ideas sobre varios temas. Completa cada declaración con la forma correcta del indicativo o del subjuntivo del verbo entre paréntesis y luego indica quién lo dijo: Ernesto, Ruth, Leticia, Gustavo o el Padre Aguilar.

1. «Una buena persona es alguien que _____ (**preocuparse**) por su prójimo.»
2. «Si no crees, si no hay algo que _____ (**considerar**) superior a ti, eres soberbio.»
3. «Dios siempre entra como una gran ayuda, como alguien que no _____ (**juzgar**) sino _____ (**comprender**).»
4. «No he encontrado ni una religión que me _____ (**gustar**).»
5. «Hay hombres que _____ (**salir**) adelante y hombres que no.»
6. «Es necesario crear contratos civiles con leyes que te _____ (**proteger**) como hombre–hombre, mujer–mujer u hombre–mujer.»
7. «Si yo empiezo a llamarle margarita a algo que _____ (**ser**) una gladiola u otro tipo de flor, estoy equivocado.»

Actividad B ¿No hay nadie?

Paso 1 Usando las palabras y expresiones de la lista (o inventando otras), escribe cinco oraciones con el subjuntivo después de un antecedente negativo.

> **Modelo:** *No hay ningún político que nos diga la verdad.*

deportista profesional   director financiero de Wall Street

periodista   matrimonio en Hollywood

político   ¿ ?

Paso 2 Comparte tus oraciones con tres personas. Ellos/Ellas tienen que reaccionar pensando en un contraejemplo.

> **Modelo:** [Nombre de político] *sí es alguien que nos dice la verdad.*

Actividad C Deseos y la realidad

Paso 1 Antes de empezar tus estudios en la universidad, ¿qué ideas tenías de la vida universitaria? ¿Qué querías o esperabas? Usa el imperfecto del subjuntivo para completar cada oración.

1. Quería vivir con alguien que _____, _____ y _____.
2. Esperaba conocer a gente que _____, _____ y _____.
3. Quería tomar clases que _____, _____ y _____.

Paso 2 Expresa lo que pasó con cada deseo del **Paso 1.** Usa el indicativo o el subjuntivo si es necesario. Luego, presenta tus oraciones a la clase. En general, ¿es para tus compañeros/as la experiencia universitaria que esperaban?

> **Modelo:** *He vivido con alguien que no fuma, pero no he vivido (vivo) con nadie que cocine bien.*

Actividad D Los problemas actuales

Paso 1 Escoge tres de los problemas actuales (sociales, políticos, etcétera) y escribe dos oraciones sobre cada uno. Para cada problema, usa el indicativo en una oración y el subjuntivo en otra.

> **Modelos:** *Es un problema que...*
>
>   *No es un problema que...*

Paso 2 Presenta tus oraciones a otra persona. ¿Tienen la misma información? Si tienen algo diferente, escojan la mejor descripción.

Así lo veo II

ANTES DE VER

Vocabulario del vídeo

la actualidad	present time	**la potencia mundial**	world power
en la actualidad	at the present time	**el salario**	salary
el clima	climate	el salario mínimo	minimum wage
el/la empresario/a	businessman/ businesswoman	**aguantar(se)**	to tolerate
		apretar (ie)	to squeeze
la especie	species	**convertirse (ie, i) en**	to convert into (*something*)
el hambre*	hunger		
la limosna	alms, handout	**desarrollarse**	to develop
pedir (i, i) limosna	to beg	**solventar**	to solve
la mina	mine (*for coal, precious metals, and so on*)		
		comprometido/a	committed
el petróleo	oil, petroleum		

*__Hambre__ is feminine but takes a masculine article before the singular form.

El Padre Aguilar dice: «Es increíble que un país que tiene... tantos árboles frutales haya gente que esté muriendo de hambre... » ¿Como lo ves tú?

Las palabras **actualidad** y **actualmente** no significan *actually*, sino «ahora». Para decir *actually*, en español se dice **de hecho**. Mira los siguientes ejemplos para ver la diferencia.

> **En la actualidad / Actualmente** los problemas más serios son...
>
> *At present, the most serious problems are . . .*
>
> **De hecho,** el gobierno no hace nada.
>
> *In fact, the government isn't doing anything.*

AMIGOS FALSOS

actualidad y actualmente

Actividad A   Asociaciones

Empareja cada palabra o expresión de la columna A con la descripción más apropiada de la columna B.

A	B

1. _____ actualidad

2. _____ aguantar

3. _____ apretar

4. _____ convertirse

5. _____ desarrollarse

6. _____ hambre

7. _____ limosna

8. _____ salario

a. presionar

b. cambiarse, dejar de ser una cosa para ser otra

c. ganas y/o necesidad de comer

d. ahora, en estos días

e. dinero u otra cosa que se les da a los pobres por caridad

f. tolerar, soportar

g. dinero que se gana por trabajar; sueldo

h. progresar, mejorarse

Actividad B   Busca al intruso.

Con otra persona, escoge la palabra que no pertenece al grupo y explica por qué.

1. el hambre   el desarrollo   la pobreza   el analfabetismo
2. desarrollar   crecer   deteriorar   mejorar
3. la electricidad el petróleo   el carbón   el gas natural
4. solventar   resolver   solucionar   confundir
5. el clima   la lluvia   la nieve   el calor
6. la limosna   el regalo   la comida   la moneda

Actividad C   Preguntas

¿Cómo contestas las siguientes preguntas?

1. ¿Sabes cuál es el salario mínimo de tu país? En tu opinión, ¿cuál sería el salario mínimo justo (*fair*)? ¿Puedes mencionar algunas de las consecuencias (positivas y/o negativas) de cambiar el salario mínimo por uno más justo?

2. ¿Debe hacer más el gobierno para solucionar los problemas actuales de tu país? ¿O debe hacer menos? ¿Por qué?

3. ¿Qué situación difícil has tenido que aguantar? ¿Cómo se solucionó esa situación?

▶

Actividad D   Nuestros amigos hablan.

Ahora ve **Así lo veo II.** El **Vocabulario útil** te va a ayudar a comprender mejor el segmento.

Vocabulario útil

el cuello	neck
formidable	wonderful, terrific

DESPUÉS DE VER
Comprensión y opiniones

Actividad A   ¿Qué has entendido?

▶ **Paso 1** Ve otra vez **Así lo veo II** y lo que dicen Yolanda y el Padre Aguilar de los problemas más importantes que tiene la sociedad mexicana y de la responsabilidad del gobierno. Mientras ves el segmento, apunta las ideas más importantes de cada persona.

Paso 2 Compara tus apuntes con los de otra persona. Luego, escriban un resumen de tres a cinco oraciones sobre lo que dice Yolanda, y después, sobre lo que dice el Padre Aguilar. Finalmente, Presenten uno de los resúmenes a la clase y escuchen los resúmenes de los demás. ¿Hay ideas que se mencionan más?

Actividad B   Preguntas

Paso 1 Contesta la pregunta que te asigna tu profesor(a).

1. ¿Piensas que el gobierno de tu país se preocupa demasiado por las relaciones (o los asuntos) internacionales en vez de preocuparse por el bienestar de la población? ¿O es que el bienestar de la población depende de ciertos asuntos internacionales?

2. El Padre Aguilar habla de una contradicción. ¿Cuál es? ¿Ves alguna contradicción parecida en tu país?

3. El Padre Aguilar dice: «Es como querer hacer que el niño siempre sea niño y evitarle que se convierta en joven... » ¿A qué se refiere? ¿Por qué se podría querer (*might someone want*) que el niño siempre sea niño? ¿Puedes pensar en algún ejemplo concreto basado en lo que pasa en tu país o según tu experiencia personal?

Paso 2 Busca a dos personas que han contestado la misma pregunta. Comparen sus respuestas y preparen sus ideas para presentárselas a la clase. Escucha cómo tus compañeros/as de clase han contestado las otras preguntas y apunta lo que comentan. ¿Estás de acuerdo con sus ideas?

Así lo veo

GRAMÁTICA
El superlativo

A. Superlative expressions are those that communicate an extreme state, such as the best, worst, most serious, funniest, and so forth. Spanish forms superlatives by joining the *definite article* (**el, la, los,** or **las**) + the *noun* + **más/menos** + *adjective* + **de.**

PRUÉBALO 2

In the video segment for this section of the lesson, Padre Aguilar uses a superlative expression. Try to complete this sentence, then listen to see if you are correct.

«Me parece que uno de _____ que tiene la sociedad en México es la falta de educación y la cultura.»

B. Note that **mejor** (*best*), **peor** (*worst*), **mayor** (*largest, oldest*), **menor** (*smallest, youngest*) are used in superlative expressions without an adjective, and these forms precede the noun.

La mejor solución es continuar el diálogo.

The best solution is to continue the dialogue.

Viven en **las peores condiciones.**   *They live in the worst conditions.*

Según Ruth, **el mayor problema** es el analfabetismo.

According to Ruth, the greatest/biggest problem is illiteracy.

El imperfecto de subjuntivo en cláusulas con *si*

A. In **Lección 7,** you worked with **si** clauses (*if* clauses) to express possible or probable situations. Recall that when the situation in the **si** clause is perceived as a real or probable condition, the present indicative is used. Note the following example from what Ernesto said earlier in this lesson about helping street children.

Si los **reubicas** a tiempo, se **puede** hacer algo.

If you relocate them in time, something can be done.

B. When the situation is perceived as unreal or contrary to fact, the imperfect subjunctive is used in the **si** clause and the conditional is used in the main clause. Consider the following examples.

Si **estuviera** en tu lugar, no lo **haría.**

*If I **were** in your place (but I'm not), I **wouldn't** do it.*

Podríamos ir a la playa si no **estuviera** lloviendo.

*We **would be able to/could** go to the beach if it **weren't** raining (but it is).*

In both examples, the *if* clause introduces an unreal condition and the imperfect subjunctive is used. In **Así lo veo I** of this lesson, Ruth said, "Yo si **pudiera,** ¿saben qué **haría?**" Why do you think she doesn't say, "Si puedo, ¿saben qué voy a hacer?"

Si el puente no estuviera roto, podríamos llegar en menos de una hora.

In **Así lo veo II**, Padre Aguilar talks about what would happen if Mexico had a greater or higher level of education. See if you can complete the quote with the appropriate forms of the verb **tener,** and then watch the segment again to verify your answers.

«Si México _____ mayor educación, _____ mayores mexicanos comprometidos,... »

Actividad A   ¿Qué sabes del mundo hispano?

Escoge la mejor opción para cada oración.

1. La capital más alta de Latinoamérica es...
   a. México, D.F.   **b.** Santiago, Chile   **c.** Quito, Ecuador
2. El país más pobre del mundo hispano es...
   a. Bolivia   **b.** Nicaragua   **c.** Cuba
3. El país hispano más poblado es...
   a. México   **b.** Argentina   **c.** España
4. La tasa de mortalidad infantil más baja se registra en...
   a. Panamá   **b.** Cuba   **c.** Argentina
5. El país que tiene el mayor porcentaje de indígenas es...
   a. Guatemala   **b.** Perú   **c.** Bolivia
6. El país que tiene el sueldo medio más alto del mundo hispano es...
   a. Uruguay   **b.** España   **c.** Chile
7. El país más grande es...
   a. Argentina   **b.** México   **c.** España
8. Entre los siguientes países, el que tiene la tasa de alfabetización más alta es...
   a. Paraguay   **b.** Chile   **c.** Cuba

Actividad B   Superlativos

Paso 1 Usando un sustantivo de la columna A y un adjetivo de la columna B, escribe oraciones lógicas con el superlativo.

> **Modelo:** *El político más inteligente es...*

A	B
político/a	necesario
libertad	peligroso
problema social	inepto
gobierno	grave
tema político	inteligente
	controvertible
	abusado

Paso 2 Presenta tus oraciones a un grupo de tres personas. Presta atención a lo que dicen e indica si estás de acuerdo o no con sus ideas. Si no estás de acuerdo, explica por qué.

Actividad C   ¿Quién lo diría?

Completa cada oración con la forma correcta del verbo más lógico. Luego, indica si lo diría Ruth, el Padre Aguilar, Ernesto o Yolanda. Luego, comparte tus respuestas con otras dos personas y explica tus razones.

1. Si el gobierno no _____ tanto por hacer relaciones internacionales, menos mexicanos _____ muriendo de hambre. (**estar, preocuparse**)

2. Si _____ menos analfabetismo, _____ menos pobreza. (**haber, haber**)

3. Si ese joven _____ menos años, quizás _____ rescatable. (**ser, tener**)

4. La gente no _____ tan dependiente del gobierno si _____ mayor educación. (**seguir, tener**)

5. Si la gente _____ a valorar el trabajo del indígena, (los indígenas) no _____ tan discriminados. (**empezar, sentirse**)

6. Si (yo) _____, _____ a los niños de las mujeres que trabajan. (**cuidar, poder**)

7. México _____ una potencia mundial si _____ manejar mejor los recursos naturales. (**saber, ser**)

8. La gente _____ conseguir las necesidades básicas si se _____ el salario mínimo. (**poder, subir**)

¿Cómo terminarías cada oración?

1. Si el gobierno se preocupara más por los problemas domésticos,...
2. Si la gente tuviera mayor educación,...
3. No habría tanta discriminación si...
4. Habría menos delincuencia si...
5. Si se cuidaran mejor los recursos naturales del país,...
6. Los Estados Unidos ganaría más respeto en el mundo si...

Paso 1 ¿Recuerdas lo que dice Ruth en el primer segmento de esta lección? «...si pudiera, ¿saben qué haría?» Escoge uno de los problemas que se han mencionado en esta lección (el analfabetismo, la pobreza, la falta de educación, los niños, etcétera), y menciona tres de las cosas que harías si pudieras.

Problema: _____

Si pudiera, (yo)...

Paso 2 Comparte lo que escribiste con tres personas que escogieron el mismo problema. Luego, como grupo, presenten sus ideas a la clase. ¿Qué grupo tiene las mejores ideas?

Así lo veo III

ANTES DE VER

Vocabulario del vídeo

la cantidad	quantity	**soltar (ue)**	to let go, set free
la sobrepoblación	overpopulation	**amontonado/a**	piled up
expandirse	to expand	**amontonar(se)**	to pile up; to crowd together
matar	to kill	**concentrado/a**	concentrated
moverse (ue)	to move		
resolver (ue)	to resolve		

Cognados: controlar, corrupto/a, el respeto

Repaso: apoyar, el apoyo, manejar

Más vocabulario

la apatía	apathy
la frontera	border
el/la indocumentado/a	illegal (undocumented) immigrant
el/la refugiado/a	refugee
cruzar (c)	to cross
huir (y) (de)	to flee from

«Son unos corruptos, la verdad.» ¿De quiénes habla Leticia?

Los verbos **moverse** y **mudarse** significan *to move* en inglés, pero no se usan en los mismos contextos. El verbo **moverse** significa que algo cambia de posición, y **mudarse**, entre otras cosas, significa cambiar de residencia, como en los siguientes ejemplos.

No **me** puedo **mover**. Me duele todo el cuerpo.

I can't move. My whole body hurts.

Nos mudamos esta semana. Tenemos muchas ganas de estar en la nueva casa.

We're moving this week. We're really anxious to be in the new house.

Piensa en algunos contextos para las siguientes frases: **¡No te muevas!, ¡No te mudes!**

Actividad A Oraciones

Completa cada oración con la forma correcta de una palabra de la lista de vocabulario.

1. El político utiliza el dinero de su campaña electoral para comprarle un coche nuevo a su mujer. Es _____.

2. Una de las propuestas para impedirles la entrada a los inmigrantes ilegales es la contrucción de un muro (*wall*) de más de mil kilómetros en _____ entre los Estados Unidos y México.

3. Muchos inmigrantes no sólo buscan trabajo con mejores salarios, sino que _____ la inestabilidad política de su país.

4. _____ ocurre cuando hay demasiadas personas viviendo en un territorio determinado.

5. A causa de las casas _____ en esa zona, no se ve ni un árbol.

6. Aunque la policía detuvo a los culpables, después de dos días los _____, es decir, los dejaron libres.

7. Es casi imposible _____ una situación cuando las dos partes no se comunican.

Actividad B ¿Estás de acuerdo?

Con otra persona, indica si estás de acuerdo o no con las siguientes declaraciones y comenta por qué. Luego, presenta tus opiniones a la clase.

1. La población de los Estados Unidos está concentrada en una zona específica.

2. No hay sobrepoblación en el estado donde vivo.

3. Los líderes de la ciudad (o pueblo) están manejando bien los problemas.

4. Hay suficiente apoyo para las víctimas de la violencia doméstica o de la violencia de género.

5. Confío en la policía de la ciudad (o pueblo) donde vivo.

Así lo veo

Africanos subsaharianos en España

NOTA CULTURAL
La inmigración a los países hispanohablantes

Se conoce bien la imagen de miles de mexicanos u otros latinoamericanos que intentan cruzar la frontera entre los Estados Unidos y México. Pero se conoce mucho menos el hecho de que algo parecido ocurre con la otra frontera mexicana, donde en 2007 aproximadamente 200.000 indocumentados, casi la mitad de ellos guatemaltecos, fueron detenidos por las autoridades mexicanas. Nuestros amigos no mencionaron la inmigración durante las entrevistas. Sin embargo, es un tema que preocupa a muchos, tanto en Latinoamérica como en España. Se calcula que en Latinoamérica existen más de tres millones de emigrantes interregionales, es decir, entre los países de Latinoamérica. La mayoría de ellos son indocumentados que buscan trabajos con mejores salarios. Otros son refugiados que huyen de la violencia asociada con el narcotráfico, los movimientos guerrilleros y, tristemente, sus propios gobiernos represivos o corruptos. De todas maneras, igual que en los Estados Unidos, los indocumentados son acusados de ocupar ciertos puestos de trabajo y de abusar de los sistemas de protección oficial, como la asistencia sanitaria y la educación.

Uno de los países latinoamericanos que ha recibido una gran cantidad de inmigrantes en los últimos años es Costa Rica, que se destaca en la región por su democracia estable. Según una encuesta realizada por la Universidad de Costa Rica, el 95 por ciento de los costarricenses cree que la inmigración representa un problema serio en el país. Además, en 2007 el gobierno creó la Policía de Fronteras con el objeto de vigilar las fronteras y luchar contra la inmigración ilegal.

España presenta un caso interesante en cuanto a la inmigración porque en las últimas décadas se ha transformado de un país emisor de emigrantes, debido a la Guerra Civil (1936–1939) y a la dictadura franquista (1939–1975), en un país en el que casi el 12 por ciento de la población es extranjero. Entre ellos, la mayoría viene de Marruecos, Rumania y el Ecuador, pero en los últimos años, han llegado miles de africanos subsaharianos en barco a las costas del sur de España o a las Islas Canarias. Además de las consecuencias económicas (positivas y negativas) que ha provocado la llegada masiva de inmigrantes, se ha producido una nueva diversidad racial, cultural, religiosa y lingüística que presenta un desafío para la sociedad española.

1. Lee la **Nota cultural** sobre la inmigración en el mundo hispano. ¿Es parecida a la situación en los Estados Unidos? ¿De qué forma?

2. ¿Con qué desafíos se enfrentan los inmigrantes para asimilarse a la nueva cultura? ¿Qué factores (personales, socioculturales, etcétera) influyen en la capacidad de poder (o no poder) asimilarse a la nueva cultura? Por ejemplo, entre los inmigrantes a España, ¿a los inmigrantes de qué país(es) les sería más fácil asimilarse?

3. ¿Qué ideas o propuestas conoces para frenar la inmigración ilegal en los Estados Unidos? ¿Te parecen factibles? ¿Por qué (no)?

4. ¿De qué país(es) son tus antepasados? ¿Sabes por qué, cuándo y cómo emigraron? ¿Te mantienes en contacto con esa cultura? ¿De qué forma?

5. ¿Emigrarías de tu país de origen bajo ciertas circunstancias? Explica. ¿Adónde irías?

Actividad D Nuestros amigos hablan.

Ahora ve **Así lo veo III.**

DESPUÉS DE VER

Comprensión y opiniones

Actividad A   Gustavo

Paso 1 A continuación hay un fragmento de lo que dice Gustavo. ¿Puedes completar el segmento con las palabras y expresiones que él utiliza?

«Más que el problema sea la _____,[1] es la _____,[2] porque si nos _____[3] un poquito más, _____[4] un poquito más espacio cada quien. Por ejemplo, en eso creo que Estados Unidos está muy bien porque tiene muchas _____.[5] Y... y... y entonces eso, como que es más fácil, como, controlar. En México, bueno, la cultura madre es... la cultura madre es tan fuerte, que estamos _____[6] en nuestros centros energéticos, que es la Ciudad de México, Guadalajara, y... y Puebla y... y eso es un poquito más difícil de controlar. Ahí sí, mis respetos para los que _____[7] esta ciudad. Yo no sé cómo le hacen para que esto _____[8] porque somos muchos millones y es demasiada cantidad de gente _____.[9]»

 Paso 2 Compara tus respuestas con las de otra persona. Luego, escucha otra vez lo que dice Gustavo para verificarlas.

Paso 3 Mira la segunda oración de lo que dice Gustavo. Según él, ¿qué es lo que es más fácil de controlar en los Estados Unidos? ¿Estás de acuerdo? ¿Por qué (no)?

Actividad B   Leticia

Contesta cada pregunta según lo que dice Leticia.

1. En este segmento Leticia habla de dos problemas. ¿Cuáles son?
2. ¿Quién (o quiénes) no apoya(n) a las mujeres? ¿Por qué lo dice?
3. ¿Por qué no confía Leticia en la policía?

Actividad C   Los problemas actuales

Paso 1 En esta lección de *Así lo veo*, has visto y escuchado a nuestros amigos ofrecer varios puntos de vista sobre algunos de los problemas actuales. Escribe una oración que represente lo que ha dicho cada persona a continuación.

Yolanda   Ernesto   el Padre Aguilar   Gustavo   Ruth   Leticia

Paso 2 En grupos, comparen la información que tienen de cada persona del **Paso 2.** Luego, contesten la siguiente pregunta.

¿Piensan que haya relación entre los problemas que menciona cada persona y su experiencia personal (o situación actual)? Den ejemplos.

GRAMÁTICA
El pluscuamperfecto de subjuntivo en cláusulas con *si*

A. Thus far, you have worked with two different types of **si** clauses: those that communicate real or possible conditions and those that express unreal conditions.

> Si **llueve**, no **podemos** ir.
>
> *If it rains (and there's a chance it might), we can't go.*

> Si **lloviera**, no **podríamos** ir.
>
> *If it were raining (but it's not), we wouldn't be able to go.*

In both of the above examples, the statements refer to a present time frame (that is, if it rains today or if it were raining now . . .). However, note what happens to the verbs if we want to communicate a contrary to fact statement about the past.

> Si **hubiera llovido** el sábado, no **habríamos podido** ir.
>
> *If it had rained (but it didn't) on Saturday, we wouldn't have been able to go.*

In the above example, the verb in the **si** clause, **hubiera llovido,** is in the pluperfect subjunctive; whereas, the verb in the main clause, **habríamos podido,** is in the conditional perfect. Below are some more examples.

> Si lo **hubiera sabido,** te lo **habría dicho.**
>
> *If I had known about it (but I didn't), I would have told you.*

> **Habría ido** a la fiesta si me **hubieran invitado.**
>
> *I would have gone to the party if they had invited me (but they didn't).*

B. The pluperfect subjunctive is formed using the imperfect subjunctive of **haber** (**hubiera, hubieras, hubiera, hubiéramos, hubierais, hubieran**) and the past participle of the verb (**hablado, comido, vivido, escrito,** and so on).

C. In addition to **si** clauses in the past, the pluperfect subjunctive (as well as the imperfect subjunctive) is also used after **como si** (*as if*) and **ojalá** (*I wish*).

> Ella habla **como si hubiera estado** allí.
>
> *She talks as if she had been there.*

> **Ojalá** que **no me hubiera acostado** tan tarde anoche.
>
> *I wish I had not gone to bed so late last night.*

D. The conditional perfect is formed using the conditional of **haber** (**habría, habrías, habría, habríamos, habríais, habrían**) and the past participle of the verb.

¿Qué remordimientos tendrá (*might he have*)? Ojalá que (no) hubiera...

E. Besides accompanying **si** clauses, the conditional perfect is also used to express hypothetical past actions.

Con más tiempo, **habríamos terminado** el examen.

With more time, we would have finished the test.

Yo que tú, no se lo **habría dicho.**

If I were you, I wouldn't have told him that.

Paso 1 Casi todo el mundo tiene remordimientos. Usando **ojalá que** y el pluscuamperfecto del subjuntivo, escribe cinco remordimientos sobre algo pasado.

Modelo: *Ojalá que hubiera estudiado más para el último examen de español.*

Paso 2 Comparte tus oraciones con tres personas y escucha bien lo que dicen. Luego, organiza los remordimientos del grupo según una categoría determinada.

Modelo: *Ojalá que no hubiera discutido con mi padre.* (categoría: familia)

Paso 3 Después de organizar las ideas del grupo, ¿en cuál de las categorías tienen Uds. más remordimientos? ¿En los estudios? ¿Las relaciones? ¿El trabajo? ¿En cuanto a otra cosa?

Paso 1 Entre todos, hagan una lista de por lo menos cinco eventos (positivos o negativos) que han afectado a la sociedad norteamericana en los últimos años.

Modelo: *El huracán Katrina golpeó Nueva Orleáns.*

Paso 2 Tu profesor(a) va a asignar a cada grupo de cuatro estudiantes uno de los eventos del **Paso 1.** Cada grupo va a construir una secuencia lógica de los hechos. Una persona empezará con una frase condicional sobre el pasado y la persona siguiente inventará otra. La última persona debe terminar la secuencia relacionándola con el presente.

Modelo: *Si el huracán Katrina no hubiera golpeado Nueva Orleáns, la ciudad no se habría inundado.* →

Si la ciudad no se hubiera inundado, no habrían sido destruidas tantas casas. →

Si tantas casas no hubieran sido destruidas, menos personas habrían abandonado la ciudad. →

Si menos personas hubieran abandonado la ciudad, la población sería más grande hoy.

Paso 1 Si hubieras estado presente en las entrevistas con nuestros amigos, entre ellos, ¿a quién te habría gustado conocer? ¿Por qué? ¿Qué le habrías preguntado si hubieras tenido la oportunidad? Escribe tus respuestas en un párrafo de cinco a ocho oraciones.

Paso 2 El profesor (La profesora) va a seleccionar entre los estudiantes a algunos para que presenten sus párrafos a la clase. Si tienes alguna idea en común, díselo a la clase. Si tienes algo diferente, también debes decírselo.

Actividad D   Así lo veo yo.

Escribe una composición de 200 palabras sobre el siguiente tema: **¿Cuál es el problema más serio en la sociedad y por qué?** Antes de empezar, sigue las recomendaciones a continuación para organizar tus ideas.

Antes de escribir

- Repasa el vídeo y el contenido de las actividades de la lección.
- Apunta las ideas expresadas por algunas personas del vídeo que quieres incluir en tu composición. Pueden ser ideas o perspectivas con las que estás de acuerdo o no.
- Piensa cómo puedes integrar los puntos gramaticales de esta lección.

Al escribir

- Haz un bosquejo para organizar el orden de tus ideas.
- Escribe un borrador y repásalo (con otra persona si quieres), fijándote bien en el contenido y en la gramática.

Versión final

- Pon en limpio el borrador de la composición para entregársela a tu profesor(a).

OTRAS VOCES

Watch interviews with other Spanish speakers on the *Así lo veo* YouTube™ channel, CENTRO, or on the Online Learning Center.

www.youtube.com/asiloveo

www.mhcentro.com

www.mhhe.com/asiloveo

Cultura

Lo que nos preocupa

Introducción

En esta lección escuchaste lo que dicen nuestros amigos sobre los problemas sociales y económicos que afectan a México. Las dos lecturas a continuación describen algunas inquietudes sobre conflictos que atentan contra el bienestar económico, social y cultural en el mundo hispano y la necesidad de seguridad y tolerancia.

ANTES DE LEER

Vocabulario

el/la agricultor(a)	farmer
la cadena	chain
el centro	downtown
la cifra	numbers, amount
el (des)empleo	(un)employment
la enajenación	alienation
la moneda	currency
los víveres	provisions, supplies
acontecer (zc)	to happen
concordar (ue)	to agree

¿Con qué problemas se enfrentan los hispanos?

Actividad A   Preguntas

Paso 1 ¿Cómo contestas las siguientes preguntas?

1. ¿Qué problemas sociales afectan a tu comunidad?
2. ¿Qué problemas económicos afectan a tu comunidad?
3. En tu opinión, ¿cuáles son las causas de estos problemas?
4. ¿Qué efectos positivos y/o negativos pueden tener estos problemas en tu estado, región y país?

Paso 2 Comparte tus respuestas con otras personas de la clase y luego comenten con la clase las ideas de tu grupo.

Actividad B   Las costumbres

Paso 1 ¿Qué costumbres relacionas con las sociedades de estos países? ¿Cuáles de esas costumbres son tradicionales? ¿Cuáles son modernas? ¿Qué tipo de inmigrantes llegan?

País	Costumbres tradicionales de la vida diaria	Costumbres modernas de la vida diaria	Inmigrantes de:
España			
Costa Rica			
Argentina			
México			
Perú			
Estados Unidos			

Paso 2 Comparte con la clase las ideas de tu grupo y añade a la tabla información que aportan los otros grupos.

I. La seguridad económica*

Una de las preocupaciones que afecta a la sociedad, en general, es la necesidad de seguridad. En el mundo hispano en el núcleo familiar esta se identifica como tener empleo, comida, educación y un lugar donde vivir. Tanto en la esfera política como en la social, la seguridad se provee y se exige de distintas formas. En el ámbito político-económico se han establecido y desarrollado a nivel regional tratados o asociaciones con el fin de reforzar la economía de la zona. En Sudamérica surge MERCOSUR (Mercado Común del Sur) que se compone de la Argentina, el Brasil, el Paraguay y el Uruguay. México, por su parte, pertenece junto con el Canadá y los Estados

*You can go to **Después de leer A, Paso 1** for a post-reading comprehension check.

Unidos al Tratado de Libre Comercio de América del Norte (TLCAN). Por otro lado, España es uno de los veintisiete países que integran la Unión Europea que comparte una moneda común con el uso del euro. En el hemisferio americano cada país que es miembro de dichas asociaciones conserva su moneda nacional.

Muchas de las iniciativas de los gobiernos de estos países, por mantener la seguridad económica, social, política y cultural, se han visto afectadas por problemas como la criminalidad, altos niveles de desempleo y cambios culturales. La falta de recursos naturales para fomentar la producción de la agricultura ha sido uno de los problemas que han afectado en cadena desde el ámbito individual hasta el institucional. En España, al igual que otros países de Latinoamérica, se ha reportado la disminución de zonas agrícolas. Por otra parte, en 2007, se reportó en la Argentina escasez de víveres en los supermercados. Además de la carencia de productos se ha evidenciado otro factor que atenta contra[1] la distribución de los productos locales: las cadenas de supermercados extranjeros y locales. En Centroamérica, los productores de alimentos y supermercados locales se unieron haciéndole frente a las supercadenas estadounidenses de víveres que entraron en la zona y que amenazaban con un monopolio de importaciones de productos traídos de Asia y otros países. En el Perú, las cadenas de supermercados han creado una serie de ventas o especiales familiares para mantener el consumo de productos locales y ayudar con el presupuesto familiar. Sin embargo, los problemas entre los agricultores y los supermercados locales continúan, dado que se afecta la práctica de compra y venta tradicional en el mercado o en la tienda del barrio.

La implementación de políticas y estructuras económicas en muchos casos ha contribuido a esa desestabilización creando más injusticia social. El empobrecimiento y el enriquecimiento, en los sectores rurales, en especial se ha dado de forma desproporcional en los últimos años. Cada día más y más personas viven bajo niveles de pobreza extrema. La cifra de niños en la calle crece y esto es un problema que afecta a toda Latinoamérica. En muchos países americanos estos niños se prostituyen o se convierten en miembros de pandillas, de grupos de delincuentes, como formas de sobrevivencia. Dado a los problemas serios de empobrecimiento muchos niños deben dejar la escuela para trabajar y ayudar a sus familias. En muchas zonas rurales las condiciones de vida y escolares no son las mejores para tener éxito y obtener una educación. En el estado de Chiapas, México, el número de desertores escolares indígenas es altísimo en comparación con el resto de la población. En el caso de los niños que son víctimas de algún tipo de violencia y que huyen del hogar aumenta el índice de deserción. La seguridad económica afecta a todos los sectores de la población y crea círculos que reproducen las mismas condiciones que contribuyen a la injusticia social.

[1]atenta... *attacks*

Esta mujer busca trabajo

Los mercados locales sufren debido a...

II. Encuentros y desencuentros*

La película Flores de otro mundo *ofrece una mirada sobre los problemas de las mujeres inmigrantes en España.*

Existen preocupaciones colectivas mundiales sobre las consecuencias de los movimientos migratorios, la violencia, el crimen y la protección de los derechos humanos. En el mundo hispano se manifiestan estos problemas de formas diferentes de acuerdo al país o región donde se vive. Muchos concuerdan en que la pobreza, la corrupción, la emigración y la educación son los problemas principales que nos afectan. Sin embargo, otros afirman que estos son un reflejo de cómo se manifiestan las creencias culturales respecto a la relación y jerarquizaciones entre unos países y otros. Los encuentros culturales en el mundo moderno acontecen por medio de métodos tecnológicos, encuentros migratorios y formas de consumo.

La tecnología es uno de los métodos que ha impactado al mundo hispano en los últimos años. El acceso al uso del Internet crea problemas de seguridad infantil y de identidad. El uso de nuevas tecnologías también afecta cómo nos expresamos. La entrada de vocabulario nuevo y palabras en inglés afectan la manera de hablar que muchos conciben como autóctona de una región, ciudad o país. En muchas ocasiones se crea un argot,[1] lenguaje especial, que sirve para diferenciar a los miembros de un sector o generación del resto creando divisiones sociales y culturales. De la misma manera, los miembros de grupos excluidos, por falta de acceso tecnológico o generacional, se distancian tanto física como ideológicamente manifestando purismos nacionales y lingüísticos que se concretizan en prácticas culturales tradicionales.

Los encuentros y desencuentros migratorios en el país huésped se crean por la diferencia de hábitos o costumbres, lengua y raza. Estos crean efectos de intolerancia que se pueden manifestar en forma de violencia física o ideológica y de discriminación. Ante la presencia de lo diferente pueden surgir crímenes xenófobos o políticas antiinmigratorias. Muchas de estas comunidades quedan marginadas, especialmente si hablan otro idioma o son de otra raza. La inmigración latinoamericana en España se constituye de una variedad de países, pero en especial de Cuba y otros sudamericanos. Por otro lado, existe una gran inmigración africana, árabe y asiática que también deja su huella en la influencia y cambios culturales. Los desencuentros ocurren cuando los grupos mantienen sus costumbres y no adoptan las del país huésped. Estas se pueden manifestar desde cómo se prepara un plato de comida hasta cómo se comporta, se viste o se habla. La resistencia se da, en muchas ocasiones, en contraste de generaciones que se pueden manifestar de forma violenta tanto en la casa como en el espacio público. En la película *Flores de otro mundo* (1999) se puede evidenciar algunos ejemplos de desencuentros culturales como consecuencia de la inmigración. La falta de aceptación e incomprensión sucede cuando ese choque de costumbres ocurre en cualquier aspecto de la vida cotidiana. El rechazo a estos nuevos miembros de la comunidad crea enajenación, discriminación y violencia por parte de ambos grupos.

---

[1]*jargon*

*You can go to **Después de leer A, Paso 2** for a post-reading comprehension activity.

Los métodos de consumo como la compra de víveres o productos provocan cambios que atentan contra el bienestar sociocultural. La visita casi diaria a la panadería, a la carnicería o a la tienda de la esquina se cambia con la visita quincenal[2] o semanal al supermercado. La salida a la plaza a charlar con los amigos y beber unas copas se transforma en una noche frente al televisor con un servicio de comida rápida. La salida al café del barrio para comer un pastelito tradicional se intercambia por la visita al café de origen extranjero. La salida al centro para adquirir ropa, zapatos, libros y otros productos se sustituye por la visita al centro comercial. Estos cambios en la compra y venta de productos o de consumo representan algunos cambios culturales tradicionales en proceso de transformación o eliminación. Algunos los relacionan con los efectos de la globalización y otros con la entrada de la cultura americana.

[2]*bimonthly*

DESPUÉS DE LEER

Actividad A   Comprensión del texto

Paso 1 Escoge la respuesta más apropiada utilizando la información de la lectura.

1. La seguridad se identifica en el núcleo familiar con _____.
   a. tener vivienda, auto, empleo y educación
   b. tener vivienda, empleo, comida y bienes
   c. tener empleo, vivienda, comida y educación

2. Las asociaciones económicas en el mundo hispano tienen esta característica: _____.
   a. la mayoría mantiene sus monedas nacionales
   b. todas se encuentran en América
   c. todas están constituidas por países de habla hispana

3. Las iniciativas del gobierno por mantener la estabilidad económica se afectan _____.
   a. debido a cambios culturales y a la pobreza
   b. debido a la pobreza y el desempleo
   c. debido a la criminalidad y el desempleo

4. Un ejemplo de cómo la falta de recursos afecta la seguridad económica es _____.
   a. la presencia de cadenas estadounidenses de supermercados
   b. la escasez de víveres importados
   c. la disminución de zonas agrícolas

5. Con la entrada del supermercado se afecta _____.
   a. la venta de víveres a los agricultores
   b. la compra de productos en el vecindario
   c. la economía alternativa de compra y venta en la calle.

6. El problema de la pobreza se manifiesta _____.
   a. en problemas de delincuencia entre los niños
   b. en problemas de abuso e injusticia social en los niños
   c. en problemas de falta de educación en los niños

Paso 2 Completa en tus propias palabras las siguientes oraciones de acuerdo con la información de la lectura.

1. Los problemas principales que afectan al mundo hispano son...
2. Los encuentros y desencuentros culturales ocurren...
3. La tecnología ha afectado...
4. La inmigración ha causado...
5. Los cambios en las costumbres de consumo se relacionan con...

Actividad B   Reflexión

Usa las lecturas para explicar tu respuesta.

1. En la primera lectura se habla de la seguridad económica y de sus efectos en los sectores pobres. En tu opinión, ¿cómo crees que afecta a otros sectores sociales?
2. En la segunda lectura se habla de cómo los cambios culturales afectan la interacción social. ¿Cómo se puede resolver este problema? ¿Qué medidas se deben tomar?
3. ¿Cómo se comparan o contrastan las preocupaciones presentadas en las lecturas con lo que pasa en los Estados Unidos? Explica.

Actividad C   Extensión del tema

1. Leyes migratorias: Eres miembro de la Cámara del Senado de los Estados Unidos y se ha decidido cambiar las leyes migratorias. ¿Qué aspectos cambiarías? ¿Por qué? Prepara un mini discurso de una página para presentarlo en clase explicando las medidas (*measures*) que cambiarías.
2. Busca en el Internet testimonios de algunos inmigrantes en España. Apunta la información más importante que incluya lo siguiente: el tipo de inmigrante que es, su país de origen y razones por las que ha emigrado. Después prepara un informe sobre la inmigración en España. En clase comenten en qué se compara y se diferencia de la inmigración en los Estados Unidos.
3. Mira la película *Flores de otro mundo* (1999) y escribe una reseña de la película de una página resaltando los efectos positivos y negativos de la inmigración. Ten en cuenta los aspectos mencionados en las dos lecturas y los pormenores (*details*) de la película. Comenta en clase con tus compañeros los efectos de la inmigración y las preocupaciones sociales. Escribe la reseña desde el punto de vista de un ciudadano del país huésped.

LECCIÓN 10

¿Cómo podemos solucionar los problemas sociales?

En esta lección vas a:

> hablar y escribir sobre las posibles soluciones a los problemas actuales en la sociedad

> escuchar lo que dicen nuestros amigos sobre algunas soluciones

> leer información cultural sobre la educación sexual, y sobre la asistencia sanitaria en los países hispanohablantes

> estudiar el pluscuamperfecto; repasar el pretérito y el imperfecto; enfocarte en la diferencia entre **por** y **para** y usar algunos verbos que requieren la preposición **a.**

> leer y comentar un segmento de *Me llamo Rigoberta Menchú y así me nació la consciencia.*

Dibujo dedicado a los frailes (*monks*) de Montserrat en la festival de Sardinias (1959), por el pintor español Pablo Ruiz Picasso (1881–1973)

1. ¿Cuál es el mensaje de este cuadro?
2. ¿De qué colores están pintadas las figuras?
3. ¿Por qué hay una paloma (*dove*) en medio?

Antes de empezar las actividades, ve la **Introducción** del vídeo de esta lección.

REFRÁN *Haz bien y no mires a quién.*

ANTES DE VER

Vocabulario del vídeo

el anticonceptivo	contraceptive	la pandilla	gang
el asesinato	killing; murder	el requisito	requirement
asesinar	to kill; to murder	el vínculo	link
el compañerismo	camaraderie		
la conferencia	lecture	abstenerse (*like* **tener**)	to abstain
el enfrentamiento	confrontation	la abstención	abstention
enfrentarse (con	to confront	constatar	to prove
alguien)	(someone)	profundizar (c) en	to go deeper / delve into
la leyenda	legend		(*a topic, issue*)
la materia	school subject		
la mercadotecnia	marketing	formidable	outstanding

Cognado: el interés

Repaso: acostumbrarse a + *noun* / + *inf.*, **corrupto/a, (des)honesto/a,
mejorar(se)**

«La situación de la educación se va mejorando, comenzando especialmente con las nuevas generaciones.» ¿Estás de acuerdo con el Padre Aguilar? ¿O piensas que la situación de la educación se va empeorando con las nuevas generaciones?

AMIGOS FALSOS

conferencia y lectura

Las palabras **conferencia** y **lectura** no significan *conference* y *lecture*. Una conferencia es una presentación formal o *lecture*. Una lectura es algo que se lee o para ser leído, y equivale a *reading*. Para decir *conference*, se puede usar las palabras **asamblea** o **congreso**. A continuación hay algunos ejemplos del uso de estas palabras.

Siempre aprendo mucho en las **conferencias** del profesor Ortega.

I always learn a lot in Professor Ortega's lectures.

Las **lecturas** para la clase son muy difíciles. Hay que leerlas varias veces para entenderlas bien.

The readings for the class are very difficult. One has to read them several times to understand them well.

El **congreso** sobre las reformas en el sistema educativo tendrá lugar en septiembre.

The conference about educational reform will take place in September.

Actividad A   Asociaciones

Empareja cada palabra o expresión de la columna A con la descripción más apropiada de la columna B.

A	B
1. ___ pandilla	**a.** unión, conexión entre dos cosas o personas
2. ___ abstenerse	**b.** conflicto
3. ___ asesinato	**c.** grupo de personas dedicadas a la violencia
4. ___ profundizar	**d.** se usa para prevenir el embarazo
5. ___ enfrentamiento	**e.** no hacer algo
6. ___ anticonceptivo	**f.** confirmar la veracidad de algo
7. ___ vínculo	**g.** examinar algún tema con mucha atención
8. ___ constatar	**h.** crimen que termina con la vida de una persona

Actividad B   En otras palabras

Con otra persona, explica un contexto posible para cada oración y expresa la misma idea con otras palabras.

1. Dan unas conferencias sobre el tema, pero realmente no se profundiza.
2. La gente no va por interés sino va porque es un requisito.
3. La gente adulta ya se acostumbró a ser corrupta.
4. Se puede hacer mucho con la mercadotecnia para reeducar a la gente.
5. El problema es que no hay un vínculo maestro–estudiante.

NOTA CULTURAL

La educación sexual

En el vídeo de esta parte de la lección, vas a oír a Ernesto hablar de cuando estaba en la escuela y tenía que asistir a las conferencias sobre la sexualidad. La educación sexual es un tema que incita muchas opiniones tanto en los Estados Unidos como en los países hispanohablantes. A causa de las preocupaciones relacionadas con la sobrepoblación y el VIH/SIDA, parece que todos están de acuerdo en la importancia de la educación sexual, pero hay mucho debate en cuanto a quiénes tienen la responsabilidad de educar a los niños acerca de los temas y qué temas se deben enseñar. Por ejemplo, en muchos programas de educación sexual se incluyen temas como la reproducción humana, conductas relativas a las relaciones sexuales, las enfermedades transmitidas sexualmente, el uso de métodos anticonceptivos y la orientación sexual. Los que se oponen a estos programas opinan que la educación sexual es responsabilidad exclusiva de los padres, y debido a su ideología creen que sólo se debe promocionar la heterosexualidad y, como método anticonceptivo, la abstinencia. Además, algunos piensan que hablar de estos temas va a tener un efecto contraproducente: los jóvenes van a iniciar su vida sexual desde una edad más temprana. Aún los que apoyan la educación sexual en las escuelas reconocen algunos desafíos. En algunos países los maestros tienen la opción de incluir la educación sexual en su plan de estudios, pero muchos no están (o no se sienten) lo suficientemente preparados para abordar el tema en sus clases. Además, temen que los jóvenes no tengan suficiente confianza con los maestros para tratar el tema con ellos.

La educación sexual de niñas y niños de 6 a 12 años

Guía para madres, padres y profesorado de Educación Primaria

En tu opinión, ¿quiénes tienen la responsabilidad de educar a los niños acerca de estos temas? ¿Los padres? ¿Los maestros y profesores?

Actividad C   Preguntas

Paso 1 Divídanse en grupos para contestar las preguntas de uno de los temas a continuación. Luego, presenten las ideas del grupo a la clase.

1. ¿Qué entiendes por «compañerismo»? Haz una lista de palabras y/o conceptos relacionados. ¿Qué importancia tiene en la sociedad?

2. ¿Qué tipos de programas de abstención existen en las escuelas? ¿Funcionan los programas? ¿Por qué (no)?

3. ¿Qué ejemplos hay de campañas de mercadotecnia para (re)educar a la gente? ¿A quiénes se dirigen estas campañas? ¿A gente de cierta edad? ¿Han tenido éxito algunas de estas campañas? Explica por qué.

Paso 2 Escuchen las ideas de cada grupo. ¿Están de acuerdo con lo que dicen?

Actividad D   Nuestros amigos hablan.

Ahora ve **Así lo veo I.** El **Vocabulario útil** te va a ayudar a comprender mejor el segmento.

Vocabulario útil

dar (*irreg.*) **mordidas**	to bribe
meterse en la fila	to cut in line
pasarse el alto	go through a stop sign
la parroquia	parish
el antaño	long time ago

DESPUÉS DE VER
Comprensión y opiniones

Actividad A   Según el Padre Aguilar

Contesta las siguientes preguntas sobre lo que dice el Padre Aguilar.

1. ¿A qué personas sería difícil reeducar?
2. ¿Con qué personas hay que empezar?
3. ¿Cómo se puede reeducar a la gente?
4. ¿Cómo era la zona donde estaba la primera parroquia en donde trabajó el Padre Aguilar?
5. ¿Qué hizo allí?
6. ¿Cómo se mejoró la comunidad?

Actividad B   Según Ernesto

Paso 1 A continuación hay un fragmento de lo que dice Ernesto. ¿Puedes completarlo con las palabras y expresiones que él utiliza?

«En cuestión de _____[1] hay muchísimos programas, ¿no? programas de _____,[2] ... conferencias que se dan en las escuelas... pero realmente no se _____.[3] Vaya, yo he estado en _____.[4] Estás en clases, te llaman a una conferencia. Es una conferencia sobre _____[5] donde te van a explicar _____[6] y por qué te tienes que cuidar y _____[7] de tener más hijos de los que realmente tienes que tener, ¿no? y no _____.[8] O sea, es como un _____[9] y realmente la gente no va por _____,[10] sino va porque le van a subir dos puntos en _____[11] por ejemplo, ¿no? Desde allí viene el problema... »

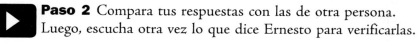

Paso 2 Compara tus respuestas con las de otra persona. Luego, escucha otra vez lo que dice Ernesto para verificarlas.

Paso 3 ¿Se aplica lo que dice Ernesto a otra cuestión u otro problema? Explica.

320

Según Ernesto, parte del problema de los programas educativos en las escuelas se debe a que «no hay ese vínculo maestro–estudiante de algo... que te intereses por el problema». ¿Qué implica este vínculo? En tu opinión, ¿es el Padre Aguilar un ejemplo de este vínculo? ¿Por qué?

GRAMÁTICA
El pluscuamperfecto

You may recall that Spanish uses the present perfect to talk about what has happened. In other words, the present perfect expresses an action or event that has been completed before the present moment.

> **He visto** muchos cambios en los últimos años.
>
> *I have seen a lot of changes in the last few years.*

The pluperfect (**el pluscuamperfecto**) expresses an action or event that has been completed prior to another point in the past.

> Perdió las elecciones porque **se había metido** en un escándalo.
>
> *He lost the election because he had gotten involved in a scandal.*

The pluperfect is formed by combining the imperfect form of **haber** (**había, habías, había, habíamos, habíais, habían**) with the past participle (**hablado, comido, vivido,** and so on).

When Padre Aguilar was talking about his experience in his first parish, do you remember what he said? Complete what he says with the pluperfect of the correct verb. Can you explain why the pluperfect is used?

> «Yo no podía hacer que dejaran de tener rencores o cambiar ya costumbres que _____ desde antaño.»

Resumen de los usos principales del pretérito y del imperfecto

Throughout *Así lo veo*, you have worked with a number of uses of the preterite and the imperfect. The section that follows summarizes the primary uses that you have learned along with some examples of what various people have said in the video.

Uses of the Preterite

To express that an event occurred at a particular point in time

> «Alguien por ahí me **dijo:** "Es que eres competencia".» —Yolanda
>
> *Someone once **told** me, "It's just that you're competition."*

Uses of the Imperfect

To express an ongoing state or event in the past

> «Todo **era** muy diferente; antes no **había** tanta droga.» —Leticia
>
> *Everything **was** very different; before there **weren't** so many drugs.*

Uses of the Preterite

To express that an event was confined by time limits

> «Yo **fui** maestra durante treinta años.» —Ruth
>
> I **was** a teacher for thirty years.

To express a series of completed or consecutive events

> «**Murió** alguien de la familia y **fui** a ver al padre para que viniera y no **vino.**» —Leticia
>
> Someone in the family **died** and I **went** to see the priest so that he would come and he **did not come.**

To express that an event occurred while another was in progress

> «De repente **recordé** que estaba ahí porque me querían curar.» —Gustavo
>
> Suddenly I **remembered** that I was there because they wanted to cure me.

Uses of the Imperfect

To express that two events were taking place at the same time

> «Mi esposo me **apoyaba** mucho mientras **trabajaba.**» —Ruth
>
> My husband **would / used to support** me while I **was working.**

To provide background information (time, age, physical/mental characteristics)

> «Hace unos años tuve un problema con una pareja y yo **estaba** muy mal.» —Gustavo
>
> A few years ago I had a problem with a partner and I **was** in pretty bad shape.

To express that an event was in progress at a certain time or when something else occurred

> «Una chica que **estudiaba** conmigo un día me dijo que... » —Yolanda
>
> A girl who **studied (was studying)** with me one day told me that...

 PRUÉBALO 2

Complete this part of what Padre Aguilar said about his first parish with either the preterite or the imperfect of each verb in parentheses. Then listen to the segment to verify your answers. Explain why the preterite or the imperfect is used in each instance.

« ... en la primera parroquia donde _____ (**estar**)[1] donde _____ (**haber**)[2] mucha gente que _____ (**dedicarse**)[3] a robar, donde _____ (**haber**)[4] un muerto a la semana por enfrentamientos de pandillas dentro del mismo grupo, yo no _____ (**poder**)[5] hacer que hablaran los adultos y se pusieran en paz. ... Lo que _____ (**hacer**)[6] fue empezar a acercar a los niños, y con los niños ir creando lazos... »

Actividad A   Ya lo había hecho.

Paso 1 Escribe lo que ya (no) habías hecho antes de los siguientes eventos (y otros que se te ocurran), o cuando el evento ocurrió.

> Modelo: *Cuando empecé a (Antes de) estudiar español, ya había estado en México.*
>
> *venir a esta universidad   empezar a estudiar español*
>
> *llegar a la clase de español   cumplir los 16 años*

Paso 2 Con otra persona, comparte sólo la segunda parte de tus oraciones. Él/Ella tiene que adivinar cuál fue el evento.

> Modelo: E1: *Ya había estado en México.*
>
> E2: *Antes de estudiar español. / Cuando empezaste a estudiar español.*

Actividad B   Una experiencia importante

Piensa en una experiencia o un evento que haya cambiado tu vida o te haya impactado de una manera positiva. Luego, usando el pluscuam- perfecto, piensa en por lo menos tres de las razones del impacto de esa experiencia.

Modelo: *El año pasado, fui a Centroamérica. Antes de ese viaje, nunca había estado fuera de los Estados Unidos. Nunca había tenido que expresarme sólo en español, y nunca había conocido personas tan generosas. Además, nunca había visto una selva tropical.*

Actividad C   Historias en cadena (*chain*)

En grupos de tres, escojan uno de los siguientes temas y escriban una historia de nueve oraciones usando el pretérito y el imperfecto. Un miembro del grupo escribirá la primera oración en una hoja y luego se la pasará al estudiante siguiente para que escriba la segunda. Sigan turnándose hasta que todos hayan escrito tres oraciones diferentes. Tu profesor(a) va a leer las historias y la clase va a determinar cuál es la más dramática, la más cómica, etcétera.

Tema 1: El pobre niño todavía tiene vergüenza de lo que le pasó ayer en la escuela.

Tema 2: La novia todavía está muy enojada después de hablar por teléfono con _____.

Actividad D   Un evento importante

Paso 1 Entre todos, identifiquen algún evento que todos recuerdan muy bien. Debe ser algo que tuvo impacto en la ciudad donde viven, en el país y/o el mundo.

Paso 2 Contesta las siguientes preguntas acerca del evento.

1. ¿Dónde estabas cuando ocurrió?
2. ¿Qué hora era cuando te enteraste?
3. ¿Con quién(es) estabas?
4. ¿Cómo te sentiste?
5. ¿Qué hiciste después de enterarte?
6. ¿Qué pasó enseguida?

Paso 3 Comparte tus respuestas con dos personas de clase y apunta lo que te dicen. Luego, escribe un párrafo sobre el evento incluyendo la información que diste en el **Paso 2** y la de los demás.

Así lo veo II

ANTES DE VER

Vocabulario del vídeo

la confianza	confidence, trust
confiar en (confío)	to confide in, to trust
la derecha	the (political) right
la inversión	investment
invertir (ie, i)	to invest
la izquierda	the (political) left
el partido político	political party

la porquería	garbage, filth, dirt
basarse en	to be based on
ir (*irreg.*) **bien/mal**	to go well/poorly
polarizar (c)	to polarize
provocar (qu)	to provoke
suceder	to happen, occur

Más vocabulario

la asistencia sanitaria	health care
el impuesto	tax
el seguro médico	health insurance

Cognado: conservador(a)

Repaso: liberal, el socialismo

«Para mí, el ideal no sé si sería la derecha o la izquierda.» ¿A qué se refiere Gustavo?

Actividad A   ¿Estás de acuerdo?

Completa las siguientes oraciones con las palabras o frases apropiadas de la lista a continuación. Usa también la forma correcta de los verbos. Luego, indica si estás de acuerdo (**Sí**) o no (**No**) con cada afirmación y comparte tus respuestas con la clase.

1. Tengo miedo de que uno de los líderes del Oriente Medio (*Middle East*) _____ una guerra.
2. Soy bastante optimista y tengo _____ de que la situación económica del país va a mejorar.
3. Para mí, lo ideal no sería ni un partido político ni el otro; _____ el respeto.
4. No creo que uno de _____ tenga mejores ideas que los otros.
5. Hoy en día la política está demasiado _____. Es casi imposible llegar a un acuerdo.
6. Creo que políticamente (nosotros) _____ en este país.

basarse en
ir bien
los partidos políticos
la confianza
polarizado/a
provocar

Actividad B   Según Gustavo

Paso 1 Lee lo que dice Gustavo en esta parte y luego explica sus ideas con otras palabras.

- « ... por la época en la que estamos vivie... viviendo ahorita, que se están limpiando muchas cosas en todo el mundo, política y de la humanidad y demás. Pero para limpiar había que mover el agua y va a salir toda la porquería... para después poder limpiarla.»
- « ... se está polarizando el mundo tremendo.»

Paso 2 Escoge una de las ideas de Gustavo y amplía el argumento con un ejemplo concreto de tu propia experiencia o de la historia de tu país. Compara tus ejemplos con los de personas que escogieron la misma idea del **Paso 1.** Luego, presenten unos ejemplos a la clase.

Actividad C   La asistencia sanitaria

Lee la **Nota cultural** en la página 326. Luego, con otra persona contesta las siguientes preguntas.

1. ¿Por qué polariza la gente el tema de la asistencia sanitaria?
2. Compara el sistema de asistencia sanitaria de los Estados Unidos con el de algunos países hispanos.
3. En tu opinión, ¿cuáles son los problemas principales de la asistencia sanitaria en los Estados Unidos?
4. ¿Cuáles son las ventajas y las desventajas de tener un sistema de asistencia sanitaria como el que tiene España?
5. ¿Podría funcionar en los Estados Unidos algo parecido al sistema español? ¿Por qué (no)? ¿Sería deseable?

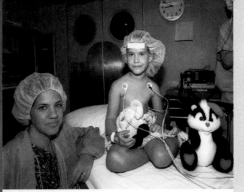

En Cuba los gastos médicos corren a cargo (*are the responsibility*) del estado.

NOTA CULTURAL

La asistencia sanitaria y el papel del estado

El seguro médico, el aumento del costo de la salud y el papel del estado en solucionar la crisis de la asistencia sanitaria son temas que polarizan a la sociedad estadounidense, sobre todo durante las campañas electorales. Este tema no sólo les preocupa a los norteamericanos sino que es un tema fundamental en muchos países hispanoamericanos también. En los últimos años se ha constatado un aumento en la esperanza de vida y un descenso en el índice de la mortalidad infantil, y se han atribuido estas mejoras a la calidad de la asistencia sanitaria en la zona. Sin embargo, los sistemas de asistencia sanitaria se enfrentan con muchos problemas en diversas partes de Latinoamérica. En la mayoría de los países hispanos, existen sistemas públicos y privados que regulan el seguro médico. Es decir, que las personas que tienen empleo fijo o suficiente dinero pueden acceder a una buena protección médica en clínicas y hospitales privados. Los que no pueden tener acceso a ese tipo de seguro, automáticamente tienen un seguro público que les ofrece protección, aunque no es necesariamente buena, sobre todo en las zonas rurales de esos países. Por ejemplo, a causa de la alta demanda de atención y de la escasez de médicos en las clínicas públicas, no es poco común tener que esperar más de seis horas para ser atendido. En Cuba y España la asistencia sanitaria es universal. Es decir, el seguro médico es un derecho para todos los ciudadanos. Esta cobertura incluye atención médica y hospitalaria en los casos de enfermedad (a pesar de que sea una condición preexistente), de maternidad y de accidentes. En España, como en los otros países de la Unión Europea, un porcentaje de los impuestos va directamente a la Seguridad Social (un organismo oficial del estado) que cubre los gastos médicos de todos los ciudadanos.

Vocabulario útil

la mugre	grime, dirt
a flote	floating
el sexenio	period of six years
la liquidez	liquidity
echarle ganas a (*Mex.*)	to give (*something*) one's best
las mecedoras	rocking chairs
la hierba	grass
el pasto	lawn

Actividad D   Nuestros amigos hablan.

Ahora ve **Así lo veo II.** El **Vocabulario útil** te va a ayudar a comprender mejor el segmento.

DESPUÉS DE VER
Comprensión y opiniones

Actividad A   Lo que dice Gustavo

Completa las oraciones con la palabra o expresión adecuada.

1. México está pasando por _____.
2. En México y en el mundo se están _____ muchas cosas y está saliendo _____ a flote.
3. Lo que tiene que hacer Gustavo es _____ a su negocio y ser buen _____ en su otro trabajo.
4. Se está _____ la política en todo el mundo.
5. En Latinoamérica los países tienden más al _____.
6. Para él, lo ideal sería basarse en _____.

Actividad B   ¿Lo dice Gustavo?

Paso 1 Indica si cada oración representa lo que dice Gustavo (**Sí**) o no (**No**).

	Sí	No
1. Gustavo es optimista respecto al futuro de su país.	☐	☐
2. Está contento con el presidente actual de México.	☐	☐
3. Cree en el socialismo.	☐	☐
4. Los jardines estaban bien cuidados en Cuba.	☐	☐
5. La polarización política es un problema muy grave.	☐	☐

Paso 2 Gustavo dice más sobre cada oración del **Paso 1.** Justifica tus respuestas del **Paso 1** basándote en lo que dice.

> **Modelo:** *Gustavo sí/no es optimista respecto al futuro porque dice que...*

Actividad C   Perspectivas liberales y conservadoras

Cuáles son las perspectivas conservadoras y cuáles son las liberales acerca de los siguientes temas? Comparte tus ideas con la clase. En tu opinión, ¿es posible llegar a un acuerdo con respeto a algunos temas o está demasiado polarizada la situación política?

la defensa   los impuestos   la pobreza   el seguro médico

la educación   el medio ambiente   la política exterior

Escucha lo que dice Leticia sobre lo que debe hacer el gobierno. Luego, compara lo que dice ella con las opiniones de Gustavo que acabas de escuchar.

 ASÍ LO PIENSO.

Vocabulario útil

flojo/a | lazy

GRAMÁTICA
Los usos de *por* y *para*

You have already encountered a number of uses of the prepositions **por** and **para** throughout *Así lo veo*. Below is a summary of their most common uses.

A. Uses of **por**

1. To express movement through time or space (*along, through, during, in*)

   Ruth y su marido caminan mucho **por** el parque.
   Ruth and her husband walk a lot through/in the park.

   Ernesto va a la universidad **por** la tarde.
   Ernesto goes to the university in the afternoon.

2. To express a means (*by, by means of*)

   Encontré un apartamento **por** Internet.
   I found an apartment by means of (on) the Internet.

   Nos enteramos de la noticia **por** Juan.
   We learned about the news by means of (from) Juan.

3. To express a cause (*because of, due to, on behalf of*)

   Leticia trabaja **por** su familia.
   Leticia works on behalf of / for the sake of her family.

   ¿**Por** quién vas a votar en las elecciones?
   Who are you voting for in the elections?

   Leticia reza **por** sus hijos cada noche.
   Leticia prays for / for the sake of her children each night.

4. To indicate a substitution or exchange (*in exchange for*)

   Gracias **por** la ayuda.   *Thanks for the help.*

   ¿Cuánto te debo **por** la comida?
   How much do I owe you for the food?

B. Uses of **para**

1. To indicate the recipient of an action (*intended for, destined for*)

   Este regalo es **para** ti.   *This gift is for you.*

   Te deseo todo lo mejor **para** el futuro.
   I wish you all the best for the future.

2. To indicate a destination in space or time; a deadline (*to, in the direction of, by*)

Tenemos que entregar el trabajo **para** el viernes.
We have to turn in the work by Friday.

Sale mañana **para** Venezuela.   *She leaves tomorrow for Venezuela.*

3. To indicate a purpose or goal (**para** + *inf. /* **para que** + *subjunctive*) (*in order to, so that*)

Hay que poner mucho esfuerzo **para** mejorar la situación.
One has to put in a lot of effort to improve the situation.

Los políticos nos prometen mucho **para que** votemos por ellos.
Politicians promise a lot so that we vote for them.

4. To indicate a comparison (*considering*)

Para ser tan joven, es muy sabio.   *For being so young, he's very wise.*

Para extranjero, habla español muy bien.
For a foreigner, he speaks Spanish very well.

5. To indicate someone's opinion (*for*)

Para Ruth, la familia es lo más importante.
For Ruth, family is the most important.

Para mí, ese restaurante es demasiado caro.
For me (In my opinion), that restaurant is too expensive.

¿Por qué protestan estos estudiantes?
¿Para qué protestan?

Listen to Gustavo's first sentence again and write down the missing preposition. Can you explain why he used that preposition?

PRUÉBALO 3

«México está pasando _____ muchos cambios.»

Actividad A   ¿Por o para?

Completa cada afirmación con **por** o **para** según el contexto e indica quién la dijo: Gustavo, Leticia, Ernesto, Ruth, el Padre Aguilar o Yolanda.

1. «México está pasando _____ muchos cambios.»
2. «La gente no va _____ interés, sino va porque le van a subir dos puntos en la materia.»
3. «Había un muerto a la semana _____ enfrentamientos de pandillas.»
4. «La policía quiere sacarle dinero _____ resolver el problema.»
5. «Tienen que aguantarse el hambre _____ unos días o más.»
6. «Si pudiera, esta casa sería _____ niños.»
7. «En algunos campos políticos, no educan a la gente _____ que crezca.»
8. «Un alcohólico que va _____ las calles, no siento que ya sea rescatable.»

9. «El gobierno se preocupa más _____ hacer relaciones internacionales.»

10. «Mis respetos _____ los que manejan esta ciudad.»

Actividad B   Oraciones

Completa cada oración de una manera lógica y de acuerdo con los usos correctos de **por** y **para.**

1. Algunos jóvenes ingresan a las pandillas para (que)...
2. Algunos jóvenes ingresan a las pandillas por(que)...
3. Leticia tiene dos trabajos para (que)...
4. Leticia tiene dos trabajos por(que)...
5. Ciertos grupos luchan por(que)...
6. Ciertos grupos luchan para (que)...
7. El Padre Aguilar trabaja por(que)...
8. El Padre Aguilar trabaja para (que)...

Actividad C   Por un amigo

Paso 1 ¿Cómo terminarías las siguientes oraciones?

Por un amigo, una vez yo...   Lo hice para...

Paso 2 Compara tus oraciones con las de cuatro personas. Háganse preguntas sobre sus oraciones.

Paso 3 ¿Quién del grupo se ha sacrificado o ha hecho algo por un amigo? ¿Lo volvería a hacer por él/ella?

Actividad D   Soluciones para mejorarlo

Paso 1 En grupos de dos o tres estudiantes, sugieran por lo menos dos soluciones para lo siguiente.

1. Para combatir la pobreza, hay que...
2. Para eliminar el hambre mundial,...
3. Para bajar el índice de embarazos no deseados,...
4. Para combatir los efectos del cambio climático,...
5. Para reducir el índice de analfabetismo,...

Paso 2 Presenten sus ideas a la clase. Entre las ideas mencionadas, ¿cuáles son las más realistas?

Esta mujer toma clases para...

ANTES DE VER

Vocabulario del vídeo

el beneficio	benefit
la cadena	chain
el/la ciudadano/a	citizen
la computación	computer programming
el esfuerzo	effort
explotar	to exploit
residir (en)	to reside in
sacar (qu) adelante	to move (*a country*)
(al país)	forward; to advance; to develop

surgir (j)	to arise
humilde	humble
remunerado/a	compensated
remunerar	to compensate

Cognados: colaborar, el/la obligado/a, progresar

Repaso: la campaña, cooperar

«Hay que poner mucho esfuerzo... para que pueda progresar la sociedad en México.» ¿En qué sentido puede progresar la sociedad?

AMIGO FALSO

explotar

El verbo **explotar** significa abusar de algo o de alguien (*to exploit* en inglés), como en los siguientes ejemplos.

El jefe **explota** a sus empleados. *The boss exploits his employees.*

Algunas compañías **explotan** las selvas tropicales.
Some companies are exploiting the tropical forests.

Para decir *to explode*, se puede usar **explotar**, pero también se usa el verbo **estallar**. Mira los siguientes ejemplos. ¿Puedes ver la diferencia entre los usos de los dos verbos?

La bomba **estalló** en la calle, pero nadie murió.
The bomb exploded in the street, but no one died.

Elena estaba tan enojada que al final **explotó**.
Elena was so angry that she finally exploded.

Actividad A   Asociaciones

Empareja cada palabra o expresión de la columna A con la descripción más apropiada de la columna B.

A	B
1. ___ colaborar	a. utilizar algo (o a alguien) de manera abusiva para el beneficio personal
2. ___ esfuerzo	b. habitante de algún lugar (ciudad, país)
3. ___ explotar	c. aparecer
4. ___ campaña	d. avanzar, mejorar
5. ___ surgir	e. esfuerzo o trabajo para conseguir algún fin determinado
6. ___ remunerar	f. actividad física o mental dedicada a algo
7. ___ ciudadano	g. trabajar con otras personas para lograr algo
8. ___ progresar	h. recompensar, pagar por un servicio

Con otra persona, explica un contexto posible para cada afirmación.
Luego, indica si estás de acuerdo con la oración.

		Sí	No
1.	Hay que ser más humano con los demás.	☐	☐
2.	Muchas personas creen que pueden explotar a la gente sin dar nada a cambio.	☐	☐
3.	El gobierno ha hecho mucho.	☐	☐
4.	Si hacemos una cadena tremenda todos vamos a sacar adelante al país.	☐	☐
5.	El ser humano piensa que el gobierno es el obligado, y no es el obligado.	☐	☐

Paso 1 En grupos, contesten las preguntas relacionadas con uno de los
temas a continuación. Luego, presenten las ideas del grupo a la clase.

1. ¿En qué reside el problema de la pobreza? ¿Reside en el gobierno?
¿Reside en los pobres mismos?

2. ¿Cuáles son los grupos más explotados (o marginados) del país?
¿A qué se debe esta explotación? ¿Quiénes los explotan?

3. ¿Qué ejemplos pueden dar de la influencia, tanto positiva como
negativa, del gobierno en la educación de su país? ¿Ayuda y/o
estorba (*gets in the way*) el gobierno?

Paso 2 Escuchen las ideas de cada grupo. ¿Están de acuerdo con lo
que dicen?

Ahora ve **Así lo veo III.**

Así lo veo

333

DESPUÉS DE VER
Comprensión y opiniones

Actividad A   ¿Qué has entendido?

 Paso 1 Mira **Así lo veo III** otra vez y mientras tanto (*meanwhile*) apunta las ideas más importantes de Yolanda y Ruth.

Paso 2 Compara tus apuntes con los de otra persona. Luego, escriban un resumen de tres a cinco oraciones sobre lo que dice Yolanda y después, sobre lo que dice Ruth.

Paso 3 Presenten uno de los resúmenes a la clase y escuchen los resúmenes de los demás. ¿Hay ideas en común?

Actividad B   ¿Estás de acuerdo con Ruth?

Lee otra vez lo que dice Ruth en esta parte de la lección.

> «Si hacemos una cadena tremenda, todos vamos a colaborar y vamos a salir... Si cada uno, un mexicano pensáramos, yo, uno, le voy a enseñar a uno a leer y escribir, pues sacamos al país.»

¿Estás de acuerdo con ella? ¿Puedes pensar en otras cadenas que tú y los otros estudiantes pueden hacer para sacar adelante a su comunidad o país?

 ASÍ LO PIENSO.

Vocabulario útil
los impuestos | taxes

Escucha lo que dice Gustavo sobre otro grupo muy afectado del país. ¿Estás de acuerdo con él? ¿Se puede comparar lo que dice él con algo que ocurre en tu país?

GRAMÁTICA
Verbos que requieren la preposición *a*

In the segment below, do you remember the two verbs that Ruth used with the preposition **a**? Listen to the segment again to verify your response.

PRUÉBALO 4

«Si cada uno, un mexicano pensáramos, yo, uno, le _____ a _____ a uno a leer y escribir, pues sacamos al país.»

A. In **Lección 8**, you learned that some verbs take prepositions in Spanish, whereas equivalent English verbs may not. Here is a list of verbs in Spanish that take the preposition **a** followed by an infinitive.

aprender a + *inf.* to learn how to (*do something*)	Quiere **aprender a** comunicarse mejor en español. *She wants to learn how to communicate better in Spanish.*
atreverse a + *inf.* to dare to (*do something*)	No **me atrevo a** interrumpir ahora. *I don't dare interrupt right now.*
ayudar a + *inf.* to help (*do something*)	¿Me **ayudas a** preparar la cena? *Can you help me make dinner?*
comenzar (ie) (c) a + *inf.* to begin (*doing / to do something*)	**Comenzó a** trabajar con los niños hace mucho tiempo. *He began working with children a long time ago.*
comprometerse a + *inf.* to commit to (*doing something*)	¿Te **comprometes a** ayudarnos en el proyecto? *Do you commit to helping us with the project?*
empezar (ie) (c) a + *inf.* to begin (*doing / to do something*)	¿Cuándo **empezaste a** estudiar español? *When did you begin studying Spanish?*
enseñarle a + *inf.* to teach someone to (*do something*)	¿Quién te **enseñó a** jugar así? *Who taught you to play like that?*
negarse (ie) (gu) a + *inf.* to refuse to (*do something*)	**Se negó a** decirnos la verdad. *He refused to tell us the truth.*
obligar (gu) a + *inf.* to force to (*do something*)	No te pueden **obligar a** hacer algo ilegal. *They can't force you to do something illegal.*
salir (irreg.) a + *inf.* to go out (*to do something*)	¿Por qué no **salimos a** tomar un café? *Why don't we go out to have a coffee?*

B. Some verbs that take the preposition **a** can be followed by an infinitive or a noun.

acostumbrarse a + *inf.* / + *noun*
to be / get used to (*doing something / something*)

No **nos acostumbramos a** vivir en la ciudad.
We're not getting used to living in the city.

No **nos acostumbramos a** la ciudad.
We're not used to the city.

contribuir (y) a + *inf.* / + *noun*
to contribute to (*doing something / something*)

Los voluntarios **contribuyeron a** mejorar la escuela.
The volunteers contributed to improving the school.

Los voluntarios **contribuyeron al** éxito de la escuela.
The volunteers contributed to the success of the school.

dedicarse (qu) a + *inf.* / + *noun*

to (*do something*) for a living / to spend time (*doing something*) / to dedicate time to (*something*)

Se dedica a enseñar. / **Se dedica a** la enseñanza.
She teaches for a living.

¿A qué se dedica? ¿A qué contribuye? ¿A qué (a quiénes) ayuda?

invitar a + *inf.* / + *noun*
to invite to (*do something / something*) / to treat to (*something*)

Me **invitaron a** colaborar en el proyecto.
They invited me to collaborate on the project.

Te **invito a** un café.
I'll treat you to a coffee.

limitarse a + *inf.* / + *noun*
to limit oneself to (*doing something / something*)

Paco se **limita a** comprar sólo lo que necesita.
Paco limits himself to buying only what he needs.

Paco se **limita a** las necesidades básicas.
Paco limits himself to basic needs.

oponerse (like **poner**) **a** + *inf.* / + *noun*
to be opposed to (*doing something / something*)

Se oponen a atacar a otro país.
They're opposed to attacking another country.

Se oponen a la invasión.
They're opposed to the invasion.

renunciar a + *inf.* / + *noun*
to give up (*doing something / something*)

Mi abuela no ha **renunciado a** divertirse.
My grandmother hasn't given up having a good time.

Tuvo que **renunciar al** viaje para cuidar a los hijos.
He had to give up the trip to take care of the kids.

volver (ue) a + *inf.* / + *noun*
to start (*doing something*) again, to return to (*a place*)

Marcos ha **vuelto a** beber.
Marcos has started drinking again.

Vuelvo a casa a las 6:00.
I'll return home at 6:00.

The verb **deber** has a number of uses, some of which are outlined below.

- **deberle:** expresses to owe someone something

  Me **debes** mil pesos. *You owe me a thousand pesos.*

  Le **debo** una explicación. *I owe her an explanation.*

- **deber** + *inf.*: expresses obligation or what someone ought to do

  Debemos hacer más para combatir la pobreza.

  We ought to (must) do more to combat poverty.

- **deber de** + *inf.*: expresses a probable hypothesis

  Ya es tarde. **Deben de** ser las 11:00.

  It's already late. It's probably (It ought to be) eleven o'clock.

- **deberse a:** to express a cause or reason

  El problema **se debe a** la crisis económica del país.

  The problem is due to / the result of the country's economic crisis.

Note: When followed by an infinitive (as in **deber** + *inf.*), it's not uncommon to see **deber** in its conditional (or imperfect subjunctive) forms. When used in this way, the meaning is more like *should (do something)* than *must (do something)*.

Debes llamarlo para saber qué pasa.

You ought to call him to find out what's going on.

Deberías llamarlo para saber qué pasa.

You should (It would be a good idea to) call him to find out what's going on.

Actividad A   ¿A qué se debe?

Con otra persona, usa las expresiones a continuación para explicar cada oración con otras palabras. Luego, piensen en un contexto apropiado para la oración.

sería buena idea...   probablemente...

tener que...   a causa de...

> **Modelo:** *Debe mil dólares.* → *Alguien tiene una deuda de mil dólares. Usó el coche de un amigo y tuvo un accidente. Ahora tiene que darle mil dólares a su amigo para reparar el coche.*

1. Debe de estar trabajando.
2. Deberías hacer más.
3. No debes ir.
4. Se debe a la ignorancia.

Actividad B   ¿Qué dices?

Paso 1 ¿Cómo terminarías cada oración?

1. Todavía no me atrevo a...
2. Me opongo a...
3. No me acostumbro a...
4. Una vez me negué a...
5. En el futuro espero dedicarme a...
6. Me he comprometido a...
7. No quiero limitarme a...
8. Después de la clase, voy a salir a...

Paso 2 Comparte lo que escribiste para el **Paso 1** con otra persona. Luego, escribe un breve párrafo en el cual resumes la información de la conversación con tu compañero/a.

Actividad C   ¿A quién se refiere?

Paso 1 Escoge a uno de nuestros amigos y, usando cinco verbos que requieren la preposición **a,** escribe cinco oraciones que describan a esta persona.

Paso 2 Comparte tus oraciones con un grupo de cuatro estudiantes sin decir el nombre de la persona descrita. Los otros estudiantes tienen que adivinar quién es y luego añadir una oración más.

Actividad D   Así lo veo yo.

Escribe una composición de 200 palabras sobre el siguiente tema: **Soluciones para combatir los problemas sociales.** Antes de empezar, sigue las recomendaciones a continuación para organizar tus ideas.

Antes de escribir

- Repasa el vídeo y el contenido de las actividades de la lección.
- Apunta las ideas expresadas por algunas personas del vídeo que quieres incluir en tu composición. Pueden ser ideas o perspectivas con las que estás de acuerdo o no.
- Piensa cómo puedes integrar los puntos gramaticales de esta lección.

Al escribir

- Haz un bosquejo para organizar el orden de tus ideas.
- Escribe un borrador y repásalo (con otra persona si quieres), fijándote bien en el contenido y en la gramática.

Versión final

- Pon en limpio el borrador de la composición para entregársela a tu profesor(a).

OTRAS VOCES

Watch interviews with other Spanish speakers on the *Así lo veo* YouTube™ channel, CENTRO, or on the Online Learning Center.

www.youtube.com/asiloveo

CENTRO
Your media center for languages

www.mhcentro.com

www.mhhe.com/asiloveo

Me llamo Rigoberta Menchú y así me nació la conciencia

Rigoberta Menchú (Guatemala 1959–),
Elisabeth Burgos-Debray (Venezuela)

Perfil de las autoras

Rigoberta Menchú Tum es una líder indígena guatemalteca que nació en el Departamento de El Quiché en 1959. Desde muy pequeña, Rigoberta conoció las injusticias que sufría su pueblo. Su familia fue asesinada durante la violencia armada en Guatemala en 1982. Desde muy joven Rigoberta se involucró en[a] las luchas reivindicativas de los pueblos indígenas, y por eso sufrió persecución política y exilio. En 1992, Rigoberta recibió el

Rigoberta Menchú

Premio Nóbel de la Paz por su trabajo a favor de las comunidades indígenas. Ese año coincidía con el quinto centenario de la conquista de América.

Elisabeth Burgos–Debray, una antropóloga de doble nacionalidad, venezolana y francesa, entrevistó a Rigoberta y publicó el libro *Me llamo Rigoberta Menchú y así me nació la conciencia*, de donde se han sacado las dos secciones de la lectura.

[a]se… *got involved in*

ANTES DE LEER

Vocabulario

la aldea	small village
la amenaza	threat
amenazar (c)	to threaten
el antepasado	ancestor
el caballo	horse
la carga	weight
la estancia	time spent
la etnia	ethnic group
la finca	property; country house
la lucha	fight
luchar	to fight
el testimonio	testimony
la trampa	trap

aprovecharse de	to take advantage of
costarle (ue) mucho (a uno)	to require effort; to be difficult
desalojar	to evict; to evacuate
gozar (c)	to enjoy something
narrar	to narrate
oprimir	to oppress
pertenecer (zc)	to belong to somebody, community/group

El Quiché está en el oeste de Guatemala.

Actividad A   Vocabulario

Escoge la palabra del vocabulario que mejor exprese las siguientes oraciones.

1. A mi madre le gusta mucho contar historias.
2. Esta persona vivió muchos años antes que nosotros.
3. Juan tiene diez acres de terreno en el campo.
4. Miguel vive en un poblado de cincuenta habitantes.
5. Era una forma de transporte que se utilizaba hace muchos años.
6. El testigo de un crimen proporciona eso ante el juez.
7. Los soldados de un ejército hacen eso en una guerra.
8. Nos dice que quiere hacer algo malo.
9. Se utiliza para cazar animales o para confundir a las personas.
10. Eso es algo muy pesado.

Paso 1 Con otra persona, completa una tabla como la siguiente, indicando un grupo social marginado y un problema que se asocie con su marginación.

Grupo social marginado	Problema de marginación
Los inmigrantes indocumentados	No pueden salir libremente del país cuando quieren visitar a sus familiares.

Paso 2 Presenten sus tablas a la clase ¿Escogieron grupos sociales semejantes? ¿Hay un grupo que se mencionó más que otros?

El *Popol Vuh* es el libro sagrado de los mayas. Lee el epígrafe del primer segmento de la lectura.

Paso 1 Con otra persona, contesta las siguientes preguntas.

1. El sujeto de los verbos es **nosotros.** ¿A quiénes se refiere?
2. En la opinión de Uds., ¿a qué espacio o zona geográfica se refiere el adverbio **aquí**?
3. ¿Por qué piensan Uds. que el hablante dice «es justo que continuemos viviendo donde nos place»?
4. ¿Con qué situación o evento histórico se podría relacionar?
5. ¿Cómo se relacionan el espacio desde donde se habla (**aquí**) con el sujeto gramatical del texto (**nosotros**)?

Paso 2 Basándose en sus respuestas, hagan una lista de algunos temas o ideas que posiblemente van a encontrar en el texto.

Me llamo Rigoberta Menchú y así me nació la conciencia I: La familia

> «*Siempre hemos vivido aquí: es justo que continuemos viviendo donde nos place y donde queremos morir. Sólo aquí podemos resucitar; en otras partes jamas volveríamos a encontrarnos completos y nuestro dolor sería eterno.*»

—Popol Vuh

Me llamo Rigoberta Menchú. Tengo veintitrés años. Quisiera dar este testimonio vivo que no he aprendido en un libro y que tampoco he aprendido sola ya que todo esto lo he aprendido con mi pueblo y es algo que yo quisiera enfocar. Me cuesta mucho recordarme toda una vida que he vivido, pues muchas veces hay tiempos muy negros y hay tiempos que, sí, se goza también pero lo importante es, yo creo, que quiero hacer un enfoque que no soy la única, pues ha vivido mucha gente y es la vida de todos. La vida de todos los guatemaltecos pobres y trataré de dar un poco mi historia. Mi situación personal engloba[1] toda la realidad de un pueblo.

En primer lugar, a mí me cuesta mucho todavía hablar castellano[2] ya que no tuve colegio, no tuve escuela. No tuve oportunidad de salir de mi mundo, dedicarme a mí misma y hace tres años que empecé a aprender el español y a hablarlo; es difícil cuando se aprende únicamente de memoria y no aprendiendo en un libro. Entonces, sí, me cuesta un poco. Quisiera narrar desde cuando yo era niña o incluso desde cuando estaba en el seno de mi madre,[3] pues, mi madre me contaba cómo nací porque nuestras costumbres nos dicen que el niño, desde el primer día del embarazo[4] de la mamá ya es un niño.

En primer lugar en Guatemala existen veintidós etnias indígenas, y consideramos que una de las etnias también son los compañeros ladinos,[5] como les llaman, o sea, los mestizos; serían veintitrés etnias, veintitrés lenguas también. Yo pertenezco a una de las etnias que es la etnia Quiché, tengo mis costumbres, costumbres indígenas quichés, pero sin embargo he vivido muy cerca de casi la mayor parte de las otras etnias debido a mi trabajo organizativo con mi pueblo. Soy de San Miguel / Uspantán, Departamento El Quiché. El Quiché se ubica[6] en el Noroccidente del país. Vivo en el Norte del Quiché, o sea cerca de Chajul. Pueblos que tienen largas historias de lucha. Camino seis leguas,[7] o sea veinticinco kilómetros a pie para llegar a mi casa, desde el pueblo de Uspantán. La aldea, es la aldea Chimel, donde yo nací. Precisamente mi tierra es casi un paraíso de todo lo lindo que es la naturaleza en esos lugares ya que no hay carreteras,[8] no hay vehículos. Sólo entran personas. Para transportar las cargas son los caballos o nosotros mismos; para bajar al pueblo de las montañas. Yo casi vivo en medio de muchas montañas. En primer lugar, mis padres se ubicaron desde el año 1960, ahí, y ellos cultivaron la tierra. Era montañoso donde no había llegado ninguna persona. Ellos, con toda la

---

[1]*includes* [2]*Spanish* [3]*en... in my mother's womb* [4]*pregnancy* [5]*mestizos* [6]*se... is situated* [7]*leagues (approx. three and a half miles each)* [8]*roads*

seguridad de que allí iban a vivir, y aunque les costara mucho, pero allí se quedaron. En ese lugar se daba mucho el mimbre.[9] Entonces mis padres se habían ido allá a buscar mimbre pero allí les gustó y empezaron a bajar las montañas para quedarse allá. Y, un año después querían quedarse allá pero no tenían recursos. Fueron desalojados del pueblo, de su pequeña casita. Entonces vieron la gran necesidad de irse hasta la montaña y allí se quedaron.

[9]se... *lot of wicker was produced*

XVII: Autodefensa en la aldea

« *...Empezaron a cumplir con el destino que traían guardado en la médula de los huesos...* »

—Popol Vuh

Me creó muchas confusiones, pues, la estancia de sirvienta, estar en la finca por mucho tiempo sin regresar a mi casa. Los problemas de mis padres. Estaba confundida. Un cierto cambio que sufrí internamente. Para los demás, no era tan difícil para ellos comprender que aquí está la realidad y aquí está lo falso. A mí me costó un poco eso. ¿Qué quería decir explotación para mí? Empecé a ver, ¿por qué los términos son diferentes? ¿Por qué nos rechazan? ¿Por qué al indígena no lo aceptan? ¿Y por qué antes, la tierra era nuestra? Eran nuestros antepasados los que vivían allí. ¿Y, por qué los extranjeros no nos aceptan como indígenas? ¡Allí se ubica la discriminación! Una opresión tremenda que nos ha metido la Acción Católica. Que trata de adormecer[10] al pueblo; y los otros que se aprovechan de ese adormecimiento de todos. Ya al fin logré tener una claridad. Fue cuando yo me dediqué al trabajo organizativo, a los demás. No me enseñaron a organizar a la gente, porque, de hecho, yo sabía organizar como catequista.[11] Entonces, empezamos a hacer grupos de mujeres con ganas de luchar. Y yo, de mi parte, consideraba como parte de la lucha el hecho de educar a los niños como comportarse cuando viene el enemigo. Fue un elemento importante para mí cuando aprendí a distinguir a los enemigos. Entonces, el terrateniente[12] era un gran enemigo, negro, para mí. El soldado, también era un enemigo criminal, pues. Y los ricos, en general. Empezamos a emplear el término enemigos. Porque en nuestra cultura no existe un enemigo como el punto a que han llegado esa gente con nosotros, de explotarnos, de oprimirnos, de discriminarnos; sino que para nosotros, en la comunidad, todos somos iguales. Todos tenemos que prestar servicios unos a otros. Todos tenemos que intercambiar nuestras cosas pequeñas. No existe algo más grande y algo menos. Pero nos dimos cuenta que en Guatemala existía algo grande y algo menor, que somos nosotros. Que los ladinos se disponen[13] como una raza mejor. Hubo un tiempo en que dicen que los ladinos dudaban que nosotros éramos gente. Que éramos una clase de animal. Todo eso llegué a clarificarlo en mí misma. Así fue cuando

[10]*to put to sleep*   [11]*catechist (someone who teaches Christian principles)*   [12]*landowner*   [13]se... *decide themselves*

yo me entregué al trabajo y me dije, tenemos que derrotar al enemigo. Empezamos a organizarnos. No tenía nombre nuestra organización. Todos empezamos a recordarnos de las trampas de nuestros antepasados. Dicen que hacían trampas en sus casas; hacían trampas en el camino, cuando llegaron los conquistadores, que eran los españoles. Que nuestros antepasados eran combativos. Eran gentes. Eran mentiras lo que dicen los blancos que nuestros antepasados no supieron defenderse. Porque usaban trampas. Eso es lo que decían los abuelos; mi abuelo precisamente, cuando vio que nosotros empezamos a decir, tenemos que defendernos contra las terratenientes. Y si es posible echar al terrateniente para que nos deje en paz. Si ellos nos amenazan, ¿por qué nosotros no amenazamos al terrateniente? Mi abuelo nos apoyaba mucho. Armábamos un lío[14] en la casa porque mis hermanos sacaban sus conclusiones, yo sacaba mis conclusiones y todo el mundo sacaba sus conclusiones. Mi abuelo decía: «Sí, hijos, tienen que defenderse. Nuestros antepasados se defendieron. Es mentira lo que dicen los blancos de que nos encontraron durmiendo. Ellos pelearon también.» Y nosotros, ¿por qué no vamos a pelear con las armas que usa el terrateniente? Si una persona mayor nos dice eso es porque es la verdad, pues.

[14]Armábamos... *We made a fuss*

DESPUÉS DE LEER

Actividad A   Comprensión

Contesta las siguientes preguntas.

1. ¿En qué quiere enfocar su testimonio Rigoberta?
2. ¿Cómo aprendió Rigoberta el castellano?
3. ¿Quiénes son los «ladinos»? ¿Por qué son importantes?
4. ¿Cuántas lenguas indígenas se hablan en Guatemala?
5. ¿Por qué fueron desalojados del pueblo los padres de Rigoberta?
6. ¿Qué le provoca confusión a Rigoberta?
7. ¿Qué le permitió a Rigoberta hacer trabajo organizativo?
8. Según la opinión de Rigoberta, ¿cuál es la diferencia para los indígenas entre vivir dentro de la comunidad o fuera de ella?
9. ¿En qué se diferencia la opinión de los blancos de la de Rigoberta en relación con los antepasados?

NOTA CULTURAL

La literatura testimonial

Reciben el nombre de literatura testimonial o *testimonio*, aquellos textos relacionados con la experiencia de grupos marginados que normalmente carecen de la formación y/o los medios necesarios para expresar sus ideas. Este tipo de literatura requiere un proceso de producción determinado en el que interviene un científico social, normalmente un antropólogo o un sociólogo, que graba, edita y publica el material que le proporciona su informante. En la literatura del testimonio la experiencia individual es sólo un ejemplo de lo que le ocurre a un grupo de personas que es objeto de una situación grave de injusticia social.

Actividad B   Interpretación

Con otra persona, explica las siguientes oraciones de la lectura.

1. Me llamo Rigoberta Menchú y así me nació la conciencia.
2. Mi situación personal engloba toda la realidad de un pueblo.
3. Los pueblos de la zona del Quiché tienen largas historias de lucha.
4. Allí iban a vivir [los padres], y aunque les costara mucho, pero allí se quedaron.
5. No era tan difícil para ellos comprender que aquí está la realidad y aquí está lo falso.
6. La Acción Católica trata de adormecer al pueblo.
7. Nos dimos cuenta que en Guatemala existía algo grande y algo menor, que somos nosotros.
8. Los ladinos dudaban que nosotros fuéramos gente.
9. Armábamos un lío en la casa porque todos sacaban sus conclusiones.
10. Si una persona mayor nos dice eso es porque es la verdad.

Actividad C   Más allá del texto

1. Teniendo en cuenta la información de la **Nota cultural** sobre la literatura testimonial, escribe un párrafo corto con otra persona, informando sobre la situación de un grupo socialmente marginado que tú vas a escoger. Pueden comenzar con «Me llamo ____». Presenten sus escritos a la clase sin mencionar de qué grupo se trata para ver si la clase lo puede adivinar.

2. ¿Qué injusticias quisieras denunciar como estudiante de la universidad? ¿Y como miembro activo de tu comunidad o del país? Haz una lista de tres de esas situaciones y por cada una escribe una frase que justifique la razón de tu elección.

3. Tarea para investigar: Busquen información sobre otros textos testimoniales y preparen una breve presentación oral para la clase.

El medio ambiente

IDEA 1

Describe las fotos de esta página.
¿Qué problema ambiental
representa cada foto? ¿Cuáles
son otros de los problemas
ambientales? Entre todos,
indiquen cuál es el problema
más preocupante.

IDEA 2

Lee lo que dicen Ernesto, Ruth, Yolanda y Gustavo sobre el medio ambiente. ¿Con la opinión de quién estás más de acuerdo?

IDEA 3

Con otra persona, lee los siguientes comentarios sobre el medio ambiente, tratando de adivinar quién los dice. ¿Cómo lo prueban?

1. «Creo que aquí hay un problema de egoísmo fundamental donde el hombre ha pensado en él y se le ha olvidado que su entorno (*surroundings*) también es importante.»
2. «La base de todos estos problemas es la falta de cultura.»

«En el aire, pues, podemos percibir, sobre todo los que no son de aquí, pueden percibir que el aire está tan contaminado que les afecta las vías respiratorias (*airways*).»

«Eso realmente es preocupante porque al no haber espacio, ¿dónde voy a colocar esta basura?»

«Vemos cómo levantan (*put up*) edificios, edificios, edificios y no ponen árboles.»

«Y yo siento que lo... el... el problema básico es el agua»

LECCIÓN 11

¿Cuáles son nuestros problemas medioambientales?

Juanito en la playa (1973) por el artista argentino Antonio Berni

1. ¿Cómo representa Berni el paisaje?
2. Compara el título con la imagen. ¿Qué ideas chocantes o contrastantes puedes identificar?

REFRÁN
Quien siembra (sows) *vientos recoge tempestades.*

En esta lección vas a:

> hablar y escribir sobre los problemas medioambientales

> escuchar lo que dicen nuestros amigos sobre los problemas medioambientales

> leer información cultural sobre la contaminación causada por el plomo en La Oroya, Perú, y sobre la escasez del agua en el sudoeste de los Estados Unidos

> usar los verbos **ser** y **estar;** usar el infinitivo como sustantivo; repasar los usos del gerundio

> leer y comentar la selección cultural sobre el medio ambiente

Antes de empezar las actividades, ve la **Introducción** del vídeo de esta lección.

Así lo veo I

ANTES DE VER

Vocabulario del vídeo

el ambiente	environment, atmosphere	levantar	to put up (*buildings*)
		oler (*irreg.*)	to smell
el medio ambiente	environment	penetrarse	to become imbued with something
la basura	trash, garbage		
el basurero	garbage dump	quemar	to burn
el cerro	hill	radicar (qu) en	to lie in (*difficulty, problem*)
el cerrito	small hill		
la contaminación	pollution	respirar	to breathe
el departamento	apartment	secarse (qu)	to dry up
el edificio	building	tirar	to throw; to drop (*something off*); to dump
el olor	odor, smell		
el oxígeno	oxygen		
la presa	dam	grave	serious
la tonelada	ton	inimaginable	unimaginable
		preocupante	worrying, worrisome
acabar	to use up	reducido/a	confined (*space*)
acabarse	to run out	saturado/a	saturated
acumularse	to pile up	tóxico/a	toxic, poisonous
dañar	to harm, damage		
dispararse	to shoot up, skyrocket		

Repaso: meter

Más vocabulario

la cloaca	sewer
la deforestación	deforestation
el humo	smoke
contaminar	to pollute
reciclar	to recycle
talar	to cut down (*trees*)

¿Qué vamos a hacer con las toneladas de basura que producimos a diario?

PALABRAS ENGAÑOSAS

grave/serio

Estos dos adjetivos, **grave** y **serio,** significan *serious* en inglés, pero generalmente se usan en distintos contextos. Se usa **grave** cuando uno quiere referirse a una persona enferma o lesionada (*injured*). En este contexto se traduce como *seriously ill* o *seriously injured.*

> Según los médicos, papá está **grave.**   *According to the doctors, dad is seriously ill.*

> El hombre corneado durante la Pamplonada* está **grave,** pero su vida no corre peligro.
>
> *The man gored during the Pamplonada is seriously injured but his life is not in danger.*

Serio se aplica a la actitud, al gesto de una persona, a alguien que no ríe.

> ¿Qué le pasa a Fernando? Está bien **serio.**   *What's up with Fernando? He's so serious.*

Tanto **serio** como **grave** suelen usarse para hablar de una situación que puede tener muy malas consecuencias.

> Un problema muy **serio/grave** en esta comunidad es la falta de agua potable.
>
> *A very serious problem in this community is the lack of drinking water.*

*Una corrida de toros anual en San Miguel de Allende, México

AMIGO FALSO

departamento

El sustantivo **departamento** equivale al inglés *department* cuando se habla de entidades administrativos como el Departamento de Lingüística o el Departamento de Servicios Sociales, por ejemplo. Por otro lado, **departamento** es sinónimo de **apartamento.**

> Están construyendo muchos **departamentos/apartamentos** nuevos cerca del *campus.*
>
> *They are building a lot of new apartments near campus.*

En España, también se usa **piso.**

> Daniel alquiló un **piso/apartamento/departamento** increíble en una playa de Ibiza.
>
> *Daniel rented an incredible apartment on a beach in Ibiza.*

Están construyendo un edificio de departamentos.

Actividad A   Oraciones

Escribe una oración completa con cada par de palabras. Luego, compara tus oraciones con las de otra persona y revisa las que no están claras.

> **Modelo:** *penetrarse / olor* ➜ *El olor a humo se penetra en la ropa muy rápido.*

1. tirar / basura
2. secarse / río
3. acumularse / basurero
4. respirar / oxígeno
5. dañar / contaminación
6. oler / cloaca
7. levantar edificios / árboles
8. acabarse / agua

Paso 1 Indica el tipo de vivienda en que habitas. Luego, contesta las preguntas.

Vivo en: ☐ casa   ☐ departamento   ☐ residencia estudiantil
                                              (*dormitory*)

1. ¿Sacas la basura regularmente o esperas hasta que huele mal?
2. ¿Qué cosas sueles tirar al piso (*floor*) de tu vivienda?
3. ¿Por cuánto tiempo dejas acumularse las siguientes cosas sin atenderlas: la ropa sin colgar (*hanging it*), el correo sin leer, los platos sucios (*dirty dishes*) sin lavar?
4. ¿Tienes que encender velas (*candles*) o quemar incienso para quitar el mal olor de tu vivienda? En caso afirmativo, ¿qué tipo de olor tienes que eliminar (por ejemplo, a comida, a humo, a animal)?
5. ¿Con qué frecuencia abres las ventanas para respirar aire fresco?
6. ¿Con qué frecuencia acabas los productos de limpieza (*cleaning*)? (Si no los acabas en un año, no limpias frecuentemente.)

Paso 2 Entrevista a otra persona con las preguntas del **Paso 1** y apunta sus respuestas.

Paso 3 Con la información del **Paso 2,** completa una de las siguientes oraciones y léesela a tu compañero/a de clase. ¿Está de acuerdo con tu análisis?

Me parece que tratas tu _____ como un basurero porque...

No me parece que tratas tu _____ como basurero porque...

Paso 1 Con otra persona, haz una lista de los problemas ambientales que afectan la ciudad donde se ubica tu universidad. Luego, tu profesor(a) u otro/a estudiante apuntará las ideas de Uds. en la pizarra.

Paso 2 En grupos, pongan los problemas en la pizarra en orden de importancia, comenzando con el más grave/preocupante y terminando con el menos grave/preocupante.

Paso 3 Presenten el orden a la clase. ¿Están todos de acuerdo con la importancia de esos problemas?

Paso 4 Vas a escuchar a Leticia, Ruth y Ernesto hablar de los problemas ambientales en la Ciudad de México. Basándote en lo que ya sabes de la Ciudad de México, ¿qué problemas de la lista del **Paso 2** crees que van a mencionar?

Ahora ve **Así lo veo I.** El **Vocabulario útil** te va a ayudar a comprender mejor el segmento.

Vocabulario útil

el tiradero (*Mex.*)	landfill, dump; mess
San Mateo	la colonia (*residential area*) donde vive Leticia
Naucalpan	una colonia grande de la Ciudad de México, cerca de San Mateo

DESPUÉS DE VER
Comprensión y opiniones

Actividad A   ¿Quién lo dijo?

Completa las ideas expresadas en el segmento del vídeo con las palabras que faltan. Luego, indica quién expresó esa idea: Leticia, Ruth o Ernesto. Vuelve a ver **Así lo veo I** si es necesario.

1. El tiradero de San Mateo huele horrible cuando _____ y también cuando _____.

2. La acumulación de toneladas de basura en la Ciudad de México es un problema de _____; es decir, somos millones de personas viviendo en un lugar muy _____.

3. Talaron los árboles en ese _____ para levantar _____ y _____.

4. Levantan edificios pero no ponen más árboles. ¿Qué nos va a dar _____ para respirar?

5. La contaminación _____ a niveles _____. Estamos acostumbrados a respirar este ambiente, pero es _____.

6. Había _____ en San Mateo, pero se secó porque la gente no la cuidó.

ASÍ LO PIENSO.

Vocabulario útil

el entorno	surroundings
las inundaciones	floods
el aumento	increase
las plagas	pests

Escucha lo que dice el Padre Aguilar sobre el problema de la basura en la Ciudad de México. ¿Cuáles son algunas de las consecuencias de tirar basura en la calle? ¿Qué solución propone para reducir la cantidad de basura que se tira?

Actividad B ¿Qué hacemos con la basura?

Paso 1 Ernesto plantea (*poses*) una pregunta de gran importancia para los seres humanos: ¿Qué vamos a hacer con la basura? En grupos de tres, hagan una lista de posibles soluciones e indiquen las ventajas y desventajas de cada una.

Paso 2 Ahora que has debatido algunas posibles soluciones, indica cuál de las siguientes ideas representa mejor tu postura (*stance*) con respecto al problema de la basura. ¿Puedes explicar el porqué de tu selección?

- Como dice Ernesto, el problema de la basura radica en saber qué hacer con ella.
- Como dice el Padre, el problema de la basura radica en saber cómo no producirla.

GRAMÁTICA
Más sobre *ser* y *estar*

A. Spanish has two verbs that mean *to be*: **ser** and **estar.** You are familiar with many of their uses already. You will review some of them in this section and the rest in **Así lo veo II.**

B. **Ser** is used to identify people and things.

> Antoni Gaudí **era** arquitecto.
>
> *Antoni Gaudí was an architect.*
>
> **Son** estudiantes españoles.   *They are Spanish students.*

An example of using **ser** to identify things occurs when Leticia speaks of the landfill near her neighborhood. Listen to her again and complete what she says with the missing words.

 PRUÉBALO 1

> «Cuando llueve y el olor... este... ah, pues todo aquí se penetra, todo aquí en San Mateo huele horrible. Porque, este... pues _____ un tiradero y tiran de todo. O sea, todo, desde Naucalpan vienen a tirar todo hasta acá. Pues imagínese, Naucalpan _____ un centro grandísimo.»

C. When used with the preposition **de, ser** expresses where someone is from.

> ¿De dónde **es** tu profesor(a) de español?
>
> *Where is your Spanish professor from?*
>
> Los autores de este libro **son** de Pensilvania, California y Texas, respectivamente.
>
> *The authors of this book are from Pennsylvania, California, and Texas, respectively.*

D. Both **ser** and **estar** are used to express location. **Ser** is used to indicate the location of events such as parties, concerts, and meetings. **Estar** is used to indicate the location of people and things.

> La exposición **es** en la plaza.   *The exhibition is in the plaza.*
>
> La reunión **es** en mi oficina.   *The meeting is in my office.*
>
> Los niños **están** en el parque.   *The children are at the park.*
>
> La Torre Sears (Willis) **está** en Chicago.
> *The Sears (Willis) Tower is in Chicago.*

E. Both **ser** and **estar** are used with adjectives to describe people and things. **Ser** is used to describe inherent qualities or characteristics. **Estar** is used to express a condition or quality that is subject to change or that is not characteristic. Compare the following examples.

> Isabel **es** seria.   *Isabel is serious.*
>
> Isabel **está** seria.   *Isabel seems/looks serious.*

The first example expresses that Isabel is a serious person in general, while the second indicates that she seems or looks serious right now (but it's not her nature to be that way). Below are some common adjectives that change meaning with **ser** and **estar.**

aburrido/a	Mario **es** aburrido.	Mario **está** aburrido.
	Mario is boring.	*Mario is bored.*
listo/a	Juanita **es** lista.	Juanita **está** lista.
	Juanita is smart/clever.	*Juanita is ready.*
malo/a	**Es** malo.	**Está** malo.
	He's bad/malicious.	*He's in bad shape, sick*
rico/a	El abogado **es** rico.	El café **está** rico.
	The lawyer is rich.	*The coffee is delicious.*
verde	El coche **es** verde.	El plátano **está** verde.
	The car is green.	*The banana is green (is not ripe).*

Leticia dice: «Acá atrás... este... era un cerrito, ahora ya no. Ya está saturado de... de casas.» ¿Qué lugares de tu ciudad están saturados de casas, edificios y tiendas?

F. In addition to being used with adjectives, **estar** is also used with past participles to describe people and things. Past participles are formed by adding **-ado** to the stem of **-ar** verbs and by adding **-ido** to the stem of **-er** and **-ir** verbs. When used with **estar,** past participles function as adjectives and must agree in gender and number with the nouns they modify.

contaminar	contamin**ado**	Los ríos están **contaminados.**
sorprender	sorprend**ido**	Las niñas estaban **sorprendidas** de verte.
reducir	reduc**ido**	El precio está **reducido.** Quieren vender.

An example of using **ser** and **estar** with adjectives (and past participles that function as adjectives) occurs when Ernesto speaks of his concerns about what to do with the garbage in Mexico City. Complete his sentences with the correct forms of **ser** and **estar,** then listen to the segment again and check your answers.

▶ PRUÉBALO 2

> «Eso realmente ________[1] preocupante porque al no haber espacio —¿dónde voy a colocar esta basura?— la contaminación se dispara a niveles inimaginables, ¿no? que nosotros ya ________[2] acostumbrados, o sea, ya ________[3] acostumbrados a respirar este... este ambiente que ________[4] tóxico para cualquier persona.»

Actividad A Nuestro salón de clase

Paso 1 Con otra persona, contesta las siguientes preguntas sobre tu salón de clase con oraciones completas.

1. ¿Cómo es el salón de clase, grande o pequeño? ¿Bonito o feo?
2. ¿De qué color es la pizarra? ¿Y las paredes? ¿Y la puerta?
3. ¿Está limpio el piso o está sucio? ¿Y las paredes? ¿Y la pizarra?
4. ¿Está vacío (*empty*) el cubo de la basura (*trash can*) o está lleno?
5. ¿Tiene ventanas? Si las hay, ¿están abiertas o cerradas? ¿Están limpias?
6. ¿Hay un reloj en la pared? Si es que hay uno, ¿tiene la hora correcta? Si la hora no es correcta, ¿qué hora es?

Paso 2 Basándote en la información del **Paso 1** selecciona una de las siguientes oraciones.

- Nuestro salón de clase está bien cuidado (*maintained*).
- Nuestro salón de clase está descuidado.

Actividad B Personas famosas

Paso 1 Usa las expresiones a continuación para escribir oraciones sobre algunas personas famosas.

Modelo: *Es nadador.* → *Michael Phelps es nadador.*

1. Es cantante.
2. Son atletas.
3. Era pintor(a).
4. Eran actrices.
5. Es de Nueva York.
6. Son de California.

Paso 2 Compara tus respuestas con las de otros estudiantes. ¿Escribieron sobre las mismas personas famosas?

Actividad C   En el *campus*

Paso 1 Explícale a un(a) estudiante nuevo/a dónde están los siguientes lugares del *campus*. Debes usar expresiones como **al lado de, enfrente de** y **detrás de** para ser preciso.

la biblioteca   el gimnasio   las residencias estudiantiles
la cafetería   la librería

Paso 2 Ahora, usando el verbo **ser,** dile en dónde ocurren los siguientes eventos.

1. la orientación para los nuevos estudiantes
2. los partidos de fútbol (o basquetbol o béisbol)
3. las ceremonias de graduación

Actividad D   Los cambios

 Paso 1 Escucha otra vez lo que dice Leticia sobre los cambios que ha notado en su colonia y completa lo que dice con las palabras que faltan.

«Y este... y cambios, cambios, por ejemplo... este... aquí había muchos... este... arbolitos, acá atrás... este... _____¹ un cerrito, ahora ya no. Ya _____² saturado de... de casas. Eh.... por ejemplo, allí enfrente también _____³... también ahí _____⁴ muy bonito porque había muchos árboles y todo. Ahora ya no, ya hicieron departamentos y todo... y todo se va acabando.»

Paso 2 Piensa en un lugar que conoces y que ha cambiado mucho y contesta las preguntas.

1. ¿De qué lugar se trata? (río, lago, cerro, parque, colonia, ciudad)
2. ¿Con qué adjetivos describirías cómo era ese lugar en el pasado? ¿Tranquilo? ¿Bonito? ¿Limpio? ¿Bien cuidado? ¿Relajante? ¿ ?
3. ¿Había animales? ¿Estaba lleno de plantas o árboles?
4. ¿Con qué adjetivos podrías describir ese mismo lugar ahora? ¿Feo? ¿Sucio? ¿Contaminado? ¿Ruidoso (*Noisy*)? ¿Descuidado? ¿Superpoblado (*Overcrowded*)? ¿Estresante? ¿ ?
5. ¿Está ahora saturado de casas, edificios o hay mucho tráfico de coches? ¿Es peligroso (*dangerous*) estar allí?

Paso 3 Usa las respuestas del **Paso 2** para escribir una breve composición para presentar a la clase. Fíjate en los usos de **ser** y **estar** y en la concordancia de género y número de los adjetivos y participios.

Así lo veo II

ANTES DE VER

Vocabulario del vídeo

el agua* potable	drinking water
el bisnieto / la bisnieta	great grandson/ granddaughter
los bisnietos	great grandchildren
la colonia	neighborhood / residential area
el grifo	faucet
abrir / cerrar (ie) el grifo	turn on/off the faucet
el lago	lake
el organismo	organism, body
el peligro	danger
estar (*irreg.*) **en peligro de extinción**	to be in danger of extinction
el pez (*pl.* **peces**)	fish
el plomo	lead
el tejido	tissue (flesh)

las vías respiratorias	airways, breathing passages
ensuciar	to dirty, get dirty
insistir en	to insist
modificar (qu)	to change, alter
percibir	to perceive, to notice
relajarse	to relax
requerir (ie, i)	to require
terminarse	to run out
angustiado/a	distressed, anxious
contaminado/a	polluted
cristalino/a	crystal clear
pesado/a	heavy
los metales pesados	heavy metals
precolombino/a	pre-Columbian (*before 1492*)

Más vocabulario

conservar	to conserve
derrochar	to waste
embotellado/a	bottled (*e.g., water*)

*En este segmento, cuando Gustavo, Ruth y Yolanda hablan del agua, vas a notar que la palabra **agua** no es un sustantivo típico: Toma el artículo masculino cuando es singular (**el** agua) y el femenino cuando es plural (**las** aguas). Requiere adjetivos femeninos en singular (el agua **cristalina**) y plural (las aguas **cristalinas**). Cuando se sustituye por un pronombre del objeto directo, se usa la forma femenina: ¿El agua? **La** debemos cuidar.

¿Cierras el grifo mientras te cepillas los dientes?

El procesamiento de metales pesados en La Oroya está dañando la salud de sus habitantes.

NOTA CULTURAL

La minería en La Oroya, Perú

En el año 2007, La Oroya, un pueblo minero[a] en los Andes del Perú, figuró[b] entre las diez ciudades más contaminadas del mundo según la lista que publica anualmente el Instituto Blacksmith. Según sus investigaciones, el 99 por ciento de los niños de La Oroya tienen altos niveles de plomo, cobre,[c] zinc y dióxido de azufre[d] en la sangre, contaminación que resulta de la intensa fundición[e] de metales pesados en el área desde los años veinte del siglo pasado. Según una encuesta realizada en 1999, el promedio de plomo en la sangre de esos niños era el triple del límite aceptable establecido por la Organización Mundial de la Salud. Según el informe, aún si se aminoran las emisiones, el nivel de la contaminación por el plomo puede permanecer en la tierra durante muchos siglos.

[a]*mining*   [b]*appeared*   [c]*copper*   [d]*dióxido... sulfur dioxide*   [e]*smelting*

PALABRAS ENGAÑOSAS

pez/pescado

Los dos sustantivos **pez** y **pescado** se traducen al inglés como *fish*, pero no quieren decir lo mismo. **Pez** es el nombre del animal. Se le llama **pescado** al pez sacado del agua para utilizarlo como comida. Compara los siguientes ejemplos.

Los peces del acuario son bonitos.   *The fish in the aquarium are pretty.*

¿Por qué hay **peces** muertos en la playa?   *Why are there dead fish on the beach?*

¿Sirven **pescado** aquí?   *Do they serve fish here?*

La basura huele a **pescado.**   *The trash smells like fish.*

AMIGO FALSO

colonia

Cuando se habla de territorios, **colonia** es un cognado del inglés *colony*.

Los Estados Unidos consistían de trece **colonias.**
The United States used to consist of thirteen colonies.

Como aprendiste en la **Lección 5, colonia** también se refiere al perfume que en particular se ponen los hombres.

Manuel se pone **colonia** cuando sale.   *Manuel wears cologne when he goes out.*

En México, **colonia** también se refiere a un barrio urbano o a un lugar residencial que es parte de una ciudad grande pero que lleva su propio nombre, como Queens o Brooklyn en Nueva York.

Naucalpan es una **colonia** de la Ciudad de México.
Naucalpan is a residential area / neighborhood of Mexico City.

Completa las oraciones con palabras y frases de la lista de vocabulario.

1. Wrigleyville, Wicker Park, Grant Park y Lakeview son
   _____ de la ciudad de Chicago.
2. Se puede ponerle un filtro al _____ de la cocina para quitarle el _____ y otros metales pesados al _____.
3. Muchas especies de plantas y animales de la Amazonia están en
   _____ de extinción por la incesante tala de árboles.
4. El estado de Minnesota tiene fama de tener más de diez mil
   _____.
5. Un resfriado causa que se llenen de mucosa _____.
6. Los asmáticos pueden _____ la contaminación del aire en
   Los Ángeles.
7. Cuidado con el lodo (*mud*). Te vas a _____ los zapatos.
8. Los músculos están formados por el _____ muscular.

Paso 1 Contesta sí o no a las siguientes preguntas.

		Sí	No
1.	¿Tardas (*Do you take*) más de diez minutos en ducharte?	☐	☐
2.	¿Cierras el grifo mientras te cepillas (*brush*) los dientes?	☐	☐
3.	¿Lavas los platos a mano en lugar de usar el lavaplatos?	☐	☐
4.	¿Usas el agua de sobra (*leftover*) para regar (*to water*) las plantas en lugar de tirarla?	☐	☐
5.	¿Te preocupa que tus nietos y bisnietos no vayan a tener suficiente agua?	☐	☐

Paso 2 Entrevista a otra persona con las preguntas del **Paso 1** y
apunta sus respuestas.

Paso 3 Date a ti mismo y a tu compañero/a un punto por cada
respuesta afirmativa. Suma tus puntos y los de tu compañero/a e
indica dónde califican en la siguiente escala. ¿Son los dos conscientes
del valor del agua?

4–5 puntos:	Eres muy consciente del valor del agua y la conservas.
3 puntos:	Eres un poco consciente del valor del agua.
1–2 puntos:	No eres consciente del valor del agua. La derrochas.

Estos niños están jugando en las fuentes (*streams*) San Marcos, una de las salidas (*outflows*) más grandes del acuífero Edwards.

NOTA CULTURAL

La crisis del agua en el sudoeste de los Estados Unidos

En los Estados Unidos el problema del agua es más bien una cuestión de cantidad que de calidad, sobre todo en el sudoeste del país. Según estadísticas recogidas por el Buró del Censo en 2006, de las diez ciudades que crecen más rápido, ocho se ubican en el oeste del país, donde viven muchos hispanos: Fort Worth, Phoenix, Austin, San Antonio, Albuquerque, El Paso, San José y Denver. El agua potable de San Antonio, por ejemplo, viene de un acuífero[a] llamado el acuífero Edwards. Debido al[b] gran tamaño de este, San Antonio ha prosperado por más de dos siglos sin necesidad de desarrollar otras fuentes[c] de agua potable. Ahora que San Antonio es la séptima ciudad más grande del país y cuenta con una población de más de dos millones de habitantes, la cuestión del agua provoca mucha preocupación y controversia. El nivel actual del agua en el acuífero se reporta a diario durante el pronóstico del clima[d] y cuando el nivel del mismo baja a 660 pies, se imponen restricciones a su uso para regar.[e] Las restricciones son cada vez más severas cuando baja el nivel a 650, a 640 y a 630 pies. Los individuos y las compañías que violan las restricciones o que derrochan agua pueden recibir multas[f] considerables. En el ámbito político, el acuífero provoca debates de propiedad[g] y también de acceso, sobre todo por parte de compañías y granjeros[h] que requieren grandes cantidades de agua para llevar a cabo[i] sus negocios.

[a]*aquifer* [b]Debido... *Owing to the* [c]*sources* [d]pronóstico... *weather forecast* [e]*water* [f]*fines* [g]*property* [h]*farmers* [i]llevar... *carry out*

Paso 1 Mucha gente bebe, y también usa para cocinar, el agua embotellada o purificada para prevenir la contaminación por el plomo u otros metales pesados. Indica con qué frecuencia (siempre, de vez en cuando, raras veces) haces las siguientes cosas.

1. Bebo agua (sin purificar) del grifo.
2. Preparo café o té con agua (sin purificar).
3. Cocino con agua (sin purificar) del grifo.
4. Pido agua embotellada en los restaurantes.

Si contestaste «raras veces» a las primeras tres preguntas, indica dónde consigues el agua purificada.

☐ Compro botellas de agua purificada en el supermercado.

☐ Tengo instalado un sistema de purificación.

☐ Recibo agua purificada por un servicio de entrega a domicilio (*home delivery service*).

Paso 2 Entrevista a otra persona de la clase sobre las oraciones del **Paso 1.** Basándote en sus respuestas, ¿crees que confía en el agua del grifo?

Ahora ve **Así lo veo II.** El **Vocabulario útil** te va a ayudar a comprender mejor el segmento.

Vocabulario útil

la llave (*Mex.*)	**el grifo**
el camarón del río	fresh-water shrimp
el acocil	freshwater shrimp
el ajolote	Mexican salamander
la mucosa	mucous

DESPUÉS DE VER
Comprensión y opiniones

Actividad A   ¿Cierto o falso?

Indica si cada oración es cierta o falsa. Si es falsa, apunta las palabras exactas de la persona que expresó esa idea para defender tu respuesta.

	C	F
1. Gustavo piensa que el agua se va a terminar.	☐	☐
2. Según Gustavo, el problema del agua es que los seres humanos la ensuciamos.	☐	☐
3. Ruth afirma que todas las colonias de la Ciudad de México tienen agua potable.	☐	☐
4. Según Yolanda, la contaminación ha tenido efectos dañinos en las especies acuáticas, pero no en los seres humanos.	☐	☐
5. Según Yolanda, los que no están acostumbrados a la contaminación en el D.F., no perciben sus efectos.	☐	☐

Actividad B   ¿Puede terminarse el agua en tu ciudad?

En este segmento Gustavo, Ruth y Yolanda expresan sus preocupaciones sobre la disponibilidad de agua potable en la Ciudad de México. ¿Cómo es la situación en tu ciudad? Con otras dos personas, contesta las siguientes preguntas.

1. ¿De dónde viene el agua potable de tu ciudad?
2. ¿Está en peligro de terminarse en un futuro cercano? Explica por qué sí o por qué no.
3. ¿Qué especies de animales u organismos también dependen de esa agua?
4. ¿Cuáles son algunas de las posibles fuentes (*sources*) de contaminación de esa agua? ¿Fábricas (*factories*)? ¿Barcos (*boats*)? ¿Pesticidas? ¿Desechos humanos (*Sewage*)?
5. ¿Qué hacen Uds. para cuidar el agua para que la haya para las generaciones futuras?

Paso 1 En este segmento, Gustavo comenta que utiliza el agua para relajarse, es decir, para no vivir «angustiado». ¿Cómo usas tú el agua para relajarte o divertirte? A continuación hay unas ideas para considerar.

bañarse en el jacuzzi   nadar   jugar al polo acuático

pasar unas horas en el sauna   surfear   navegar en barco

esquiar sobre el agua   hacer kayak

remar en canoa (*to go canoeing*)

Paso 2 ¿Haces las actividades del **Paso 1** en lugares al aire libre, como en lagos, en el mar o en un río? ¿Está en peligro de acabarse o contaminarse el agua que usas?

GRAMÁTICA
Estar y el presente progresivo

A. In addition to the other uses of **estar** you studied in **Así lo veo I**, **estar** is also used to form the present progressive. The present progressive is formed by combining the verb **estar** with a gerund. Gerunds are formed by adding **-ando** to the stem of **-ar** verbs and **-iendo** to the stem of **-er** and **-ir** verbs.

«Estamos acabando la tierra porque no cuidamos.» ¿Piensas igual que Ruth?

Las refinerías **están contaminando** el aire.

The refineries are polluting the air.

La basura ya **está oliendo.** Sácala.   *The trash is smelling. Take it out.*

An example of the present progressive occurs when Gustavo gives his opinions on water problems in Mexico. Listen to him again and complete what he says with the missing words.

 PRUÉBALO 3

«Y yo siento que lo... el... el problema básico es el agua. Porque no se va a acabar, porque el agua ahí _____. Pero sí, la _____, y entonces cada vez menos la podemos usar.»

B. Stem-changing **-ir** verbs also have a stem change in the gerund.

e → i: **servir** (s**i**rviendo); **pedir** (p**i**diendo); **repetir** (rep**i**tiendo)

o → u: **morir** (m**u**riendo); **dormir** (d**u**rmiendo)

When the stem of an **-er** or **-ir** verb ends in a vowel, the **-i-** in **–iendo** changes to **-y-.**

leer → lee + iendo → leyendo

construir → constru + iendo → construyendo

C. Object and reflexive pronouns can either precede conjugated forms of **estar** or be attached to the gerund. When pronouns are attached to the gerund, an accent is added to preserve the original stress of the gerund.

> El agua **se** está acabando.   *Water is running out.*

> El petróleo está acabándo**se**.   *Oil is running out.*

How would you rewrite the last sentence of Gustavo's statement so that the pronoun is attached to the gerund?*

D. Unlike English, Spanish uses the present indicative instead of the present progressive to express habitual actions or actions that occur over an extended period of time.

> ¿Todavía **vives** en Chicago?   *Are you still living in Chicago?*

The present tense is also used for impending or future actions.

> ¿**Participas** en el concurso?   *Are you participating in the contest?*

> **Me voy** por la mañana.   *I'm leaving in the morning.*

E. To express that an event or action has been happening over a period of time, Spanish uses **seguir** followed by the present participle.

> Carla **sigue pensando** que no derrocha el agua.
> *Carla still thinks she doesn't waste water.*

> Los atletas **siguen jugando** aunque están cansados.
> *The athletes keep on playing even though they are tired.*

*You should have answered: **Pero sí, estamos ensuciándola y entonces cada vez menos la podemos usar.**

Actividad A   ¿Quién lo está haciendo?

Paso 1 Completa cada una de las oraciones con el nombre de un compañero (una compañera) que está haciendo la actividad. Trata de encontrar por lo menos una persona para cada actividad.

1. _____ está tomando café.
2. _____ está masticando (*chewing*) chicle.
3. _____ está comiendo algo.
4. _____ está durmiéndose (*falling asleep*).
5. _____ está leyendo y/o escribiendo mensajes de texto.
6. _____ está sonriendo (*smiling*).

Paso 2 ¿Qué más están haciendo tus compañeros/as? Agrega dos oraciones a la lista del **Paso 1.**

Paso 1 Completa la siguiente oración.

Hace _____ días que fui de compras al supermercado.

Paso 2 Completa las siguientes oraciones en una hoja aparte apuntando todas las cosas que se te están acabando.

1. En cuanto a comida y bebidas, se me está(n) acabando...
2. En cuanto a otros productos de casa, se me está(n) terminando...

Paso 3 Compara tus respuestas para el **Paso 2** con las de otras dos personas. ¿Se les están acabando los mismos productos? ¿Quién(es) tienen más necesidad de ir al supermercado?

Paso 4 ¡Toma tu lista del **Paso 2** y vete de compras después de clase!

Paso 1 Con otra persona, haz una lista de las cosas que los seres humanos estamos haciendo para descuidar (*not take care of*) el medio ambiente.

Modelo: *Estamos tirando cigarrillos al suelo.*

Paso 2 Ahora hagan una lista de lo que estamos haciendo para cuidar el medio ambiente.

Paso 3 Entre todos, comparen las dos listas e indiquen si le estamos haciendo más bien que mal, o más mal que bien al ambiente.

Así lo veo III

ANTES DE VER

Vocabulario del vídeo

el cambio climático	climate change	aminorar	to reduce
el caos	chaos	destruir (y)	to destroy
la estrella	star	detenerse (*like* tener)	to stop
el meteorito	meteorite	deteriorarse	to deteriorate, to get worse
la mugre	filth, grease, grime		
el ozono	ozone	evitar	to avoid
la capa de ozono	ozone layer	formar	to form, create
el planeta	planet	gastarse	to run out, exhaust
el planeta Tierra	planet Earth		
		agigantado/a	gigantic, huge
acelerar	to accelerate		

Más vocabulario

el calentamiento global	global warming
el casquete polar	polar icecap
los combustibles fósiles	fossil fuels
el derretimiento	melting
el efecto invernadero	greenhouse effect
el glaciar	glacier
la inundación	flood
la sequía	drought
derretir (i, i)	to melt

¿Crees que el derretimiento de los casquetes polares es provocado por los seres humanos o por procesos naturales?

El adverbio **desgraciadamente** no se traduce como *disgracefully* en inglés. Se refiere a la fortuna o la suerte. La palabra equivalente a *disgracefully* o *shamefully* es **vergonzosamente.** A ver unos ejemplos.

Desgraciadamente, tenemos que cancelar el viaje a Cancún.

Unfortunately, we have to cancel our trip to Cancun.

La actriz se portó **vergonzosamente,** por eso se escondió cuando llegaron los paparazzi.

The actress acted disgracefully, so she hid when the paparazzi arrived.

You know from previous study of Spanish that the primary meaning of the verb **dar** is *to give*.

> Sara me **dio** una camisa para mi cumpleaños.
>
> *Sara gave me a shirt for my birthday.*

Dar also has a number of other meanings. When speaking of celebrations, particularly parties, it means **to throw.**

> Vamos a **dar**le una fiesta a Juan.   *We're going to throw a party for Juan.*

When speaking of plays and other public performances, **dar** means *to put on*. When used with movies, it translates as *to screen* or *to show* and with TV shows, *to air*.

> Los mimos **dieron** un espectáculo en la calle.
>
> *The mimes put on a show in the street.*

> **Se da** la película a las 8:00 y a las 10:30.   *The film shows at 8:00 and 10:30.*

When used with clock time, **dar** means *to strike the hour*.

> **Dieron** las 11:00 y los niños aún no estaban dormidos.
>
> *The clock struck 11:00 and the children still weren't asleep.*

When used with the pronoun **le**, **dar** means *to hit* or *press*.

> **Le das** al botón para seguir.   *You hit/press the button to continue.*

> **Dale** con el martillo.   *Hit it with the hammer.*

Dar is also used to express the extent to which something is important to someone.

> Me **da** igual.   *I don't care. / It's all the same to me.*

> ¡Qué más **da**!   *What difference does it make? / So what?*

Dar takes on a number of other meanings when combined with prepositions.

- **dar a**   to face/overlook

  La casa **da al** mar.   *The house overlooks the ocean.*

- **dar con**   to find (*person/solution*)

  ¿**Diste con** Susana?   *Did you find Susana?*

- **dar contra**   to hit

  El coche **dio contra** la pared.   *The car hit the wall.*

- **dar en**   to come up with (idea/solution)

  Dimos en la solución.   *We've come up with a solution.*

- **dar para**   to be enough

  El vino no **da para** tanta gente.   *There isn't enough wine for so many people.*

The meaning of **dar** changes when the pseudo-reflexive form **darse** is used. **Darse** has a number of meanings in Spanish, one of which is *to give in* or *to give up*.

> Tras una hora de discusión con su jefe, Esteban **se dio** por vencido.
>
> *After an hour of arguing with his boss, Esteban gave up.*

Darse also means *to occur* or *to happen*.

> Afortunadamente, no **se dio** un tsunami después del terremoto.
> *Fortunately, a tsunami did not occur after the earthquake.*

Darse cuenta is an expression that means *to realize*.

> No **me di cuenta** de que Ana se hubiera mudado a la Florida.
> *I didn't realize that Ana had moved to Florida.*

Actividad A   ¿Cierto o falso?

Indica si cada oración es cierta (**C**) o falsa (**F**). Si es falsa, corrígela usando una palabra o frase del vocabulario para que sea cierta.

		C	F
1.	Una constelación es una agrupación de meteoritos.	☐	☐
2.	Los seres humanos habitamos el planeta Marte.	☐	☐
3.	Muchos científicos atribuyen los extremos en el tiempo (*weather*) al cambio climático.	☐	☐
4.	Una subida (*increase*) drástica en el precio de la gasolina suele acelerar su consumo (*consumption*).	☐	☐
5.	Los médicos pierden la esperanza cuando la condición de su paciente mejora.	☐	☐
6.	Los avances (*advances*) tecnológicos están acelerando a pasos agigantados.	☐	☐
7.	Los terremotos, tornados y otras catástrofes se asocian con el orden.	☐	☐
8.	Si no se detiene la tala de árboles pueden desaparecer muchas especies en peligro de extinción.	☐	☐

Actividad B   El cambio climático

Paso 1 En grupos de tres estudiantes, definan los siguientes términos con sus propias palabras y expliquen la relación entre ellos: el efecto invernadero, el calentamiento global y el cambio climático. Hagan una lista de los fenómenos naturales que se asocian con el cambio climático. Las siguientes palabras son útiles.

la disminución decrease   **el aumento** increase

Paso 2 La clase debe leer la siguiente lectura para verificar las respuestas al **Paso 1.** ¿Creen que existe el cambio climático? Explica tu opinión.

El cambio climático

Los términos **cambio climático**, **calentamiento global** y **efecto inverna-dero** están relacionados, pero no son sinónimos. **El efecto invernadero** es un proceso natural por el cual gases de la atmósfera como el dióxido de carbono y los óxidos de nitrógeno absorben la radiación emitida por la superficie[a] de la Tierra, proceso que protege al planeta de cambios bruscos de temperatura. El problema radica en la contribución humana al efecto. Desde la Revolución Industrial, los seres humanos hemos pro-ducido grandes cantidades de dióxido de carbono y óxidos de nitrógeno por el uso intensivo de combustibles fósiles. Según algunos científicos, el aumento de gases de efecto invernadero es responsable del calentamiento global. **El calentamiento global** se refiere al aumento de la temperatura de la atmósfera de la Tierra y del agua del mar. Una consecuencia del calentamiento global es **el cambio climático,** que se refiere a la modifica-ción del clima a nivel regional o global. Los científicos han propuesto muchas consecuencias del calentamiento global, algunas de las cuales estamos viendo ya: la disminución de los casquetes polares, la elevación del nivel del mar, el aumento de fenómenos meteorológicos extremos como los huracanes y tornados, inundaciones y sequías en lugares no esperados, la modificación de la distribución de flora y fauna y la expan-sión de enfermedades como la malaria y el dengue. En su uso cotidiano, el término **cambio climático** se refiere al cambio causado por los seres humanos, denominado **el cambio climático antropogénico.** Sin embargo, el cambio climático también resulta de causas naturales como la deriva continental,[b] la actividad volcánica y las variaciones naturales en la órbita del planeta,[c] la actividad solar y las corrientes marinas.[d] Las fuentes del cambio climático provocan mucho debate entre científicos, políticos y grupos de intereses especiales.

[a]surface [b]deriva... *continental drift* [c]órbita... *Earth's rotation* [d]corrientes... *ocean currents*

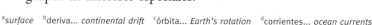

Actividad C   Preguntas

Paso 1 Lee la información sobre el maravilloso verbo **dar** en la página 367–368. Luego, contesta las preguntas.

1. ¿A quién le das dinero cuando lo necesita?
2. Piensa en la última vez que mataste un insecto. ¿Con qué le diste?
3. ¿Dónde y con quién(es) estabas cuando se dieron los ataques terroristas del 9/11?
4. ¿Te dabas cuenta de que la guerra en Irak iba a durar tanto tiempo?
5. Cuando te toca un problema difícil, ¿cómo das con la solución? ¿Consultas con otros o la encuentras tú solo/a?
6. ¿En qué situaciones es mejor darse por vencido (*defeated*) que seguir persistiendo?
7. ¿Cuál es tu programa de televisión favorito? ¿Cuándo se da?
8. Cuando sales a cenar, ¿te gusta escoger el restaurante o te da igual ir a cualquiera?

Paso 2 Compara tus respuestas con las de otra persona y presenta la información que tienen en común a la clase.

Actividad D   Nuestros amigos hablan.

Ahora ve **Así lo veo III.**

DESPUÉS DE VER
Comprensión y opiniones

Actividad A   ¿Quién lo dijo?

Paso 1 Indica si es Ruth (**R**), Gustavo (**G**) o Yolanda (**Y**) quien expresa las siguientes ideas.

	R	G	Y
1. El cambio climático es menos evidente en el trópico.	☐	☐	☐
2. Vamos a destruir el planeta si no aminoramos nuestra contribución al cambio climático.	☐	☐	☐
3. Como los meteoritos y las estrellas, la Tierra es un cuerpo celestial y es natural que algún día se acabe.	☐	☐	☐
4. El cambio climático es un proceso natural.	☐	☐	☐

Paso 2 Escucha **Así lo veo III** de nuevo e indica a qué se refiere el pronombre en cada cita (*quote*).

1. Cuando dice Ruth: «Pero si tú lo cuidas, igual lo proteges», **lo** se refiere al _____.

2. Cuando dice Ruth: « ...pues, lo protegemos evitando tanta mugre... », **lo** se refiere al _____.

3. Cuando dice Gustavo: «Entonces, al verte menos afectado, a veces, como que no le damos la importancia que... como en Estados Unidos... », **le** se refiere al _____.

4. Cuando dice Yolanda: «Los estamos acelerando a pasos agigantados... » **los** se refiere a _____.

Actividad B ¿Cómo ves el fin del planeta?

Paso 1 En este segmento, Yolanda comenta que los seres humanos vamos a destruir el planeta si no lo cuidamos. Cuando te pones a pensar en el fin del planeta, ¿cómo crees que se va a acabar la Tierra? ¿Va a terminarse por causas humanas o por causas naturales? Explica tu idea en una o dos oraciones para presentar a la clase.

> **Modelo:** *La Tierra va a acabarse por causas naturales. Una serie de terremotos en los océanos va a producir tsunamis gigantes que inundarán todos los continentes.*

Paso 2 Entre todos, indiquen qué ideas podrían servir de base para buenas películas en Hollywood.

Actividad C La Ciudad de México

Paso 1 Basándote en lo que han dicho nuestros amigos, haz una lista de los problemas ambientales con los que se enfrenta la Ciudad de México.

Paso 2 Comparte tu lista con las de otros estudiantes y revísala para incluir las ideas que tienen ellos y que tú no tienes en tu lista.

Paso 3 Utilizando las ideas del **Paso 2,** escribe un resumen de unas setenta y cinco palabras sobre cómo la Ciudad de México ha cambiado desde la época de los Aztecas.

En la época de los Aztecas, la Ciudad de México... Hoy en día...

Paso 4 Entrégale tu resumen a tu profesor(a).

GRAMÁTICA
Los infinitivos y los gerundios

A. At this point in your study of Spanish, you know that the infinitive is the unconjugated form of a verb. Spanish infinitives end in **-ar, -er,** and **-ir,** as in **hablar, comer,** and **servir.** In addition to their status as verbs, Spanish infinitives also function as nouns. That is, infinitives can be the subject of a sentence and the object of a verb or preposition. When used as nouns, infinitives are always masculine and almost always singular. In many cases, infinitives are translated into English as gerunds (*-ing*).

Subject of sentence

> **Reciclar** es la mejor solución a lo de la basura.
>
> *Recycling is the best solution to the garbage problem.*

> A Patricia le molesta **derrochar** el agua.
>
> *Wasting water bothers Patricia.*

Object of verb

> Alfredo quiere **conservar** más papel.
>
> *Alfredo wants to conserve more paper.*

Object of preposition

> Rosa tiene mucho interés **en iniciar** un programa de reciclaje.
>
> *Rosa is very interested in starting a recycling program.*

> Juan no quiere perder tiempo **en discutir.**
>
> *Juan doesn't want to waste time arguing.*

«Yo siento que... que debemos colaborar y hacer, también, insistir en cuidar el agua.»

 PRUÉBALO 4

Did you notice Yolanda's use of the infinitive as an object of a preposition when expressing her opinions on climate change? Listen again and complete the narration with what you hear.

> «Los estamos acelerando a pasos agigantados. Entonces, por eso, precisamente, si no nos detenemos o no aminoramos todas esas acciones que nosotros tenemos para el medio ambiente en lo que... en _____ de ojos, nos vamos a destruir y vamos a destruir el planeta Tierra.»

B. The contraction **al** (**a** + **el**) followed by an infinitive is used to express when something happens. **Al** + *infinitive* constructions are usually rendered in English as *upon/on/while* plus the gerund (*-ing*), as in the following examples.

> Se percibe un olor a humo **al entrar** en la casa.
>
> *One can smell smoke upon entering the house.*

> **Al escuchar** las malas noticias, Sergio se puso angustiado.
>
> *On hearing the bad news, Sergio became distressed.*

An example of this use of the infinitive occurs when Gustavo talks about how climate change affects different countries. Listen to what he says again and complete his sentence.

PRUÉBALO 5

«Entonces, _____ menos afectado, a veces, como que no le damos la importancia que... como en Estados Unidos, que está más al norte, creo que ha sido mucho más evidente el cambio.»

C. In **Así lo veo II** of this lesson, you learned that gerunds are used with **estar** to form the present progressive. Gerunds are also used in adverbial expressions to indicate how an event or action expressed by the main verb is or was accomplished. These adverbial phrases are rendered in English as *by (doing something)*.

Pilar puede jubilarse más pronto **ahorrando más y gastando menos.**

Pilar can retire sooner by saving more and spending less.

Antonio subió cinco kilos **levantando pesas en el gimnasio.**

Antonio gained five kilos (by) lifting weights in the gym.

In the first sentence, the adverbial expression (*by saving more and spending less*) indicates how the main event (*Pilar retiring sooner*) is to be accomplished.

An example of this use of the gerund occurs when Ruth talks about climate change. Listen to her again and complete her sentence with the gerund that you hear. Then indicate how you would translate the sentence into English.

PRUÉBALO 6

«Lo del ozono, pues, lo protegemos _____ tanta mugre, tanto, evitamos todo el ozono, entonces tenemos cincuenta y cincuenta.»

Actividad A   Actividades

Paso 1 Completa cada oración con una actividad que exprese tu opinión según el modelo.

> **Modelo:** _Correr / Jugar al fútbol_ es la forma de ejercicio aeróbico más divertida.

1. _____ es la forma de ejercicio aeróbico más divertida.
2. _____ es la mejor manera de relajarse al final de un día largo.
3. _____ es la mejor manera de ahorrar dinero.
4. _____ es la manera más rápida de bajar de peso (*lose weight*).
5. _____ es la mejor manera de conocer nueva gente.
6. _____ es la mejor manera de dormirse rápido.

Paso 2 Trata de encontrar a personas que mencionaron las mismas actividades que tú y apunta sus nombres. ¿Cuáles son las respuestas que más se repiten a las preguntas del **Paso 1**?

Actividad B   Reacciones

Paso 1 Contesta cada pregunta con dos frases del tipo **al + infinitivo.**

> **Modelo:** *¿Cuándo te sientes frustrado/a?*
>
> *al manejar en tráfico y al no entender la tarea*

1. ¿Cuándo te ríes?
2. ¿Cuándo te enojas?
3. ¿Cuándo te preocupas?
4. ¿Cuándo te quejas?
5. ¿Cuándo te pones nervioso/a?
6. ¿Cuándo te aburres?

Paso 2 Entrevista a otra persona con la información del **Paso 1** y apunta sus respuestas. Luego, escribe un breve resumen de la entrevista para presentar a la clase.

> **Modelo:** *¿Te sientes frustrado/a al manejar en tráfico? ¿Y al no entender la tarea?*

Actividad C   ¿Cómo se conserva el agua?

Paso 1 Con otra persona, completa la oración **Conservamos el agua...** con cuatro gerundios para indicar cómo los seres humanos conservamos el agua. Compartan sus respuestas con la clase y agreguen las ideas de otros grupos a su lista.

> **Modelo:** *Conservamos el agua <u>regando las plantas con el agua potable de sobra.</u>*

Paso 2 Ahora entrevisten a su profesor(a) con las ideas del **Paso 1.** Usen **tú** o **Ud.** según la costumbre de su clase. Basándose en las respuestas de su profesor(a), completen la siguiente oración.

El profesor (La profesora) conserva el agua...

Actividad D   Así lo veo yo.

Escribe una composición de 200 palabras sobre el siguiente tema: **El problema más serio del medio ambiente.** Antes de empezar, sigue las recomendaciones a continuación para organizar tus ideas.

Antes de escribir

- Repasa el vídeo y el contenido de las actividades de la lección.
- Apunta las ideas expresadas por algunas personas del vídeo que quieres incluir en tu composición. Pueden ser ideas o perspectivas con las que estás de acuerdo o no.
- Piensa cómo puedes integrar los puntos gramaticales de esta lección.

Al escribir

- Haz un bosquejo para organizar el orden de tus ideas.
- Escribe un borrador y repásalo (con otra persona si quieres), fijándote bien en el contenido y en la gramática.

Versión final

- Pon en limpio el borrador de la composición para entregársela a tu profesor(a).

OTRAS VOCES

Watch interviews with other Spanish speakers on the *Así lo veo* YouTube™ channel, CENTRO, or on the Online Learning Center.

www.youtube.com/asiloveo

Your media center for languages

www.mhcentro.com

www.mhhe.com/asiloveo

El medio ambiente en peligro

Introducción

En esta lección escuchaste lo que dicen nuestros amigos sobre los problemas ambientales que afectan a México. Las tres lecturas a continuación describen algunos de los problemas ecológicos en Latinoamérica, propuestas en contra de la contaminación, y acerca del uso del ecoturismo como herramienta para la educación sobre la protección y conservación del medio ambiente.

ANTES DE LEER

Vocabulario

el manglar	mangrove, swamp
el pico	peak
la prensa	newspaper / printed news
el sapo	toad
la tala	tree felling
alumbrar	to light
llevar a cabo	to carry out
manejar	to handle, to run

Actividad A ¿Qué sabes del tema?

Completa las oraciones con información que tengas sobre el tema. Comparte tus ideas con la clase.

1. En mi comunidad (no) existen programas de reciclaje que...
2. El problema más grave que enfrenta nuestro planeta es... porque...
3. Para conservar nuestro planeta...
4. El ecoturismo es... y en mi opinión...

Actividad B Los títulos

Lee los títulos de las lecturas y completa una tabla prediciendo su contenido. Estas preguntas te pueden ayudar: ¿Qué países y comunidades se van a mencionar? ¿Por qué? ¿Qué problemas ambientales se van a presentar? Para enfrentar los problemas ecológicos, ¿qué posibles usos, ideas o sugerencias se presentarán? ¿Qué importancia tienen estos para ayudar a proteger el medio ambiente?

Así lo veo

I. En peligro de extinción*

Los problemas ambientales están afectando cada día los recursos naturales en el mundo hispano. La sequía, la contaminación del agua, de la tierra y del aire, el aumento de la temperatura y la densidad poblacional en algunas áreas, están provocando el deterioro rápido de delicados ecosistemas. Según algunos expertos, el crecimiento[1] en las temperaturas causa que se derritan los glaciares en la Patagonia, Argentina, y los Picos nevados del Perú, México, Venezuela, Colombia, el Ecuador, Chile y Bolivia. En algunos casos se ha pronosticado la desaparición de estos glaciares dentro de treinta años. Estos glaciares ayudan a mantener el equilibrio[2] de delicados ecosistemas como los de la zona amazónica. Esta región, conocida como el pulmón[3] de la Tierra, que comprende Bolivia, el Perú, Venezuela, Colombia, el Ecuador y el Brasil, está siendo afectada de distintas maneras debido al calentamiento global, la contaminación, la deforestación y la desertización. Este cambio ambiental ha tenido efectos negativos y afecta otras áreas como la economía. Con la desertización se limitan los cultivos y la distribución de recursos para la población. En áreas del Chaco, región entre la Argentina, el Paraguay y Bolivia, y del Altiplano, zona comprendida entre[4] el Perú, Bolivia y Chile, las manifestaciones de este proceso son drásticas.

Como el calentamiento global contribuye a la contaminación y escasez del agua, estos procesos no sólo ocurren en las áreas naturales sino también en las zonas urbanas. En las ciudades muchas veces las industrias y el manejo[5] de distribución de sus productos son la causa, lo cual tiene como resultado que las comunidades pobres sean las más afectadas. Estos problemas están relacionados con la conducta del hombre, quien muestra su relación con la madre naturaleza y la visión que tiene esta. Según un dicho de los sioux: «el sapo no bebe toda el agua de la laguna en que vive». La Tierra está en peligro de extinción debido a la contaminación del planeta y estos son algunos ejemplos del efecto que tiene en Latinoamérica.

Un glaciar en la Patagonia, Argentina

La tala de árboles en la región amazónica

[1]*growth* [2]*balance* [3]*lung* [4]*zona... area between* [5]*management*
*You can go to **Después de leer A, Paso 1** for a post-reading comprehension activity.

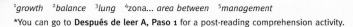

II. Propuestas contra la contaminación*

En el mundo hispano la cultura del reciclaje, reducción y reutilización muchas veces es de iniciativa ciudadana. En muchos países hispanos existen mandatos ecológicos que no se llevan a cabo de la manera ideada[1] debido a la falta de recursos e infraestructura. Sin embargo, existen propuestas en contra de la contaminación que se han implementado con éxito. En Chile se ha desarrollado un programa de energía eólica en poblaciones rurales para electrificar poblados y sustituir el consumo de energía tradicional contribuyendo a la purificación del aire. En México, la

[1]*conceived*
*You can go to **Después de leer A, Paso 2** for a post-reading comprehension activity.

empresa privada ha unido esfuerzos para desarrollar productos de materiales reciclados y fomentar la cultura del reúso. Algunas empresas se dedican al recogido y reciclaje de basura, en especial del material PET[†] que se encuentra en las botellas. En muchos de los países hispanos artistas y diseñadores de muebles trabajan con material reciclado y crean sofás o sillas de botes de basura o mesas de ruedas de bicicleta u otro material reciclado. Una práctica que se está haciendo muy popular son los diseños y proyectos de casas ecológicas o «verdes». Por un lado, muchos proyectos son artísticos como la casa de las botellas en Argentina. Por otro, en México y España se construyen casas que utilizan materiales que ayudan a reducir el consumo de recursos o reciclados que en algunos casos emplean el uso de la tecnología.

Los movimientos civiles de concienciación ecológica han tenido mucho éxito en el desarrollo de proyectos ecológicos como «Un Día sin Coches». El primer país hispano en celebrar este fue España con el mayor número de ciudades participantes de toda Europa durante los años 80. El Día Internacional sin Coches es el 22 de septiembre, pero en Latinoamérica esta fecha varía según el país. En el año 2001 se celebró el Día sin Coches en Bogotá, Colombia, en Santiago, Chile, y en Buenos Aires y la Plata, Argentina. Colombia reportó, según la prensa, que los niveles de CO_2 (dióxido de carbono) bajaron a más de la mitad durante ese día.

Un parque eólico en España

[†]PET es el acrónimo para un tipo de plástico: *Polyethylene Terephthalate*.

III. Educar, proteger y conservar: Ecoturismo*

Sanlucar el Mayor, cerca de Sevilla, España

Además de las selvas y bosques en Costa Rica y las islas Galápagos en el Ecuador, existen otros lugares naturales ecoturísticos en Latinoamérica que varían desde la visita a un lugar natural protegido, hasta la convivencia cultural. En México existe un programa gubernamental ecoturístico por medio del cual las comunidades indígenas administran los centros de manera tradicional con una red[1] de cabañas,[2] paradores[3] y hoteles donde se visitan lugares protegidos o se interactúa con la flora y fauna del área. En muchos de estos lugares se practican deportes relacionados con el ecoturismo como el montañismo, kayaquismo, escalar montañas, buceo, entre otros. Muchas de las zonas son de fácil acceso, mientras que otras se encuentran en lugares remotos. En el Ecuador se puede apreciar este tipo de turismo en donde se utilizan, de acuerdo a la zona, varios tipos de transporte como el avión, el tren, el bote, la canoa y los pies. Las comunidades autóctonas[4] del área administran estos lugares con un número reducido de visitantes. Los visitantes son invitados a vivir con los miembros de la comunidad, compartir las tareas de la vida diaria en estos lugares, respetar el medio ambiente y conocer más a fondo el mundo que los rodea. En muchos casos viven en cabañas rústicas, participan en la recolección y preparación de alimentos y

[1]*network* [2]*cabins* [3]*state-run inns* [4]*native*

*You can go to **Después de leer A, Paso 3** for a post-reading comprehension activity.

conocen la flora y la fauna local. Además de las comunidades indígenas, no sólo se puede visitar, sino también convivir con las comunidades de ascendencia africana en la costa ecuatoriana, algunas de las cuales viven en zonas de manglares. Estas zonas también están protegidas y los visitantes aprenden a conocer la importancia de los recursos naturales, participan activamente en actividades comunitarias, pueden practicar deportes y visitan los lugares de interés acompañados de miembros del lugar. En la comunidad de Chauchal los visitantes pueden disfrutar de la combinación del uso de tecnología y la preservación de la zona natural durante las noches donde la localidad se alumbra con energía solar.

Una casa para ecoturistas en México

DESPUÉS DE LEER

Actividad A   Comprensión del texto.

Paso 1 Contesta las siguientes preguntas con información de la lectura I.

1. ¿Qué problemas ambientales provoca el deterioro de los ecosistemas? Menciona dos, por lo menos.
2. ¿Qué importancia tienen los glaciares?
3. ¿Qué está ocurriendo en la región amazónica? ¿Cuáles son las causas de lo que ocurre?
4. ¿Qué efectos tiene la desertización?
5. ¿Qué sucede en las ciudades y quiénes son afectados?

Paso 2 Completa con tus propias palabras las siguientes oraciones de acuerdo con información de la lectura II.

1. Las propuestas en el mundo hispano en contra de la contaminación que han tenido éxito son...
2. La basura se puede reutilizar...
3. Las casas «verdes» son...
4. El Día sin Coches tuvo éxito en Colombia...
5. La ciudad de Curitiba es especial porque...

Paso 3 Indica si las siguientes afirmaciones son ciertas (**C**) o falsas (**F**) de acuerdo con el contenido de la lectura III. Si la afirmación es falsa explica por qué.

	C	F
1. El turismo ecológico se desarrolla de forma tradicional en todo el mundo hispano.	☐	☐
2. Los deportes relacionados con el ecoturismo son el kayaquismo, el montañismo, el buceo y escalar montañas.	☐	☐

		C	F

3. Las zonas ecoturísticas del Ecuador son de fácil acceso y se llega rápidamente. □ □

4. En las comunidades afroecuatorianas se puede disfrutar del ecoturismo y del uso de la tecnología para el reciclado de basura. □ □

5. La función del ecoturismo es que el visitante aprenda a conocer la flora y fauna local y que respete el medio ambiente. □ □

Actividad B   Reflexión

Usa las lecturas para explicar tu respuesta.

1. En tu opinión, ¿qué problemas son más urgentes de solucionar en el mundo hispano? ¿Qué otras soluciones puedes explorar para estos problemas?

2. ¿Qué podemos aprender del mundo hispano sobre la conservación del medio ambiente? ¿Cómo se asemejan estas propuestas a las de tu comunidad? ¿Cómo se diferencian de ellas?

Actividad C   Extensión del tema

1. Con otras dos personas, busca información en el Internet sobre el ecoturismo en dos países hispanos. Creen un folleto de viaje poniendo énfasis en la educación, la protección y la conservación de la flora y fauna. Escriban una comparación o contraste del ecoturismo en esos países con algunos lugares de turismo alternativo o ecoturismo que existen en su estado o en los Estados Unidos. Presenten a la clase el folleto.

2. Mira el documental «Energía y medio ambiente» en el Internet y compara las nuevas tecnologías y el uso de energías alternativas en Chile con las de los Estados Unidos. Escribe una propuesta para el desarrollo de una casa ecológica, basada en el documental, que tenga uso práctico en tu comunidad. Presenta la propuesta verbalmente en clase o por escrito.

3. La clase va a hacer una reunión cumbre (*summit*) sobre los problemas del ambiente poniendo énfasis en los efectos del cambio climático en la vida de todos y el dilema de la zona amazónica. Tomando en cuenta la información que conoces y siendo un ciudadano del globo consulta otras fuentes y prepara una defensa para la protección del medio ambiente desde el punto de vista de un estudiante universitario de un país latinoamericano según las fuentes consultadas. Presenta a la clase tu punto de vista y sugerencias para solucionar el problema, escribiendo una carta o un discurso.

LECCIÓN 12

¿Cómo podemos solucionar los problemas medioambientales?

Mis madres por la pintora norteamericana Éster Hernández

1. ¿Qué colores predominan en la imagen?
2. ¿Quiénes son las «madres»?
3. ¿Dónde están las «madres»?

REFRÁN *Más vale tarde que nunca.*

En esta lección vas a:

> hablar y escribir sobre algunas de las posibles soluciones a los problemas ambientales

> escuchar lo que dicen nuestros amigos sobre cómo resolver los problemas medioambientales en la Ciudad de México y en el mundo

> leer información cultural sobre las multas en España por tirar basura y sobre las restricciones en la circulación de vehículos en algunas ciudades latinoamericanas.

> repasar los usos del condicional; repasar el uso del subjuntivo con cláusulas adverbiales y contingencias, y cuándo usar el futuro simple

> leer y comentar el poema «Mesa» y el cuento corto «Chullachaqui», ambos por Juan Carlos Galeano

Antes de empezar las actividades, ve la **Introducción** del vídeo de esta lección.

ANTES DE VER

Vocabulario del vídeo

los bienes	goods	**desintegrarse**	to disintegrate
el contaminante	pollutant	**disminuir (y)**	to reduce
la envoltura	wrapper	**enfermarse**	to get sick
el kínder / el kindergarten	kindergarten	**escupir**	to spit
		evaporarse	to evaporate
la leyenda	note (label)	**lucrarse**	to do well financially
el lineamiento	guideline	**manejar**	to handle, to manage
la multa	fine		
el ruido	noise	**desagradable**	unpleasant
cumplir	to carry out, to complete	**a favor de**	in favor of

Cognados: la ecología, el microorganismo, la obligación

Repaso: el impuesto, profundizar (c)

Más vocabulario

el cartón	cardboard
el envase	container
la lata	can
el ventilador	fan
el vidrio	glass (*material*)
dejar huella	to mark (lit.: to leave a footprint)
pisar	to step, to tread
tibio/a	warm (*for example, water*)

¿Le pondrías multa a la persona que tira una botella de plástico? ¿De cuánto sería la multa?

AMIGO FALSO

lineamiento

El sustantivo **lineamiento** no significa *line* en el sentido geométrico, por ejemplo. **Lineamiento** se refiere a las reglas de conducta que uno debe seguir en alguna situación. **Línea** es la palabra equivalente al inglés *line*.

Las aerolíneas han establecido **lineamientos** para el uso de celulares en los aviones.
The airlines have established guidelines for the use of cell phones on airplanes.

Actividad A   Oraciones

Paso 1 Escribe una oración con cada expresión a continuación según el modelo.

> **Modelo:** *Las aerolíneas cobran (charge) impuestos altos.*

1. Cobra(n) impuestos altos.
2. Pone(n) multas.
3. Hace(n) ruido.
4. Emite(n) contaminantes.
5. Viene(n) en envolturas de plástico.
6. Son compañías que lucran.
7. Disminuye(n) el riesgo del cáncer.
8. Se desintegra(n) lentamente.

Paso 2 Comparte tus oraciones con dos personas de la clase. Tu profesor(a) va a seleccionar algunos grupos para que presenten sus ideas.

Actividad B   Las leyendas en los productos desechables

Paso 1 Recojan entre todos de la clase las envolturas y los envases que tengan a mano (por ejemplo, envolturas de dulces y chicles, botellas, bolsas de papel o plástico, cajetillas [*boxes*] vacías de cigarrillos). Luego, contesten las siguientes preguntas.

1. ¿Qué compañías ponen en sus productos leyendas como «Tírese a la basura» o «Favor de reciclar» y cuáles no?
2. De los productos que llevan leyendas, ¿qué dicen que uno debe hacer después de usarlos? ¿Tirarlos o reciclarlos?

Paso 2 Entre todos, indiquen si las compañías que fabrican productos desechables tienen la obligación de poner leyendas de este tipo en sus productos o si es la responsabilidad del consumidor saber qué hacer con ellos. En un momento, van a oír al Padre Aguilar comentar sobre este tema. ¿Qué creen que él va a opinar?

Paso 1 Cada persona que habita la Tierra deja una huella de su existencia. Para determinar qué huella dejas tú en el planeta, completa cada oración a continuación con lo que haces regularmente.

1. Me ducho con agua…
   ☐ caliente
   ☐ tibia
   ☐ fría

2. Lavo la ropa con agua…
   ☐ caliente
   ☐ tibia
   ☐ fría

3. Reciclo…
   ☐ latas de aluminio
   ☐ papel
   ☐ cartón
   ☐ vidrio
   ☐ plástico

4. Cuando voy a salir de casa siempre apago…
   ☐ las luces
   ☐ el televisor
   ☐ la computadora

5. Uso el transporte público…
   ☐ raras veces
   ☐ de vez en cuando
   ☐ siempre

6. Manejo un coche…
   ☐ grande
   ☐ pequeño
   ☐ híbrido

7. En el verano…
   ☐ uso aire acondicionado
   ☐ uso ventiladores
   ☐ abro las ventanas

8. Mantengo el termostato de mi casa en _____ °F en el verano y en _____ °F en el invierno.

Paso 2 Entrevista a dos personas con las oraciones del **Paso 1** y apunta sus respuestas.

Paso 3 Usando el modelo como guía, prepara un breve resumen de unas cincuenta palabras para presentar a la clase. ¿Dejan tus compañeros/as una marca fuerte o ligera en el planeta?

   Modelo: *Mi compañero Jack deja una huella ligera/fuerte en el planeta porque…*

Vocabulario útil

una embarrada, te la dan	a smattering of everything, they give you

Ahora ve **Así lo veo I.** El **Vocabulario útil** te va a ayudar a comprender mejor el segmento.

DESPUÉS DE VER
Comprensión y opiniones

Actividad A   ¿Quién lo dijo?

Paso 1 Indica si es Ernesto (**E**) o el Padre Aguilar (**P**) quién expresa las siguientes ideas.

	E	P
1. Tanto la policía como los padres y maestros tienen la responsabilidad de enseñar a la gente a cuidar el medio ambiente.	☐	☐
2. La base de muchos problemas medioambientales es la falta de cultura.	☐	☐
3. Las sociedades que lucran y aquellas que reciben impuestos tienen una obligación de hacer algo a favor de la ecología.	☐	☐
4. Todo producto desechable debe llevar una leyenda que enseñe a la gente a tirarlo adecuadamente.	☐	☐
5. Los lineamientos que necesitamos saber para respetar y apreciar el medio ambiente los aprendimos en el kínder.	☐	☐
6. La gente no es consciente de que tirar basura y escupir en la calle, por ejemplo, tengan consecuencias malas para la salud de todos.	☐	☐

Paso 2 Indica si estás de acuerdo con las oraciones del **Paso 1.** Si no estás de acuerdo con alguna afirmación, explica por qué. ¿Qué piensan tus compañeros/as de clase?

NOTA CULTURAL

Multas por tirar basura fuera de hora

En muchas ciudades españolas se prohíbe sacar la basura antes de las 21.00 horas.

En los Estados Unidos, la gente puede sacar la basura a cualquier hora del día. Los dueños de casa, por ejemplo, tiran la basura en su propio contenedor que se recoge una o dos veces a la semana. En España y otros países de la Unión Europea mucha gente vive en edificios y comparten un contenedor de basura en la vía pública.[a] En muchas ciudades de España se prohíbe sacar la basura fuera de un horario autorizado, que es de las 21.00 a las 24.00 horas, y los sábados. La recogida[b] de basuras comienza a las 24.00 horas y sigue hasta las 7.00 de la mañana. El propósito del horario es aminorar los efectos desagradables de la basura, sobre todo el mal olor. Debido al fuerte sol que cae en muchas partes del país, la basura que se deja todo el día en el contenedor empieza a oler, y los olores suben a los balcones de las casas. Debido al calor y a la falta de aire acondicionado, cerrar las ventanas, sobre todo en el verano, no es una opción factible.[c] Tirar basura fuera del horario establecido puede resultar en multas desde 60 hasta 500 euros. Sin embargo, tanta gente viola la ordenanza que algunas ciudades como Valencia, Granada y La Coruña han puesto inspectores en las calles que vigilan[d] y sancionan a[e] quiénes no la sigan.

[a]vía... *thoroughfare* [b]*collection* [c]*feasible* [d]*monitor* [e]sancionan... *fine*

Actividad B ¿A quién le pondrías una multa?

 Paso 1 Escucha otra vez lo que dice el Padre Aguilar y haz una lista de las cinco personas o entidades a quiénes dice él que les pondría una multa.

Paso 2 ¿Pondrías tú una multa a alguien por no cuidar el medio ambiente? ¿De cuánto sería? Inventa una oración para compartir con la clase, según el modelo.

Modelo: *Pondría una multa de cincuenta dólares a la persona que escupe un chicle en la calle.*

Paso 3 Ahora lee la **Nota cultural.** Entre todos, opinen si la multa que se impone es por una cantidad justa o demasiado alta.

Escucha lo que dice el Padre Aguilar sobre la gente que no cuida el medio ambiente. Según él, ¿cómo tiene que pensar la gente para que se interese en cuidar el medio ambiente? ¿Estás de acuerdo con él cuando dice que «hay poco que hacer» si la gente no cambia su forma de pensar? Explica tu respuesta.

 ASÍ LO PIENSO.

GRAMÁTICA
Repaso del condicional

A. In **Lección 7** of *Así lo veo,* you learned how to form the conditional in Spanish to express what you would do given a particular situation or circumstance. In this lesson you will use the conditional to talk about what you would do in situations pertaining to the environment. As a quick review, Spanish forms the conditional by adding forms of **-ía** to the end of **-ar**, **-er**, and **-ir** verbs.

dar: daría, darías, daría, daríamos, daríais, darían

ser: sería, serías, sería, seríamos, seríais, serían

ir: iría, irías, iría, iríamos, iríais, irían

Some common verbs have irregular stems, but otherwise use the same set of endings.

decir: dir-   **hacer:** har-   **poner:** pondr-   **saber:** sabr-   **tener:** tendr-

haber: habr-   **poder:** podr-   **querer:** querr-   **salir:** saldr-   **venir:** vendr-

The following examples express what someone would (or wouldn't) do.

Saldría contigo esta noche pero tengo que despertarme temprano mañana.

I would go out with you tonight but I have to wake up early tomorrow.

No **llamaría** a mis profesores a su casa.

I wouldn't call my professors at home.

▶ **PRUÉBALO 1**

Do you remember what Padre Aguilar said he would do to protect the environment? A portion of his response appears below. Listen to him again and complete what he says with the verbs you hear.

«_____[1] yo una multa a cada... a cada persona que tire basura, por supuesto, pero también _____[2] una multa a aquellas eh... envolturas de papel que no tuvieran una leyenda: "Tírese en tal lugar".»

B. As you learned in **Lección 9,** you can use the conditional with the past subjunctive to make hypothetical statements about what you would do if some other event transpired.

María **se enojaría** si supiera lo que dijo su jefe.

María would get angry if she found out what her boss said.

An example of using the conditional in this way occurs when Ernesto comments on the source of our environmental problems. Listen to him again and complete what he says with the verbs you hear.

«Yo creo que respetando estos lineamientos que te dan desde que vas al kínder, respetar una luz roja, si respetáramos este tipo de cosas, _____ la contaminación por el ruido, ¿no? por el ruido.»

«Si cada uno pensara yo no voy a tirar; yo voy a cuidar, yo, pues, el mundo sería diferente. El mundo, no México, el mundo.» ¿Estás de acuerdo con lo que dice Ruth?

Actividad A   ¿Adónde irías?

Paso 1 Completa lo que dice un estudiante sobre su viaje ideal, usando el condicional de los verbos de la lista. Usa cada verbo sólo una vez.

gustar	hacer	nadar	sacar	tener	ver
haber	ir	querer	ser	tomar	

Si pudiera visitar cualquier país hispanohablante por una semana, _____[1] a Costa Rica. Como mi especialización es biología, _____,[2] por supuesto una excursión a las selvas tropicales. Allí _____[3] fotos de animales en peligro de extinción y _____[4] flora y fauna desconocidas en los Estados Unidos. También me _____[5] escalar un volcán activo como el Irazú o el Poás. Para relajarme un poco, _____[6] el sol en la playa y _____[7] en el mar. Una vez allí, sé que _____[8] visitar Panamá también; pero en una semana no _____[9] suficiente tiempo. _____[10] que hacer otro viaje en otra ocasión. En fin, un viaje a Costa Rica _____[11] increíble.

Paso 2 Contesta las siguientes preguntas y comparte tus respuestas con otros estudiantes.

1. Si pudieras visitar cualquier país hispanohablante, ¿cuál sería? ¿Con quién irías?
2. Menciona tres de las cosas que Uds. harían allí.

Actividad B ¿Eres «verde»?

Paso 1 Contesta **Sí** o **No** a las siguientes preguntas.

	Sí	No
1. ¿Pagarías más por productos hechos de materiales cien por ciento reciclados?	☐	☐
2. ¿Tomarías agua potable reciclada de aguas residuales (*wastewater*) purificadas?	☐	☐
3. Para conservar papel, ¿comprarías libros de texto digitales?	☐	☐
4. Si pudieras comprar cualquier coche, ¿elegirías un modelo híbrido?	☐	☐
5. ¿Llevarías ropa hecha de cáñamo (*hemp*) u otra tela orgánica?	☐	☐
6. ¿Pondrías césped artificial (*artificial turf*) en tu jardín para conservar el agua?	☐	☐
7. ¿Harías abono (*compost*) de las sobras?	☐	☐

Paso 2 Entrevista a otra persona con las oraciones del **Paso 1** y apunta sus respuestas.

Paso 3 Cada respuesta afirmativa vale un punto. Suma tus puntos y los de tu compañero/a e indica dónde se sitúan en la siguiente escala. ¿Quién es más «verde»?

6–7 puntos: muy «verde»   **4–5 puntos:** algo «verde»
1–3 puntos: poco «verde»   **0 puntos:** no «verde»

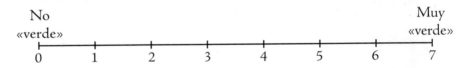

Actividad C ¿Qué harías?

Paso 1 Selecciona el evento de la lista al que más te interesaría asistir.

☐ el juego final de la Serie Mundial de béisbol entre tus equipos favoritos

☐ el Super Bowl entre tus equipos favoritos

☐ un concierto de tu cantante / grupo de música favorito

☐ ¿ ?

Paso 2 Para el evento que escogiste, una estación de radio está regalando dos entradas a la persona que haga la cosa más disparatada (*crazy*). Menciona tres de las cosas más atrevidas que harías para ganar las entradas.

Paso 3 Comparte tus oraciones con dos personas. Entre Uds., ¿quién es la persona más fanática?

Así lo veo II

ANTES DE VER

Vocabulario del vídeo

la estrategia	strategy	**desinflarse**	to deflate, to go down
la planta de tratamiento	treatment plant	**implantarse**	to implement, establish
el proyecto	project	**involucrarse**	to get involved
el ritmo	rhythm	**mejorar**	to improve
la vergüenza	shame, embarrassment	**reeducar (qu)**	to reeducate
darle (*irreg.*) **vergüenza**	to feel embarrassed	**remediar**	to remedy
aparentar	to feign, to give off an appearance	**petulante**	petulant; pretentious; arrogant
desaparecer (zc)	to disappear		

Cognado: la atmósfera, la emisión, el filtro, el plan, válido/a

Repaso: aminorar, el calentamiento global, la ley, el ser vivo

Más vocabulario

afinar	to tune up (car)
compartir transporte	to share a ride / to carpool

¿Compartes un medio de transporte con alguien para reducir emisiones y ahorrar gasolina?

PALABRAS ENGAÑOSAS

que/qué

Aunque **que** y **qué** se pronuncian igual, no significan lo mismo. **Que** sin acento significa *that* y se usa para introducir una cláusula.

El hombre **que** vive en esa casa es médico.

The man that lives in that house is a doctor.

Claudia dice **que** va a Francia.

Claudia says that she's going to France.

Qué con acento significa *what* or *how* y cumple una función interrogativa, aun cuando la oración es afirmativa.

Benjamín no sabe **qué** hacer.   *Benjamín doesn't know what to do.*

No lo vas a creer, ¡pero **qué** desagradable es Juan!

You won't believe how unpleasant Juan is!

Completa lo que dice Gustavo sobre el cambio climático con **que** o **qué**.

«Entonces, hace como tres años, leía un reportaje en el periódico _____[1] decía _____[2] _____[3] petulantes éramos el ser humano de pensar _____[4] nosotros podíamos cambiar el... el medio ambiente.»

AMIGO FALSO

aparentar

El verbo **aparentar** no significa *to parent* en inglés. **Aparentar** se refiere a lo que uno hace para crear una falsa apariencia. Significa *to give an appearance or impression,* pero las traducciones varían según el contexto.

Hugo prende la luz cuando sale de la oficina para **aparentar** que está trabajando tarde.

Hugo turns on the light when he leaves the office to give the impression that he's working late.

Pepita usa una crema para **aparentar** tener diez años menos.

Pepita uses a cream to look ten years younger.

Identifica el verbo o el sustantivo de la lista de vocabulario que se describe en cada pista.

1. lo que pasa cuando a una pelota (*ball*) o globo (*balloon*) se le sale el aire.
2. lo que siente alguien después de hacer algo inapropiado
3. lo que hace una persona cuando quiere participar en algo.
4. lo que hace la persona que da una impresión falsa de lo que es.
5. lo que espera hacer por sus notas el estudiante que toma un examen por segunda vez
6. lo que asigna un profesor en lugar de un examen o trabajo final
7. lo que va a pasar con muchas especies en peligro de extinción si no se protegen
8. lo que tiene que hacer la gente cuando cambia la tecnología

Actividad B   Estrategias para mejorar el medio ambiente

Paso 1 Con otra persona, escoge uno de los siguientes temas. Inventen seis de las estrategias que la gente puede seguir para proteger el medio ambiente.

> **Modelo:** *Cómo conservar el agua* → *Cerrar el agua al cepillarse los dientes.*

- Cómo conservar el agua
- Cómo conservar los árboles
- Cómo aminorar las emisiones de dióxido de carbono (CO_2)

Paso 2 En una hoja aparte, diseñen un folleto (*brochure*) con el nombre de su tema. Incluyan una breve descripción del problema, las seis estrategias del **Paso 1** y un dibujo. La clase va a votar por el folleto más informativo, original, artístico, etcétera.

Actividad C   Las leyes

En el próximo segmento del vídeo, Yolanda dice que las leyes ambientales en México son para aparentar, porque nadie las respeta. ¿Qué leyes estatales/provinciales o federales en tu país no se hacen válidas? ¿Había reglas en tu casa que tus padres no hacían válidas? ¿Hay reglas en las residencias estudiantiles que no se hacen válidas?

> **Modelo:** *En muchas tiendas venden tabaco a personas menores de 18 años.*

Cuando un conductor viola el «Hoy no circula sabatino», su auto es llevado al depósito.

NOTA CULTURAL
Las restricciones en la circulación de vehículos

Durante más de dos décadas, el gobierno mexicano ha restringido el tránsito de vehículos en la Ciudad de México por medio de una iniciativa llamada «Hoy no circula», que en inglés quiere decir: «*Today it (your car) does not circulate*». Este programa restringe el uso de vehículos de lunes a viernes entre las horas 5.00 y 22.00 según el número en que termina la placa[a] y la antigüedad[b] del vehículo. Por ejemplo, los vehículos que llevan placas que terminan en 5 y 6 no circulan los lunes; es decir, que para llegar al trabajo o a otro lugar, se tiene que tomar el transporte público. A partir de julio de 2008, se inició otro programa llamado el «Hoy no circula sabatino» que extiende las restricciones a un sábado por mes. Por ejemplo, las placas con terminación 5 y 6 no circulan el primer sábado de cada mes. Las sanciones por violar las restricciones son costosas. El conductor tiene que pagar una multa equivalente a 20 días del salario mínimo vigente[c] (más de mil pesos). Además, todo vehículo sancionado es remolcado[d] a un corralón[e] a un costo de 398 pesos. Los dueños de los autos sancionados pueden retirar[f] sus vehículos del corralón a partir de las 22.00 horas del mismo día, a un costo de 41 pesos por día por el tiempo que el auto permanezca en el depósito.[g]

Han entrado en vigencia[h] programas parecidos en otras ciudades grandes de la América Latina como La Paz (Bolivia), Santiago (Chile), Bogotá (Colombia) y San José (Costa Rica), entre otras. En Bogotá, el propósito de la restricción, denominada «Pico[i] y Placa», no es disminuir la contaminación sino reducir el tráfico en las horas pico, es decir, las horas de mayor tráfico. El motivo es lo mismo en La Paz, donde se restringe el acceso al centro antiguo de la ciudad durante las horas de 8.00 a 9.30, de 12.00 a 13.00 y de 18.00 a 20.00.

[a]*license plate* [b]*age* [c]*current* [d]*towed* [e]*storage yard* [f]*remove* [g]*corralón*
[h]*entrado...gone into effect* [i]*Peak*

Actividad D   Nuestros amigos hablan.

Ahora ve **Así lo veo II.**

DESPUÉS DE VER
Comprensión y opiniones

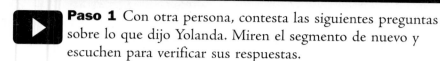

Actividad A   ¿Entendiste?

Paso 1 Con otra persona, contesta las siguientes preguntas sobre lo que dijo Yolanda. Miren el segmento de nuevo y escuchen para verificar sus respuestas.

1. ¿Qué estrategias recomienda para aminorar la contaminación por parte de fábricas?

2. ¿Qué le da vergüenza?

3. ¿Está Yolanda de acuerdo con Ernesto en que la base de nuestros problemas es la falta de cultura?

Paso 2 Ahora indica si las siguientes oraciones sobre lo que dijo Gustavo son ciertas (**C**) o falsas (**F**). Luego, justifica tus respuestas.

	C	F
1. El reportaje que leyó Gustavo atribuía el calentamiento global al ser humano.	☐	☐
2. Parece que Gustavo cree en lo que leyó en el artículo.	☐	☐

Actividad B   Más sobre las ideas de Gustavo

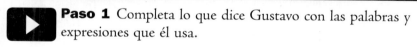

Paso 1 Completa lo que dice Gustavo con las palabras y expresiones que él usa.

«Entonces, hace como tres años, leía un reportaje en el periódico que decía que qué _____[1] éramos los seres humanos de pensar que nosotros podíamos cambiar el... el medio ambiente. Que realmente este cambio climático era porque el sol también tiene sus... sus... sus _____[2] y que crece y _____[3] y crece, y que ahorita estamos en una época de mayor _____[4] del sol. [...] El planeta ha tenido sus cambios constantes y han _____[5] y aparecido _____[6] y lagos y mares. Me pregunto si, de veras, nosotros estamos provocando este cambio, o si _____[7] lo va a dar. Porque la tie... la tierra también es un _____[8] que también tiene sus procesos.»

Paso 2 Indica la oración a continuación que mejor exprese tu opinión sobre el cambio climático. Luego, defiende tu opinión con evidencia concreta y comparte tus ideas con la clase. ¿Están de acuerdo contigo tus compañeros/as?

- El cambio climático actual se debe en mayor parte a las acciones del ser humano.

- El cambio climático actual se debe en mayor parte a los procesos naturales del sistema solar.

ASÍ LO PIENSO.

Escucha lo que dice Ruth sobre lo que hay que hacer para cuidar el medio ambiente. ¿Qué oración capta mejor lo que dice?

El esfuerzo del grupo vale más que el esfuerzo del individuo.

Un poco rinde mucho (*goes a long way*).

GRAMÁTICA
Repaso del subjuntivo en cláusulas adverbiales

A. In **Lección 4** of *Así lo veo* you learned that Spanish uses the subjunctive in adverbial clauses when the event is projected in the future. When the event is habitual or occurs repeatedly, the indicative is used in adverbial clauses. Compare the two sentences below.

Guillermo piensa leer el correo cuando **llegue** a casa.

Guillermo plans on reading the mail when he gets home.

Guillermo lee el correo cuando **llega** a casa.

Guillermo reads the mail when he gets home.

In the first sentence, the verb in the adverbial clause is in the subjunctive because the event of arriving home has not occurred. In the second sentence, the verb in the adverbial clause is in the indicative because the event depicts what Guillermo does on a regular basis. The following adverbs of time are commonly used to introduce adverbial clauses.

cuando	when	**hasta que**	until
después (de) que	after	**mientras**	while, as long as
en cuanto	as soon as	**tan pronto como**	as soon as

 PRUÉBALO 3

Did you notice Padre Aguilar's use of the subjunctive in adverbial expressions when you listened to the **Así lo pienso** segment on page 385? Listen to him again and complete what he says with the verbs you hear.

«Cuando _____[1] que el mundo es una casa común de la cual vivo, de la cual me alimento, me da, eh... pues, un lugar donde... donde vivir, me da buen clima, etcétera, yo tendré que cuidarlo más. Mientras la gente no _____[2] el mundo su casa, hay poco que hacer.»

B. In **Lección 6** of *Así lo veo* you learned that Spanish uses the subjunctive after conjunctions of contingency such as *unless, provided that,* and *so that.* Contingencies are events that are dependent on someone or something else. In the following example, cleaning the house is contingent on the potential for guests to arrive.

Debes limpiar la casa en caso de que **vengan** tus suegros.

You should clean the house in case your in-laws come.

The following conjunctions introduce contingent events.

a menos que	unless
antes (de) que	before
con tal (de) que	provided that
en caso de que	in case
para que	so that
sin que	without

An example of the subjunctive after conjunctions of contingency occurs when Yolanda talks about strategies to protect the environment. Listen again and complete what she says with the verb you hear.

«Una de ellas sería reeducar a la gente, a todos los sectores, para que _____ contribuir con algo a… para aminorar la contaminación.»

PRUÉBALO 4

« ... pero sobre todo hay que dar educación tanto a adultos, para que los adultos eduquen a los más pequeños... » ¿Estás de acuerdo con lo que dice Yolanda?

Actividad A   Lo que hago y lo que pienso hacer

Paso 1 Para cada oración a continuación, conjuga el verbo en el subjuntivo o en el indicativo según el contexto. Luego, completa la oración con información verdadera.

1. Cuando _____ (**tener**) más tiempo libre, quiero _____ .

2. Tan pronto como _____ (**graduarse**) en la universidad, voy a _____ .

3. No puedo _____ hasta que _____ (**recibir**) mi próximo cheque.

4. Me gusta _____ mientras _____ (**estudiar**).

5. En cuanto _____ (**llegar**) las vacaciones pienso _____ .

6. Los fines de semana suelo _____ después de _____ (**levantarse**).

Paso 2 Entrevista a otra persona con las oraciones del **Paso 1.** ¿Qué cosas tienen ambos/as en común?

Modelo: *¿Quieres ir al cine cuando tengas más tiempo libre?*

Actividad B   Mientras la universidad...

Paso 1 Con dos estudiantes, inventa tres oraciones usando **mientras** para comentar sobre las trabas (*obstacles*) que enfrentan los estudiantes de tu universidad.

> **Modelo:** *Mientras la universidad no construya más residencias estudiantiles, muchos estudiantes no podrían vivir cerca del campus.*

Paso 2 Comparte tus oraciones con la clase. Tu profesor(a) u otro estudiante va a apuntar sus ideas en la pizarra. Entre todos, pongan los problemas en orden de importancia. ¿Cuáles son problemas a corto plazo (*short-term*) y cuáles a largo plazo (*long-term*)?

Paso 3 Tu profesor(a) va a mencionar algunas trabas del profesorado (*faculty*) desde el punto de vista de uno de sus miembros. ¿Son parecidas a las de los estudiantes o son distintas?

Actividad C   Cuándo pienso graduarme

Paso 1 Completa la siguiente oración con información verdadera.

Pienso graduarme en _____ con tal de que _____.

Paso 2 Comparte con la clase lo que escribiste. ¿Cuántos mencionan condiciones a base de...

_____ sus notas o su promedio acumulativo?

_____ la disponibilidad (*availability*) de cursos?

_____ su situación económica?

_____ otra cosa?

¿En qué difieren las respuestas de los estudiantes que piensan graduarse dentro de un año de las de los estudiantes a quienes les faltan dos o más años para graduarse? ¿Es típico que los estudiantes de tu universidad se gradúen en cuatro años? ¿Por qué sí o por qué no?

Actividad D   Las generaciones futuras

Paso 1 Tanto el Padre Aguilar como Yolanda comentan que necesitamos educar a los niños en cuanto a cuidar el medio ambiente. Completa las siguientes oraciones para indicar lo que tú vas a hacer para educar a tus hijos (o sobrinos).

Voy a enseñar a mis hijos/sobrinos a...

1. _____ para que sean conscientes del valor del agua.
2. _____ para que aprendan a conservar energía.
3. _____ para que _____.
4. _____ para que _____.

Paso 2 Se dice que el buen maestro «practica lo que enseña». ¿Haces tú todas las cosas del **Paso 1**?

Así lo veo III

ANTES DE VER

Vocabulario del vídeo

el campo	country	**la reunión**	meeting
la carretera	highway	**el sembradío**	planting
la iniciativa privada	private enterprise	**juntarse**	to get together
la junta	meeting	**específico/a**	specific
el micro(bús)	minibus		
el presupuesto	budget		

Repaso: lograr, salvar

Más vocabulario
Repaso: ahorrar

El coro internacional de niños de las Naciones Unidas canta para la celebración del Día de la Tierra. Los miembros de las Naciones Unidas se juntan cada año para el Día de la Tierra para hablar sobre los problemas medioambientales.

AMIGO FALSO

campo

El sustantivo **campo** no quiere decir *camp* en inglés. **Campo** se refiere a un terreno generalmente no ocupado o escasamente ocupado por casas. **Campamento** es la palabra equivalente a *camp(site)* en inglés.

Mis abuelos viven en el **campo.** *My grandparents live in the country.*

Llegamos al **campamento** por la noche. *We arrived at the camp at night.*

Actividad A ¿Qué haces?

Paso 1 Completa las siguientes oraciones con información verdadera.

1. La mayor parte de mi presupuesto mensual se dedica a _____, _____ y _____.
2. Tomo la carretera para ir a _____.
3. Tengo una reunión con _____ el _____ a la(s) _____.
4. Me junto frecuentemente con _____ para _____.
5. Para salvar el planeta, trato de _____.

Paso 2 Comparte tus respuestas con dos estudiantes. Presenta a la clase una de las cosas que tienen en común y otra que no comparten.

Actividad B Las juntas

Paso 1 Con otra persona, haz una lista de las razones por las cuales la gente hace juntas.

Modelo: *Para hacer un plan de acción*

Paso 2 ¿Qué cosas agregarían a o quitarían de la lista del **Paso 1** para una junta entre...

1. dos líderes políticos?
2. un estudiante y su profesor(a)?
3. los miembros de un club deportivo?
4. el presidente del país y la prensa (*press*)?

The primary meaning of the verb **dejar** is *to leave*.

> Gerardo **dejó** la compañía tras veinticinco años de servicio.
> *Gerardo left the company after twenty-five years of service.*

Dejar also means *to leave* or *drop off* someone else.

> El camión me **deja** en el centro.   *The bus leaves me / drops me off downtown.*

In addition, **dejar** functions as a synonym of **permitir**.

> Mis padres no me **dejan** fumar en casa.
> *My parents don't allow me to smoke at home.*

Dejar often translates as *to leave out* or *to forget*.

> **Dejé** mi cartera en el hotel.   *I forgot my wallet in the hotel.*

Dejar means *to drop* when speaking of courses.

> ¿**Dejaste** la clase de química?   *Did you drop your chemistry class?*

When used with the preposition **de** followed by an infinitive, **dejar** means *to stop* (*doing something*).

> Mi esposo **dejó de andar** en motocicleta.   *My husband stopped riding motorcycles.*

When used with **que**, **dejar** means *to wait*.

> **Deja que** pase la tormenta para irte.   *Wait for the storm to pass before leaving.*

EL MARAVILLOSO VERBO...

dejar

Actividad C   El verbo *dejar*

Paso 1 Lee la información sobre el maravilloso verbo **dejar**. Luego, con dos personas, explica las razones por las cuales es posible que una persona deje...

1. ... su trabajo.
2. ... una clase.
3. ... de hacer ejercicio.
4. ... algo en un lugar público.
5. ... que otra persona use su celular.

Paso 2 Escoge una situación del **Paso 1** que se te aplique y cuéntales a tus compañeros/as cómo o por qué se te aplica.

> **Modelo:** *Dejé una clase el semestre pasado porque necesitaba trabajar más.*

Vocabulario útil

o como les digo | as I was saying

Actividad D   Nuestros amigos hablan.

Ahora ve **Así lo veo III.** El **Vocabulario útil** te va a ayudar a comprender mejor el segmento.

DESPUÉS DE VER
Comprensión y opiniones

Actividad A   ¿Qué dijo el Padre Aguilar?

Contesta las siguientes preguntas.

1. Según el Padre Aguilar, las compañías grandes deben tener presupuestos específicos para _____, _____, _____ y _____.
2. ¿Qué otras cosas agregarías a esta lista?
3. Según el Padre Aguilar, el gobierno tiene que trabajar junto con _____ para salvar el planeta porque en México los presupuestos son los menores para _____ y _____.

Actividad B   Las ideas de Leticia

 Paso 1 Escucha lo que dice Leticia y complétalo con los verbos que ella usa.

«Pues, yo espero que _____[1] posible que toda la gente _____[2] porque no nada más me está afectando a mí. A todos, a todos nos está afectando y juntar a toda la gente para ver si lo podemos quitar. Hacer una junta o una reunión o, como les digo,... este... cerrar la carretera, no dejar pasar a nadie ni micros, nada. Y cerrar todo completamente para que no _____[3] los carros de basura y ojalá y la gente _____[4] para que _____[5] hacer algo. Yo espero que sí _____[6] algo para cerrar ese tiradero.»

Paso 2 Explica por qué Leticia usa el subjuntivo en lugar del indicativo para cada respuesta del **Paso 1.**

Paso 3 ¿Cuál es el significado de **dejar** cuando dice: «Este... cerrar la carretera, no dejar pasar a nadie, ni micros, nada.» ¿Qué piensas de su idea de cerrar la carretera para captar la atención de la ciudad? ¿Crees que funcionaría? Explica tu respuesta.

En este segmento Leticia repite su deseo de que cierren el tiradero en su colonia. ¿Qué esperas tú que ocurra en el futuro con respecto al medio ambiente? Escribe tres oraciones con **desear / ojalá que** para compartir con la clase.

Modelo: *Ojalá que algún día todos los alimentos se produzcan sin usar pesticidas.*

GRAMÁTICA
El futuro

A. Throughout your study of Spanish, you have learned a number of ways to express what you and others will do in the future. Below are some examples.

simple present	Mañana **voy** al médico.	*Tomorrow I'm going to the doctor.*
ir + **a** + *inf.*	**Vamos a caminar** al supermercado.	*We are going to walk to the grocery store.*
pensar + *inf.*	**¿Piensas ir** al gimnasio hoy?	*Do you plan on going to the gym today?*
subjunctive	Espero que Mario **asista** a la reunión.	*I hope that Mario will attend the meeting.*

Another way to express what you and others will do is to use what is called the simple future. In English, the simple future consists of *will* + infinitive, as in *I will call the doctor*. The simple future in Spanish is formed by adding **-é, -ás, -á, -emos, -éis, -án** to the end of an infinitive. The endings are the same for **-ar, -er, -ir** verbs.

llamar: llamaré, llamarás, llamará, llamaremos, llamaréis, llamarán

comer: comeré, comerás, comerá, comeremos, comeréis, comerán

vivir: viviré, vivirás, vivirá, viviremos, viviréis, vivirán

Verbs that have irregular stems in the conditional have the same irregular stems in the future. To form the future with these verbs, simply add the future endings to the stem.

decir: diré, dirás, dirá, diremos, diréis, dirán

haber: habré, habrás, habrá, habremos, habréis, habrán

hacer: haré, harás, hará, haremos, haréis, harán

poder: podré, podrás, podrá, podremos, podréis, podrán

poner: pondré, pondrás, pondrá, **pondremos, pondréis, pondrán**

querer: querré, querrás, querrá, querremos, querréis, querrán

saber: sabré, sabrás, sabrá, sabremos, sabréis, sabrán

salir: saldré, saldrás, saldrá, saldremos, saldréis, saldrán

tener: tendré, tendrás, tendrá, tendremos, tendréis, tendrán

venir: vendré, vendrás, vendrá, vendremos, vendréis, vendrán

¿Crees que algún día cerrarán el tiradero en San Mateo?

 PRUÉBALO 5

An example of using the simple future occurs when Padre Aguilar speaks about solutions to Mexico's environmental problems. Listen to him again and complete what he says with the verb you hear.

«Mientras, los presupuestos sean los menores para la ecología, y, como en México, el presupuesto más bajo es para la cultura, no _____ hacer nada.»

PRUÉBALO 6

Padre Aguilar also used the simple future in the **Así lo pienso** segment that you viewed on page 385. Listen to the segment again and complete what he says with the verb you hear.

«Cuando se entienda que el mundo es una casa común de la cual vivo, de la cual me alimento, me da... eh... pues, un lugar donde... donde vivir, me da buen clima, etcétera, yo _____ que cuidarlo más. Mientras la gente no considere el mundo su casa, hay poco que hacer.»

B. In addition to expressing what will happen, the future tense is also used to speculate about situations and events in the present.

¿Dónde **vivirá** el profesor?   *I wonder where the professor lives.*

Vivirá cerca del *campus.*   *He must live (probably lives) near campus.*

Actividad A   ¿Quién lo diría?

En las **Lecciones 11** y **12,** has oído a todos nuestros amigos expresar sus ideas sobre el medio ambiente. Completa cada afirmación con la forma correcta del futuro del verbo entre paréntesis y luego indica quién lo diría: el Padre Aguilar, Gustavo, Ernesto, Leticia, Yolanda o Ruth.

1. Si no aminoramos nuestra contribución al cambio climático, pronto _____ (**destruir**) el planeta.
2. El calentamiento global _____ (**darse**) con o sin la ayuda del ser humano.
3. Si siguen quemando ese tiradero, la gente de San Mateo _____ (**enfermarse**) y algunos _____ (**morirse**) de esa contaminación.
4. La gente _____ (**cuidar**) el medio ambiente cuando considere el mundo su casa.
5. Mientras la educación no se profundice, la gente no _____ (**estar**) consciente de las consecuencias de sus acciones.
6. Si no cuidamos el agua, no sé qué _____ (**ser**) de nuestros nietos y bisnietos.
7. Mientras la gente tire en la calle, _____ (**haber**) plagas e inundaciones.
8. Nosotros en México no _____ (**tener**) leyes válidas hasta que el gobierno las haga cumplir.

Paso 1 Escucha el párrafo que lee tu profesor(a) a la clase. Vas a escuchar el párrafo dos veces. Trata de recordar la información, pero no tomes apuntes.

Paso 2 En grupos de tres, escriban una versión del párrafo para luego compartirla con la clase.

Actividad C　¿Qué pasará en el futuro?

Paso 1 Con otra persona, haz una predicción sobre el futuro de cada uno de los siguientes asuntos.

> **Modelo:** *el clima: Un huracán de categoría cinco golpeará la costa atlántica.*

1. el clima
2. el medio ambiente
3. la ciencia/tecnología
4. la política
5. los deportes
6. ¿ ?

Paso 2 Compartan sus oraciones con la clase. Su profesor(a) u otro/a estudiante apuntará en la pizarra las ideas que escribieron para cada asunto. Indica si la actitud de la clase hacia el futuro de cada asunto es optimista o pesimista.

Actividad D　A ti te toca tomar acción.

Paso 1 En esta lección, Ruth captó lo simple de la solución a los problemas medioambientales cuando dijo: « ... si cada uno pensara "Yo no voy a tirar; yo voy a cuidar" pues el mundo sería diferente: el mundo, no México, el mundo». Menciona tres cosas que tú harás a partir de hoy para cuidar el medio ambiente para las generaciones futuras.

> **Modelo:** *Lavaré los platos a mano más seguido.*

Paso 2 Convierte tus oraciones del **Paso 1** en preguntas y úsalas para entrevistar a dos personas.

> **Modelo:** *¿Lavarás los platos a mano más seguido?*

Paso 3 Con la información de los **Pasos 1** y **2,** escribe un breve resumen de lo que tú y tus compañeros/as harán para cambiar el mundo. Tu profesor(a) seleccionará a algunos estudiantes para que lean sus resúmenes a la clase.

¿Lavarán todós los platos juntas?

Actividad E   Así lo veo yo.

Escribe una composición de 200 palabras sobre el siguiente tema: **El medio ambiente y el futuro.** Antes de empezar, sigue las recomendaciones a continuación para organizar tus ideas.

Antes de escribir

- Repasa el vídeo y el contenido de las actividades de la lección.
- Apunta las ideas expresadas por algunas personas del vídeo que quieres incluir en tu composición. Pueden ser ideas o perspectivas con las que estás de acuerdo o no.
- Piensa cómo puedes integrar los puntos gramaticales de esta lección.

Al escribir

- Haz un bosquejo para organizar el orden de tus ideas.
- Escribe un borrador y repásalo (con otra persona si quieres), fijándote bien en el contenido y en la gramática.

Versión final

- Pon en limpio el borrador de la composición para entregársela a tu profesor(a).

OTRAS VOCES

Watch interviews with other Spanish speakers on the *Así lo veo* YouTube™ channel, CENTRO, or on the Online Learning Center.

www.youtube.com/asiloveo

www.mhcentro.com

www.mhhe.com/asiloveo

«Mesa» y «Chullachaqui»

Juan Carlos Galeano, Colombia (1958–)

Perfil del autor

Juan Carlos Galeano, poeta y traductor, nació en la región del río Caquetá del Amazonas colombiano en 1958, y se trasladó después a los Estados Unidos en 1983. En los últimos años el trabajo de Galeano se ha caracterizado por la preocupación ecológica y medioambiental en relación con varios países de la cuenca del Amazonas. Este giro temático se manifiesta en su colección de poemas *Amazonia* (2003) y en una versión de narrativas orales de la selva que se titula *Cuentos amazónicos* (2007), de donde se han elegido los textos «Mesa» y «Chullachaqui», respectivamente. Galeano escuchó estos cuentos en su niñez, y regresó a la cuenca amazónica para recopilarlos[a] y re-escribirlos. Su trabajo sobre temas amazónicos aparece asimismo en el documental *The Trees Have a Mother*, patrocinado por la Universidad del Estado de Florida en 2008. Juan Carlos Galeano es profesor en la Universidad del Estado de Florida en donde enseña literatura latinoamericana.

[a]*collect them*

ANTES DE LEER

Vocabulario

el/la avariento/a	greedy person
la desmesura	excess
la deuda	debt
la moraleja	the moral lesson of a story
acordar (ue)*	to agree (*upon something*)
echar a correr	to escape from something/somebody
hacer (*irreg.*) cosquillas	to tickle
madrugar (gu)	to get up early
rendir (i, i)	to produce effectively / to be profitable
soñar (ue) con	to dream about
tumbar	to knock down/over

*Acordar(se) (de) es también un verbo reflexivo que significa recordar algo o a alguien (to remember).

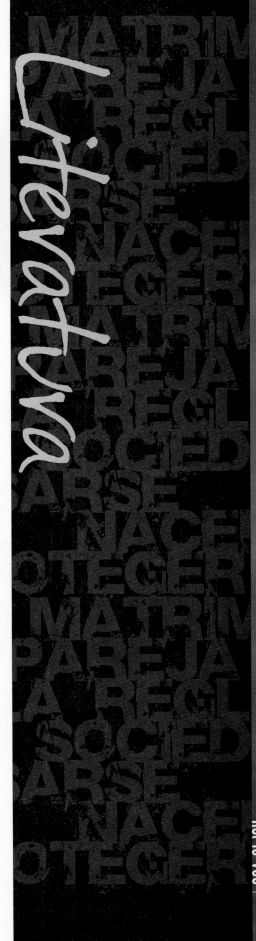

Actividad A   Asociaciones

Asocia una palabra del vocabulario con las siguientes frases.

1. Cuando vio aquel monstruo, su primer impulso fue salir rápidamente de allí.
2. No le pudo pagar lo que le debía.
3. Dormido, se imaginaba lugares hermosos que parecían reales.
4. Las personas que trabajan más, producen más que las que trabajan menos.
5. Los niños decidieron que compartirían sus videojuegos.
6. Parece que no entendió el consejo del cuento.
7. Cuando alguien me pasa las manos por la planta de los pies, me da una risa nerviosa.
8. Se levantó muy temprano, antes de salir el sol.
9. Siempre come en exceso.

Actividad B   Preguntas

Contesta las siguientes preguntas y luego compara tus respuestas con las de otra persona.

1. ¿Qué cuentos infantiles te gustaban más? ¿Por qué?
2. ¿Recuerdas algún cuento que tenga una moraleja? ¿Cuál es el cuento?
3. ¿Piensas que los seres humanos debemos prevenir el calentamiento global o adaptarnos a una situación climática cambiante?
4. ¿Crees que el deterioro medioambiental se refleja con seriedad en las películas comerciales? Piensa en dos ejemplos. ¿Es la preocupación medioambiental el tema principal de esas películas, o pueden Uds. identificar otros temas secundarios asociados con el mismo?

Actividad C   Preparación

Paso 1 La personificación consiste en atribuir cualidades humanas a objetos y animales. Lee las tres primeras líneas del poema «Mesa» y, con otra persona, identifica por lo menos dos ejemplos de personificación en el poema.

Paso 2 Miren la ilustración del Chullachaqui en la página 408. Comparen la representación de este personaje con algún otro que conozcan. ¿Se parecen en algo? ¿En qué? ¿De qué puede tratarse el cuento que van a leer?

NOTA CULTURAL

Los árboles de shiringa

En la selva del Perú, los árboles que producen el látex que se usa para fabricar el caucho[a] se llaman *árboles de shiringa; shiringueros,* por lo tanto, son los hombres que extraen el látex de esos árboles. El caucho tiene muchas aplicaciones en la industria, y se usa principalmente en la fabricación de gomas, plásticos y materiales elásticos, de los que se hacen, entre otras cosas, los neumáticos de los automóviles y los preservativos que se usan para prevenir enfermedades transmitidas sexualmente o para el control de la natalidad. La extracción del látex es una de las principales fuentes de riqueza de la cuenca amazónica.

[a]*rubber*

Árboles de shiringa (caucho) en la selva amazónica

Mesa

Muchas veces la mesa sueña con haber sido un animal.

Pero si hubiera sido un animal no sería una mesa.

Si hubiera sido un animal se habría echado a correr como los demás
cuando llegaron las motosierras[1] a llevarse los árboles que iban a ser mesas.

En la casa una mujer viene todas las noches
y le pasa un trapo tibio[2] por el lomo[3] como si fuera un animal.

Con sus cuatro patas la mesa podría irse de la casa.
Pero piensa en las sillas que la rodean y un animal no abandonaría a sus hijos.

Lo que más le gusta a la mesa es que la mujer le haga cosquillas
mientras recoge las migajas de pan[4] que dejan los niños.

[1]*chainsaw* [2]trapo... *warm dishcloth* [3]*back* [4]migajas... *breadcrumbs*

Chullachaqui

Por el río Nanay vivía un shiringuero que trabajaba de sol a sol pero los árboles de caucho casi no le daban leche. Una mañana, mientras trabajaba, vio a un hombrecito barrigón[1] con un pie más pequeño que el otro. Era el Chullachaqui, el dueño de los animales y amigo de los árboles. Se acercó y le dijo: «¿Cómo te va hoy hombre?»

«No muy bien», le contestó el shiringuero. «Tengo muchas deudas».

«Pues si quieres tener más suerte con los árboles de caucho, te voy a dar una virtud[2]».

«Sí, por favor, ayúdeme», le rogó[3] el hombre.

El Chullachaqui le dijo que primero debía hacerle un favor y después pasar una prueba. «Dame uno de tus tabacos y después de que lo haya fumado y me duerma, me das patadas y puños[4] hasta que me despierte».

El hombre le dijo que sí. El otro se quedó dormido y recibió los golpes acordados.

Al despertarse, el Chullachaqui le agradeció y dijo: «Bueno hombre, ahora pongámonos a pelear.[5] Si me tumbas tres veces, haré que los árboles de shiringa te den más caucho para pagar tus deudas. Pero si ocurre que logro tumbarte, te morirás cuando llegues a casa.

El hombre se dijo: «Éste es un chiquitín[6] que ni siquiera puede andar bien con ese pie pequeñito; si le gano, podré pagar mis deudas». Pelearon y el hombre fue capaz de ganarle tres veces dándole un pisotón[7] en el pie más pequeño donde guardaba la fuerza.

«Ahora los árboles te van a dar más caucho; pero no vayas a ser tan avariento y sacarle tanta leche a los troncos que los hagas llorar; y si le cuentas a alguien, te mueres», le advirtió. Luego le dijo cuáles árboles rendían más.

El shiringuero consiguió la leche de los árboles, y se dio cuenta que el Chullachaqui era un dueño bueno; lo veía en el shiringal curando a los animales o haciéndoles a los árboles trenzas[8] con los bejucos.[9] Con el tiempo, el hombre pagó las deudas al dueño de los shiringales, y les compró ropa y zapatos a sus hijos: «Para que no anden por ahí como la gente de las tribus», dijo.

Ocurrió, sin embargo, que el dueño de los shiringales, un hombre malo (quien había esclavizado y matado a muchos indígenas), se enteró de la buena suerte del trabajador. Madrugó y atisbó[10] al shiringuero para ver cuáles eran los árboles mejores, y después vino, no con tichelas,[11] los recipientes pequeños usados por los shiringueros, sino con baldes[12] grandes para

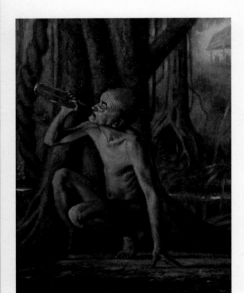

Una ilustración del Chullachaqui

---

[1]*big-bellied* [2]*power* [3]*begged* [4]*patadas... kicks and punches* [5]*pongámonos... let's fight* [6]*very little man* [7]*dándole... stomping* [8]*braids* [9]*ivy-like type of plant with medicinal properties* [10]*watched (from a distance)* [11]*small recipient to gather the latex* [12]*buckets*

llenarlos. Terminó haciéndoles tales cortes a los árboles que los últimos recipientes no contenían leche sino agua.

Pasó el tiempo y el hombre favorecido cogía justamente lo que le había dicho el Chullachaqui, mientras que el otro sacaba con desmesura.

Un cierto día, mientras el avariento aguardaba escondido[13] entre los árboles, el Chullachaqui vino a decirles: «Aquí se acabó la virtud». «A ti te perdono», le dijo al shiringuero, «pero vete y no vuelvas más». Luego se volvió al patrón y le dijo. «Tú no tienes compasión, ¿no te diste cuenta que los últimos baldes que sacabas no tenían leche del caucho sino lágrimas de los árboles»?

Esa misma tarde el dueño del shiringal se puso muy enfermo con dolores de cabeza y muchas fiebres. Tuvieron que bajarlo en canoa hasta un puesto de salud en el río, pero ningún médico le pudo decir cual era su dolencia.

Los sabedores[14] tampoco pudieron curarlo y murió.

El shiringuero afortunado, un tal Flores, que todavía vive, dejó los shiringales y se fue lejos, para Pebas, donde construyó una casa de ladrillo.[15]

[13]aguardaba... *waited in hiding*   [14]*wise people*   [15]*brick*

DESPUÉS DE LEER

Actividad A   Comprensión

Contesta cada pregunta con relación a los textos que has leído.

1. ¿Por qué la mesa se convirtió en mesa?
2. ¿Por qué la mesa no abandona la casa?
3. ¿Qué es lo que más le gusta a la mesa de la vida familiar en la casa?
4. ¿Quién es el Chullachaqui?
5. ¿Por qué necesita el shiringuero la ayuda del Chullachaqui?
6. ¿Qué necesita hacer el shiringuero para recibir la ayuda del Chullachaqui?
7. ¿Quién es el hombre malo? ¿Por qué es «malo»?
8. ¿En qué se diferencia el shiringuero del hombre malo?
9. ¿Por qué le dice el Chullachaqui al hombre malo que este les sacaba «lágrimas» a los árboles?
10. ¿Qué les ocurre al hombre malo y al shiringuero al final del cuento?

Actividad B   Interpretación

Paso 1 Contesta las siguientes preguntas acerca del poema «Mesa».

1. En el poema «Mesa» el hablante se contradice, ya que asegura que «si [la mesa] hubiera sido un animal no sería una mesa», pero luego atribuye características de los animales a la mesa. En tu opinión, ¿por qué ocurre esta contradicción en el poema?

2. La interacción entre la mujer y la mesa recuerda la interacción de una mujer con su mascota; sin embargo, en la narración del poema sólo la mesa parece estar consciente de esta relación. ¿Por qué piensas que el poema se ha narrado desde el punto de vista de la mesa y no de la mujer?

3. ¿Cuál es la intención del autor de este poema al convertir a la mesa en un objeto con instintos animales?

Paso 2 Compara tus respuestas con las de tus compañeros/as.

Paso 3 En grupos, decidan qué aspectos temáticos del poema se manifiestan también en el cuento «Chullachaqui» y en qué se diferencian.

Paso 4 El desarrollo y desenlace del cuento «Chullachaqui» parece incluir un mensaje de enseñanza moral o «moraleja». En grupos, indiquen cómo se expresa ese mensaje a lo largo de la narración y cuál es la moraleja del cuento.

Actividad C   Más allá del texto

1. En grupos, escriban de nuevo el poema «Mesa» desde el punto de vista de la mujer. ¿Cómo cambia la relación entre la mujer y la mesa?

2. En grupos, escriban una historia breve que contenga una moraleja relacionada con el medio ambiente, dramatícenla y preséntenla ante la clase.

EPÍLOGO

¿Qué esperamos para el futuro?

En este epílogo vas a:

> ver a nuestros amigos y escuchar lo que dicen acerca de sus deseos y esperanzas para el futuro

> hablar de tus propios deseos y esperanzas

¿Qué esperan nuestros amigos para el futuro? ¿Qué esperas tú?

Antes de empezar las actividades, ve la **Introducción** del vídeo para este epílogo.

REFRÁN   *Con esfuerzo y esperanza todo se alcanza.*

Así lo veo

411

Actividad A   ¿De quién?

Paso 1 A continuación vas a oír a nuestros amigos expresar algunas de sus esperanzas. ¿Quién crees que expresa cada esperanza o deseo?

	Gustavo	Ernesto	Leticia
1. más unión entre la gente	☐	☐	☐
2. que tenga éxito en la escuela	☐	☐	☐
3. que su hija sea alguien en el futuro	☐	☐	☐

Paso 2 Ahora ve los segmentos de estas personas para ver si acertaste.

Actividad B   Lo que dice Gustavo

Paso 1 A continuación aparece la segunda mitad de lo que dice Gustavo. Escucha lo que dice y complétalo con las palabras que oyes.

«Entonces de ser distintas culturas en todo el mundo pues nos estamos haciendo un solo mundo y _____¹ mucho más. Podemos, o nosotros decidimos si lo vemos como una invasión o si lo vemos como una unión. Eso es lo que cambiaría yo, la visión de la gente a "_____,² _____,³ _____⁴ una sola humanidad" y con todo lo que cada cultura —que antes se desarrollaban solitas— hicieron en su momento, ahorita podemos hacer una gran y maravillosa cultura.»

Paso 2 ¿Qué indica el uso de la forma verbal **-ndo** en lo que dice Gustavo? ¿Está hablando del pasado, del presente o del futuro?

Paso 3 ¿Crees que tiene razón Gustavo? Indica lo que piensas, completando las oraciones que mejor expresen lo que piensas.

1. **a.** Sí, nos estamos uniendo en el mundo, porque _____.
   b. No, no nos estamos uniendo en el mundo, porque _____.
2. **a.** Creo que nos estamos conociendo más y más, porque _____.
   b. No creo que nos estemos conociendo más y más, porque _____.

Actividad C   ¿Qué dice?

Paso 1 A continuación aparece, en dos partes, lo que dice Ruth: sus deseos personales (lo que quiere para ella) y sus deseos para el mundo. Pero las oraciones no están en el orden correcto. ¿Puedes ordenarlas para crear algo coherente de lo que dice ella? (Te damos la primera oración de cada segmento.)

Deseos personales

__*1*__ «Yo pienso que mi mayor deseo, así mi mayor deseo, es conservar mi familia como está ahora… »

_____ «Porque soy muy creyente y yo sí creo en Dios, ¿eh?»

_____ «Y, por supuesto, con mi esposo… »

_____ «Ver a mis nietas, que ahorita tengo tres, crecer, verlas felices, verlas sanas y ver a mis hijos realizados.»

_____ «Vernos amados, vernos… a los hijos crecidos, y pues, claro, la vida, hasta que Dios la disponga… »

_____ «Entonces hasta que Dios nos disponga, pero es un Dios así, de corazón, corazón.»

Deseos para el mundo

_1_ «Y para el mundo, para el mundo… híjole, yo amo a los niños… »

_____ «Porque habiendo un niño sano, feliz, yo creo que va a haber una humanidad con paz, que es lo que necesitamos, paz en el mundo.»

_____ «Que crecieran en amor, que crecieran protegidos, que crecieran sanos, libres, felices.»

_____ Y yo desearía así que en todo el mundo no hubiera niños pobres, no hubiera niños enfermos, no hubiera niños desprotegidos.»

_____ «Yo soy maestra por vocación.»

_____ «Yo amo a los niños.»

 Paso 2 Ahora ve el segmento para ver si acertaste.

Paso 3 Como ves, Ruth cree que la paz viene a través de los niños sanos y felices. ¿Estás de acuerdo? ¿Es posible la paz en el mundo? ¿De dónde vendrá?

¿Crees que la paz del mundo reside en el bienestar de los niños?

Actividad D   El Padre Aguilar y Yolanda

Paso 1 Ve ahora el segmento en donde habla el Padre Aguilar. Después, contesta las siguientes preguntas.

1. ¿Qué quiere decir con «una gran inundación»? ¿A qué se debe esta referencia?

2. Cuando dice «no te los mandé», ¿quién es el sujeto del verbo _mandé?_

Paso 2 ¿Has notado que Yolanda no aparece en el **Epílogo**? Sin embargo, sabiendo lo que sabes de ella, ¿qué esperanzas personales tendrá? ¿Y para el mundo?

Actividad E   Pensándolo bien…

Paso 1 Ahora que has visto a las varias personas hablar de sus esperanzas o ideas para el futuro, con otra persona, trata de explicar por qué cada persona habla de lo que habla. ¿Qué sabes de sus experiencias? ¿Qué sabes de sus motivos, de sus profesiones, de sus ocupaciones? ¿Cómo influyen la personalidad de cada persona en la forma en que ve el mundo y el futuro del mundo?

Paso 2 Escribe una composición de unas 150 palabras en la que dices si tú compartes la opinión de una o varias de las personas de _Así lo veo_. Si no, ¿cuáles son tus esperanzas y/o deseos para el futuro?

Verbs

A. Regular Verbs: Simple Tenses

Infinitive Present participle Past participle	Indicative					Subjunctive		Imperative
	Present	Imperfect	Preterite	Future	Conditional	Present	Imperfect	
hablar hablando hablado	hablo hablas habla hablamos habláis hablan	hablaba hablabas hablaba hablábamos hablabais hablaban	hablé hablaste habló hablamos hablasteis hablaron	hablaré hablarás hablará hablaremos hablaréis hablarán	hablaría hablarías hablaría hablaríamos hablaríais hablarían	hable hables hable hablemos habléis hablen	hablara hablaras hablara habláramos hablarais hablaran	habla tú, no hables hable Ud. hablemos hablen
comer comiendo comido	como comes come comemos coméis comen	comía comías comía comíamos comíais comían	comí comiste comió comimos comisteis comieron	comeré comerás comerá comeremos comeréis comerán	comería comerías comería comeríamos comeríais comerían	coma comas coma comamos comáis coman	comiera comieras comiera comiéramos comierais comieran	come tú, no comas coma Ud. comamos coman
vivir viviendo vivido	vivo vives vive vivimos vivís viven	vivía vivías vivía vivíamos vivíais vivían	viví viviste vivió vivimos vivisteis vivieron	viviré vivirás vivirá viviremos viviréis vivirán	viviría vivirías viviría viviríamos viviríais vivirían	viva vivas viva vivamos viváis vivan	viviera vivieras viviera viviéramos vivierais vivieran	vive tú, no vivas viva Ud. vivamos vivan

B. Regular Verbs: Perfect Tenses

Indicative

Present Perfect		Past Perfect		Preterite Perfect		Future Perfect		Conditional Perfect	
he has ha hemos habéis han	hablado comido vivido	había habías había habíamos habíais habían	hablado comido vivido	hube hubiste hubo hubimos hubisteis hubieron	hablado comido vivido	habré habrás habrá haremos habréis habrán	hablado comido vivido	habría habrías habría habríamos habríais habrían	hablado comido vivido

Subjunctive

Present Perfect		Past Perfect	
haya hayas haya hayamos hayáis hayan	hablado comido vivido	hubiera hubieras hubiera hubiéramos hubierais hubieran	hablado comido vivido

C. Irregular Verbs

Infinitive Present participle Past participle	Indicative					Subjunctive		Imperative
	Present	Imperfect	Preterite	Future	Conditional	Present	Imperfect	
andar andando andado	ando andas anda andamos andáis andan	andaba andabas andaba andábamos andabais andaban	anduve anduviste anduvo anduvimos anduvisteis anduvieron	andaré andarás andará andaremos andaréis andarán	andaría andarías andaría andaríamos andaríais andarían	ande andes ande andemos andéis anden	anduviera anduvieras anduviera anduviéramos anduvierais anduvieran	anda tú, no andes ande Ud. andemos anden
caer cayendo caído	caigo caes cae caemos caéis caen	caía caías caía caíamos caíais caían	caí caíste cayó caímos caísteis cayeron	caeré caerás caerá caeremos caeréis caerán	caería caerías caería caeríamos caeríais caerían	caiga caigas caiga caigamos caigáis caigan	cayera cayeras cayera cayéramos cayerais cayeran	cae tú, no caigas caiga Ud. caigamos caigan
dar dando dado	doy das da damos dais dan	daba dabas daba dábamos dabais daban	di diste dio dimos disteis dieron	daré darás dará daremos daréis darán	daría darías daría daríamos daríais darían	dé des dé demos deis den	diera dieras diera diéramos dierais dieran	da tú, no des dé Ud. demos den
decir diciendo dicho	digo dices dice decimos decís dicen	decía decías decía decíamos decíais decían	dije dijiste dijo dijimos dijisteis dijeron	diré dirás dirá diremos diréis dirán	diría dirías diría diríamos diríais dirían	diga digas diga digamos digáis digan	dijera dijeras dijera dijéramos dijerais dijeran	di tú, no digas diga Ud. digamos digan
estar estando estado	estoy estás está estamos estáis están	estaba estabas estaba estábamos estabais estaban	estuve estuviste estuvo estuvimos estuvisteis estuvieron	estaré estarás estará estaremos estaréis estarán	estaría estarías estaría estaríamos estaríais estarían	esté estés esté estemos estéis estén	estuviera estuvieras estuviera estuviéramos estuvierais estuvieran	está tú, no estés esté Ud. estemos estén
haber habiendo habido	he has ha hemos habéis han	había habías había habíamos habíais habían	hube hubiste hubo hubimos hubisteis hubieron	habré habrás habrá habremos habréis habrán	habría habrías habría habríamos habríais habrían	haya hayas haya hayamos hayáis hayan	hubiera hubieras hubiera hubiéramos hubierais hubieran	
hacer haciendo hecho	hago haces hace hacemos hacéis hacen	hacía hacías hacía hacíamos hacíais hacían	hice hiciste hizo hicimos hicisteis hicieron	haré harás hará haremos haréis harán	haría harías haría haríamos haríais harían	haga hagas haga hagamos hagáis hagan	hiciera hicieras hiciera hiciéramos hicierais hicieran	haz tú, no hagas haga Ud. hagamos hagan
ir yendo ido	voy vas va vamos vais van	iba ibas iba íbamos ibais iban	fui fuiste fue fuimos fuisteis fueron	iré irás irá iremos iréis irán	iría irías iría iríamos iríais irían	vaya vayas vaya vayamos vayáis vayan	fuera fueras fuera fuéramos fuerais fueran	ve tú, no vayas vaya Ud. vayamos vayan

C. Irregular Verbs (*continued*)

Infinitive Present participle Past participle	Indicative					Subjunctive		Imperative
	Present	Imperfect	Preterite	Future	Conditional	Present	Imperfect	
oír oyendo oído	oigo oyes oye oímos oís oyen	oía oías oía oíamos oíais oían	oí oíste oyó oímos oísteis oyeron	oiré oirás oirá oiremos oiréis oirán	oiría oirías oiría oiríamos oiríais oirían	oiga oigas oiga oigamos oigáis oigan	oyera oyeras oyera oyéramos oyerais oyeran	oye tú, no oigas oiga Ud. oigamos oigan
poder pudiendo podido	puedo puedes puede podemos podéis pueden	podía podías podía podíamos podíais podían	pude pudiste pudo pudimos pudisteis pudieron	podré podrás podrá podremos podréis podrán	podría podrías podría podríamos podríais podrían	pueda puedas pueda podamos podáis puedan	pudiera pudieras pudiera pudiéramos pudierais pudieran	
poner poniendo puesto	pongo pones pone ponemos ponéis ponen	ponía ponías ponía poníamos poníais ponían	puse pusiste puso pusimos pusisteis pusieron	pondré pondrás pondrá pondremos pondréis pondrán	pondría pondrías pondría pondríamos pondríais pondrían	ponga pongas ponga pongamos pongáis pongan	pusiera pusieras pusiera pusiéramos pusierais pusieran	pon tú, no pongas ponga Ud. pongamos pongan
querer queriendo querido	quiero quieres quiere queremos queréis quieren	quería querías quería queríamos queríais querían	quise quisiste quiso quisimos quisisteis quisieron	querré querrás querrá querremos querréis querrán	querría querrías querría querríamos querríais querrían	quiera quieras quiera queramos queráis quieran	quisiera quisieras quisiera quisiéramos quisierais quisieran	quiere tú, no quieras quiera Ud. queramos quieran
saber sabiendo sabido	sé sabes sabe sabemos sabéis saben	sabía sabías sabía sabíamos sabíais sabían	supe supiste supo supimos supisteis supieron	sabré sabrás sabrá sabremos sabréis sabrán	sabría sabrías sabría sabríamos sabríais sabrían	sepa sepas sepa sepamos sepáis sepan	supiera supieras supiera supiéramos supierais supieran	sabe tú, no sepas sepa Ud. sepamos sepan
salir saliendo salido	salgo sales sale salimos salís salen	salía salías salía salíamos salíais salían	salí saliste salió salimos salisteis salieron	saldré saldrás saldrá saldremos saldréis saldrán	saldría saldrías saldría saldríamos saldríais saldrían	salga salgas salga salgamos salgáis salgan	saliera salieras saliera saliéramos salierais salieran	sal tú, no salgas salga Ud. salgamos salgan
ser siendo sido	soy eres es somos sois son	era eras era éramos erais eran	fui fuiste fue fuimos fuisteis fueron	seré serás será seremos seréis serán	sería serías sería seríamos seríais serían	sea seas sea seamos seáis sean	fuera fueras fuera fuéramos fuerais fueran	sé tú, no seas sea Ud. seamos sean
tener teniendo tenido	tengo tienes tiene tenemos tenéis tienen	tenía tenías tenía teníamos teníais tenían	tuve tuviste tuvo tuvimos tuvisteis tuvieron	tendré tendrás tendrá tendremos tendréis tendrán	tendría tendrías tendría tendríamos tendríais tendrían	tenga tengas tenga tengamos tengáis tengan	tuviera tuvieras tuviera tuviéramos tuvierais tuvieran	ten tú, no tengas tenga Ud. tengamos tengan

C. Irregular Verbs (*concluded*)

Infinitive Present participle Past participle	Indicative					Subjunctive		Imperative
	Present	Imperfect	Preterite	Future	Conditional	Present	Imperfect	
traer	traigo	traía	traje	traeré	traería	traiga	trajera	trae tú, no
trayendo	traes	traías	trajiste	traerás	traerías	traigas	trajeras	traigas
traído	trae	traía	trajo	traerá	traería	traiga	trajera	traiga Ud.
	traemos	traíamos	trajimos	traeremos	traeríamos	traigamos	trajéramos	traigamos
	traéis	traíais	trajisteis	traeréis	traeríais	traigáis	trajerais	traigan
	traen	traían	trajeron	traerán	traerían	traigan	trajeran	
venir	vengo	venía	vine	vendré	vendría	venga	viniera	ven tú, no
viniendo	vienes	venías	viniste	vendrás	vendrías	vengas	vinieras	vengas
venido	viene	venía	vino	vendrá	vendría	venga	viniera	venga Ud.
	venimos	veníamos	vinimos	vendremos	vendríamos	vengamos	viniéramos	vengamos
	venís	veníais	vinisteis	vendréis	vendríais	vengáis	vinierais	vengan
	vienen	venían	vinieron	vendrán	vendrían	vengan	vinieran	
ver	veo	veía	vi	veré	vería	vea	viera	ve tú, no
viendo	ves	veías	viste	verás	verías	veas	vieras	veas
visto	ve	veía	vio	verá	vería	vea	viera	vea Ud.
	vemos	veíamos	vimos	veremos	veríamos	veamos	viéramos	veamos
	veis	veíais	visteis	veréis	veríais	veáis	vierais	vean
	ven	veían	vieron	verán	verían	vean	vieran	

D. Stem-Changing and Spelling-Change Verbs

Infinitive Present participle Past participle	Indicative					Subjunctive		Imperative
	Present	Imperfect	Preterite	Future	Conditional	Present	Imperfect	
pensar (ie)	pienso	pensaba	pensé	pensaré	pensaría	piense	pensara	piensa tú, no
pensando	piensas	pensabas	pensaste	pensarás	pensarías	pienses	pensaras	pienses
pensado	piensa	pensaba	pensó	pensará	pensaría	piense	pensara	piense Ud.
	pensamos	pensábamos	pensamos	pensaremos	pensaríamos	pensemos	pensáramos	pensemos
	pensáis	pensabais	pensasteis	pensaréis	pensaríais	penséis	pensarais	piensen
	piensan	pensaban	pensaron	pensarán	pensarían	piensen	pensaran	
volver (ue)	vuelvo	volvía	volví	volveré	volvería	vuelva	volviera	vuelve tú,
volviendo	vuelves	volvías	volviste	volverás	volverías	vuelvas	volvieras	no vuelvas
vuelto	vuelve	volvía	volvió	volverá	volvería	vuelva	volviera	vuelva Ud.
	volvemos	volvíamos	volvimos	volveremos	volveríamos	volvamos	volviéramos	volvamos
	volvéis	volvíais	volvisteis	volveréis	volveríais	volváis	volvierais	vuelvan
	vuelven	volvían	volvieron	volverán	volverían	vuelvan	volvieran	
dormir (ue, u)	duermo	dormía	dormí	dormiré	dormiría	duerma	durmiera	duerme tú, no
durmiendo	duermes	dormías	dormiste	dormirás	dormirías	duermas	durmieras	duermas
dormido	duerme	dormía	durmió	dormirá	dormiría	duerma	durmiera	duerma Ud.
	dormimos	dormíamos	dormimos	dormiremos	dormiríamos	durmamos	durmiéramos	durmamos
	dormís	dormíais	dormisteis	dormiréis	dormiríais	durmáis	durmierais	duerman
	duermen	dormían	durmieron	dormirán	dormirían	duerman	durmieran	
sentir (ie, i)	siento	sentía	sentí	sentiré	sentiría	sienta	sintiera	siente tú, no
sintiendo	sientes	sentías	sentiste	sentirás	sentirías	sientas	sintieras	sientas
sentido	siente	sentía	sintió	sentirá	sentiría	sienta	sintiera	sienta Ud.
	sentimos	sentíamos	sentimos	sentiremos	sentiríamos	sintamos	sintiéramos	sintamos
	sentís	sentíais	sentisteis	sentiréis	sentiríais	sintáis	sintierais	sientan
	sienten	sentían	sintieron	sentirán	sentirían	sientan	sintieran	

D. Stem-Changing and Spelling-Change Verbs (*concluded*)

Infinitive Present participle Past participle	Indicative					Subjunctive		Imperative
	Present	Imperfect	Preterite	Future	Conditional	Present	Imperfect	
pedir (i, i) pidiendo pedido	pido pides pide pedimos pedís piden	pedía pedías pedía pedíamos pedíais pedían	pedí pediste pidió pedimos pedisteis pidieron	pediré pedirás pedirá pediremos pediréis pedirán	pediría pedirías pediría pediríamos pediríais pedirían	pida pidas pida pidamos pidáis pidan	pidiera pidieras pidiera pidiéramos pidierais pidieran	pide tú, no pidas pida Ud. pidamos pidan
reír (i, i) riendo reído	río ríes ríe reímos reís ríen	reía reías reía reíamos reíais reían	reí reíste rió reímos reísteis rieron	reiré reirás reirá reiremos reiréis reirán	reiría reirías reiría reiríamos reiríais reirían	ría rías ría riamos riáis rían	riera rieras riera riéramos rierais rieran	ríe tú, no rías ría Ud. riamos rían
seguir (i, i) (g) siguiendo seguido	sigo sigues sigue seguimos seguís siguen	seguía seguías seguía seguíamos seguíais seguían	seguí seguiste siguió seguimos seguisteis siguieron	seguiré seguirás seguirá seguiremos seguiréis seguirán	seguiría seguirías seguiría seguiríamos seguiríais seguirían	siga sigas siga sigamos sigáis sigan	siguiera siguieras siguiera siguiéramos siguierais siguieran	sigue tú, no sigas siga Ud. sigamos sigan
construir (y) construyendo construído	construyo construyes construye construimos construís construyen	construía construías construía construíamos construíais construían	construí construiste construyó construimos construisteis construyeron	construiré construirás construirá construiremos construiréis construirán	construiría construirías construiría construiríamos construiríais construirían	construya construyas construya construyamos construyáis construyan	construyera construyeras construyera construyéramos construyerais construyeran	construye tú, no construyas construya Ud. construyamos construyan
producir (zc) produciendo producido	produzco produces produce producimos producís producen	producía producías producía producíamos producíais producían	produje produjiste produjo produjimos produjisteis produjeron	produciré producirás producirá produciremos produciréis producirán	produciría producirías produciría produciríamos produciríais producirían	produzca produzcas produzca produzcamos produzcáis produzcan	produjera produjeras produjera produjéramos produjerais produjeran	produce tú, no produzcas produzca Ud. produzcamos produzcan

The Spanish-English Vocabulary contains all the words that appear in the text, with the following exceptions: (1) most close or identical cognates that do not appear in the thematic vocabulary lists; (2) most conjugated verb forms; (3) most diminutives in -ito/a; (4) absolute superlatives in -ísimo/a; (5) most adverbs ending in -mente; (6) days of the week, months of the year, and most numbers; (7) most subject and object pronouns, possessive adjectives, and demonstrative adjectives and pronouns; (8) some vocabulary from realia and authentic readings. Only meanings that are used in the text are given.

The gender of nouns is indicated, except for masculine nouns ending in -o and feminine nouns ending in -a. Stem changes and spelling changes are indicated for verbs: **dormir (ue, u); llegar (gu).** The letter **ñ** follows the letter **n: añadir** follows **anuncio.** The following abbreviations are used:

adj.	adjective	*m.*	masculine
adv.	adverb	*Mex.*	Mexico
C.Am.	Central America	*n.*	noun
coll.	colloquial	*obj.*	object
conj.	conjunction	*p.p.*	past participle
contr.	contraction	*pl.*	plural
f.	feminine	*poss. adj.*	possessive adjective
form.	formal	*poss. pron.*	possessive pronoun
geog.	geographical	*prep.*	preposition
gram.	grammatical term	*pres. indic.*	present indicative
indef. art.	indefinite article	*pron.*	pronoun
inv.	invariable	*rel. pron.*	relative pronoun
inf.	infinitive	*s.*	singular
inform.	informal	*subj.*	subjunctive
interj.	interjection	*v.*	verb
irreg.	irregular		

a

abajo down; **para abajo** on down the line

abandonado/a abandoned (9)

abandono abandonment

abanico fan

abarrotes *m. pl.* groceries

abnegado/a self-sacrificing (5)

abogado/a lawyer

abono *n.* compost

abordar to broach (a topic)

abortar to abort; to have an abortion

aborto abortion

abrazar (c) to hug; **abrazarse** to hug each other

abrir (*p.p.* **abierto**) to open; **abrir el grifo** to turn on the faucet (11)

abrupto/a abrupt

absorber to absorb

abstención *f.* abstention (10)

abstener (*like* **tener**) **(de)** to abstain (from); **abstenerse** to abstain (10)

abuelo/a grandfather/grandmother; **abuelos** *n. pl.* grandparents (3)

abundar to abound, be abundant

aburrido/a bored; boring; **estar** (*irreg.*) **aburrido/a** to be bored; **ser** (*irreg.*) **aburrido/a** to be boring

aburrir to bore; **aburrirse** to get/become bored

abusar de (alguien) to abuse (someone) (9)

abuso *n.* abuse

acabar to use up (11); **acabar de +** *inf.* to have just (*done something*); **acabarse** to run out (11)

acariciar to caress

acaso *adv.* by chance, perhaps

acceder (a) to access, have access (to)

acceso *n.* access; **tener** (*irreg.*) **acceso a** to have access to

acelerar to accelerate (11)

acensor *m.* elevator

aceptación *f.* acceptance

aceptar to accept

acerca (de) about

acercar(se) (qu) a to approach, come near

acertar (ie) to get/guess (*an answer*) correct

aclaratorio/a *adj.* clarifying

acocil *m. Mex.* freshwater shrimp

acomodar to accommodate

acompañado/a (de) accompanied by

acompañar to accompany

acondicionado/a: aire (*m.*) **acondicionado** air-conditioning

aconsejar to advise, give advice

acontecer (zc) to happen (an event)

acordarse (de) to remember (*something*) (2)

acordeón *m.* accordion

acoso harassment; **acoso sexual** sexual harassment (6)

acostado/a lying down, prone

acostumbrado/a used to; **estar** (*irreg.*) **acostumbrado/a a** to be accostomed/used to (4)

acostumbrarse to get used to (4); **acostumbrarse a** + *n.* + *inf.* to get used to (*something*) / (*doing something*) (10)

acrecentar (ie) to grow, increase

actitud *f.* attitude (2); **cambiar de actitud** to change one's attitude

activo/a active (P)

acto act, action; act (*dramatic*)

actor *m.* actor (P)

actriz *f.* (*pl.* **actrices**) actress

actuación *f.* acting (*film, theater*) (P); drama (*class*)

actual *adj.* current

actualidad *f.* present time (9)

actualmente at this moment, currently (1)

actuar (actúo) to act

acuario aquarium

acuático/a *adj.* water, aquatic; **polo acuático** water polo

acuerdo agreement; **estar** (*irreg.*) **de acuerdo (con)** to agree (with); **llegar (gu) a un acuerdo** to come to an agreement

acuífero aquifer

acumulación *f.* accumulation

acumularse to pile up (11)

acumulativo/a cumulative

acusar to accuse

adaptar to adapt (2); **adaptarse (a)** to adapt (oneself) to

adecuado/a adequate, appropriate

adelante *adv.* ahead, forward; **sacar (qu) adelante** to get (something) out of a crisis (10); **salir** (*irreg.*) **adelante** to get ahead, be successful

además *adv.* as well, too; additionally, what's more; **además de** *prep.* besides; in addition to (2)

adivinar to guess

adjetival *gram.* adjective, adjectival

administración *f.* administration

administrar to administrate

admirar to admire; **admirarse de** to marvel at (P)

admitir to admit

adolescencia adolescence, youth

adolescente *m., f.* teenager, adolescent; *adj.* teenage, adolescent

adonde where, wherever

¿adónde? (to) where?

adormecer (zc) to put to sleep, make sleepy; to numb, put into a trance

adormecimiento sleepiness, numbness

adquirir (ie) to acquire

adueñarse de to take over; to take possession of

adulto/a *n., adj.* adult, grown-up

adversario/a adversary

advertencia *n.* warning

advertir (ie, i) to warn

advocación *f.* name given to a religious figure (*saint*) to reflect the associated virtue or miracle, esp. used as a place name, e.g. *Nuestra Virgen de la Esperanza*

aeróbico/a aerobic

aerolínea airline

aeropuerto airport

afanoso/a eager; **estar** (*irreg.*) **afanoso/a de** to be eager to

afectar to affect, change; **afectar en cadena** to have a chain effect; **afectarle a uno** to affect someone (4); **afectarse** to be affected

afecto affection, affect

afectuoso/a affectionate

afeitarse to shave (5); **afeitarse la cara / las piernas** to shave one's face/legs

afeminado/a effeminate (5)

aficionado/a *m., f.* aficionado

afinar to tune up (*car*) (12)

afirmación *f.* statement, affirmation

afirmado/a doubtful, shaky

afirmar to state, declare

afortunadamente fortunately, luckily

afortunado/a lucky, fortunate

afueras *f. pl.* outskirts

agarrar to grab; to capture (*criminal*) (6)

agigantado/a gigantic, huge (11)

agitar to shake (up); to agitate (*political*)

agnóstico/a *n., adj.* agnostic (7)

agonía agony

agonizante *m., f.* dying person (8)

agradar to please; **agradarle a alguien** to please someone (5)

agradecer (zc) to thank; **agradecerle** to thank (someone)

agradecido/a appreciative, thankful

agregar (gu) to add

agrícola *adj. m., f.* agricultural, farming

agricultor(a) farmer

agricultura agriculture

agrio/a bitter

agrupación *f.* group, grouping

agruparse to group (together); to get together

agua *f.* (*but* **el agua**) water; **agua del grifo / de la llave** tap water; **agua dulce** fresh water; **agua fresca** *drink made with fresh fruit and water*; **agua potable** drinking water (11); **aguas residuales** wastewater; **cerrar (ie) el agua** to turn off the water (*faucet*); **esquiar (esquío) sobre el agua** to waterski

aguacero downpour (rain)

aguado/a watery; **ojos aguados** tear-filled (watery) eyes

aguantar to put up with (*something*); **aguantarse** to tolerate (9)

aguardar to await

aguardiente hard liquor, moonshine

águila *f.* (*but* **el águila**) eagle

aguja needle

ahijado/a godson/goddaughter; **ahijados** *pl.* godchildren (3)

ahora now; **ahora que** now that

ahorita right away; in just a second

ahorrar to save (*money*) (8)

aire *m.* air; **aire acondicionado** air-conditioning; **al aire libre** *adv.* outdoors, alfresco

aislado/a isolated (9)

ajeno/a *adj.* alien, foreign; belonging to others; **vergüenza ajena** embarrassment for someone else's actions

ajolote *m.* Mexican species of salamander

ajuar *m.* trousseau (*bridal attire and linens*)

ajustarse to adjust (oneself) to

al *contr.* **a** + **el**

alarmante *adj. m., f.* alarming

alba *f.* (*but* **el alba**) dawn, daybreak

alcanzar (c) to reach, catch up; to achieve (*success*); **alcanzar a** + *inf.* to manage (*to do something*); **alcanzarse** to be enough (*money*)

alcohol *m.* alcohol (2)

alcohólico/a *n., adj.* alcoholic (2); **bebidas alcohólicas** alcoholic beverages

alcurnia ancestry, lineage

aldea village

alegrar to make happy

alegre *adj. m., f.* happy (P)

alegría happiness (P)

alejado/a (de) apart, distant (from)

alejarse de to move away from, distance (8)

alemán, alemana *n., adj.* German

alfabetización *f.* literacy (9)

alfabetizar (c) to teach to read and write

algo something; **algo** + *adj.* somewhat + *adj.*; **algo de** a bit of; **algo parecido a** something like

alguien   someone

algún, alguno/a   some; any; **algún día** someday; **alguna vez** once; ever; **algunos** some (people); **cosa alguna** anything

alimentar   to nourish; **alimentarse** to nourish (feed) oneself; to empower oneself

alimento   nourishment, food

allá   there; **más allá (de)** beyond, further; **el más allá** the great beyond (*death*), afterlife

allí   there; **allí mismo** right there

alma *f.* (*but* **el alma**)   soul

almacén *m.*   warehouse

almohada   pillow

almorzar (ue) (c)   to eat lunch/ midmorning snack (*Mex.*)

almuerzo   lunch; midmorning snack (*Mex.*)

alojado/a *adj.*   lodged

alta: en voz alta   aloud; in a loud voice

amable   friendly (1)

amar   to love (1)

amargado/a   embittered

amarrado/a   tied up, bound

amarrar   to tie up; **amarrarse** to tie (oneself) up to

amazona   strong, brave, independent woman (6)

amazónico/a *adj.*   Amazon

ambicionar   to aspire

ambiental   environmental

ambiente *m.*   environment, atmosphere (11); **medio ambiente** environment (11)

ámbito   sphere, field (*political, literary*); **ámbito laboral** workplace

ambos/as   both (4)

amenaza   threat

amenazador(a)   threatening

amenazar (c)   to threaten (*to/with*) (6)

amenizar (c)   to make more enjoyable

América   America; **América del Norte** North America; **América Latina** Latin America; **Tratado de Libre Comercio de América del Norte (TLCAN)** North American Free-Trade Agreement (NAFTA)

americano/a   American (*from North, Central, or South America*); **fútbol** (*m.*) **americano** (American) football; **la Guerra Hispano-Americano** Spanish-American War

amigo/a   friend; **amigo falso** *gram.* false cognate; **hacerse** (*irreg.*) **amigos** to become/make friends

aminorar   to reduce (11)

amistad *f.*   friendship (3); **estrecha amistad** close friendship

amo/a *n.*   master/mistress; **ama** (*f. but* **el ama**) **de casa** housewife (P)

amoldarse a   to adapt oneself (*to something*)

amontonado/a   piled up (9)

amontonar(se)   to pile up; to crowd together (9)

amor *m.*   love (1)

amoroso/a *adj.*   loving; **relación** (*f.*) **amorosa** romantic relationship; **objeto amoroso** love object

analfabetismo   illiteracy (9)

análisis *m. s., pl.*   analysis

analítico/a   analytical (P)

analizar (c)   to analyze

análogo/a   analogous

anatómico/a   anatomical

ancestral   ancestral (4)

anciano/a   elderly man/woman (3)

andadas   old ways

Andalucía   Andalusia

andaluz(a) *n., adj.*   Andalusian

andar *m.*   walk, gait

andar (*irreg.*)   to go, walk, continue; **andar en moto(cicleta)** to go by / ride a motocycle

Andes *m. pl.*   Andes Mountains

andino/a *n., adj*   Andean

anécdota   anecdote

ángel *m.*   angel; **tener** (*irreg.*) **ángel** to have charm

angustia   anguish, distress

angustiado/a   anxious, distressed (11)

animadversión *f.*   animosity

animar   to encourage

ánimo   mood; will; **estado de ánimo** state of mind, mood (5)

anoche   last night

anónimamente   anonymously

anormal   abnormal

anotar   to make (a) note of

ansioso/a   anxious

antaño   yesteryear, a long time ago

ante *prep.*   before, in front of; **ante todo** *adv.* above all

antepasado   ancestor

anterior *adj.*   previous, last

anteriormente   previously

antes *adv.*   before, previously; **antes de** before; **antes de** + *inf.* before (*doing something*); **de antes** from before, from previous generations; **llegar (gu) (unos minutos) antes** to arrive (a few minutes) early; **lo antes posible** as soon as possible

anticonceptivo   contraceptive (10)

antiguedad *f.*   antiquity

antiinmigratorio/a   anti-immigrant

antónimo *gram.*   antonym

antropogénico/a   *originating/resulting from human activity*

antropólogo/a   anthropologist

anualmente   yearly

anular   to cancel, annul

anuncio   announcement, ad

añadir   to add

año   year; **con el paso de los años** over the years, as the years pass (2); **cumplir… años** to turn … years old; **el año pasado** last year; **hace… años** …years ago; **hacer** (*irreg.*) + *tiempo* + **que** to be + *amount of time* + since; **los años 20, 30, 40, etcétera** the 1920s (20s), 1930s (30s), 1940s (40s), etc.; **los quince años** *special celebration of a young woman's fifteenth birthday*; **tener** (*irreg.*)**… años** to be … years old

apacible   peaceful, placid

apagar (gu)   to turn/shut off

aparearse   to mate

aparecer (zc)   to appear (3); to seem; **aparecerse** to appear

aparentar   to feign; to give off an appearance (12)

apariencia   appearance (5); **apariencia física** physical appearance

apartamento   apartment

apartarse de   to move away from

apasionado/a   passionate (P)

apatía   apathy (9)

apegarse (gu) a   to cling to; to attach (oneself) to (7)

apenas *adv.*   barely, hardly, just (4)

ápice *m.*   apex, tip; **sin un ápice de** without a shred/drop/iota of

aplicar (qu)   to apply; **aplicarse (a)** to be applied (to); to apply oneself (to)

aportar   to contribute, invest; to provide (5)

apostar (ue)   to bet (8)

apostólico/a: nuncio apostólico   papal representative

apoyado/a   supported, resting (*on something*)

apoyar   to support, encourage (1); to support (financially); **apoyarse** to support each other

apoyo   support (*emotional*) (1); **apoyo financiero** financial support

apreciar   to appreciate

aprender   to learn; **aprender a** + *inf.* to learn (*to do something*); **aprenderse de memoria** to memorize

aprendizaje *m.*   learning; training; **capacidad** (*f.*) **de aprendizaje** ability to learn (quickly, easily)

apretado/a   tight (fitting)

apretar (ie)   to squeeze (9); to fit/ hold tight

aprobar (ue) to approve (*a law*); to pass (*an exam*)

apropiado/a appropriate

aprovecharse de to take advantage of

aproximadamente approximately, roughly

apuntar to write down, note

apuntes *m. pl.* notes (*written*); **tomar apuntes** to take notes

aquejar to afflict

aquel, aquella *adj.* that (over there); *pron.* that one (over there) (1)

aquí here

aquietar to quiet; **aquietarse** to quiet/calm oneself down

árabe *n. m.* Arabic (*language*); *n. m., f.* Arab; *adj.* Arabic

árbol *m.* tree; **árbol frutal** fruit tree; **árbol genealógico** family tree

arca *f.* (*but* **el arca**) chest (*furniture*)

arcángel *m.* archangel

arco *n.* arch

arduo/a arduous, tiring

área *f.* (*but* **el área**) area

arena sand; **poner** (*irreg.*) **su granito de arena** to do one's part (8)

argentino/a *n., adj.* Argentine, Argentinean

argot *m.* slang

argumento *n.* plot (of a story); argument

armado/a armed

armar to create, assemble; to arm; **armar(se) un lío** to cause a fuss, get into a mess

armas *pl.* arms, weapons

armonía harmony (7)

arquitecto/a architect

arraigado/a rooted, connected to

arraigo *s.* roots; **de mucho arraigo** deeply rooted (*in culture, situation*)

arrancar (qu) to tear out, uproot; **arrancarle algo (a alguien)** to tear something away (from someone)

arrastrar to drag; **arrastrar los pies** to drag one's feet

arreglado/a fixed; dressed up; **estar** (*irreg.*) **(bien) arreglado/a** to be (well) put together / dressed

arreglarse to get (oneself) ready (5); **arreglarse el pelo** to fix/do one's hair (5); **arreglarse las manos** to get a manicure (5)

arreglo *n.* fixing; **arreglo personal** personal appearance (5)

arrepentimiento repentance, regret

arrepentirse (ie, i) de to repent (oneself of something), regret

arriba *adv.* above; **el/la de arriba** the one above; **hasta arriba** *adv.* laden, filled up; up to one's ears

arrojar to throw, toss

arroz *m.* rice

arte *m.* (*but f. pl.* **las artes**) art

artefacto artifact

artículo article; **artículo definido** *gram.* definite article

artificial false; **césped** (*m.*) **artificial** artificial turf

arzobispo archbishop

asaltante *n. m., f.* assailant, attacker

asalto assault

ascendencia ancestry, lineage

ascender (ie) to rise, ascend

asedio harassment; siege

asegurar to assure

asemejarse to look like, look alike

asesinar to kill, murder (10)

asesinato *n.* killing, murder (10)

asesino/a *n.* killer, murderer; *adj.* murderous, killer

así *adv.* like that, that way; **así como** just like; **Así es.** It's true. / That's (just) how it is. **así que** so; **Digámoslo así.** Let's put it this way.

asiático/a *n., adj.* Asian

asignar to assign

asimilarse to assimilate (oneself) (*to a situation*)

asimismo *adv.* also, likewise

asistencia assistance, attendance; **asistencia sanitaria** health care (10)

asistir (a) to attend (*class, event*); to go to (*class*)

asociar to associate

aspecto aspect, characteristic (2); appearance; **aspecto físico** physical characteristic

aspirar to aspire (to)

astrológico/a astrological

astrólogo/a astrologer, astrologist

astucia astuteness, shrewdness

astuto/a clever

asumir to assume, take on; **asumir un papel** to take up a role

asunto matter, subject; **asuntos internacionales** international relations

asustar to frighten

atacar (qu) to attack (9)

atado/a tied (up)

ataque *m.* attack; **ataque de llanto** bursting into tears, emotional outburst

atención *f.* attention (6); **captar/llamar la atención (de alguien)** to catch someone's attention; **escuchar/leer (y) con atención** to listen/read carefully; **prestar atención** to pay attention; **tener** (*irreg.*) **atenciones con** to give (affectionate) attention to (6)

atender (ie) to attend to (P); to look after, take care of (5)

atenerse (*like* **tener**) **a dogmas** to adhere to dogmas

atentar contra to have a negative impact (on)

atento/a helpful, attentive

ateo/a *n., adj.* atheist (7)

atisbo hint, inkling

atlántico/a Atlantic

atleta *m., f.* athlete

atmósfera atmosphere (12)

atrapado/a caught, trapped (8)

atrás *adv.* behind, in (the) back of; **quedarse atrás** to lag/wait behind

atrasar to be delayed

atrever(se) to dare (to)

atrevido/a *adj.* daring

atribuir (y) to attribute

atributo *n.* attribute

atroz (*pl.* **atroces**) atrocious

aullar (aúllo) to howl

aumentar to increase (2)

aumento *n.* increase; **aumento de sueldo** raise in salary

aun even (5)

aún still, yet (5)

aunque *adv.* although, even if

ausencia absence

auténtico/a authentic

auto car, automobile

autobús *m.* bus

autóctono/a *adj.* indigenous, native (*plants, products*)

autodefensa self-defense

autoestima self-esteem (2)

automáticamente automatically

automóvil *m.* automobile

autónomo/a autonomous, independent

autor(a) author

autoridad *f.* authority

avance *m.* advance

avanzar (c) to advance, move forward (3)

avariento/a *n., adj.* greedy (person)

avaro/a *n.* miser; *adj.* miserly

aventar (ie) to throw (3)

aventura adventure

avergonzado/a ashamed

averiguar (gü) to find out, ascertain

avión *m.* (air)plane

ayer yesterday

ayuda *n.* help (1); **ayuda financiera** financial support

ayudar to help (out), assist (1); **ayudar a** + *inf.* to help (*do something*)

ayunar to fast

azúcar *m.* sugar

azufre *m.* sulfur; **dióxido de azufre** sulfur dioxide

azul *adj.* blue

b

bacano/a *Colombia* cool, good

bachata *popular dance and music originating in Dominican Republic*

bailar to dance

bailarín, bailarina dancer (P)

baile *n. m.* dance (P)

bajar to lower, decrease; to go down (*in elevator; hill, stairs*); **bajar de peso** to lose weight

bajito: hablar bajito to speak in a quiet voice, whisper

bajo/a *adj.* short, low; **bajo** *adv.* under, below; **en voz baja** in a soft voice

balanza scale, balance

balcón *m.* (*pl.* **balcones**) balcony

balde *m.* bucket, pail

banco bank

banquero/a banker

bañar to bathe; **bañarse** to bathe (oneself); **bañarse (darse [*irreg.*] un baño) en el mar/jacuzzi** to take a dip (swim) in the ocean/Jacuzzi

baño bathroom; bath; **darse** (*irreg.*) **un baño en el mar/jacuzzi** to take a dip (swim) in the ocean/Jacuzzi

barandal *m.* banister, railing

barato/a cheap

barba beard; **llevar barba** to have a beard

barca boat

barco boat, ship; **navegar (gu) en barco** to navigate, sail

barra bar (*food*)

barrigón/barrigona pot-bellied, paunchy

barrio neighborhood

basar to base (on); **basarse en** to be based on (10)

base *f.* base (4); basis, foundation; **a base de** based (up)on

básicamente basically

básico/a basic; **necesidades** (*f.*) **básicas** basic/essential needs

basquetbol *m.* basketball

bastante *adj.* enough, sufficient; *adv.* rather, quite

bastar to be enough, sufficient; **basta** that's enough **te vas y basta** you are going and that's final

basura garbage, trash (11); **tirar basura** to litter

batir to beat (win) (6); to beat, whisk; to pummel, hit repeatedly

batuta baton (6); **llevar la batuta** to be the boss / wear the pants in the family (6)

bautizar (c) to baptize (7)

bebé *m., f.* baby

beber to drink; to drink alcohol

bebida *n.* drink, beverage; **bebidas alcohólicas** alcoholic beverages

beca scholarship, grant

béisbol baseball

bejuco liana (*species of vine that hangs from tree branches, esp. in rain forests*)

beneficio *n.* benefit (10); **beneficio personal** personal gain

besar to kiss; **besarse** to kiss (each other)

beso *n.* kiss

Biblia Bible (7)

bíblico/a biblical

biblioteca library

bicicleta bicycle, bike

bien *n. m.* good, product; *adv.* well, fine; **bien vestido/a** dressed up; **caerle** (*irreg.*) **bien/mal** to make a good/bad impression; **cobrar/ costar bien caro** to charge/cost quite a lot of money; **estar** (*irreg.*) **bien** to be/feel well; **estar** (*irreg.*) **bien arreglado/a** to be well put together / dressed; **ir** (*irreg.*) **bien** to go well (10); **llevarse bien (con)** to get along well (with) (3); **pasarlo bien** to have a good time; **portarse bien** to behave well; **salir** (*irreg.*) **bien** to turn out well; **venirle** (*irreg.*) **bien** to be convenient for someone

bienaventuranza benediction (*religious*)

bienes *m. pl.* goods (12)

bienestar *m.* well-being; **bienestar económico** economic welfare

billete *m.* ticket, bill (*monetary*)

biología biology

biológico/a biological

biólogo/a biologist

bisnieto/a great grandson / great granddaughter (11); *pl.* **bisnietos** great grandchildren (11)

blanco/a white; blank; **espacio en blanco** blank space

bloqueo *n.* blockade; jam

boca mouth; **sellar la boca** to close one's mouth

boda wedding

bofetada *n.* slap; **darle** (*irreg.*) **una bofeta** to slap (someone) in the face (6)

bola de ideas ball of ideas

bolero *traditional music in Spain and parts of Latin America*

boleto ticket (*movie, airplane*)

bolígrafo (ballpoint) pen

boliviano/a *n., adj.* Bolivian

bolsa bag, purse; **bolsa de papel/ plástico** paper/plastic bag; **bolsa (de valores)** Stock Exchange

bomba bomb

bombardeo bombing, bombardment

bombero/a firefighter

bonachón, bonachona good-natured

bondad *f.* goodness

bondadoso/a kind (person), kind-hearted

bonito/a pretty

bordado embroidery (P)

bordar to embroider

borracho/a *n., adj.* drunk (person)

borrador *m.* rough draft

borrar to erase

bosque *m.* forest, woods

bosquejo *n.* sketch, outline; **hacer** (*irreg.*) **un bosquejo** to sketch (out), outline

botánica botany

bote *m.* boat

botella bottle (2)

botón *m.* button; **darle** (*irreg.*) **al botón** to press the button

bravo/a brave

brazo arm (2); **romperse** (*p.p.* **roto**) **el brazo** to break one's arm

brecha gap; **brecha social** social (economic) divide

breve *adj. m., f.* brief, short

brillar to shine, sparkle

brindar to toast, drink (*to someone or something*) (2); to offer (*support, help*) (2)

broma *n.* joke

bronca problem, quarrel; **echarle la bronca** to tell (someone) off; to yell (at someone)

brusco/a abrupt (5)

buceo (scuba) diving

Buda Buddha

budismo Buddhism

budista *n., adj. m., f.* Buddhist (7)

buen, bueno/a good; **Buen provecho.** Enjoy. / Bon appetit.; **buena gente** (*f.*) nice, kind; **bueno…** *interj.* well . . . ; **el buen camino** the right path, the straight and narrow; **¡qué bueno!** that's great! **sacar (qu) buenas notas** to get good grades; **ser** (*irreg.*) **bueno/a** to be (a) good (person); **tener** (*irreg.*) **buen carácter** to have a good personality (temperament)

burlarse de to make fun of

buró bureau; **Buró del Censo** Census Bureau

burocracia bureaucracy

busca *n.* search; **en busca de** *adv.* in search of

buscar (qu) to look for, search for; **buscarse la vida** to find one's way in life

búsqueda search, quest

C

caballería chivalry

caballero gentleman

caballo horse

cabaña cabin

cabellera hair

cabello hair

cabeza head; **dolor** (*m.*) **de cabeza** headache; **perder (ie) la cabeza** to lose one's head, act irrationally

cabezudo/a *n.* big-head type of mask

cabo: llevar a cabo to carry out

cabra goat; **manada de cabras** herd of goats

cada *adj.* each, every; **a cada rato** all the time; **cada día** every day, daily; **cada uno** each one, everyone; **cada vez más** *adv.* increasingly

cadena chain (10); **afectar en cadena** to have a chain effect; **cadena de supermercados** supermarket chain

cadencia cadence, rhythm (5)

cadera hip (bone)

caer (*irreg.*) to fall; **caerle bien/mal** to make a good/bad impression; **caerse** to fall down

café *m.* coffee; café; **tomar un café** to drink (a cup of) coffee

cafetería café, cafeteria

cajetilla carton, box

cajón *m.* box, drawer

calaña: gente (*f.*) **de esa calaña** people of that sort (*pejorative*)

calculadora calculator

calcular to calculate

calendario calendar; **calendario litúrgico** church calendar

calentamiento global global warming (11)

calidad *f.* quality (5); **calidad de vida** quality of living (5)

caliente *adj. m., f.* hot (*temperature*)

calificación *f.* grades; qualifications

calificar (qu) to grade; to qualify, categorize (*a person, thing*)

callado/a *adj.* quiet, silent (not speaking)

calle *f.* street; **personas de la calle** homeless people; **vendedor(a) de la calle** street merchant

calmarse to calm (oneself) down

calor *m.* heat; **hace (mucho) calor** it is (very) hot (*weather*); **tener** (*irreg.*) **(mucho) calor** to be/feel (very) hot

caloría calorie

calvinista *n., adj. m., f.* Calvinist (*religion*)

cama bed; **pata de la cama** bedpost

cámara camera; chamber; **Cámara del Senado** Senate

camarón *m.* shrimp; **camarón de río** freshwater shrimp

cambiante *adj. m., f.* changing

cambiar to change (2); **cambiar algo por** to exchange (something); **cambiar de opinión/actitud** to change one's mind/attitude; **cambiar de residencia** to move (one's place of residence)

cambio *n.* change (2); **cambio climático** climate change (11); **cambio de humor** mood swing (5); **en cambio** *conj.* on the other hand; however

caminar to walk (5)

camino road, path (7); **el buen camino** the right path, the straight and narrow

camión *m.* bus

camisa shirt, blouse

campamento camp(site)

campanillo *type of small copper or bronze bell*

campaña campaign (6); **campaña de mercadotecnia** marketing campaign; **campaña electoral** election campaign

campesino/a *n.* farmer, peasant; *adj.* rural

campestre *adj. m., f.* rural, country

camping: hacer (*irreg.*) **camping** to go camping

campo country, farmland (12); field; **campo político** political sphere

Canarias: las Islas Canarias Canary Islands

cancelar to cancel

canción *f.* song; **canción de cuna** lullaby

candidato/a candidate

canonización *f.* canonization (*religious*)

cantante *m., f.* singer

cantar to sing

cante *m.* Andalusian folk song

cantidad *f.* quantity, amount (9); **grandes cantidades** large amounts

canto *n.* singing (P)

caña reed, cane, rod

cáñamo hemp (*fibers used for textiles*)

caos *m. s.* chaos (11)

capa layer, cape; **capa de ozono** ozone layer (11)

capacidad *f.* ability, capacity; **capacidad de aprendizaje** ability to learn (*quickly, easily*)

capaz *adj. m., f.* (*pl.* **capaces**) able; **ser** (*irreg.*) **capaz de** + *inf.* to be able to (*do something*)

capilla chapel

capital *f.* capital (city)

capítulo chapter

captar to catch, capture; to understand; **captar la atención (de alguien)** to catch (someone's) attention

cara cara; **afeitarse la cara** to shave one's face

carácter *m.* (*pl.* **caracteres**) character, personality (2); **carácter femenino** female disposition; **tener** (*irreg.*) **buen/mal carácter** to have a good/bad personality (temperament); **de carácter popular** of a traditional nature

característica characteristic (2)

caracterizar (c) to characterize; **caracterizarse** to characterize oneself (as)

carbono carbon; **dióxido de carbono** carbon dioxide

carecer (zc) to lack, miss

carencia lack (8)

carga weight, cargo

cargar (gu) to carry (a heavy load)

cargo job, position; **a cargo de** in charge of; **correr (gastos) a cargo de** to charge (costs to someone)

Caribe *m.* Caribbean

caribeño/a *n., adj. m., f.* Caribbean

caridad *f.* charity

cariño affection, caring; **con (mucho) cariño** with (lots of) love

carnavalesco/a carnivalesque, festive

carne *f.* flesh, (red) meat

carnicería butcher shop

caro/a costly, expensive; **cobrar/costar (ue) (bien) caro** to charge/cost (quite) a lot of money

carrera career

carretera highway, freeway (12)

carril *m.* lane

carrizo y escombros junk and rubble

carro car

carta letter

cartel *m.* poster

cartón *m.* cardboard (12)

casa house; **ama** (*f. but el ama*) **de casa** housewife (P); **estar** (*irreg.*) **en casa** to be (at) home; **quedarse en casa** to stay home; **quehaceres** (*m. pl.*) **de casa** household chores (5)

casado/a married; **estar** (*irreg.*) **casado/a** to be married

casarse to get married (3)

casi *adv.* almost

casita cottage, small house

caso case, situation; **en caso de (que)** in case; **en todo caso** anyway, regardless

casquete (*m.*) **polar** polar icecap (11)

castellano Spanish (*language*)

castigar (**gu**) to punish (6)

castigo punishment

catalán *m.* Catalan (*language*)

catástrofe *m.* catastrophe

catastrófico/a catastrophic

catedral *f.* cathedral

categoría category

catequista *m., f.* catechist

catolicismo Catholicism

católico/a *n., adj.* Catholic (7); **los Reyes Católicos** *Catholic monarchy of Spain in the 15th century, Fernando II of Aragon and Isabel I of Castille*

caucho rubber (tree)

causa *n.* cause; **a causa de** because of, as a result of

causante *m., f.* cause (8)

causar to cause

cautivo/a *n., adj. m., f.* captive

caza *n.* hunt, hunting

cazar (**c**) to hunt

ceder to yield

celebración *f.* celebration

celebrar to celebrate

celestial *adj. m., f.* celestial, heavenly; **cuerpo celestial** heavenly body

celos *m. pl.* jealousy; **tener** (*irreg.*) **celos** to be jealous

celoso/a jealous; **ponerse** (*irreg.*) **celoso/a** to get jealous

celular *n. m., adj.* cellular (telephone)

cena supper, dinner

cenar to eat supper, dinner

censo census; **Buró del Censo** Census Bureau

centenario *n.* centennial (year)

central *adj. m., f.* central, main; **figura central** principal figure (*person*); **tema** (*m.*) **central** main idea/topic

centro *n.* center; downtown; **centro comercial** shopping center / mall

Centroamérica Central America

cepillar to brush; **cepillarse los dientes / el pelo** to brush one's teeth/hair

cerca *adv.* close; **cerca de** close to

cercanía closeness, proximity

cercano/a *adj.* close by, nearby; close (*relative, friend*)

ceremonia ceremony

cerrado/a closed

cerrar (**ie**) to close; **cerrar el agua / grifo** to turn off the water (faucet) (11)

cerrito small hill (11)

cerro hill (11)

cesar to cease

césped *m.* grass, lawn; **césped artificial** artificial turf

chaqueta jacket

charlar to chat, converse

charrería *Mex.* art of rodeo and horsemanship

charro *Mex.* cowboy, horseman

cheque *m.* (pay)check

chicano/a *n., adj.* person of / something related to Mexican-American heritage, esp. in the southwestern United States

chicle *m.* (chewing) gum

chico/a *n.* boy/girl; *adj.* small, little, young

chileno/a *n., adj.* Chilean

chino/a *n., adj.* Chinese

chiquillo/a *n.* small child

chiquitín *n., adj.* itsy-bitsy (thing)

chiringa (*also* **shiringa**) rubber tree in the Amazon rain forest

chisme *m.* (piece of) gossip

chismorreo *n. s.* gossip, rumors

chismoso/a *n.* gossipy person

chiste *m.* joke

chocante *adj. m., f.* shocking, clashing

chocar (**qu**) to crash; to conflict/clash

choque *m.* clash

chupón *m.* nipple; pacifier

ciclo cycle

ciego/a *n., adj.* blind (person); **cita a ciegas** blind date

cielo sky, heaven; *pl.* **los cielos** the heavens

cien one hundred; **cien por ciento** one hundred percent

ciencia science

cientificismo scientism (*adherence to scientific method in all fields of inquiry*)

científico/a *n.* scientist; *adj.* scientific

ciento *adj.* a/one hundred; **por ciento** percent

cierto/a true, certain; **ciertas características** certain characteristics; **con cierto/a + n.** with a certain amount of (*something*); **es cierto (que)** it is true (that)

cifra number, amount (*mathematical*); statistic (4)

cigarrillo cigarette

cine *m.* cinema, movies; movie theater; **ir** (*irreg.*) **al cine** to go to the movies

cineasta *n. m., f.* filmmaker

circo circus

circular *adj. m., f.* circular (*shape, argument*) (5)

circular *v.* to circulate (5); **hoy no circula** not in circulation today (*vehicle*)

circunstancia circumstance

cita date; quotation; **cita a ciegas** blind date

citadino/a *adj.* urban, city (*before noun*); *n.* city dweller

ciudad *f.* city

ciudadano/a *n.* citizen (10); **ciudadano/a del globo/global** global/world citizen; *adj.* city (*before noun*)

civil *adj. m., f.* civil (*war, union*)

civilización *f.* civilization

claro *interj.* of course; **¡Claro que sí!** (Yes,) Of course.

claro/a clear; **(no) está claro** it's (not) clear/certain; **sentido claro** obvious/clear meaning

clase *f.* class; **compañero/a de clase** classmate; **salon** (*m.*) **de clase** classroom

clasemediero/a *n., adj.* middle-class (person)

clásico/a classical, classic

clasificar (**qu**) to classify

cláusula *gram.* clause

clausurar to close up, shut down

clave *f.* key (*factor, idea*)

clima *m.* climate (9)

climático/a *adj.* climatic, climate; **cambio climático** climate change (11)

closet *m.* closet

club *m.* club; **club deportivo** sports club

cobarde *n. m., f.* coward; *adj.* cowardly

cobertura coverage

cobrar to charge, collect (*money*) (8); **cobrar (bien) caro** to charge (quite) a lot of money

cobre *m.* copper

coche *m.* car

cocina kitchen; cooking, food (*traditional preparation*)

cocinar to cook

codiciar to covet

codo elbow

coger (**j**) to get, grab

cognado *gram.* cognate

coherencia coherence

coherente *adj. m., f.* coherent

cohesión *f.* cohesion, cohesiveness

coincidir to coincide

colaborador(a) collaborator

colaborar to collaborate (10)

coladera *Mex.* sewer (11); drain

colega *n. m., f.* colleague

colegio high school (*education*)

cólera rage, anger; *medical* cholera

colgar (ue) (gu) to hang (up)

colilla (cigarette) butt

colina hill

colocar (qu) to place, put

colombiano/a *n., adj.* Colombian

colonia cologne (5); colony; colonial era; *Mex.* neighborhood, residential area (11); **colonia popular** working-class neighborhood

colonial *adj. m., f.* colonial; **época colonial** colonial era; **imperio colonial** colonial empire

colonizador(a) *n. m., f.* colonizer; *adj.* colonizing

coloquial *adj. m., f.* colloquial, informal (*language*)

color *m.* color; **de colores** colorful; **¿de qué color es...?** what color is . . . ?

columna column

comadrona midwife

combatir to combat, fight (against)

combustible *n. m.* fuel; **combustibles fósiles** fossil fuels (11)

comedia comedy

comedor *m.* dining room

comentar to comment (on) (2); to mention

comentario commentary

comenzar (ie) (c) to begin, start; **comenzar a** + *inf.* to start to (*do something / happen*)

comer to eat; **comer bien** to eat well (healthy, heartily); **comérselo (todo)** to eat it (all) up

comercial *adj. m., f.* commercial; **centro comercial** shopping center / mall

comerciante *n. m., f.* merchant

cometer to commit (*error, sin*)

cómico/a *adj.* comical, comic; **serie** (*f.*) **cómica** comedy series (*television*)

comida food; **comida rápida** fast food

comienzo *n.* beginning

comité *m.* committee

como as, how; **así como** just like; **tal (y) como** just as/like; **tanto/tan como** as many/much as; **tanto... como...** both . . . and . . .

cómo how; **¿Cómo...?** How. . . ?

cómodo/a comfortable (9); **ponerse** (*irreg.*) **cómodo/a** to make oneself comfortable (at home); **estar** (*irreg.*) **cómodo/a** to feel comfortable

compadres *m. pl.* *godparents of one's child or parents of one's godchild* (3)

compañerismo camaraderie (10)

compañero/a *n.* companion, partner; **compañero/a de clase** classmate; **compañero/a de cuarto** roommate; **compañero/a de trabajo** colleague, coworker

compañía company

comparación *f.* comparison

comparar to compare; **compararse** to compare (to each other)

compartir to share (4); **compartir transporte** to share a ride, carpool (12)

compensación *f.* compensation

compensar to make up for; **compensarse** to make up for itself, be worth it

compensatorio compensatory

competencia competition (6)

competente *adj. m., f.* competent

competir (i, i) to compete

complejidad *f.* complexity

complementar to complement

completar to complete; to have enough (*money*)

complicado/a complicated

cómplice *m., f.* accomplice

componerse (*like* **poner**) **(de)** to be made up (of)

comportamiento behavior (5)

comportarse to behave

compra *n.* shopping; purchase; **hacer** (*irreg.*) **las compras** to do the (grocery) shopping; **ir** (*irreg.*) **de compras** to go shopping

comprar to buy

comprender to understand; to comprise

comprensión *f.* understanding (1); comprehension

comprensivo/a *adj.* understanding

comprometerse to commit (oneself)

comprometido/a *adj.* committed (9); engaged; compromised (*situation*)

compromiso commitment (4); obligation

computación *f.* computer programming (10)

computadora computer

común *adj. m., f.* common; **común y corriente** everyday, typical (P); **fosa común** common grave; **tener** (*irreg.*) **algo en común** to have something in common

comunicación *f.* communication; **medios de comunicación** (mass) media

comunicar(se) (qu) to communicate (1); to get/keep in touch

comunidad *f.* community

comunión *f.* communion; **primera comunión** first communion (7)

comúnmente commonly

concebir (i, i) to conceive, create

conceder to grant, award

concentrado/a concentrated (9)

concentrarse to concentrate (*mentally*)

concepción *f.* conception (7)

concertado/a: matrimonio concertado arranged marriage

concertar (ie) to arrange (*a marriage, date*)

concesión *f.* granting (*an award*)

conciencia conscience

concienciación *f.* awareness

concierto concert

concluir (y) to conclude; **para concluir** *conj.* in conclusion

conclusión *f.* conclusion; **sacar (qu) conclusiones** to come to conclusions

concordancia agreement

concordar (ue) to reconcile (8); to agree (8); to match

concretizar (c) to solidify, set

concreto/a *adj.* concrete, solid

concurso race, competition, contest

condenarse (a) to condemn oneself (*to something*)

condón *m.* condom (8)

conducir (*like* **producir**) to conduct; to drive; **conducir a** to lead to

conducta conduct, behavior (3); **buena conducta** good behavior

conductor(a) director (P); driver, conductor

conexión *f.* connection

conferencia *n.* lecture (10)

confesarse (ie) to confess (7)

confianza confidence; trust (10)

confiar (confío) (en) to confide in; to trust (1)

confirmar to confirm

conflicto conflict; **conflictos sociales** social issues/concerns

conforme in agreement/conformity with (2); satisfied; **estar** (*irreg.*) **conforme con** to be satisfied with

confundido/a confused

confundir to confuse

congreso congress; conference, summit meeting

conjugar (qu) to conjugate

conjunto collection, group; **en conjunto con** in conjunction with

conllevar to entail

conmigo *adv.* with me

connotación *f.* connotation, meaning

conocer (zc) to know, be familiar with (2); to meet (*someone*);

conocer a fondo to know (*a topic*) in depth; **conocerse** to meet (each other)

conocido/a *n.* acquaintance (7); *adj.* familiar, known

conocimiento knowledge (of), familiarity (with)

conquista conquest

conquistador(a) conqueror

conquistar to conquer; to win over (*courtship*) (6)

consciencia conscience

consciente *adj. m., f.* conscious, aware; **ser** (*irreg.*) **consciente de** to be conscious/aware of (4)

consecuencia consequence

consecuente *adj. m., f.* consistent

conseguir (i, i) (g) to obtain (2)

consejero/a advisor (8)

consejo (piece of) advice (3); *pl.* **consejos** advice (3)

consentimiento consent

consentir (ie, i) to consent, agree to

conservador(a) *n., adj.* conservative (person) (10)

conservar to keep, protect; to conserve (11)

considerar to consider (7); **considerarse** to consider oneself

consiguiente *adj. m., f.* resulting, consequent

consistir (en) to consist (of)

constatar to prove (10)

constituido/a made up of

constituir (y) to constitute; **constituirse de** to consist of

constitutivo/a *adj.* constituent (*of something*)

construcción *f.* construction

construir (y) to construct, build

consuelo comfort, solace

consultar con to consult (*someone/ something*) (3)

consumidor(a) *n.* consumer

consumo consumption; consumerism; **consumo de recursos** use of resources

contagiarse to carry over into; to be contagious

contaminación *f.* pollution (11)

contaminante *n.* pollutant (12); contaminant

contaminar to pollute (11); to contaminate

contar (ue) to tell (*a story*); **contar con** to count on (*something/ someone*) (3); to have

contemporáneo/a *adj.* contemporary, recent

contenedor *m.* container

contener (*like* **tener**) to contain

contenido *s.* contents, ingredients

contento/a happy, content; **estar** (*irreg.*) **contento/a** to feel happy

contestar to answer, respond (to)

contigo *adv.* with you (*inform.*)

continuación (*f.*): **a continuación** following, below

continuar (continúo) to continue; **continuar** (+ *inf.*) to keep on (*doing something*)

continuo/a *adj.* continual

contorno surrounding area, region

contra *prep.* against; **a tentar contra** to have a negative impact (on); **estar** (*irreg.*) **en contra de** to be against / opposed (*to something*)

contradecir (*like* **decir**) to contradict

contraejemplo counterexample, rebuttal

contraponerse (*like* **poner**) to oppose each other, contrast

contraproducente *adj. m., f.* counterproductive

contrario contrary; **al contrario** on the contrary; **lo contrario** the contrary; **por el contrario** on the contrary

contrarrestar to counteract

contrastante *adj. m., f.* contrasting

contrastar to contrast

contraste *m.* contrast; **en contraste de** in contrast to

contratar to hire, contract

contrato *n.* contract; **firmar un contrato** to sign a contract (4)

contrayente *n.m., f.* groom/bride; *pl.* bride and groom

contrincante *n. m., f.* opponent

controlar to control (9)

controvertible *adj. m., f.* controversial, disputable

convencer (z) to convince

conveniencia convenience; **matrimonio de conveniencia** arranged marriage (4)

conveniente advisable, suitable (6)

convenir (*like* **venir**) to be advisable, suitable

conversión *f.* conversion (7)

convertir (ie, i) to change, convert; **convertirse en** to convert into (*something*) (9)

convivencia living together (1)

convivir to coexist, live together (4)

cónyuge *m., f.* spouse; *pl.* married couple

cooperar to cooperate (5)

copa *n.* cup; drink (*alcoholic*); **Copa Mundial de Fútbol** Football (Soccer) World Cup

copiar to copy

copulativo: verbo copulativo *gram.* copulative/linking verb

corazón *m.* heart (2); **cosa de corazón** a question of love/ emotion; **de buen corazón** *adj.* kind, good-hearted

corbata tie (*clothing*)

cordial *adj. m., f.* friendly, congenial

cornear to gore, impale (*esp. with a horn*)

coro chorus

corona crown

coronación *f.* crowning, coronation

coronel *m.* colonel

corralón *m.* lot where impounded cars are towed and stored

corregir (i, i) (j) to correct

correlativo/a correlated

correo mail; **correo electrónico** e-mail; **mandar correo** to send mail

correr to run; **correr (gastos) a cargo de** to charge (costs to someone); **correr riesgos/peligro** to run risks; **echar a correr** to escape (*from someone / something*)

correspondencia correspondence, correlation

corresponder to correspond, match; to reciprocate, respond to; **a quien le corresponde** whoever is entitled to / responsible for (*something*)

corriente *f.* current, movement (7); **corriente marina** ocean current; *adj.* **común y corriente** everyday, typical (P)

corrupto/a *n., adj.* corrupt (person) (9)

cortar to cut; to fire (*job*) (6); **cortar una relación / con una pareja** to break up with someone / a boy-/ girlfriend; **cortarse el pelo/dedo** to cut one's hair/finger

corte *n. m.* cut (*knife, ax*); *n. f.* court; **Corte Suprema** Supreme Court

cortesía courtesy

cortina curtain

corto/a short, brief; **a corto plazo** in the short run; **la corta edad** the young age (1)

cosa thing; **cosa alguna** any-thing; **cosa de corazón** a question of love/emotion; **cosa de mujeres/ hombres** women's/men's work; **cualquier cosa** anything; **entre otras cosas** among other things

coser to sew

cosquillas: hacerle (*irreg.*) **cosquillas** to tickle (someone)

costa coast

costar (ue) to cost; to be a lot of work; **costar (bien) caro** to cost (quite) a lot of money

costarricense *n., m., f.; adj.* Costa Rican

costear to pay for, foot the bill

costo *n.* cost

costoso/a expensive, costly

costumbre *f.* custom, tradition; habit

cotidiano/a quotidian, daily; **uso cotidiano** everyday use

coyote *m.* coyote; *person who illegally transports non-U.S. citizens across the border into the United States*

coz *f.* (*pl.* **coces**) kick; **dar** (*irreg.*) **coces (contra)** to kick (against)

crear to create

creatividad *f.* creativity (7)

creativo/a creative

crecer (**zc**) to grow (up); to rise

crecimiento growth (8); increase

credo creed, belief (1)

creencia belief (7)

creer (**y**) to think, believe; (**no**) **creo** I (don't) think so; **creer en** to believe in (*religion, myth*) (7); **creer en alguien** to believe someone; **creerse** to believe/consider oneself to be

crema cream, lotion

creyente *n. m., f.* believer (*religion*) (7); *adj.* believing, of faith; **no creyente** nonbeliever, nonbelieving

criada maid

criar (**crío**) to raise (*children, offspring*)

criatura baby, child; small animal

crimen *m.* (*pl.* **crímenes**) crime, criminal act

criminalidad *f.* crime (*general*), crime rate

crisis *f. s., pl.* crisis (2); **crisis emocional** emotional breakdown

cristalino/a *adj.* crystal clear (11)

cristianismo Christianity

cristiano/a *n., adj.* Christian (7)

criterio criteria

crítica *n.* criticism, critiques

criticar (**qu**) to criticize, critique

crítico/a *n.* critic (*art, social*); *adj.* critical

crónica chronicle (*written account of event*)

cronológico/a chronological

cruz *f.* cross

cruzar (**c**) to cross (9)

cuadra block

cuadrado/a narrow-minded (5)

cuadro painting

cual which

¿cuál(es)? which (one[s])?

cualidad *f.* quality (5); characteristic

cualquier *adj. m., f.* any (7); whichever; **cualquier cosa** anything

cualquiera *pron. m., f.* whichever

cuanto *adv., pron.* how(ever) much; **en cuanto** *adv.* as soon as; **en cuanto a** with respect to, regarding (P)

¿a cuántos (+ *unidad de distancia*)**?** how far / how many (*unit of distance*)? **¿cuánto(s)?** how much/many?; **¿cuántos años tienes/cumples?** how old are you (turning)?

cuarto room; **compañero/a de cuarto** roommate

cuenca basin (*geog.*)

cuenta check, bill; account; **darse** (*irreg.*) **cuenta (de)** to realize, figure out (2); **rendir** (**i, i**) **cuentas** to be accountable to; **tener** (*irreg.*) **en cuenta** to keep in mind; **tomar en cuenta** to take into account/consideration

cuento short story (P); tale; **cuento infantil** children's story

cuerpo body; **cuerpo celestial** heavenly body; **cuerpo de agua** (*geog.*) body of water

cuestión *f.* question, issue, matter (4)

cuestionar to question, challenge (4)

cueva cave, cavern

cuidado caution; **tener** (*irreg.*) **cuidado** to be careful

cuidar to care for; **cuidar bien** to take good care of; **cuidarse** to take care of oneself (5); **cuidarse de** to worry about

cuido care

culpa guilt; **echarle la culpa** to blame (*someone, something*)

culpable *n., adj. m., f.* guilty (one)

cultivar to grow, cultivate; to harvest; to create

culto *n.* worship; cult (*religious following*); **rendir** (**i, i**) **culto** to worship

culto/a cultured, educated

cultura culture; **cultura popular** folk/traditional culture

cumplir to complete; comply (1); **¿cuántos años cumples?** how old are you turning? **cumplir… años** to turn . . . years old; **cumplir con** to carry out, complete (12); to adhere to (*rules, values*); **cumplir una función** to serve a purpose

cuna *n.* cradle; **canción** (*f.*) **de cuna** lullaby

cuñado/a brother-/sister-in-law (3)

cuota fee; quota (8)

cura *m.* priest; *f.* cure

curar to cure, heal (2); **curarse** to heal (oneself), get well

curioso/a curious, strange

curso course, class

cuyo/a whose

d

dado/a *adj.* given, provided; **dado que** given that

dama lady

dañar to harm, damage (11)

dañino/a harmful

daño harm; **hacerle** (*irreg.*) **daño** to harm, cause pain (8)

dar (*irreg.*) to give; to be/provide enough; **dar a** to face, overlook; **dar a luz** to give birth (*to*); **dar coces contra** to kick (against); **dar con** to find (*person, solution*); **dar en** to come up with (*idea, solution*); **dar mordidas** to bribe; **dar pasos (grandes)** to take (big) steps; **dar una clase** to teach a class; **darle** to hit; push (*a button*); **darle de comer** to feed; **darle gracias** to thank someone (7); **darle igual / lo mismo** not to matter; **darle miedo/risa** to frighten / make laugh; **darle una bofetada** to slap (someone) in the face (6); **darle una fiesta** to throw (someone) a party; **darle vergüenza** to feel embarrassed (12); **darse** to happen, be presented/transmitted (*film, TV program*); to grow (*plants*); **darse cuenta (de)** to realize, figure out (2); **darse por vencido/a** to give up/in; **darse un baño en el mar/jacuzzi** to take a dip (swim) in the ocean/Jacuzzi; **lo que te de** (*v.*) **la gana** whatever you want / feel like; **¡qué más da!** who cares!

de of; from; belonging to; **de repente** suddenly (P)

debatir to debate

deber + *inf.* should, ought to, must (*do something*); to owe (*something to someone*); to be in debt; **deber de** (+ *inf.*) probably + *v.*; **deberse a** to be due to; to be the result of

debilidad *f.* weakness

debilitarse to weaken (get weaker)

década decade

decidir to decide

decir (*irreg.*) (*p.p.* **dicho**) to say, tell; **decirle** + *inf.* to tell someone (*to do something*); **decir(le) que sí/no** to respond yes/no; **digamos…** I mean . . . ; **digámoslo así** let's put it this way; **el que dirán** what others may say (4); **es decir…** *interj.* that is . . . ; **¡no me digas!** really?!

(you don't say!); **(no) querer** (*irreg.*) **decir** to (not) mean (*something*)

decision *f.* decision; **tomar una decisión** to make a decision

declaración *f.* statement, declaration

declarar to state

dedicarse (qu) to dedicate oneself (P); **dedicarse a** to devote oneself to (2); **dedicarse al hogar** to dedicate oneself to homemaking

dedo finger; toe

deducir (*like* **producir**) to deduce

defender (ie) to defend (8); **defenderse (contra)** to defend oneself (against)

defensivo/a defensive

defensor(a) defender

deficiencia mental mental handicap

definido/a definite, defined; **artículo definido** *gram.* definite article

definir to define

definitivo/a definitive, definite

deforestación *f.* deforestation (11)

degenerar to degenerate, deteriorate

deidad *f.* deity, god

dejar to leave (*place, person*) (6); to drop off; to permit; to drop (a class); **dejar de** + *inf.* to stop, quit (*doing something*) (2); **dejar en paz** to leave alone, let be; **dejar huella** to mark (lit.: to leave a footprint) (12); to leave a lasting impression (7); **dejar libre** to set free (6); **dejar que** + *inf.* to wait (*for something to happen*); **dejarse** + *inf.* to let oneself (*do something*) (2)

del *contr.* **de** + **el**

delante de in front of, before

delgado/a thin (5)

delicado/a delicate, fragile

delincuencia delinquency, crime (*general*) (9)

delincuente *n. m., f.* delinquent

delito crime (criminal act), offense

demandar to require

demás *adj.* other(s), rest (of); *pron. m., f. pl.* other people (1)

demasiado *adv.* too many/much (6)

demasiado/a *adj.* too much

demócrata *n. m., f.* democrat

demorarse to be delayed

demostrar (ue) to show, demonstrate

dengue *m.* dengue fever

denominado/a named, designated

densidad *f.* density

dentro de within (*space, amount of time*) (3)

denunciar to denounce

departamento department; apartment (11)

dependencia dependence (2)

depender to depend; **depender de** to depend upon (2)

dependiente *adj. m., f.* dependent

deporte *m.* sport

deportista *n. m., f.* sports player; *adj.* sporty, athletic

deportivo/a *adj.* sports (club)

deprimido/a depressed

derecha the (political) right (10)

derecho right (side) (4); (legal) right; **derechos humanos** human rights

deriva drift, flow; **deriva continental** continental drift

derivado/a derived

derretimiento *n.* melting (11)

derretir (i, i) to melt (11)

derrochar to waste (11)

derrota *n.* defeat

desacuerdo disagreement, discord

desafío *n.* challenge

desagradable *adj. m., f.* disagreeable, unpleasant (8)

desagradarle to displease

desalojar to evict; to evacuate

desamparado/a *n., adj.* helpless

desangrarse to bleed

desaparecer (zc) to disappear (12)

desaparición *f.* disappearance

desapagarse (gu) to detach oneself

desarrollado/a developed (5)

desarrollar(se) to develop (9)

desarrollo development

desastre *m.* disaster

descansar to rest; **(que) en paz descanse** (may he/she) rest in peace (5)

descanso *n.* rest, break (7)

descendiente *m., f.* descendant

descenso *n.* decrease

desconcertado/a disconcerted

desconocer (zc) to not recognize, to be unaware of

desconocido/a unfamiliar

desconocimiento ignorance

descontento/a unhappy, dissatisfied

describir (*p.p.* **descrito**) to describe; **describirse como** to describe oneself as

descubierto (*p.p. of* **descubrir**) discovered

descubrir (*p.p.* **descubierto**) to discover

descuidar to neglect (8)

desde since, from (*location, perspective*); **desde hace** + *tiempo* since . . . ago; **desde pequeño/a / niño/a** since he/she was young / a kid

desdén *m.* disdain

desdicha misfortune

deseable *adj. m., f.* desirable

desear to desire; to wish; **embarazo no deseado** unwanted pregnancy

desechable *adj. m., f.* disposable

desecho waste

desempeñar to carry out

desempleo unemployment

desencuentro *unsuccessful or disappointing meeting*

desenlace *m.* denouement, outcome

deseo desire

deserción *f.* desertion

desertización *f.* desertification

desertor(a) defector, dropout

desesperación *f.* desperation

desesperado/a desperate

desestabilización *f.* destabilization

desfile *m.* parade

desganado/a without an appetite

desgraciadamente unfortunately (8)

deshonesto/a dishonest (10)

designado/a designated

designar to designate, specify (4)

desigualdad *f.* inequality

desinflarse to deflate (12); to go down (*statistic*) (12)

desintegrarse to disintegrate (12)

desinteresado/a *n., adj.* disinterested, complacent (person)

desmentir (ie, i) to refute (*theory*)

desmesura *n.* excess

desnudo/a nude (8)

desnutrición *f.* malnutrition

desobedecer (zc) to disobey

desordenado/a messy, untidy

despachar to deal with

despacio slowly

despectivo/a disparaging

despedir (i, i) to see off, bid farewell; **despedirse** to say good-bye (to each other)

desperdiciar to waste, squander (1)

despertar (ie) to wake up (*someone*); **despertarse** to wake (oneself) up

desplazado/a displaced

desplazamiento displacement

desplazar (c) to displace, transfer

despreocupado/a (por) unconcerned (about) (5); carefree

desprendimiento generosity

desproporcionado/a disproportionate

desprotegido/a unprotected

después (de) later; after; **un año/día después** a year/day later

destacar (qu) to excel; **destacarse** to stand out (5)

destino destiny; destination; **con destino a** headed to

destreza skill

destrozado/a destroyed, torn-up

destruir (y) to destroy (11)

desusado/a unusual

desválido/a *n.* helpless person

desvelo *n.* sleeplessness, night without sleep

desventaja disadvantage

detalle *m.* detail (5)

detener (*like* **tener**) to stop (8); to arrest (*someone*); **detenerse** to stop (11)

deteriorar(se) to deteriorate (11)

deterioro deterioration

determinación *f.* determination

determinar to determine, decide

detrás *adv.* behind

deuda debt

devoción *f.* devotion (7)

devolver (**ue**) to return (*something*)

devorar to devour

devotado/a devoted

devoto/a *n.* follower, believer; *adj.* devout

día *m.* day **al/por día** daily; **algún día** someday; **cada día** every day, daily; **cierto día** one day; **el otro día** the other day; **hoy (en) día** nowadays (1); these days, today (1); **todos los días** every day

diablo devil

diálogo dialogue

diario *n.* diary

diario/a *adj.* daily; **a diario** *adv.* daily

dibujar to draw

dibujo drawing

diccionario dictionary

dicho *n.* proverb

dicho/a (*p.p. of* **decir**) *adj.* aforementioned

dictadura dictatorship

dictaminar to judge, declare a (*legal*) judgment

dictar to dictate

diente *m.* tooth; **cepillarse los dientes** to brush one's teeth

diferencia difference; **a diferencia de** unlike

diferenciar to differentiate (between); **diferenciarse (de)** to be different (from)

diferente different

diferir (**ie, i**) to differ

difícil hard, difficult

dificultad *f.* difficulty

difunto/a *n.* dead person, deceased (8)

digerir (**ie, i**) to digest

dignidad *f.* dignity

dinero money

Dios *m.* God (2); **dios(a)** god/goddess; **pan** (*m.*) **de Dios** good person

dióxido dioxide; **dióxido de azufre/carbono** sulfur/carbon dioxide

diplomático/a diplomatic

diputado/a member of parliament

directo/a direct, straightforward

director(a) director

dirigido/a (hacia) directed (toward) (1)

dirigir (**j**) to direct

disciplinado/a disciplined (1)

discreto/a discreet

discriminación *f.* discrimination (6); **discriminación de género** gender discrimination (6)

discriminar to discriminate against (9)

discurso speech

discusión *f.* argument

discutir to argue

diseñador(a) *n.* designer

diseño design

disfrutar (de) to enjoy

disgustarle to upset

disidente *n., adj.* dissident

disminución *f.* decrease, reduction

disminuir (**y**) to decrease, reduce (12)

dispararse to shoot up, skyrocket (11)

disparatado/a outrageous

dispensarle de + *inf.* to exempt from *doing something*

disponer (*like* **poner**) to prepare; to dispose; **disponerse** to get ready

disponibilidad *f.* availability

disponible available

dispuesto/a willing

distancia distance; **a (larga) distancia** from/at a (long) distance

distanciamiento distancing

distante distant (*relationship*)

distinguir (**g**) to distinguish (from); **distinguirse (entre)** to distinguish (between)

distinto/a distinct, different

distorcionado/a distorted

distribución *f.* distribution

distrito district; **Distrito Federal** Federal District; *Mex.* Mexico City

diversidad *f.* diversity (5)

diverso/a diverse, different

divertirse (**ie, i**) to have fun

dividir to divide; **dividirse (en)** to divide up (into)

divino/a divine

divorciarse to get a divorce

divorcio divorce (4); **tasa de divorcio** divorce rate (4)

doblar to fold

doble *n., adj.* double; **el doble de** twice as much as; **estándar** (*m.*) **doble** double standard

dócil docile, tame

doctorado doctorate (6)

documental *m.* documentary film

dogma *m.* dogma, belief; **atenerse** (*like* **tener**) **a dogmas** to adhere to dogmas

dólar *m.* dollar

dolencia ailment

doler (**ue**) to hurt, ache

dolor *m.* pain (7); **dolor de cabeza** headache

doméstico/a domestic; **empleada doméstica** domestic help (maid, housekeeper); **trabajo doméstico** household chores; **violencia doméstica** domestic violence (6)

domicilio address; home; **entrega a domicilio** home delivery

dominación *f.* domination

dominar to dominate

dominicano/a *n., adj.* Dominican (*from the Dominican Republic*)

don *m.* gift; **don de gentes** ability to make friends easily

don *formal title similar to Mr., but used with first names*

donación *f.* donation

donde where, wherever

dónde where; **¿(a) dónde...?** (to) where . . . ?

doña *formal title similar to Mrs./Ms., but used before first names*

dormido/a asleep

dormir (**ue, u**) to sleep; **dormirse** to fall asleep

dotado/a gifted, blessed

drama *m.* drama

dramático/a dramatic; **obra dramática** dramatic/theatrical work

dramatizar (**c**) to dramatize

drástico/a drastic (2)

droga drug (2)

drogadicción *f.* drug addiction

drogadicto/a *n.* drug addict

ducha shower

ducharse to take a shower (5)

duda doubt; question; **poner** (*irreg.*) **en duda** to cast doubt upon; **sin duda** no doubt, undoubtedly

dudoso/a doubtful

dueño/a owner

dulce *n. m.* candy; *adj. m., f.* sweet; **agua** (*f. but* **el agua**) **dulce** fresh water

duradero/a long lasting

durante during, throughout; **durante un año** for a year

durar to last; to carry on

duro/a hard, tough

e

e *conj.* and (*used instead of* **y** *before words beginning with* **i-** *or* **hi-**)

echar to throw out; to toss; to produce, yield; to spew; **echar a**

correr to escape (*from someone/something*); **echar de menos** to miss (*someone*); **echar las tripas** to throw up; **echar una siesta** to take a nap; **echarle a alguien** to throw (*someone*) out (*of a place*); **echarle ganas** *Mex.* to give something one's best; **echarle la bronca** to tell (someone) off; to yell (at someone); **echarle la culpa** to blame (someone/something); **echarle una copa** to serve someone a drink; **echarse** to throw oneself (*onto something*); **echar(se) a perder** to go bad, to spoil (8); to go down the drain; to be ruined

eclesiástico/a ecclesiastical

eco *n.* echo

ecología ecology (12)

económico/a economic; **bienestar** (*m.*) **económico** economic welfare

ecosistema *m.* ecosystem

ecoturista *n. m., f.* ecotourist

ecoturístico/a *adj.* *ecotourist or ecotourism related*

ecuatoriano/a *n., adj.* Ecuadorian

edad *f.* age (1); **Edad Media** Middle Ages; **la corta edad** the young age

edificio *m.* building (11); **levantar edificios** to put up buildings (11)

editar to edit

editor(a) editor, publisher

educado/a educated; polite

educar (qu) to educate (7)

educativo/a educational; **formación** (*f.*) **educativa** educational background

efecto effect; **efecto invernadero** greenhouse effect (11)

egoísmo selfishness

egoísta *n. m., f.; adj.* selfish (person) (1)

ejemplar *adj. m., f.* exemplary, model

ejemplificar (qu) to exemplify, illustrate

ejemplo example; **por ejemplo** for example

ejercer (z) to exert, exercise (*force, role*)

ejercicio *n.* exercise

ejército army

elástico/a elastic

elección *f.* election, choice; *pl.* **elecciones** elections

electoral *adj.* electoral, election; **campaña electoral** election campaign

electricidad *f.* electricity

electrificar (qu) to bring electricity to (a town, area)

electrónico/a electronic; **correo electrónico** e-mail

elegir (i, i) (j) to elect (4); to choose

elevación *f.* elevation

eliminación *f.* elimination

eliminar to eliminate, eradicate

elogiar to praise, eulogize

elote *m.* (*Mex., C.Am.*) corn on the cob

embajador(a) ambassador

embarazada pregnant

embarazo pregnancy; **embarazo no deseado** unwanted pregnancy

embargo: sin embargo however, nevertheless

embarrada mess; load

embotellado/a bottled (11)

embozo *part of sheet that folds over bed covers*

emerger (j) to emerge

emigración *f.* emigration

emigrante *m., f.* emigrant

emigrar to emigrate

emisión *f.* emission (12)

emisor(a): país (*m.*) **emisor** source country

emitir to emit

emocionado/a excited

emocional emotional; **crisis** (*f. inv.*) **emocional** emotional breakdown

emocionar to move, make emotional; **emocionarse** to get excited

emparejar to match up (in pairs)

empeño *n.* aim, goal

empeorar to worsen

empezar (ie) (c) to begin; **empezar a** + *inf.* to start (*to do something, happen*); **volver (ue) a empezar** to start over

empleado/a employee; **empleada doméstica** domestic help (maid, housekeeper)

emplear to employ

empleo work; employment; **empleo fijo** steady job

empobrecimiento impoverishment

emprendedor(a) *n., adj.* enterprising (person)

emprender to embark on

empresa company, firm (6); undertaking

empresario/a businessman/businesswoman (9)

empujar to push (6)

emular to emulate

en in; on; at; **en cuanto a** with respect to (P); regarding (9); **en la actualidad** at the present time (9); **en seguida** right away, immediately (6); **hoy en día** nowadays (1), these days, today (1)

enajenación *f.* alienation

encajar to fit (7)

encantar to enchant; **le encanta(n)…** he/she/you (*form. s.*) love(s)

encarcelado/a imprisoned, jailed (8)

encasillar to classify (8); to pigeonhole

encender (ie) to light, ignite

encerrar (ie) to enclose, lock up

encima *adv.* above, on top of; **por encima de** over

enconcharse to retreat into oneself (*lit: to retreat into one's shell*)

encontrar (ue) to find; **encontrarse** to be located (in/at), be found; to find oneself, end up (*in a situation*); to meet, find each other

encuadrar to frame; to fit (8)

encuentro encounter (7)

encuesta poll, survey

enderezar (c) to straighten

enemigo/a *n., adj.* enemy

energético/a *adj.* energy (*providing, related*)

energía energy; **energía eólica** wind power

enérgico/a energetic (P)

enfadado/a annoyed

enfadar to annoy, anger

énfasis *f. inv.* emphasis; **ponerle** (*irreg.*) **énfasis** to stress, emphasize

enfermarse to get sick (12)

enfermedad *f.* illness, disease

enfermo/a *n., adj.* sick (person)

enfocar(se) (qu) en to focus on

enfoque *m.* focus

enfrentamiento confrontation (10)

enfrentarse to confront, face (10)

enfrente *adj.* front (*location*); **enfrente de** *prep.* in front of

engañar to betray, deceive; to commit adultery

engaño trick; adultery

engañoso/a deceptive, tricky

engendrar to father; to breed; to engender, create

englobar to include

enojar to make angry; **enojarse** to get angry

enojo anger (P)

enorme *adj. m., f.* enormous

enriquecer (zc) to enrich; to make rich; **enriquecerse** to get rich (8); to become richer (more complex, valuable)

enriquecimiento enrichment; prosperity (economic)

ensayo essay

enseguida *adv.* next, following

enseñanza *n.* teaching, instruction

enseñar to teach; to show; **enseñar a** + *inf.* to teach how (*to do something*)

ensuciar to soil, make dirty (11); **ensuciarse** to get dirty

ente *m.* being, entity

entender (ie) to understand, comprehend; **entenderse** to understand each other

enterarse (de) to find out (about)

entero/a entire

enterrar (ie) to bury, inter

entidad *f.* entity, body

entonces *adv., conj.* then, so (3); **hasta entonces** until then

entorno *s.* surroundings (1)

entrada entrance; ticket (*for admission*)

entrar to enter; **entrar en** to go into; **entrarle hambre / sueño** to be getting hungry/sleepy

entre between, among, within; **entre paréntesis** in parentheses; **entre todos** among everyone/everything; **escoger (j) entre** to pick from among; **figurar entre** to figure among

entrega delivery; **entrega a domicilio** home delivery

entregar (gu) to deliver, turn in; **entregarse** to commit oneself

entremedio in between; **pasar por entremedio** to pass between

entretenido/a *adj.* entertaining

entretenimiento entertainment

entrevista *n.* interview

entrevistado/a *n.* interviewee; *adj.* interviewed

entrevistar to interview

entrometerse en to meddle in (8); to intrude in (8)

envase *m.* container (12)

envejecer (zc) to age, get older

envenenar to poison

enviar (envío) to send, mail (*letter, package*)

envoltura wrapper, packaging (12); **envoltura de plástico** plastic wrapping

envolver (ue) (*p.p.* **envuelto**) to wrap (up)

envuelto/a (*p.p. of* **envolver**) wrapped

eólico/a *adj.* wind; **energía eólica** wind power

epígrafe *m.* epigraph

epílogo epilogue

episodio episode, incident

época era, epoch; **época colonial** colonial period; **época de lluvias** rainy season

equilibrar to balance

equilibrio balance

equipo team; **trabajar en equipo** to work as a team/group

equivaler (*irreg.*) to be equivalent

equivocación *f.* mistake, error

equivocado/a mistaken, wrong; **estar** (*irreg.*) **equivocado/a** to be mistaken/wrong (4); **ser** (*irreg.*) **equivocado/a** to be wrong/erroneous

equivocarse (qu) to make a mistake; **no te equivocas** you're right

equívoco ambiguity; mix-up

erguido/a upright

errar to err

error *m.* error; **cometer errores** to make mistakes

escala scale

escalar to climb, scale; **escalar montañas** to hike, go mountain climbing

escalera stair, staircase (2)

escalón *m.* (*pl.* **escalones**) step (2)

escándalo scandal

escaparse to escape

escasamente barely, minimally

escasez *f.* (*pl.* **escaseces**) shortage

escena scene

esclavitud *f.* slavery

esclavizado/a enslaved

esclavo/a slave

escoger (j) to pick; to choose (7); **escoger entre** to pick from among

escolar *adj.* school (*related*)

escombros: carrizo y escombros junk and rubble

esconderse to hide

escribir (*p.p.* **escrito**) to write

escrito *n.* document

escrito/a (*p.p. of* **escribir**) written; **por escrito** (in) written (form), on paper

escritor(a) writer (P)

escritura *n.* writing

escuadrón *m.* (*pl.* **escuadrones**) squadron; **escuadrón de la muerte** death squad

escuchar to listen, hear; **escuchar con atención** to listen carefully

escuela school; **escuela primaria/ secundaria** elementary (primary) / secondary (high) school

escupir to spit (out) (12)

esencia essence

esencial necessary, essential

esfera sphere (*political, social*)

esfuerzo effort (10); **unir esfuerzos** to join forces

eso that (*indef. gend./numb.*); **por eso** therefore, for that (aforementioned) reason, that's why

espacio space; **espacio en blanco** blank space

espalda *n.* back; **de espalda(s) a** with one's back against/facing

español *n. m.* Spanish (*language*)

español, española *n.* Spaniard; *adj.* Spanish

especial special; **en especial** especially, in particular

especialista *n. m., f.* specialist

especialización *f.* major (*area of university study*) (6); specialization

especializarse (c) en to major, specialize (*in a field*) (6)

especie *f.* species (9); **especie en peligro de extinción** endangered species; **una especie de** a type of

específico/a specific (12)

espectáculo *n.* show

espectador(a) spectator, viewer

especular to speculate

espejo mirror

esperanza hope

esperar to wait (for); to hope (for); **esperarse** to wait, stop

espiritismo spiritualism

espíritu *m.* spirit; **Espíritu Santo** Holy Spirit

espiritual spiritual

espiritualidad *f.* spirituality (7)

esposo/a husband/wife, spouse

esquiar (esquío) to ski; **esquiar sobre el agua** to waterski

esquina *n.* corner

esquites *m. pl., Mex.* *typical street food made with corn kernels*

estabilidad *f.* stability

estable *adj. m., f.* stable

establecer (zc) to establish

estación *f.* station; season; **estación de tren/radio** train/radio station

estadística statistic

estado state, status; state (*national government*); **estado de ánimo** state of mind, mood (5); **golpe** (*m.*) **de estado** coup d'état

estadounidense *n. m., f.; adj.* (person) from the United States

estallar to explode (10); to break out (*war*)

estancia time spent; stay

estándar *m.* standard; **estándar doble** double standard

estar (*irreg.*) to be, feel; to be located (in); **estar + gerundio** to be (*doing something*); **estar a gusto** to be content (4); **estar a la orden de** to be of service to (1); **estar aburrido/a** to be bored; **estar acostumbrado/a a** to be accustomed/used to (4); **estar afanoso/a de** to be eager to; **estar al tanto** to be up-to-date / in the know; **estar bien/mal** to be/

feel well/sick; **estar (bien) arreglado/a** to be (well) put together/dressed; **estar casado/a** to be married; **estar conforme con** to be satisfied with; **estar contento/a** to feel happy; **estar de acuerdo (con)** to agree (with); **estar de mal humor** to be in a bad mood; **estar de vacaciones** to be on vacation; **estar en casa** to be (at) home; **estar equivocado/a** to be wrong/mistaken (4); **estar harto/a (de)** to be fed up (with) (3); **estar listo/a** to be ready; **estar loco/a** to be crazy; **estar malo/a** to taste bad; **estar molesto/a** to be annoyed; **estar regido por** to be governed/ruled by (4); **estar rico/a** to taste/feel good; **estar seguro/a** to be sure; **estar verde** to be unripe

estatal *adj.* state (*government*)
estatus *m. s., pl.* status
estentóreo/a *adj.* thundering (*loud*)
estereotipado/a stereotypical
estereotipo stereotype
estético/a aesthetic
estilo style
estimable admirable
estimar to estimate
estímulo stimulus
esto this (*indef. gend./numb.*)
estocada *n.* stab, jab
estómago stomach
estorbar to hinder; to obstruct (8)
estorbo hindrance
estornudar to sneeze
estrategia strategy (12)
estrato stratum; **estratos sociales** social strata
estrecho/a tight; **estrecha amistad** (*f.*) close friendship
estrella star (11)
estremecido/a shaken
estrés *m.* (*pl.* **estreses**) stress
estresante stressful (5)
estricto/a strict
estructura structure
estudiante *n. m., f.* student
estudiantil *adj.* student; **residencia estudiantil** student housing, dormitory
estudiar to study
estudio study; *pl.* studies (*coursework*)
eterno/a eternal
etnia ethnic group
étnico/a ethnic
euro *monetary unit of the European Union*
europeo/a *n., adj.* European; **Unión** (*f.*) **Europea** European Union
evaluar (**evalúo**) to evaluate

evangélico/a *n.*, Protestant; *adj.* protestant; evangelical
Evangelio Gospel (*biblical*)
evangelización *f.* religious conquest (*conversion to Christianity*)
evaporarse to evaporate (12)
evidenciar to make clear, prove
evitar to avoid (11)
exacto/a exact
exacto *adv., interj.* exactly
examen *n. m.* (*pl.* **exámenes**) exams; **aprobar (ue) un examen** to pass an exam
examinar to examine
excedencia leave of absence
excelencia excellence
excepción (*f.*) **a excepción de** with the exception of
excepcional extraordinary
excluido/a excluded
exclusión *f.* exclusion
excursión *f.* excursion
exención *f.* exemption (*tax*)
exigente demanding, exigent (2)
exigir (**j**) to demand (1)
exiliarse to go into exile
exilio exile
existencial existential, experiential
existir to exist
éxito success (6); **con éxito** successfully; **tener** (*irreg.*) **éxito** to be successful
exitoso/a successful (6)
expandirse to expand (9)
expansión *f.* expansion
expedición *f.* expedition
explicación *f.* explanation
explicar (**qu**) to explain
explorar to explore
explotación *f.* exploitation
explotar to exploit (10)
exponente exponent; example; performer
exponer (*like* **poner**) to expose
exposición *f.* exposition, exhibit
expresar to express; **expresarse** to express oneself
extender (**ie**) to extend
extendido/a extended (*family*)
extenuante extenuating, (excessively) long
exterior *n. m., adj.* exterior; **política exterior** foreign policy
extinción *f.* extinction; **especie** (*f.*) **en peligro de extinción** endangered species; **estar** (*irreg.*) **en peligro de extinción** to be in danger of extinction (11)
extracción *f.* extraction
extraer (*like* **traer**) to extract
extranjero/a foreigner

extraño/a strange, unfamiliar
extraordinario/a extraordinary
extremo *n.* extreme; **en extremo** extremely
extremo/a *adj.* extreme
extrovertido/a *n.* extrovert (P); *adj.* outgoing

f

fabricación *f.* manufacturing, production
fabricar (**qu**) to manufacture, produce
fábula fable
fácil easy; **fácil de** + *inf.* easy to do something
factible possible, feasible
facultad *f.* school (*group of related departments in a college or university*)
faldero: perro faldero lapdog (*said of a loyal follower*)
falla *n.* fault, flaw
falso/a false, untrue, fake; **amigo falso** *gram.* false cognate
falta lack
faltar to be missing, absent (4)
fama fame; **tener** (*irreg.*) **fama de** to be famous for
familia family; **familia monoparental / de padre soltero** single-parent household
familiar *n. m., f.* relative, relation (P)
familiar *adj.* family (*related*); familiar (1); **núcleo familiar** immediate family; **valores** (*m.*) **familiares** family values; **vida familiar** family (*related*)
familiarizado/a familiarized
famoso/a *n., adj.* famous (person)
fanático/a *n.* fanatic, fan (8); *adj.* fanatical
fanatismo fanaticism
fantástico/a fantastic
favor *m.* favor; **a favor de** in favor of (12); **pedirle (i, i) un favor** to ask someone for a favor; **por favor** please
favorecido/a favored
fe *f.* faith (2)
fecha date (*calendar*)
federal federal; **Distrito Federal** Federal District; *Mex.* Mexico City
felicidad *f.* happiness
feligrés, feligresa (*pl.* **feligreses**) parishioner
feliz (*pl.* **felices**) happy
femenino/a feminine (5); **carácter** (*m.*) **femenino** female disposition; **liberación** (*f.*) **femenina** women's lib(eration)

femicidio femicide (*systematic killing of women*)

feminista *n. m., f.; adj.* feminist

fenómeno phenomenon

feo/a ugly

fermento *n.* *fermenting agent*

festejar to celebrate

ficticio/a fictitious, fictional

fidelidad *f.* fidelity, faithfulness

fiebre *f.* fever

fiel faithful (1)

fiesta party; holiday; **darle** (*irreg.*) **una fiesta** to throw (someone) a party; **fiesta patria** independence day; **fiesta patronal** festival of a (town's) patron saint; **fiesta religiosa** religious festival

fiestero/a *n.* partier; *adj.* festive

figura figure; **figura central** principal figure (*person*)

figurado/a: en sentido figurado in a figurative sense

figurar to figure; **figurar entre** to figure among

fijarse en to notice (5)

fijo/a fixed, permanent; **empleo fijo** steady job

fila line (of people); **meterse en la fila** to cut in line

filantropía philanthropy (7)

filipino/a *n., adj.* Filipino/a

filosofar to philosophize (7)

filosofía philosophy

filósofo/a philosopher

filtro filter (12)

fin *m.* end; **al fin** in the end; **con el fin de** with the aim/purpose of; **en fin** *interj.* so anyway; **fin de semana** weekend (*pl.* **fines de semana**); **por fin** finally, at last

final *n. m.* end, ending; *adj.* final; **a finales de** toward the end of; **trabajo final** final project (*school*); **versión** (*f.*) **final** final draft

financiación *f.* financing

financiar to finance

financiero/a financial; **ayuda/apoyo financiero/a** financial support

finanzas *pl.* finances

finca *n.* farm

firmar to sign; **firmar un contrato** to sign a contract (4)

firme firm, solid, steady

físico *n.* physique, figure

físico/a *adj.* physical; **apariencia física** physical appearance; **aspecto físico** physical characteristic

flexibilidad *f.* flexibility

flojo/a lazy

flor *f.* flower

florecer (**zc**) to flourish

flote: a flote floating

fodongo/a slob

folleto brochure; **folleto de viaje** travel brochure

fomentar to boost

fondo fund, funding; bottom; **conocer** (**zc**) **a fondo** to know (*a topic*) in depth

forma form; shape; way; **con forma de** in the shape of; **de forma** + *adj.* in a . . . way; **forma de** + *n.* type of . . . ; **forma de pensar/ser** way of thinking/being (2); **forma en que** way in which

formación *f.* education, training; **formación educativa** educational background

formado/a (por) to be made up of

formalizar (**c**) to formalize

formar to form, create (11); **formar parte de** to be a part of

formidable outstanding (10); wonderful, terrific

fortuna fortune, luck

forzado/a forced

fosa ditch; **fosa común** common grave

fósil *m.* fossil; **combustibles** (*m.*) **fosiles** fossil fuels (11)

foto *f.* photo; **sacar** (**qu**) **una foto** to take a photograph

fragmento fragment; excerpt

fraile *m.* friar, monk

francés *n. m. s.* French (*language*)

francés, francesa (*pl.* **franceses**) *n., adj.* French

Francia France

franciscano/a *n., adj.* Franciscan (*religious order*)

franco/a frank, honest

franquismo *political regime of Francisco Franco (Spain, 1939–75)*

franquista *n. m., f.* follower of Francisco Franco; *adj. related to* **franquismo**

frase *f.* phrase; sentence

frecuencia frecuency; **con frecuencia** often; **¿con qué frecuencia… ?** how often . . . ?

frente *n. f.* front; **frente a** in front of, opposite; **hacerle** (*irreg.*) **frente a** to face (*person, problem*)

fresa strawberry

fresco/a fresh; cool (*weather*); **agua** (*f. but* **el aqua**) **fresca** *drink made with fresh fruit and water*

frío *n.* cold; **hace frío** it is cold (*weather*); **tener** (*irreg.*) **frío** to be/ feel cold

frío/a cold, coldhearted

frontera border (9)

frustrarse to become frustrated

fruta fruit

frutal: árbol (*m.*) **frutal** fruit tree

fruto fruit, product (*of labor*)

fuego fire

fuente *f.* fountain; source

fuera *v.* (*imperfect subj. of* **ser**): **como si fuera poco** as if that weren't enough

fuera de outside of; **fuera de horas** during off-hours

fuerte strong (2); deep (*mark*)

fuerza strength; force; **a fuerza de** by (means of)

fumar to smoke (5)

función *f.* function, role

funcionar to function, work (3)

fundar to found (*organization, place*)

fundición *f.* melting

fundirse to join, unite with

funeral *m.* funeral

furioso/a furious

fútbol *m.* soccer; **fútbol americano** (American) football; **Copa Mundial de Fútbol** Football (Soccer) World Cup

futuro *n.* future

futuro/a *adj.* future

g

galimatías *pl.* gibberish

galleta cookie; cracker

gallina hen

galón *m.* gallon

gana wish, hankering; **echarle ganas** *Mex.* to give something one's best; **lo que te de la gana** whatever you want / feel like; **tener** (*irreg.*) **(muchas) ganas de** + *inf.* to (really) want *to do something*

ganado livestock

ganar(se) to earn; to win, beat; to gain (6)

ganso/a goose; **hacer** (*irreg.*) **el ganso** to play the fool

gañán *m.* (*pl.* **gañanes**) farmhand

garantizado/a guaranteed

gas *m.* gas

gastar to spend; **gastarse** to run out, exhaust (*resources*) (11)

gasto expense; **correr gastos a cargo de** to charge costs to someone

gato/a cat

gavilla sheaf

gay: matrimonio gay gay marriage (4)

gemelo/a *n., adj.* twin (3)

geneológico/a: árbol (*m.*) **geneológico** family tree

general general; **por lo general** generally

género gender; genre; **discriminación** (*f.*) **de género** gender discrimination; **género musical** music genre; **igualdad** (*f.*) **de género** gender equality

generosidad *f.* generosity

generoso/a generous (1)

gente *f. s.* people; **buena gente** *adj.* nice, kind; **don** (*m.*) **de gentes** *ability to make friends easily;* **gente de esa calaña** people of that sort (*pejorative*)

gesticulación *f.* gesture

gesto gesture (*physical, symbolic*)

gigante *adj. m., f.* gigantic

gimnasio gym(nasium)

girar to turn, spin

giro *n.* turn

gitano/a *n., adj.* gypsy

glaciar *n.* glacier (11)

gladiador(a) gladiator

global *adj.* global, world(wide); **calentamiento global** global warming (11); **ciudadano/a global** world citizen

globalización *f.* globalization

globo balloon; globe; **ciudadano/a del globo** world citizen

glosario glossary

gobernar (ie) to govern (8)

gobierno government (6)

golpe *m.* hit, blow; **golpe de estado** coup d'état

golpeado/a beat up (6)

golpear to hit, beat (up) (6)

goma rubber

gordo/a fat; **hacer** (*irreg.*) **la vista gorda** to turn a blind eye (9)

gozar (c) (de) to enjoy (6)

gracia grace; **darle** (*irreg.*) **gracias** to give thanks to someone (7); **(muchas) gracias** thank you (very much)

graduarse (me gradúo) to graduate

gráfico chart, graph

gramática *n.* grammar; *adj.* grammatical

gran, grande big, large; great; **quedarle grande** to be/fit too big (for someone)

grandemente largely, in large part

granito grain; **poner** (*irreg.*) **su granito de arena** to do one's part (8)

granjero/a farmer

grano grain

gratis free (*of charge*) (3)

grave *adj.* serious, grave (11)

gravedad *f.* seriousness

griego/a *n., adj.* Greek

grifo tap, faucet (11); **abrir/cerrar (ie) el grifo** to turn on/off the faucet

(11); **agua** (*f. but* **el agua**) **del grifo** tap water

grillo cricket (*insect*)

grito *n.* scream; **hablar(le) a gritos** to shout (at someone)

grosero/a rude, vulgar

gruñón, gruñona grumpy (5)

grupo group

guante *m.* glove

guapo/a attractive, good-looking

guardar to save, keep (8); **guardar luto** to mourn; **guardarle rencor** to hold a grudge (against someone) (8)

guatemalteco/a *n., adj.* Guatemalan

gubernamental *adj.* government(al)

guerra: la Guerra Hispano-Americana Spanish-American War

guerrero/a *n., adj.* warrior

guerrillero/a *adj.* guerrilla

guiar (guío) to guide

guisar to cook, stew

gustarle to please; **le gusta(n)…** he/ she/you (*form. s.*) like(s) . . . ; **les gusta(n)…** they/you (*form. pl.*) like(s) . . . ; **me/te/nos gusta(n)…** I/you/we like(s) . . .

gusto pleasure (5); taste; **estar** (*irreg.*) **a gusto** to be content (4)

h

haber (*irreg.*) (*inf. of* **hay**) to have (*auxiliary*); to be; to exist; **haber de** + *inf.* to have (ought) to; **había** there was/were; **hay** there is/are; **hubo** there was/were; (it) happened

habilidad *f.* ability

habitación *f.* (bed)room

habitante *m., f.* inhabitant

habitar to inhabit, live in (*a place*) (2)

hábito habit (*behavior*) (2); habit (*nun's garment*) (8)

habla *f.* (*but* **el habla**) speech; **de habla hispana** Spanish-speaking

hablante *m., f.* speaker

hablar to talk; speak (*a language*); **hablar bajito / a gritos** to whisper/ shout; **hablar por teléfono** to talk on the / by phone; **hablarse** to talk to each other

hacer (*irreg.*) (*p.p.* **hecho**) to do; to make; **desde hace** + *tiempo* since . . . ago; **hace… años** . . . years ago; **hace sol/calor/frío** it's sunny/hot/ cold (*weather*); **hacer camping** to go camping; **hacer el ganso** to play the fool; **hacer el muerto** to play dead; **hacer la vista gorda** to turn a blind eye (9); **hacer las compras** to do the (grocery) shopping; **hacer**

limpieza to clean (house) (P); **hacer lo suyo** to do one's own thing; **hacer preguntas** to ask questions; **hacer** + *tiempo* + **que** to be + *amount of time* + since; **hacer un bosquejo** to sketch (out), outline; **hacerle** + *inf.* to make someone *do something*; **hacerle cosquillas** to tickle (someone); **hacerle daño** to harm; to cause pain (8); **hacerle frente a** to face (*person, problem*); **hacerse** to become; to get + *adj.*; **tener** (*irreg.*) **mucho que hacer** to have a lot to do

hacha *f.* (*but* **el hacha**) ax

hacia toward (1)

hacienda *n.* farm, ranch

halago praise, flattery

hambre *f.* (*but* **el hambre**) hunger (9); **hambre mundial** world hunger; **entrarle hambre** to be getting hungry; **tener** (*irreg.*) **hambre** to be hungry

hartar to tire, bore (3); **hartarse** to get tired/bored (*of something*)

harto/a fed up; **estar** (*irreg.*) **harto/a de** to be fed up with (3)

hasta *prep.* until; even; **hasta arriba** *adv.* laden, filled up; up to one's ears; **hasta el momento** until now; **hasta qué punto** to what extent; **ir** (*irreg.*) **hasta** to go as far as (*location*)

hay (*pres. indic. of* **haber**) there is/are; **hay que** it's necessary (1)

hecho *n.* fact (6); **de hecho** in fact; **el hecho de que** the fact that . . . (6)

hecho/a *adj.* (*p.p. of* **hacer**) done; made

hectárea hectare

hembra female (*biological sex*)

hemisferio hemisphere

heredar to inherit

herencia inheritance (4); heritage

herir (ie, i) to hurt, wound

hermanastro/a stepbrother/ stepsister (3)

hermano/a brother/sister; *pl.* **hermanos** siblings, brothers (3); **medio/a hermano/a** half sister / half brother (3)

hermoso/a beautiful

héroe *m.* hero

heroína heroine (*person*)

herramienta tool

heterosexualidad *f.* heterosexuality

híbrido/a *adj.* hybrid

hierba grass; herb

hierro iron; **voluntad** (*f.*) **de hierro** iron will

hijo/a son/daughter; *pl.* children, sons

¡híjole! *interj.* gosh!
hilo thread
hipocresía hypocrisy
hipócrita *m., f.* hypocrite (7)
hipótesis *f. inv.* hypothesis
hispánico/a *n., adj.* Hispanic
hispano/a *n., adj.* Hispanic, Spanish language (*related*); **de habla hispana** Spanish-speaking; **mundo hispano** Spanish-speaking world
hispanoamericano/a Hispanic-/ Spanish-American; **la Guerra Hispano-Americana** Spanish-American War
hispanohablante *n., adj. m., f.* Spanish-speaking (person)
historia history; story
historiador(a) historian
historial *m.* record (*document*)
histórico/a historic, historical
hogar *m.* home; hearth (P); **dedicarse (qu) al hogar** to dedicate oneself to homemaking
hoguera bonfire
hoja leaf; sheet (*of paper*)
holgazán, holgazana (*pl.* **holgazanes**) *n., adj.* lazy (person)
hombre *m.* man; mankind
hombro shoulder
homenaje *m.* tribute; **rendir (i, i) homenaje** to pay tribute
homicidio homicide
homogéneo/a homogenous
homosexualidad *f.* homosexuality (2)
honesto/a honest (3)
honrar to respect, honor
hora hour; **a la hora de** at the time of; **¿a qué hora... ?** at what time ... ? **es la hora de** + *inf.* it's time to (*do something*); **fuera de horas** during off-hours; **¿qué hora es?** what time is it?
horario schedule
hormiga ant
hormona hormone (5)
horóscopo horoscope
horror *m.* horror
hospital *m.* hospital
hospitalario/a *adj.* hospital (*related*)
hospitalidad *f.* hospitality
hotel *m.* hotel
hoy today; **hoy (en) día** nowadays (1), these days, today (1); **hoy no circula** not in circulation today (*vehicle*)
hueco *n.* hollow (*space*)
hueco/a hollow, empty (7)
huella trace; footprint (7); **dejar huella** to mark (lit.: to leave a footprint) (12); to leave a lasting impression (7)

huérfano/a orphan (8)
hueso bone
huésped (a) *n., adj.* guest
huevo egg
huir (y) to flee (9)
humanidad *f.* humanity
humano human (being)
humano/a *adj.* human; **ser** (*m.*) **humano** human being (1)
humilde *adj.* humble
humillar to humiliate
humo smoke
humor *m.* humor; mood (5); **cambio de humor** mood swing (5); **estar** (*irreg.*) **de buen/mal humor** to be in a good/bad mood; **tener** (*irreg.*) **buen sentido de humor** to have a good sense of humor
huracán *m.* (*pl.* **huracanes**) hurricane
huraño/a standoffish (P)

i

ibérico/a *n., adj.* Iberian (*of or from the Iberian Peninsula*)
ideado/a invented, made-up
idealista *n. m., f.* idealist; *adj.* idealistic
identidad *f.* identity
identificación *f.* identification
identificar (qu) to identify; **identificarse** to identify oneself (*as/with something*)
ideológico/a ideological
idioma *m.* language
iglesia church
ignorancia ignorance
ignorar to be unaware, not know
igual *adj.* equal (2); **darle** (*irreg.*) **igual** not to matter; *adv.* anyway, also
igualdad *f.* equality
ilimitado/a unlimited
iluminar to light up
ilustración *f.* illustration
ilustrar to illustrate
imagen *f.* (*pl.* **imágenes**) image
imaginación *f.* imagination
imaginar(se) to imagine; **imagínate...** *interj. inform.* just imagine. . .
imaginario *n.* imaginary (*set of values common to a society*)
imitar to imitate
impactar to have an impact on; to affect (6)
impacto *n.* impact (4)
impedir (i, i) to prevent, impede
impensable unthinkable
imperio empire
implantarse to implement, establish (12)

implicación *f.* involvement; *pl.* implications, consequences
implicar (qu) to imply
imponer (*like* **poner**) (*p.p.* **impuesto**) to impose; **imponerse** to be imposed
importación *f.* importation
importado/a imported
importarle to matter (to someone) (9); **no me importa** it doesn't matter to me (9)
impráctico/a impractical
impresión *f.* impression
impresionar to make an impression on
impresora printer
imprimir (*p.p.* **imprimido** *or* **impreso**) to print
impuesto *n.* tax (10)
impuesto/a (*p.p. of* **imponer**) imposed
inapropiado/a inappropriate
inasequible unattainable
incaico/a *adj.* Incan, Incaic
incansable tireless
incapaz (*pl.* **incapaces**) incapable
incertidumbre *f.* uncertainty
incitar to incite
incluir (y) to include
incluso *adj.* including, even
incomprensión *f.* lack of understanding
incondicional unconditional
inconocible unknowable
incorporación *f.* incorporation
incorporar to incorporate
incrédulo/a skeptical
increíble incredible
incrementar to increase
inculcar (qu) to instill (7)
indeciso/a indecisive
indefinido/a indefinite
independizarse (c) to become independent
indicado/a indicated, selected
indicador *m.* indicator
indicar (qu) to indicate, point out
índice *m.* index; rate
indígena *n. m., f.; adj.* indigenous, native (person) (8)
indio/a *n. m., f.; adj.* Indian
indiscutible indisputable (5)
individuo *n.* individual
indocumentado/a *n., adj.* illegal (undocumented) immigrant
indudablemente undoubtedly, doubtless (7)
inepcia stubbornness; ineptitude
inesperado/a unexpected
inestabilidad *f.* instability
infantil *adj.* child, infant; **cuento infantil** children's story
inferioridad *f.* inferiority
inferir (ie, i) to infer

infidelidad *f.* infidelity (4)
infiel unfaithful
infierno *n.* hell
infiltrar to infiltrate
influenciar to influence
influir (y) en/sobre to have an
　influence on
información *f.* information
informal *gram.* *related to informal*
　address (**tú, vosotros**)
informante *n. m., f.* informant
informar to inform
informativo/a informational,
　informative
informe *m.* report
infortunio misfortune
infraestructura infrastructure
ínfulas *pl.* airs, pretense; **con ínfulas**
　pretentious
ingenuidad *f.* naivete
ingesta ingestion, diet
inglés *n. m. s.* English (*language*)
inglés, inglesa (*pl.* **ingleses**) *n.*
　Englishman/Englishwoman; *adj.*
　English
ingresar to enter, join
iniciar to begin, start
iniciativa initiative; **iniciativa privada**
　private enterprise (12)
inimaginable unimaginable (11)
injusticia injustice
injustificable unjustifiable
injusto/a unfair, unjust
inmediato/a immediate
inmigración *f.* immigration
inmigrante *n., adj. m., f.* immigrant
inmigrar to immigrate
inmoral immoral
inmóvil immobile
innecesario/a unnecessary
inocular to impregnate; to inject
　(*with something*)
inquieto/a active, restless (P)
inquietud *f.* preoccupation, worry
inquilino/a tenant
inseguridad *f.* insecurity
insensatez *f.* insensitivity
insensato/a foolish
insertar to insert
insistir en to insist (*on/that*) (11)
inspiración *f.* inspiration
instalado/a installed
instruir (y) to instruct
insultar to insult
integrante *n. m., f.* member
integrar to integrate; to make up
　(*parts of a group*); **integrarse (a)** to
　integrate oneself (into)
intelectual intellectual (P)
intención *f.* intention
intentar to try

intento attempt, effort
interacción *f.* interaction
interaccionar to interact
interactivo/a interactive
interactuar (interactúo) to interact
intercambiar to exchange
interés *m.* (*pl.* **intereses**) interest (10)
interesante interesting
interesar to be interesting
interior *n. m.* inside, interior (*part*);
　adj. interior, internal; inland; **paz**
　(*f.*) **interior** inner peace; **política**
　interior domestic policy; **ropa**
　interior underwear (P)
interlocutor(a) speaker
intermediario *n.* intermediary
internacional international; **asuntos**
　internacionales international
　relations
Internet *m.* Internet
interno/a internal
interpretación *f.* interpretation
interpretar to interpret
interrogación *f.* interrogation
interrumpir to interrupt
intervención *f.* intervention
intervenir (*like* **venir**) to intervene
intimidar to intimidate
íntimo/a intimate, private (7)
intolerancia intolerance
intrafamiliar intrafamilial; **violencia**
　intrafamiliar domestic
　violence (6)
intransigente intransigent,
　uncompromising
introducción *f.* introduction
introducir (*like* **producir**) to
　introduce
introspección *f.* introspection
introvertido/a introverted
intruso/a intruder
intuitivo/a intuitive (5)
inundación *f.* flood (11)
inundar to flood
inútil useless
inventar to invent (P); to make up
invernadero: efecto invernadero
　greenhouse effect (11)
inversión *f.* investment (10)
invertir (**ie, i**) to invest (10)
investigación *f.* research
investigar (qu) to research
invierno winter
invitado/a *n.* guest; *adj.* invited
invitar to invite; to treat (*pay for*
　a meal)
invocar (qu) to invoke
involucrar to involve; **involucrarse** to
　get involved (12)
ir (*irreg.*) to go; **ir a** (+ *inf.*) to be
　going to (*do something*); **ir al cine**

to go to the movies; **ir bien/mal** to
go well/poorly (10); **ir de compras**
to go shopping; **ir hasta** to go as far
as (*location*); **irse** to leave; **te vas y**
basta you are going and that's final;
¡**vaya!** oh no! darn!
irrealidad *f.* unreality
irritado/a irritated
isla island
islámico/a *adj.* Islamic
islamismo Islam, Islamism
israelita *n., adj. m., f.* Israelite
izquierda *n.* the (political) left (10)
izquierdista *n. m., f.; adj.* leftist
izquierdo/a *adj.* left(hand side)

j

jactancia boastfulness, arrogance
jalar to pull; *Mex.* to haul (2)
jamás ever, never
jardín *m.* garden, yard
jarro jug, pitcher
jefe/a boss
jerarquía hierarchy
jerarquización *f.* hierarchization
jesuito/a *n., adj.* Jesuit (*religious order*)
jornal *m.* a day's pay
joven (*pl.* **jóvenes**) *n. m., f.* youth, young
　person (3); *adj.* young
joya jewel
jubilado/a *n.* retiree; *adj.* retired (P)
jubilarse to retire
judaismo Judaism
judío/a *n.* Jewish person; *adj.* Jewish
juego game
juez(a) (*pl.* **jueces**) *n.* judge
jugar (**ue**) (**gu**) to play; **jugar a** to
　play (*a sport*)
juguete *m.* toy
juicioso/a judicious
junta *n.* meeting (12)
juntarse to get together (12); to meet
junto con together with
juntos/as *pl.* together (4)
justamente precisely
justicia justice
justo/a *adj.* fair
justo *adv.* just, right; exactly
juventud *f.* youth, young people (5)
juzgar (**gu**) to judge (8)

k

kayak *m.*: **hacer** (*irreg.*) **kayak** to
　kayak
kayaquismo kayaking
kilo kilogram
kilómetro kilometer
kínder *m.* Kindergarten (12)
kindergarten *m.* kindergarten (12)

l

labor *m.* labor, work

laboral *adj.* work, labor; **ámbito laboral** workplace

laborar to labor, work

ladera hillside, mountainside

ladilla louse, insect

ladino/a *n., adj.* (*Mex., C.Am.*) Spanish-speaking indigenous person; of mixed race

lado side; **al lado de** next to; **por un lado…, por otro lado…** on the one hand . . . , on the other hand . . .

ladrillo brick

ladrón, ladrona (*pl.* **ladrones**) thief

lago lake (11)

lágrima tear(drop)

laguna lagoon

lamer to lick

lanzar (c) to throw; **lanzarse a** + *inf.* to set off (*to do something*)

largo/a long; **a larga distancia** *adv.* long-distance; **a largo plazo** in the long run; **a lo largo de** throughout; **la larga edad** the old age (1)

lástima *n.* pity, shame

lastimar to hurt, injure; **lastimarse** to hurt/injure oneself

lata *n.* can (12)

látigo *n.* whip

latino/a *n., adj.* Latin; **América Latina** Latin America

latinoamericano/a Latin American

lavaplatos *m. s.* dishwasher

lavar to wash; **lavar la ropa** to wash clothes, do laundry; **lavarse el pelo** to wash one's hair

lazo *n.* tie, connection between people (3)

lección *f.* lesson

leche *f.* milk

lector(a) reader

lectura *n.* reading (10)

leer (y) to read; **leer con atención** to read carefully

legado legacy

legal legal (4)

legalización *f.* legalization

legalizar (c) to legalize

legislación *f.* legislation

lejano/a distant, remote (8)

lejos *adv.* far; **lejos de** far away from

lengua tongue; language; **lengua materna** native language, mother tongue; **sacar (qu) la lengua** to stick out one's tongue

lenguaje *m.* language; **lenguaje popular** colloquial language

lentejuela sequin

lento/a slow

leprosario *Mex.* leprosarium

lesionado/a wounded

letárgico/a lethargic

letra letter (*alphabet*); *s.* lyrics

levadura yeast

levantar to raise, lift; **levantar edificios** to put up buildings (11); **levantar pesas** to lift weights; **levantarse** to get up

ley *f.* law (3)

leyenda legend (10); note (*label*) (12)

liberación *f.* liberation; **liberación femenina** women's lib(eration)

liberador(a) *adj.* liberating

liberal liberal (P)

libertad *f.* freedom, liberty

libre *adj.* free, unrestricted (3); **al aire libre** *adv.* outdoors, alfresco; **dejar libre** to set free (6); **Tratado de Libre Comercio de América del Norte (TLCAN)** North American Free-Trade Agreement (NAFTA)

librería bookstore

libro book; **libro de texto** textbook

licor *m.* liquor

líder *m., f.* leader

ligero/a light; agile (5)

limitación *f.* limitation (1)

limitante *n. m.* limitation; *adj.* limiting

limitar to limit; **limitarse** to limit/confine oneself

límite *m.* limit

limosna alms, handout (9); **pedir (i, i) limosna** to beg (9)

limpiar to clean

limpieza *n.* cleaning; **hacer (irreg.) limpieza** to clean (house) (P)

limpio/a clean; **más limpio/a que nunca** cleaner than ever (3)

lindo/a pretty; cute; **qué lindo que…** how (it's) nice that . . .

línea line

lineamiento guideline (12)

lingüística *s.* linguistics

lingüístico/a *adj.* linguistic, language

lío mess, problem; **armar(se) un lío** to cause a fuss, get into a mess

liquidez *f.* liquidity

líquido *n.* liquid

lirón *m.* (*pl.* **lirones**) dormouse (*small rodent*)

lista *n.* list

listo/a ready; clever, smart; **estar (irreg.) listo/a** to be ready; **ser (irreg.) listo/a** to be clever/smart

literario/a literary

litúrgico/a liturgical; **calendario litúrgico** church calendar

llamada *n.* (phone)call

llamar to call; **llamarle la atención** to catch someone's attention; **llamarse** to be called, named

llanto *n.* weeping, crying (2); **ataque (m.) de llanto** bursting into tears, emotional outburst

llave *f.* key; faucet, tap; **agua** (*f. but* **el agua**) **de la llave** tap water

llegada arrival

llegar (gu) to arrive; **llegar a** (+ *inf.*) to get/manage to; to go as far as to (*do something*); **llegar a ser** (*irreg.*) to become; **llegar a un acuerdo** to come to an agreement; **llegar (unos minutos) antes** to arrive (a few minutes) early

llenar to fill (up/in) (7)

lleno/a full

llevar to carry; to take; to wear; to have (*physical traits*); **llevar a cabo** to carry out; **llevar barba** to have a beard; **llevar la batuta** to be the boss / wear the pants in the family (6); **llevar preso** to imprison, take prisoner; **llevarse (algo)** to take (*something*) with oneself; to wash away; **llevarse** (+ *tiempo*) to take (*amount of time*); **llevarse bien/mal (con)** to get along well/poorly (with) (3)

llorar to cry (2)

llover (ue) to rain

lluvia *n.* rain; **época de lluvias** rainy season

localizado/a located

loco/a crazy; **volverse (ue) loco/a** to go crazy

lógico/a logical

lograr to succeed; to achieve (1); **lograr a** + *inf.* to manage (*to do something*)

logro achievement, success

lucha *n.* fight, struggle

luchar to fight, struggle

lucir (zc) to look good, shine

lucrarse to do well financially (12)

luego then; later

lugar *m.* place; **en lugar de** instead of; **tener (irreg.) lugar** to take place

lujo *n.* luxury (4)

luna moon (7)

luterano/a *n., adj.* Lutheran (*religion*)

luto mourning period; **guardar luto** to mourn

luz *f.* (*pl.* **luces**) light; **dar (irreg.) a luz** to give birth (*to*)

m

macanudo/a great

machismo chauvinism

machista *n., adj. m., f.*   chauvinist

macho *n.*   male (*biological sex*); *adj.* sexist (5)

machote *m.*   tough guy (6)

madera   wood

madre *f.*   mother

madrugada   dawn, daybreak

madrugar (gu)   to get up early

madurez *f.*   maturity

maduro/a   mature; ripe (*fruit*)

maestría   Master's degree (6)

maestro/a   schoolteacher (P)

mágico/a   magical

magistral   magisterial

majo/a   nice; good-looking

mal *n. m.*   evil

mal, malo/a *adj.*   bad; **estar** (*irreg.*) **de mal humor** to be in a bad mood; **estar** (*irreg.*) **malo/a** to taste bad; **ser** (*irreg.*) **malo/a** to be (a) bad (person); **tener** (*irreg.*) **mal carácter** to have a bad personality (temperament)

mal *adv.*   poorly, badly; **ir** (*irreg.*) **mal** to go poorly (10); **llevarse mal** to get along poorly (3); **pasarlo mal** to have a bad time (4); **portarse mal** to behave badly; **salir** (*irreg.*) **mal** to turn out badly

maldad *f.*   evil

maldito/a   damned

maleable   malleable, easily changed

malentendido *n.*   misunderstanding

maleta   suitcase

maltratar   to mistreat (6)

maltrato   mistreatment, abuse

maltrecho/a   battered, in a bad state

mamá   mom; mommy

manada *n.*   herd, pack (*of animals*)

mandamiento   commandment (7)

mandar   to command; to be in charge (5); to send; **mandar correo** to send mail

mandato *gram.*   command

mando *n.*   control (6); **tomar el mando** to take control (6)

manejar   to handle; to manage, run (12); to drive (*a car*) (7)

manejo   management

manera   way, manner (2)

manglar *m.*   mangrove, swamp

manifestación *f.*   demonstration, protest

manifestarse   to manifest, make (oneself) visible

mano *f.*   hand; **a mano** by hand, manually; **arreglarse las manos** to get a manicure (5); **pedirle (i, i) la mano** to propose marriage; **tener** (*irreg.*) **a mano** to have on hand

manso/a   tame, docile

mantener (*like* **tener**)   to maintain, keep; to support (1)

mantequilla   butter

manual *m.*   manual, handbook

manualidad *f.*   craft; manual activity (P)

manzana   apple

mañana *adv.*   tomorrow

mañana *n.*   morning; **por/de la mañana** in the morning

mapa *m.*   map

maquillado/a   done up with makeup (5)

maquillaje *m., s.*   makeup, cosmetics

maquillarse   to put on makeup (5)

mar *m.*   sea

maravilla *n.*   wonder (2)

maravilloso/a   marvelous

marca *n.*   mark

marcado/a   marked

margarita   daisy

marginación *f.*   marginalization

marginado/a *n., adj.*   marginalized

marido   husband

marino/a   marine; **corriente** (*m.*) **marina** ocean current

marítimo/a   maritime

marroquí *n., adj. m., f.*   Moroccan

martillo *n.*   hammer

mártir *n. m., f.*   martyr

martirio   martyrdom

más *adj.*   more; *adv.* more; *pron.* more; **más allá (de)** beyond, further; **el mas allá** the great beyond (*death*), afterlife; **más + adj. + que nunca** more *adj.* (*adj. + "er" ending*) than ever (3); **más o menos** more or less **¡qué más da!** who cares!

masas *pl.*   masses (*of people*)

mascota *n.*   pet

masculino/a   masculine

mascullar   to mumble, mutter

masivo/a   massive; **medios masivos** the mass media

masticar (qu)   to chew

matar   to kill (9)

materia   school subject (10)

material *m.*   material, substance

materialista *n. m., f.*   materialist; *adj.* materialistic (7)

maternidad *f.*   maternity

materno/a   maternal; **lengua materna** mother tongue, native language

matinal *adj.*   morning

matriarcado   matriarchy

matriculado/a   enrolled

matricularse   to enroll/register (oneself)

matrimonio   marriage, matrimony (4); **matrimonio concertado** arranged marriage; **matrimonio de conveniencia** arranged marriage (4); **matrimonio gay** gay marriage (4); **matrimonio mixto** interracial marriage (4)

máximo   maximum

maya *n., adj. m., f.*   Mayan

mayor   older; oldest; greatest; main, major; **en mayor parte** in large part; **la mayor parte de** most of

mayoría   majority

mecánico/a   mechanic

mecedora   rocking chair

mecerse (z)   to rock

medalla   medal

mediado: a mediados de   mid-, in the middle of

medianoche *f.*   midnight

medicamento   medication

medicina   medicine

médico/a *n.*   doctor; **ir** (*irreg.*) **al médico** to go to the doctor; *adj.* medical; **seguro médico** health/medical insurance (10)

medida   measure; **a medida que** as

medio *adv.*   half, almost

medio *n.*   medium; means; middle; average; **en medio de** in the middle of; **medio ambiente** environment; **medio de transporte** means/mode of transportation; **medios masivos / de comunicación** the (mass) media; **por medio de** through (2), by means of

medio/a *adj.*   half; middle; average; **Edad** (*f.*) **Media** Middle Ages; **medio/a hermano/a** half sister / half brother (3); **medio mundo** *coll.* half the world, everyone; **Oriente** (*m.*) **Medio** Middle East; **sueldo medio** average (median) wage/salary

mediodía *m.*   midday, noon

medirse (i, i)   to measure, be of a certain length

meditación *f.*   meditation

médula   (bone) marrow

mejilla   cheek

mejor *adj.*   better; best; *adv.* better; **a lo mejor** at best, probably (P); maybe (2)

mejorar(se)   to improve (12); to get better

mellizo/a *n.*   twin (3)

memoria   memory; **aprenderse/ saber** (*irreg.*) **de memoria** to memorize

mención *f.*   mention; **hacer** (*irreg.*) **mención de** to mention

mencionar   to mention

menor *n. m., f.*   minor; *adj.* younger; youngest; minor

menos *adj.* less; least; *adv.* less; *prep.* except; *pron.* less; **a menos que** unless; **al menos** at least; **echar de menos** to miss (*someone*) (8); **más o menos** more or less; **por lo menos** at least

menospreciar to scorn, disdain (9)

mensaje *m.* message

mensual monthly

mentalidad *f.* mentality (4)

mente *f.* mind; **venir** (*irreg.*) **a la mente** to come to mind

mentecato/a *n.* fool

mentir (ie, i) to lie, tell lies

mentira *n.* lie (6)

mentiroso/a liar

menudo: a menudo sometimes

mercado market

mercadotecnia *n.* marketing (10)

merced *f.* mercy; **a merced de** at the mercy of

mes *m.* month; **por mes** monthly

mesa table

mesero/a waiter/waitress

mestizo/a *n., adj.* (person) of mixed race (*esp. indigenous and European*)

meta goal

metafísico/a metaphysical

metáfora metaphor

metal *m.* metal; **metales pesados** heavy metals (11)

metalurgia metallurgy

meteorito meteorite (11)

meteorológico/a meteorological, weather-related

meteorólogo/a meteorologist; weather forecaster/reporter

meter to place (1); **meterse** to get involved in; to meddle (1); to get into; **meterse en la fila** to cut in line

método method

mexicano/a *n., adj.* Mexican

mexicoamericano/a *n., adj.* Mexican-American

mezcla *n.* mix, mixture

mezclar to mix (8); **mezclarse** to mix (together)

mezquita mosque

micro(bus) minibus (12)

microorganismo microorganism (12)

miedo fear (7); **tener** (*irreg.*) **miedo** to be scared

miedoso/a *n., adj.* cowardly, fearful (person)

miel *f.* honey

miembro member

mientras *adv.* while; **mientras que** as long as; **mientras tanto** meanwhile, in the meantime

migaja crumb

migración *f.* migration; **oficina de migraciones** immigration office

mil *m.* a thousand

milagro miracle

milicia militia

militar *n., adj.* military

millón *m.* (*pl.* **millones**) a million

millonario millionaire

mimbre *m.* wicker

mimo *n.* mime

mina *n.* mine

minería *n.* mining

minero/a *n.* miner; *adj.* mining

minimizar (c) to minimize

mínimo/a *n., adj.* minimum; **salario mínimo** minimum wage (9)

minoría minority

mío/a *poss. pron.* mine

mirar to look (at); to watch

misa Mass (*religious*) (7)

misericordia compassion, mercy

misión *f.* mission

misionero/a missionary (7)

mismo/a *adj.* same; own; **allí mismo** right there; **dar** (*irreg.*) **lo mismo** not to matter; **de la misma manera** similarly; **por lo mismo** therefore; *pron.* same; oneself; **por sí mismo/a** in itself, on one's own; by himself/herself/itself; **valerse** (*irreg.*) **por sí mismo/a** to fend for oneself; **yo mismo/a** I myself (*emphatic*)

misterio mystery

místico/a *n.* mystic

mitad *f.* half

mítico/a mythical

mito myth

mitología mythology

mixto/a mixed; **matrimonio mixto** interracial marriage (4)

mochila backpack

moderado/a moderate

modificación *f.* modification

modificador *gram.* modifier

modificar (qu) to change, alter (11)

modo mode, way

mojado/a wet

moldear to give shape to

molestar to bother

molesto/a annoyed, bothered (8); annoying; **estar** (*irreg.*) **molesto/a** to be annoyed; **ser** (*irreg.*) **molesto/a** to be annoying

molino *n.* mill; **molino de viento** windmill

momentáneo/a momentary (2)

momento moment; **hasta el momento** until now

moneda coin; currency

monigote *m.* ragdoll

monja nun

mono bow (*ribbon*)

monoparental *adj.* single-parent

monopolio monopoly

monstruo monster

montaña mountain; **escalar montañas** to hike, go mountain climbing

montañismo mountain climbing, mountaineering

montañoso/a mountainous

montar to ride; to put together

monte *m.* mountain

montón (*pl.* **montones**) heap, large amount

moral *n. f. s.* ethics, morals (1)

moraleja moral, lesson (*fable*)

moralidad *f.* morality

morbo *n.* morbid curiosity (4)

mordida *n.* bite; **dar** (*irreg.*) **mordidas** to bribe

morir (ue, u) to die; **morirse** to die (7)

mortalidad *f.* mortality

mosca *n.* fly

mostrar (ue) to show

mote *m.* nickname

motivación *f.* motivation

motivar to motivate

motivo motive

moto(cicleta) *f.* motorcycle; **andar** (*irreg.*) **en motocicleta** to go by / ride a motorcycle

motosierra chainsaw

mover (ue) to move; **moverse** to move oneself (*change position*) (9)

movimiento movement (5)

mozo/a young man/woman

muchacho/a boy/girl

mucho *adv.* very; a lot

mucho/a *adj.* many, several; *pron. pl.* many (people)

mucosa *n.* mucous (11)

mudarse to move (*change residences*) (9)

muebles *m. pl.* furniture

muerte *f.* death; **escuadrón** (*m.*) **de la muerte** death squad

muerto/a *n.* dead person; **hacer** (*irreg.*) **el muerto** to play dead; *adj.* dead

mugre *f.* grime, dirt (11)

mujer *f.* woman

mula mule

multa *n.* fine (12)

múltiples *pl.* multiple

multitud *f.* multitude

mundial *adj.* world, global; **Copa Mundial de Fútbol** Football (Soccer) World Cup; **hambre** (*f., but* **el hambre**) **mundial** world hunger; **potencia mundial** world

power (9); **Serie** (*f.*) **Mundial**
World Series

mundo world; **medio mundo** *coll.*
half the world, everyone; **mundo
hispano** Spanish-speaking world

muralista *m., f.* muralist

muro wall

músculo muscle

música music

músico/a *n.* musician; *adj.* musical

musulmán, musulmana (*pl.*
musulmanes) *n., adj.* Muslim

muy *adv.* very

Ñ

nacer (**zc**) to be born (2)

nacimiento birth

nación *f.* nation

nacionalidad *f.* nationality

nada nothing; **para nada** (not) at all

nadador(a) swimmer

nadar to swim

nadie *inv.* no one, anyone

naranjal *m.* orange grove

narcotráfico drug trafficking

narración *f.* narration

narrador(a) narrator

narrativa *n.* narrative (*story*)

narrativo/a *adj.* narrative

natal *adj.* native, home, birth (*place*)

natalidad *f.* birthrate

naturaleza nature

navegar (**gu**) (**en barco**) to navigate,
sail

Navidad *f.* Christmas

necedad *f.* foolishness

necesario/a necessary

necesidad *f.* necessity (7);
necesidades básicas basic/
essential needs

necesitar to need

necio/a *n., adj.* foolish (person)

negar (**ie**) (**gu**) to deny; **negar a** +
inf. to refuse (*to do something*)

negativo/a negative

negociar to negotiate

negocio business (8)

negro/a black; dark

nervioso/a nervous

neumático tire (*of a vehicle*)

neutralizar (**c**) to neutralize

neutro/a neutral

nevado/a snow-capped

nevera refrigerator

ni neither, not even; **ni… ni…** neither
… nor …; **ni siquiera** not even

nido nest

nieto/a grandson/granddaughter;
pl. grandchildren

nieve *f.* snow

ningún, ninguna (*pl.* **ningunos**)
adj. none of, not any; *pron.* none,
not one

niñera nanny, babysitter

niñez *f.* childhood

niño/a boy, girl; *pl.*
children; **de niño/a** as a boy/girl;
desde niño/a since he/she was
young / a kid

nitrógeno nitrogen

nivel *m.* level (5); **nivel de sangre**
blood level (5)

no no; not; **no (me) importa** it
doesn't matter (to me) (9); **no
servir** (**i, i**) to be useless / not
working (3)

Nóbel: Premio Nóbel Nobel Prize

noche *f.* night; **esta noche** tonight;
por la noche in the night

nombrar to name

nombre *m.* name

noreste *m.* northeast

norma norm

noroccidente *m.* northwest

norte *m.* north; **al norte de** north of;
América del Norte North
America; **Tratado de Libre
Comercio de América del Norte
(TLCAN)** North American
Free-Trade Agreement (NAFTA)

norteamericano/a *n., adj.*
North American

nota note; grade; **buenas/malas
notas** good/bad grades

notar to notice

noticia *s.* piece of news; *pl.* news
(*media*); **tener** (*irreg.*) **noticia de
alguien** to hear from someone

novio/a boyfriend/girlfriend; groom/
bride

núcleo center, nucleus (3); **núcleo
familiar** immediate family

nuevo/a new

nuevomexicano/a New Mexican

número number

numeroso/a numerous

nunca never, ever; **más** + *adj.* + **que
nunca** more *adj.* (*adj.* + "er" *ending*)
than ever (3)

nuncio apostólico papal representative

O

o or (*but* **u** *before* **o-** *or* **ho-**); **o sea** (or)
rather (P)

obedecer (**zc**) to obey

obeso/a obese (5)

obispo bishop

objetivo/a objective (5)

objeto object; **objeto amoroso** love
object

obligación *f.* obligation (12)

obligado/a obligated (10)

obligar (**gu**) to obligate

obra *n.* work (*artistic*); act, (good)
deed; **obra de teatro** play

observador(a) *n.* observer; *adj.*
observant (5)

observar to observe, look at

obstáculo obstacle

obstante: no obstante *conj.*
nonetheless; *prep.* despite

obtener (*like* **tener**) to get, obtain (4)

obvio/a obvious

ocasión *f.* occasion, time

ocultar to hide

ocupación *f.* occupation

ocupado/a busy

ocupar to occupy (7); to use;
ocuparse de to be in charge of;
ocuparse en to take an interest in (5)

ocurrir to occur; to take place

odiar to hate (8)

odio *n.* hate, hatred

oeste *m.* west

ofender to offend (*someone*);
ofenderse to be/get offended

oficio occupation, trade

ofrecer (**zc**) to offer (7); **ofrecerse** to
present itself (*situation or fact*)

ofrenda *n.* offering (*religious*)

oído (inner) ear

oído/a (*p.p. of* **oír**) heard

oír (*p.p.* **oído**) to hear; **¡oye!** (*inform.*)
hey!

ojalá *interj.* hopefully; I wish/hope
that

ojo eye; **¡ojo!** careful! **ojos aguados**
tear-filled (watery) eyes

ola *n.* wave

oler (*irreg.*) to smell (11); to smell
like; **huele a** it smells like; **huele
bien/mal** it smells good / stinks

olimpiadas *n. pl.* Olympics

olímpico/a Olympic

olivar *m.* olive grove

olla pot (*cooking*)

olor *m.* odor, smell (11)

olvidar to forget

omitir to omit, leave out

onda *n.* wave

opción *f.* option

opinante *n., adj. m., f.* opinionated
(person)

opinar to have an opinion (*about
something*)

opinión: cambiar de opinión
to change one's mind

oponerse (*like* **poner**) **a** to oppose
(something)

oportunidad *f.* opportunity

oposición *f.* opposition

oprimir to oppress

optimista *n., adj. m., f.* optimist(ic) (P)

opuesto/a *adj.* opposite; **lo opuesto** the opposite

oración *f.* sentence; prayer

orar to pray (7)

órbita *n.* orbit

orden (*pl.* **órdenes**) *m.* order (*sequence*); *f.* command, order (*restaurant*); **estar** (*irreg.*) **a la orden de** to be of service to (1); **por órdenes de** on the orders of

ordenanza ordinance

ordenar to order, command; to put into order, organize

oreja ear

organismo organism, body (11)

organización *f.* organization

organizar (c) to organize

organizativo/a *adj.* organizing

orgulloso/a proud

orientación *f.* orientation

Oriente (*m.*) **Medio** Middle East

origen *m.* (*pl.* **orígenes**) origin; beginning

original *n. m.; adj.* original

originario/a de native of, originating from

orilla shore, bank (*river*)

orishá (*also* **orixá**) *deity or spirit in Yoruba-influenced religions*

oro gold

oscuro/a dark

otorgar (gu) to award, grant

otro/a *adj.* other, another; **por otro lado/parte** on the other hand; *pron.* another

oxígeno oxygen

ozono ozone (11); **capa de ozono** ozone layer (11)

P

paciencia patience

paciente *m., f.* patient

padecer (zc) (de) to suffer (from)

padrastro stepfather (3); *pl.* stepparents (3)

padre *m.* father; priest; *pl.* parents; **familia de padre soltero** single-parent household

padrino godfather (3); *pl.* godparents (3)

pagar (gu) to pay; to pay for

página page

país *m.* country, nation; **país emisor** source country

paisaje *m.* landscape, countryside

paja straw

pájaro bird

palabra word

palma palm

paloma dove; pigeon

palomitas *pl.* popcorn

pan *m.* bread; **pan de Dios** good person

panadería bakery, bread store

pandilla gang (10)

panga *C.Am., Caribbean* skiff

pantalón *m.* (*often pl.*, **pantalones**) (pair of) pants

papá *m.* dad

Papa *m.* Pope

papa potato

papel *m.* paper; role (5); **asumir un papel** to take up a role; **bolsa de papel** paper bag

par *m.* pair; **cada par** every other/odd

para for; in order to; **no servir (i, i) para nada** to be useless; **para abajo** on down the line; **para mí** in my opinion; **para nada** not at all; **para que** in order to; so that; **trabajar para** to work for (*a business*)

parado/a stopped; standing; **quedar mal parado/a** to look bad

paradoja paradox

parador *m.* state-run hotel (*Spain*); roadside bar/hotel

paraguayo/a *n., adj.* Paraguayan

paraíso paradise

paramilitar *n., m., adj.* paramilitary

parar to stop

parecer (zc) to look/seem like; **parecerse** to look alike; **¿qué te parece…?** what do you think (of)…?

parecido/a similar (looking); **algo parecido a** something like

pared *f.* wall (6)

pareja couple (3); partner, mate (2); **cortar con una pareja** to break up with a boy-/girlfriend

paréntesis *m. inv.* parentheses; **entre paréntesis** in parentheses

pariente *n. m., f.* relative

parque *m.* park

párrafo paragraph

parroquia parish

parte *f.* part; **de parte de** on behalf of; **en mayor parte** in large part; **formar parte de** to be a part of; **la mayor parte de** most of; **por otra parte** on the other hand; **por parte de** attributed to / concerning

participar to participate

participio *gram.* participle

particular particular; private; **particular de** specific to

partido party (*political*) (10); game, match (*sports*)

partir to divide, split; to depart, leave; **a partir de** beginning (with/in)

parto *n.* (act of giving) birth

pasado *n.* past

pasado/a *adj.* last; **el año pasado** last year

pasajero/a *n.* passenger; *adj.* fleeting, passing

pasar to occur, happen; to pass (*movement*); to pass (*test*); to enter; to spend (*time*); **¡pasa!** (*inform.*) come in!; **pasar de** to ignore (*someone*); **pasar por** to go/stop by; to go through (*change, problem*); **pasar por entremedio** to pass between; **pasarlo bien/mal** to have a good/bad time; **pasarse** to go overboard / cross the line; **¿qué pasa?** (*coll.*) what's going on? **¿qué te pasa?** what's wrong (with you)?

pasillo hallway

pasmado/a amazed, stunned

paso *n.* step; passing; **con el paso de los años** over the years, as the years pass (2)

pasota *n. m., f. Spain* drop-out; *adj.* boring, dull

pasta *n.* paste; way of being (of a particular culture)

pastel *m.* cake; pastry

pastilla pill (8)

pasto grass, lawn

pastor(a) pastor (*religious*)

pata paw; leg (*bed, chair*); **pata de la cama** bedpost

patada *n.* kick; **dar** (*irreg.*) **una patada** to kick

patente clear, evident

paternal parental; paternal, fatherly

paterno/a paternal

patología pathology

patria nation; homeland; **fiesta patria** independence day

patrimonio patrimony

patrocinar to sponsor

patrón, patrona *m.* (*pl.* **patrones**) boss, employer; **santo/a patrón/patrona** patron saint

patronal: fiesta patronal festival of (a town's) patron saint

pausa *n.* pause

pausado/a slow

paz *f.* peace (1); **dejar en paz** to leave alone, let be; **paz interior** inner peace; **(que) en paz descanse** (may he/she) rest in peace (5)

pecado *n.* sin

pecho chest (*body*)

pedalear to pedal

pedante arrogant

pedir (i, i) to ask for; to order; **pedir limosna** to beg (9); **pedir por** to ask after; **pedirle algo (a alguien)** to ask for something from someone (7), **pedirle la mano** to propose marriage; **pedirle perdón** to apologize; **pedirle que** + *inf.* to ask someone (*to do something*)

pegado/a attached to (7); stuck

pelear to fight

película film, movie

peligro danger (11); **especie** (*f.*) **en peligro de extinción** endangered species; **estar** (*irreg.*) **en peligro de extinción** to be in danger of extinction

peligroso/a dangerous

pelo hair; **arreglarse el pelo** to fix/do one's hair (5); **cepillarse/lavarse el pelo** to brush/wash one's hair

pelota ball

péndulo pendulum

penetrar to penetrate; **penetrarse con** to become imbued with (11)

pensamiento thought (2)

pensar (ie) to think; **pensar** + *inf.* to think about (*doing something*); **pensar de** to think about/of (*opinion*); **pensar en** to think about, ponder; **forma/modo de pensar** way of thinking

penumbra *n.* half-light; **en penumbras** shadowy, low-lit

peor *adj.* worse; worst; *adv.* worse

pequeño/a little, small; **desde pequeño/a** since he/she was young

percepción *f.* perception

percherón/percherona percheron(ne), *type of horse originally from Perche valley in France*

percibir to perceive; to notice (11); **percibirse** to perceive oneself (as); to be detected/noticed

perder (ie) to lose; to waste (*time*); **echar(se) a perder** to go bad, to spoil (8); to go down the drain, to be ruined; **perder la cabeza** to lose one's head, act irrationally; **perderse** to get lost

pérdida loss

perdido/a lost

perdón *m.* forgiveness, pardon; *interj.* pardon (me), sorry; **pedirle (i, i) perdón** to apologize, ask for forgiveness

perdonar to forgive, pardon (7)

perdurar to last

peregrinación *f.* pilgrimage

peregrino/a *adj.* strange

pereza laziness

perezoso/a lazy (P)

perfil *m.* profile

perfume *m.* perfume; aroma

periódico newspaper

periodista *m., f.* journalist, reporter

periodístico/a *adj.* newspaper; journalistic

período period (*time*)

perjudicar (qu) to damage

permanecer (zc) to remain

permisivo/a permissive

permiso permission

permitir to allow, permit (8)

pero but

perpetrar to perpetrate

perro dog; **perro faldero** lapdog (*said of a loyal follower*)

persa *n., adj. m., f.* Persian

persona person; *pl.* people; **personas de la calle** homeless people

personaje *m.* character; **personaje principal** main character

personal personal; **arreglo personal** personal appearance (5); **beneficio personal** personal gain

personalidad *f.* personality (2)

personificación *f.* personification

perspectiva perspective

pertenecer (zc) to belong

peruano/a *n., adj.* Peruvian

pesa weight; **levantar pesas** to lift weights

pesado/a heavy (11); **metales** (*m.*) **pesados** heavy metals (11)

pesar to weigh; **a pesar de** in spite of; **pese a** in spite of

pescado *n.* fish (*food*) (11)

pesimista *n. m., f.* pessimist; *adj.* pessimistic (P)

pésimo/a awful

peso weight; importance, influence; **bajar de peso** to lose weight

peste *f.* plague

pesticida *m.* pesticide

pétalo petal

petróleo oil, petroleum (9)

petulante petulant (12)

pez *m.* (*pl.* **peces**) fish (*live*) (11)

pico peak

pie *m.* foot; *pl.* **pies** feet; **arrastrar los pies** to drag one's feet

piedad *f.* mercy, piety

piedra stone

pierna leg; **afeitarse las piernas** to shave one's legs

pieza piece

pintar to paint; **pintarse las uñas** to paint one's nails

pintor(a) painter

pintura *n.* painting

piojo louse

pisar to step on, tread over (12)

piso floor, ground; floor, level (*of a building*); flat (*apartment*)

pisotón *n. m.* (*pl.* **pisotones**) stamp (*with foot*), stomp

pista clue, hint

pizarra blackboard, chalkboard

placa license plate

placer *n. m.* pleasure (2)

placer *v.* (**zc**) to please

plaga pest

plan *m.* plan (12)

planchar to iron

planeta *m.* planet (11); **planeta Tierra** planet Earth (11)

planificación *f.* planning

plano/a flat

planta plant (*botanical*); plant (*factory*); **planta de tratamiento** treatment plant (12)

plantear to pose, bring up (*an idea*)

plástico *n.* plastic; **bolsa de plástico** plastic bag; **envoltura de plástico** plastic wrapping

plátano banana

plática *n. Mex.* talk, chat

platicar (qu) *Mex.* to talk, chat (6)

plato dish; plate

playa beach

plaza (main) square (*town, city*)

plazo period, term; **a corto/largo plazo** in the short/long run

pleno/a full

plomo *n.* lead (11)

pluscuamperfecto *gram.* pluperfect, past perfect

población *f.* population

poblado *n.* village (9)

poblado/a *adj.* populated

pobre poor (*money*); poor (*pity*)

pobreza poverty

poco *adv., pron.* (a) little (bit); **poco a poco** little by little

poco/a *adj.* little, few

poder *n. m.* power

poder *v.* (*irreg.*) to be able to, manage to (*do something*)

poema *m.* poem

poesía poetry

poeta *m., f.* poet

polar: casquete (*m.*) **polar** polar icecap (11)

polarización *f.* polarization

polarizar (c) to polarize (10)

policía *f.* police (force); *m., f.* policeman/woman, police officer

política *n. s.* politics; policy; **política exterior/interior** foreign/domestic policy

político *n.* politician

político/a *adj.* political; **campo político** political sphere; **partido político** political party (10); **puesto político** political office

polo acuático water polo

poner (*irreg.*) (*p.p.* **puesto**) to put, place; **poner en duda** to cast doubt upon; **poner en práctica** to put into practice; **poner su granito de arena** to do one's part (8); **ponerle énfasis** to stress, emphasize; **ponerse** to put on (*clothing*); **ponerse + *adj.*** to become/get (+ *adj.*); **ponerse a + *inf.*** to begin to (*do something*); **ponerse cómodo/a** to make oneself comfortable (at home)

popular popular, traditional; **colonia popular** working-class neighborhood; **cultura popular** folk/traditional culture; **de carácter** (*m.*) **popular** of a traditional nature; **lenguaje** (*m.*) **popular** colloquial language

poquito *pron.* a tiny bit

por for; because of; in exchange for; per; through; throughout; (**cien**) **por ciento** (one hundred percent; **darse** (*irreg.*) **por vencido/a** to give up/in; **hablar por teléfono** to talk on the / by phone; **formado/a por** to be made up of; **por + *tiempo*** for (+ *time*); **por aquí/allí** around here/there; **por ejemplo** for example; **por el contrario** on the contrary; **por escrito** (in) written (form), on paper; **por eso** therefore, for that reason, that's why; **por favor** please; **por fin** finally, at last; **por la mañana/tarde/noche** in the morning/afternoon / at night; **por lo menos** at least; **por lo tanto** therefore; **por medio de** through (2); **por otra parte / otro lado** on the other hand **por primera/segunda/ última vez** for the first/second/last time; **¿por qué (...)?** why (...)?; **por sí mismo/a** in itself, on one's own; by himself/herself/itself; **por supuesto** of course (3); **por último** lastly

porcentaje *m.* percentage

pormenor *m.* detail

porque because

porqué *m.* reason

porquería garbage, filth, dirt (10)

portarse to behave; **portarse bien/mal** to behave well/badly

porte *m.* size

portugués, portuguesa (*pl.* **portugueses**) *n., adj.* Portuguese

poseer (**y**) to possess

posesión *f.* possession

posibilidad *f.* possibility

posible possible; **lo antes posible** *adv.* as soon as possible

posición *f.* position

postura stake, posture, attitude

potable: agua (*f. but* **el agua**) **potable** drinking water (11)

potencia potency, power; **potencia mundial** world power (9)

potrero field, pasture

potro/a colt/filly

pozo *n.* well

práctica *n.* practice; **poner** (*irreg.*) **en práctica** to put into practice

práctico/a *adj.* practical

practicar (**qu**) to practice

precaución *f.* precaution

precepto rule, precept

precio price

precioso/a precious

precisión *f.* precision

preciso precise, very; **es preciso que** it is necessary that

precolombino/a pre-Columbian (11)

predicar (**qu**) to preach (7)

predicción *f.* prediction

predominar to be predominant

preferir (**ie, i**) to prefer

pregunta question (4); **hacer** (*irreg.*) **preguntas** to ask questions

preguntar to ask questions

preliminar preliminary

premio award, prize; **Premio Nóbel** Nobel Prize

prender to turn on; to light

prensa press (*news*)

preocupación *f.* concern, worry (5)

preocupado/a (por) worried (about) (1)

preocupante worrisome

preocupar to worry (*someone*); **preocuparse por** to worry (be worried) about

preparación *f.* preparation

preparado/a ready

preparar to prepare; to cook

preparatoria (college prep) high school (1)

preposición *f. gram.* preposition

presa *n.* dam (11)

prescribir (*p.p.* **prescrito**) to prescribe

presencia presence (7)

presenciar to witness

presentar to present; to introduce; **presentarse** to introduce oneself

presentación *f.* presentation

presente *m.* present; **presente perfecto** *gram.* present perfect

preservar to preserve

preservativo condom

presidente/a president

presión *f.* pressure

presionar to pressure

preso prisoner; **llevar preso** to imprison, take prisoner

prestar to lend; **prestar atención** to pay attention

prestigio prestige

presupuesto budget (12)

pretender to intend, try

pretérito *gram.* preterite (*past*)

prevenir (*like* **venir**) to prevent; to warn

previo/a previous

primario: escuela primaria elementary (primary) school

primavera spring(time)

primero/a *adj.* first; **a primera vista** at first glance/sight; **primera comunión** first communion (7)

primero *adv.* first

primo cousin (3)

princesa princess

principal principal, main; **personaje** (*m.*) **principal** main character; **tema** (*m.*) **principal** main idea/topic

príncipe prince

principio *n.* beginning; principle (1); **al principio** in the beginning; **a principios de** early in, at/in the beginning of

prisa haste; **de prisa** rushed, in a hurry; **tener** (*irreg.*) **prisa** to be in a hurry

privado/a private; **iniciativa privada** private enterprise (12)

privilegio privilege

probabilidad *f.* probability; **con toda probabilidad** quite probably

probar (**ue**) to try; to taste

problema *m.* problem

problemática *n.* problem(s)

problemático/a *adj.* problematic

procesamiento *n.* processing

procesión *f.* procession

procreación *f.* procreation (4)

procrear to procreate (4)

producción *f.* production

producir (*irreg.*) to produce

productor(a) producer

profesional professional (6)

profesionista *m., f. Mex.* professional (6)

profesor(a) professor, teacher

profeta *m., f.* prophet

profundidad *f.* depth

profundizar (**c**) **en** to go deeper, delve into (*topic, issue*) (10)

profundo/a deep; profound

programa *m.* program

programación *f.* programming

progresar to advance, make progress (10)

progresista *n., adj. m., f.* progressive (*politics*)

prohibición *f.* prohibition

prohibido/a forbidden, prohibited

prohibir (prohíbo) to forbid, prohibit

prójimo fellow man (1)

prolífico/a prolific

promedio *n.* average; grade point average (6)

prometer to promise

promocionar to promote, advocate

promover (ue) to promote, publicize

pronombre *m. gram.* pronoun

pronosticar (qu) to forecast; to predict (7)

pronóstico *n.* forecast

pronto soon; **tan pronto como** as soon as; **lo más pronto posible** as soon as possible

propiedad *f.* property

propio/a (one's) own (1)

proponer (*like* **poner**) (*p.p.* **propuesto**) to propose

proporcionar to provide, supply

propósito purpose

propuesta *n.* proposal

propuesto/a (*p.p. of* **proponer**)

prosperar to prosper

prostituirse (y) to prostitute oneself

prostituta prostitute

protagónico/a *adj.* active, central (*role, purpose*)

protagonista *m., f.* protagonist

protección *f.* protection

protector(a) *n.* protector; *adj.* protective

proteger (j) to protect (3)

proteína protein

protestante *n., adj. m., f.* Protestant

protestantismo Protestantism

protestar to protest

provecho: (Buen) Provecho Enjoy / Bon appetite

proveer (y) (*p.p.* **proveído** *or* **provisto**) to provide

proveniente de (coming) from

provenir (*like* **venir**) to come (*from something, someone*)

proverbio proverb

provincia province, region; **de provincia** provincial

provisto/a *adj.* (*p.p. of* **proveer**) provided

provocar (qu) to provoke (10)

proximidad *f.* closeness, proximity

próximo/a *adj.* next, upcoming

proyecto *n.* project (12)

prudente prudent (1)

prueba quiz, test

psicología psychology

psicológico/a psychological

publicación *f.* publication

publicar (qu) to publish

público *n.* audience; **en público** in public

público/a *adj.* public; **transporte** (*m.*) **público** public transportation

pudrir to rot (8)

pueblo town; people (*ethnic group*); people, populace

puerta door

puerto port

puertorriqueño/a *n., adj.* Puerto Rican

pues *interj.* well, so

puesto *n.* place; position (*job*); stall, stand (*market*); **puesto político** political office

puesto/a *adj.* (*p.p. of* **poner**) in place; put on (*clothing*)

pulmón *m.* (*pl.* **pulmones**) lung

punta tip, end

punto point; concept; **a punto de** (+ *inf.*) about to (*do something*); **hasta qué punto** to what extent; **punto de vista** point of view (9)

puño fist

purgatorio purgatory

purificación *f.* purification

purificar (qu) to purify

purismo purism (*strict adherence to rules*)

puro/a pure (7)

puta whore, bitch (*derogatory*)

q

que *rel. pron.* that; which; who; than; **el/la/los/las que** that / he / she / the one that / who; **lo que** what; **hay que** it's necessary (1); **(que) en paz descanse** (may he/she) rest in peace (5); **tener** (*irreg.*) **que** + *inf.* to have to (*do something*)

qué *adj., pron.* what; *adv.* how; **¿a qué hora... ?** at what time . . . ?; **¿con qué frecuencia... ?** how often . . . ?; **el qué dirán** what others may say (4); **hasta qué punto** to what extent; **¿por qué?** why?; **¡qué bueno!** that's great!; **¿qué hora es?** what time is it?; **qué lindo que...** how (it's) nice that . . . ; **¡qué más da!** who cares!; **¿qué pasa?** (*coll.*) what's going on?; **¿qué te parece... ?** what do you think (of) . . .?; **¿qué te pasa?** what's wrong (with you)?

quedar to remain; to end up; to be located; **quedar** + *adj.* to remain + *adj.* (4); **quedar mal parado/a** to look bad; **quedarle** to fit; to suit; **quedarle grande** to be/fit too big (for someone); **quedarse** to stay; to become; **quedarse atrás** to lag/ wait behind; **quedarse en casa** to stay home

quehacer *m.* chore, task (P); **quehaceres de casa** household chores (5)

queja complaint

quejarse to complain

quemar to burn (11); **quemarse** to burn oneself, get burnt

querer (*irreg.*) to want; to love, care for; **(no) querer decir** to (not) mean (*something*)

querido/a dear (1); **ser** (*m.*) **querido** loved one, someone dear (1)

queso cheese

quien *rel. pron.* who, whom, whoever; **¿quién?** who? whom?

química chemistry

quince fifteen; **los quince años** *special celebration of a young woman's fifteenth birthday*

quinceañera *young woman celebrating her fifteenth birthday*

quinto fifth

quitar to remove; **quitarle algo a alguien** to take something away from someone; **quitarse** to take off (*clothes*); **quitársele** to get rid of something (2)

quizás (*also* **quizá**) maybe, perhaps

r

racional rational

racionalista *n., adj. m., f.*; rationalist

radiación *f.* radiation

radical radical (8)

radicar (qu) (en) to reside; to lie in, stem from (11)

radio *f.* radio

rama branch

ramo bunch, bouquet

rapado/a shaved, clean-shaven

rapidez *f.* speed, swiftness

rápido *adv.* fast, quickly

rápido/a fast

raro/a rare; strange; **raras veces** infrequently, rarely

rasgo trait, characteristic

rato time (*small amount*), while; **a cada rato** all the time; **en un rato** in a bit/while

raza race (*ethnic group*)

razón *f.* reason (3); **tener** (*irreg.*) **uso de razón** to be able to think (3); **tener (toda la) razón** to be (completely) (in the) right (3)

razonable reasonable

razonamiento *n.* reasoning

razonar to reason

realista *n. m., f.* realist; *adj.* realistic

realizar (c) to achieve; to fulfill (2)

rebaño herd

rebelarse to rebel

rebelde *n. m., f.* rebel

recargarse (gu) contra to lean against

rechazar (c) to reject (6)

rechazo rejection

recibir to receive

recibo receipt

reciclaje *m.* recycling

reciclar to recycle (11)

reciente recent

recipiente *m., f.* recipient

recíproco/a *gram.* reciprocal

recitar to recite

reclamante *adj.* protesting; demanding

reclamar to claim; to demand

reclamo complaint

recluir (y) to imprison

recoger (j) to pick up (5)

recogida collection (*garbage*)

recolección *f.* recollection

recomendar (ie) to recommend

recompensar to reward

reconciliar to reconcile

reconocer (zc) to recognize

Reconquista (lit.: *Reconquest*) *period of the Middle Ages when several Christian kingdoms reclaimed Muslim-ruled territories of the Iberian Peninsula*

reconstrucción *f.* reconstruction

recontar (ue) to recount

recopilar to compile

recordar (ue) to remember (2); to remind (6)

recortado/a excerpted

recorrer to travel through

recrear to recreate, reinforce

recto/a straight; honest, upright

recuperarse to recuperate

recurrir to resort to, turn to

recurso resource

red *f.* net, network; web (*Internet*)

redactor(a) editor

rededor: *m.* surrounding area

redondo/a round

reducción *f.* reduction

reducido/a a confined to (11)

reducir (*like* **producir**) to reduce

redundancia redundancy

reeducar (qu) to reeducate (12)

reevaluación *f.* reevaluation

refajo petticoat (*or similar undergarment*)

referirse (ie, i) a to refer to (4)

refinería refinery

reflejar to reflect

reflejo reflection

reflexión *f.* reflection

reflexionar to reflect upon

reflexivo/a reflexive, thoughtful (5); *gram.* reflexive

reforma reform

reforzar (ue) (c) to reinforce

refrán *m.* (*pl.* **refranes**) proverb, saying

refuerzo reinforcement

refugiado/a *n.* refugee (9)

refugiarse to seek refuge

regalar to give as a gift (5)

regalo gift

regañar to scold

regañiza *n. Mex.* scolding

regar (ie) (gu) to water

regido/a ruled; **estar** (*irreg.*) **regido/a por** to be governed/ ruled by (4)

régimen *m.* regime

región *f.* region

regir (i, i) (j) to rule; **regirse** to be controlled/ruled by (5)

registrarse to register

regla rule (2)

reglamento regulation

regocijo joy, rejoicing

regresar to return (*to a location*)

regreso *n.* return; **de regreso en** upon returning to

regular to regulate

reina queen

reino kingdom (8)

reír(se) (i, i) to cry

reivindicativo/a reclaiming

relación *f.* relation; relationship; **cortar una relación** to break up with someone; **relación amorosa** romantic relationship

relacionar to relate

relajante relaxing

relajarse to relax (11)

relato story

religión *f.* religion

religioso/a *n., adj.* religious (person)

relleno *n.* filling (7)

reloj *m.* clock; (wrist)watch

remar to row (*boat*)

remediar to remedy (12)

remedio *n.* remedy

remolcar (qu) to tow

remordimiento remorse, regret

remoto/a remote (9)

remunerado/a compensated (10)

remunerar to compensate (10)

rencor *m.* resentment; **guardarle rencor** to hold a grudge (against someone) (8)

rendir (i, i) to give; to pay; **rendir cuentas** to be accountable to;

rendir culto to worship; **rendir homenaje** to pay tribute; **rendirse** to surrender, give up; to yield (*product*)

renegar (ie) (gu) to renounce

renovación *f.* renovation

renunciar to renounce; to quit (*job*) (7)

reñir (i, i) con to be at odds with

reparador(a) alleviating; refreshing

repasar to review

repaso *n.* review

repente: de repente suddenly (P)

repercusión *f.* repercussion

repetición *f.* repetition

repetir (i, i) to repeat

replicar (qu) to reply

reportaje *m.* news coverage

reportar to report

reporte *n.* report

reportero/a (news) reporter

representación *f.* representation; performance, portrayal

representar to represent; to perform, portray

represión *f.* repression

reproducción *f.* reproduction

reproducir (*like* **producir**) to reproduce

reproductor *m.* player (*media*)

república republic

republicano/a republican

repugnar to disgust, revolt

requerir (ie, i) to require (11)

requisito requirement (10)

resaltar to stand out

rescatable recoverable (9); salvageable

rescatar to rescue

reseña review (*art, performance*)

reservado/a reserved (P)

resfriado cold (*illness*)

residencia residence; **cambiar de residencia** to move (one's place of residence) **residencia estudiantil** student housing, dormitory

residir (en) to reside (en) (10)

residual: aguas residuales wastewater

resignarse to resign oneself

resistencia resistance

resistir(se) to resist

resolver (ue) (*p.p.* **resuelto**) to resolve (9)

resorte *m. s.* means

respecto: con respecto a with respect to

respetar to respect (1)

respeto *n.* respect (1)

respetuoso/a respectful (1)

respirar to breathe (11)

respiratorio/a respiratory; **vías respiratorias** airways, breathing passages (11)

respiro *n.* break, breather

responder to respond

responsabilidad *f.* responsibility

responso *prayer for the dead*

respuesta response

restablecimiento reestablishment

restauración *f.* restoration

resto *n.* rest; *pl.* remains

restricción *f.* restriction

restringir (j) to restrict

resucitar to resuscitate, revive

resuelto/a (*p.p. of* **resolver**) resolved

resultado *n.* result; **como resultado** as a result

resumen *m.* (*pl.* **resúmenes**) summary

resumir to summarize, recap

retemblar (ie) to resound

retirar to retire; to withdraw, take out of

reto *n.* challenge

reubicar (qu) to place again, relocate (9)

reunión *f.* meeting (12)

reúso *n.* reuse

reutilización *f.* reutilization

reutilizar (c) to reutilize

revelar to reveal (7)

reverencia reverence

revisar to revise; to review

revista magazine

revolcarse (ue) (qu) to roll around

revolución *f.* revolution

rey *m.* king; **los Reyes Católicos** *Catholic monarchy of Spain in the 15th century, Fernando II of Aragon and Isabel I of Castille*

rezar (c) to pray (7)

rico/a rich (*wealth*); tasty; **estar** (*irreg.*) **rico/a** to taste/feel good

riego *n.* irrigation, watering

riesgo *n.* risk

rígido/a rigid (8); stiff; strict

río river; **camarón** (*m.*) **de río** freshwater shrimp

riqueza wealth; richness

ritmo rhythm (12)

ritual *m.* ritual (6)

rivalidad *f.* rivalry

robar to rob, steal (2)

robo robbery

robusto/a robust

rodear to surround (8); **rodearse de** to surround oneself (with something)

rodilla knee

rogar (ue) (gu) to beg, plead

rojo/a red

rol *m.* role (5)

romántico/a romantic

romper (*p.p.* **roto**) to break, break up (3); **romper con** to break up with (*someone*) (3); **romperse** to break (*bone*)

rondar to court (*a woman*) (6)

ropa clothes, clothing; **ropa interior** underwear (P); **lavar la ropa** to wash clothes, do laundry

rosa rose

rosado/a pink, rose-colored

rosario rosary

roto/a *adj.* (*p.p. of* **romper**) broken

rudo/a rough, rude

rueda wheel

ruido noise (12)

ruidoso/a noisy

rumbo direction

rústico/a rustic

S

sábana sheet (*bed*)

saber *n. m.* knowledge

saber *v.* (*irreg.*) to know (1); **saber** (+ *inf.*) to know how (*to do something*); **saber de memoria** to memorize

sabiduría wisdom

sabiendas: a sabiendas de knowing full well

sabio/a wise

sacar (qu) to remove (6); to take; to take out; **sacar adelante (al país)** to get something (a country) out of a crisis (10); **sacar buenas/malas notas** to get good/bad grades; **sacar conclusiones** to come to conclusions; **sacar la lengua** to stick out one's tongue; **sacar una foto** to take a photograph; **sacarle algo (dinero/información)** to get something out of someone

sacerdote *m.* priest (P)

saco sack

sacrificar (qu) to sacrifice

sacrificio *n.* sacrifice

sacudir to shake

sagrado/a sacred

sal *f.* salt

sala room; classroom; living room

salario salary (9); **salario mínimo** minimum wage (9)

salida *n.* exit

salir (*irreg.*) to leave; to go out; to come out (*sun*); **salir adelante** to get ahead, be successful; **salir bien/mal** to turn out well/badly

salón *m.* room; **salón de clase** classroom

salsa *musical genre combining traditional Caribbean music and North American jazz*

saltar to jump, leap (7)

salud *f.* health (2)

salvación *f.* salvation (7)

salvar to save (8)

sanción *f.* penalty

sancionar to fine; to penalize

sangre *f.* blood; **nivel** (*m.*) **de sangre** blood level (5)

sangriento/a bloody

sanitario/a *adj.* health (*related*), sanitary; **asistencia sanitaria** health care (10)

sano/a healthy

santería *syncretic religious practice in Caribbean combining African deities and Catholic saints*

santero/a *priest or priestess in* **santería**

santo/a *n.* saint (7); *adj.* holy; **Espíritu** (*m.*) **Santo** Holy Spirit; **santo/a patrón/patrona** patron saint

santoral *m.* *calendar of saint's days*

sapo toad

sátira satire

satisfacer (*like* **hacer**) (*p.p.* **satisfecho**) to satisfy (7)

saturado/a saturated (11)

secar (qu) to dry; **secarse** to dry up (11)

sección *f.* section

seco/a dry

secuencia sequence

secularización *f.* secularization

secundario/a secondary; **escuela secundaria** high school (1)

seductor(a) *adj.* seductive

segador(a) harvester

seguida: en seguida right away, immediately (6)

seguido *adv.* often

seguimiento following, tracking

seguir (i, i) (gu) to follow; **seguir** (+ *inf.*) to continue (*doing something*)

según *prep.* according to

segundo/a second

seguridad *f.* security

seguro insurance; **seguro médico** health/medical insurance (10)

seguro/a *adj.* safe, secure; **estar** (*irreg.*) **seguro/a** to be sure

selección *f.* selection

seleccionar to select

sellar to seal (up); **sellar boca** to close one's mouth

selva jungle; **selva tropical** rain forest

semana week; **fin** (*m.*) **de semana** weekend (*pl.* **fines de semana**)

semanal weekly

sembradío *n.* planting (12)

semejante *n.* fellow man (1); *adj.* similar

semejanza similarity

semilla seed

semimuerto/a half-dead (6)

Senado: Cámara del Senado Senate

sencillo/a simple (P)

seno center, middle; breast

sensible sensitive (2)

sentado/a seated

sentarse (ie) to sit down

sentido *n.* sense (*perception*) (5); meaning; **en sentido figurado** in a figurative sense; **sentido claro** obvious/ clear meaning; **sexto sentido** sixth sense (5); **tener** (*irreg.*) **buen sentido de humor** to have a good sense of humor

sentimiento feeling

sentir (ie, i) to feel (+ *n.*); **sentirlo (mucho)** to be (very) sorry; **sentirse** to feel (+ *adj.*) (2)

señal *f.* sign, signal (5)

señalar to indicate

señor(a) sir, madam; man, woman; Mr., Mrs.

separación *f.* separation

separar to separate; **separarse** to separate oneself (3)

séptimo/a seventh

sepultado/a buried, interred

sequedad *f.* dryness

sequía drought (11)

ser *n. m.* being; **ser humano** human being (1); **ser querido** loved one (1); **ser vivo** living being (1)

ser *v. irreg.* to be; **como si fuera poco** as if that weren't enough; **forma de ser** way of being (2); **llegar (gu) a ser** to become; **lo que sea** whatever (it is); **o sea** (or) rather (P); **ser a la(s)...** to take place at . . . o'clock; **ser aburrido/a** to be boring; **ser bueno/a** to be (a) good (person); **ser capaz de** (+ *inf.*) to be able to (*do something*); **ser consciente de** to be conscious/aware of (4); **ser equivocado/a** to be wrong/ erroneous; **ser la(s)...** to be . . . o'clock; **ser listo/a** to be clever/ smart; **ser malo/a** to be (a) bad (person); **ser molesto/a** to be annoying

serie *f.* series; **serie cómica** comedy series; (*television*); **Serie Mundial** World Series

seriedad *f.* seriousness

serio/a serious (P)

sermón *m.* sermon

sermonear to preach, sermonize

servicio service (7)

servir (i, i) to serve; to work; **no servir** to not work (3); **no servir para nada** to be useless; **servirle** to be useful (to someone)

sesudo/a *n.* know-it-all

sexenio six-year period (*esp. for political office*)

sexista *n., adj. m., f.* sexist (person)

sexto/a sixth; **sexto sentido** sixth sense (5)

sexual sexual; **acoso sexual** sexual harassment (6)

sexualidad *f.* sexuality

shiringa (*also* **chiringa**) *rubber tree in the Amazon rain forest*

shiringal *m.* rubber-tree forest

shiringuero/a rubber-tapper (*person*)

SIDA *abbreviation* AIDS

siembra sowing/planting (season)

siempre always

sierra mountain range

siesta *n.* nap; **echar una siesta** to take a nap

siglo century (4)

significado *n.* meaning

significar (qu) to mean

siguiente *adj.* following

silla chair

simbolizar (c) to symbolize

símbolo symbol

similitud *f.* similarity

simpático/a nice, friendly (1)

sin without; **sin duda** no doubt, undoubtedly; **sin embargo** however, nevertheless

sinagoga synagogue

sincero/a honest, sincere

sincrético/a syncretic

sincretismo syncretism

singularizarse (c) to stand out (*as unique*)

sinnúmero *n.* great/infinite amount

sino but, rather (1)

sinónimo synonym

sinsabor *m.* problem, trouble

siquiera even; **ni siquiera** not even

sirviente/a servant, maid

sistema *m.* system

situación *f.* situation

situado/a situated, located

situarse (me sitúo) to get/be situated, located

soberbio/a arrogant, proud (7)

sobrar to be more than enough / too much (4); **de sobra** extra

sobre about; over; **echarse sobre** to leap on top of; **esquiar (esquío) sobre el agua** to waterski; **sobre todo** especially, above all (1)

sobrenatural *adj.* supernatural; **lo sobrenatural** the supernatural

sobrepoblación *f.* overpopulation (9)

sobresalir (*like* **salir**) to stand out

sobretodo overcoat

sobrevivencia survival, surviving

sobrevivir to survive

sobrino/a nephew, niece (3)

sociable sociable (P)

social *adj. m., f.* social; **brecha social** social (economic) divide; **conflictos sociales** social issues/concerns

sociedad *f.* society (3)

socioeconómico/a socioeconomic

sociolingüista sociolinguist

sociología sociology

sociólogo/a sociologist

sofá *m.* sofa

sofisticado/a sophisticated (P)

sol *m.* sun (7); **hace sol** it's sunny

solamente (*adv.*) only

soldado *n. m., f.* soldier

soledad *f.* solitude, loneliness

soler (ue) (+ *inf.*) to usually (*do something*)

solería *n.* flooring

solicitud *f.* application

solidaridad *f.* solidarity

sollozar (c) to sob

sólo *adv.* only

solo/a *adj.* single; alone

solsticio solstice

soltar (ue) (*p.p.* **suelto**) to let go, set free (9)

soltero/a single, unmarried (8)

solución *f.* solution

solucionar to solve

solventar to solve (9)

sombra shadow

sombrero hat

somero/a superficial, shallow (8)

sonar (ue) to sound (5)

sonreír (i, i) (sonrío) to smile

sonriente *adj.* smiling

soñar (ue) to dream; **soñar con** to dream about

soportar to put up with, stand (1)

soporte *n. m.* support (8)

sorber to sip, slurp

sordo/a deaf

sorprendente surprising

sorprender to surprise (4)

sorpresa *n.* surprise

sospechoso/a suspicious, suspect

suave smooth; soft

súbida *n.* increase, climb

subir(se) to go up (7); get into/onto (*car, bus*)

súbito/a sudden

subordinado/a *gram.* subordinate

subrepresentado/a underrepresented

subsahariano/a *n., adj.* sub-Saharan
subtítulo subtitle
suceder to happen, occur (10)
sucio/a dirty
sudamericano/a *n., adj.* South American
sudoeste *m.* southwest
sudor *m.* sweat
suegro/a father-/mother-in-law; *pl.* in-laws (3)
sueldo salary; **aumento de sueldo** raise in salary; **sueldo medio** average (median) salary/wage
sueño dream; **entrarle sueño** to be getting sleepy; **tener** (*irreg.*) **sueño** to be sleepy
suéter *m.* sweater
suficiente enough, sufficient
sufrimiento *n.* suffering
sufrir to suffer
sugerencia suggestion
sugerir (ie, i) to suggest
sugestivo/a suggestive
suicidarse to commit suicide
sujeto subject
sumar to add/count up
sumiso/a submissive
sumo utmost; **a lo sumo** at the most
superficialidad *f.* superficiality
superficie *f.* surface
superior greater, higher, superior
superioridad *f.* superiority
supermercado supermarket
superpoblado/a overpopulated
superstición *f.* superstition
supremo/a supreme; **Corte** (*f.*) **Suprema** Supreme Court
supuestamente supposedly (8)
supuesto/a (*p.p. of* **suponer**) supposed; **por supuesto** of course (3)
sur *m.* south
suramericano/a *n., adj.* South American
surfear to surf
surgimiento *n.* rise
surgir (j) to arise (10); to surge; to rise
surrealista *n., adj. m., f.* surrealist
suscitar to provoke
sustantivo *gram.* noun
sustituir (y) to substitute
susurrar to whisper
sútil subtle, delicate (5)
suyo/a *poss. pron.* his, her(s), its, their(s); **hacer** (*irreg.*) **lo suyo** to do one's own thing

t

tabaco tobacco
tabla chart, table

tabú *n., adj. m., f.* (*pl.* **tabúes** or **tabús**) taboo
tacaño/a stingy, miserly
tacón *m.* heel (*shoe*)
tal such (as); **como tal** in such a way; **con tal de que** provided that; **tal vez** maybe, perhaps; **tal (y) como** just as/like
tala *n.* tree felling
talar to cut down (trees) (11)
talentoso/a talented
tallar to carve
taller *m.* workshop
tamaño size
tambor *m.* drum
tampoco neither, (not) either
tan, tanto *adv.* as, so; **tan... como...** as... as...; **tan pronto como** as soon as; **tanto como** as much as; **tanto... como...** both... and...
tango *traditional dance (music) from Argentina*
tanto *n., pron.* so much; **estar** (*irreg.*) **al tanto** to be up-to-date / in the know; **mientras tanto** meanwhile, in the meantime
tanto/a *adj.* so many; **por lo tanto** therefore; **tanto/a... como...** as much... as...
tapa top, cap (*bottle*)
tapar to cover; to put a lid on
tapía fence
tardar to take time (*to do something*)
tarde *n. f.* afternoon, evening; **por la tarde** in the afternoon/evening
tarde *adv.* late; **más tarde** later on
tarea homework; task, chore
tasa rate; **tasa de divorcio** divorce rate (4)
taxista *n. m., f.* taxi driver
teatro theater; **obra de teatro** play
tecnología technology
tecnológico/a technological
té *m.* tea
tejer to knit, weave
tejido *n.* knitting, weaving (P); tissue (*flesh*) (11)
tela fabric
tele *f.* TV
telefónico/a *adj.* (tele)phone; **vía telefónica** by phone
teléfono (tele)phone; **hablar por teléfono** talk on the / by phone
telenovela *short-running melodramatic series on television, similar to soap operas*
televisión *f.* television
televisivo/a *adj.* televised, television
televisor *m.* television (set)
tema *m.* subject, theme; **tema central/principal** main idea/ topic

temático/a thematic
temblar (ie) to tremble
temer to fear
temor *m.* fear, dread (7)
tempestad *f.* storm
temporada season; **temporada de lluvias** rainy season
temporal storm
temprano *adv.* early
tendencia tendency, trend
tender (ie) to tend (toward)
tener (*irreg.*) to have; **tener a mano** to have on hand; **tener acceso a** to have access to; **tener algo en común** to have something in common; **tener ángel** to have charm; **tener... años** to be... years old; **tener atenciones con** to give (affectionate) attention to (6); **tener buen/mal carácter** to have a good/bad personality (temperament); **tener calor/frío** to be/feel hot/cold; **tener celos/miedo/vergüenza** to be jealous/scared/embarrassed; **tener cuidado** to be careful; **tener en cuenta** to keep in mind; **tener éxito** to be successful; **tener fama de** to be famous for; **tener hambre/sueño** to be hungry/sleepy; **tener lugar** to take place; **tener (muchas) ganas de** + *inf.* to (really) want *to do something*; **tener mucho que hacer** to have a lot to do; **tener noticia de alguien** to hear from someone; **tener prisa** to be in a hurry; **tener que** + *inf.* to have to (*do something*); **tener (toda la) razón** to be (completely) (in the) right (3); **tener uso de razón** to be able to think (3); **tener vergüenza** to feel embarrassed (12)
tensión *f.* tension
tenue faint, weak
teólogo/a theologian
teoría theory
tercer(a) third
terco/a stubborn
teresina: madre (*f.*) **teresina** follower of Mother Teresa
terminación *f.* end, ending
terminar to end; **terminarse** to run out (*of something*) (11)
término term
termostato thermostat
ternura tenderness
terrateniente *n. m., f.* landowner
terremoto earthquake
terreno property, (plot of) land
terso/a smooth
tesoro treasure
testarudo/a stubborn

testigo *n.* witness
tetera kettle, teapot
tibio/a (luke)warm (12)
tiempo time; weather
tienda store
tierra earth, dirt; land (11); homeland; **(planeta) Tierra** (planet) Earth
tilma *blanket or woven textile used as a cape or poncho, tablecloth, or towel*
timidez *f.* shyness
tímido/a shy (P)
tío/a uncle, aunt (3)
típico/a typical
tipo type
tiradero *Mex.* landfill, dump; mess
tiranía tyranny
tiránico/a tyrannical
tirar to throw; to throw out; to drop (11); **tirar basura** to litter
titular to name, title; **titularse** to be titled, called
título title; degree (*academic*) (6)
tocar (qu) to touch; to affect (*problem*); **tocarle a uno** to be one's turn
todavía still; **todavía no** not yet
todo *pron.* everything, all; **ante todo** *adv.* above all
todo/a *adj.* all (of); **con toda probabilidad** quite probably; **en todo caso** anyway, regardless; **tener** (*irreg.*) **toda la razón** to be completely (in the) right (3)
tolerancia tolerance
tomar to take; to eat/drink/take (*food, medicine*); **tomar apuntes** to take notes; **tomar el mando** to take control (6); **tomar en cuenta** to take into account/consideration; **tomar un café** to drink (a cup of) coffee; **tomar una decisión** to make a decision
tonelada ton (11)
tontería nonsense
tonto/a silly, foolish, stupid
toparse con to run into (6)
toque *m.* touch
torcer (ue) (z) to twist, bend
torcido/a crooked, twisted
torero/a bullfighter
tormenta storm
torpe clumsy (5)
torre *f.* tower
torturar to torture
tosco/a rough (5)
totalidad *f.* totality
totonaca *n. indigenous language spoken in central and eastern regions of Mexico*
tóxico/a toxic, poisonous (11)
traba chore; obstacle, difficulty (6)

trabajador(a) *n.* worker; *adj.* hardworking (P)
trabajar to work (3); **trabajar en equipo** to work as a team/group; **trabajar para** to work for (*a business*)
trabajo *n.* work; **compañero/a de trabajo** colleague, coworker; **trabajo doméstico** household chores; **trabajo final** final project (*school*)
tradición *f.* tradition
traducción *f.* translation
traducir (*like* **conducir**) to translate
traductor(a) translator
traer (*irreg.*) to bring (6)
traición *f.* betrayal, treason
traje *m.* suit
trámite *m.* procedure
trampa trap, trick
tranquilidad *f.* tranquility
tranquilizar (c) to calm (*someone*) down
tranquilo/a calm (P)
transcurrir to take place; to pass by
transferir (ie, i) to transfer
transformación *f.* transformation
transformar to transform; **transformarse en** to change into, become
transición *f.* transition
transigir (j) to compromise
transmitir to transmit (P)
transportar to transport
transporte *m.* transport; **compartir transporte** to share a ride, carpool (12); **medio de transporte** means/mode of transportation; **transporte público** public transportation
trapo rag
tras *prep.* after, following
trasfondo background, undercurrent
trasladarse to move, relocate
tratado agreement, treaty; **Tratado de Libre Comercio de América del Norte (TLCAN)** North American Free-Trade Agreement (NAFTA)
tratamiento treatment; **planta de tratamiento** treatment plant (12)
tratar to try; to treat (*well, badly*) (2); **tratar de** + *inf.* to try to (*do something*) (3); **tratar(se) de** to deal with, be about (*topic*) (2)
traumado/a traumatized (6)
través: a través de through, by means of (2); throughout; over (*period of time*) (3)
tremendo/a tremendous, terrible
tren *m.* train
trenza *n.* braid
trepar to climb up, reach

tribu *f.* tribe
trigo wheat
trinidad *f.* trinity
tripas *pl.* guts, intestine; **echar las tripas** to throw up
triste sad (P); **estar** (*irreg.*) **triste** to feel sad; **ser** (*irreg.*) **triste** to be sad (*story, situation*)
tristeza sadness (P)
triunfar to triumph
tronco trunk
tropezar (ie) (c) to stumble, trip
trópico *s.* tropics
tsunami *m.* tsunami
tullido/a crippled
tumba tomb
tumbar to knock down/over
turismo tourism
turista *m., f.* tourist
turnarse to take turns
tuyo/a *poss. pron.* yours

U

u or (*used instead of* **o** *before words beginning with* **o-** *or* **ho-**)
ubicar (qu) to locate; **ubicarse** to be located; to orient/find oneself
último/a last; **por último** lastly
único/a only; unique
unido/a united
unión *f.* union; **unión civil** civil union (4); **Unión Europea** European Union
unir to unite (3); **unir esfuerzos** to join forces; **unirse** to get together
unitario/a Unitarian
universidad *f.* university
universitario/a *adj.* university (*related*)
uno/a a(n), one; *pl.* some, a few; **una vez** once, ever
uno/a *pron.* one; **cada uno** each one, everyone
uña fingernail; **pintarse las uñas** to paint one's nails
urbanidad *f.* courtesy, urbanity
urgido/a urgently needing
urgir (j) to be urgent
uruguayo/a Uruguayan
usar to use
uso *n. m.* use; **tener** (*irreg.*) **uso de razón** to be able to think (3); **uso cotidiano** everyday use
útil useful
utilizar (c) to use, utilize

V

vacación *f.* vacation; **estar** (*irreg.*) **de vacaciones** to be on vacation
vacío *n.* emptiness, void
vacío/a *adj.* empty (7)

vagabundo   vagabond (9); bum
valer (*irreg.*)   to be worth; to value (3); **más vale** better (off); **valerse de** to make use of; **valerse por sí mismo/a** to fend for oneself
validez *f.*   validity
válido/a   valid (12)
valiente   brave, noble
valioso/a   valuable (1)
valor *m.*   value (1); **bolsa de valores** Stock Exchange
vanguardia *n.*   vanguard
vanidad *f.*   vanity
variación *f.*   variation
variado/a   varied
variante   variant
variedad *f.*   variety
varios/as   various, several
varón *m.*   male (*biological sex*)
vasco/a *n., adj.*   Basque
vasto/a   vast
¡vaya! *interj.*   oh, no! darn!
vecindario   neighborhood
vecino/a   neighbor
vegetación *f.*   vegetation
vegetariano/a   vegetarian
vehículo   vehicle
vejez *f.*   old age
vela   candle
vencer (**zc**)   to beat
vencido/a: darse (*irreg.*) **por vencido/a**   to give up/in
vendedor(a)   seller; **vendedor(a) de la calle** street merchant
vender   to sell (7)
veneno   poison, venom
venerarse   to be revered
venezolano/a   Venezuelan
vengativo/a   vindictive (8); vengeful
venir (*irreg.*)   to come; **venir a la mente** to come to mind; **venirle bien** to be convenient (for someone)
venta   sale
ventaja   advantage
ventana   window
ventilador *m.*   fan (12)
ver (*irreg.*) (*p.p.* **visto**)   to see; **a ver** let's see; **verse** to see each other; to look/appear
veracidad *f.*   veracity
verano   summer
veras: de veras   really, truthfully
verbal *adj. gram.*   verb (*related*)
verdad *f.*   truth
verdadero/a   real, true
verde   green; unripe

vergonzoso/a   embarrassing; shameful
vergüenza   shame, embarrassment (12); **darle** (*irreg.*) **/tener** (*irreg.*) **vergüenza** to feel embarrassed (12); **vergüenza ajena** *embarrassment for someone else's actions*
verificar (**qu**)   to verify
versión *f.*   version; **versión final** final draft
vestido *n.*   dress; outfit
vestido/a   dressed (5); **bien vestido/a** dressed up
vestimenta   clothing
vestirse (**i, i**)   to get dressed
veterinario/a   veterinarian
vez *f.* (*pl.* **veces**)   time; **a la vez** at the same time; **a veces** sometimes; **alguna/una vez** once, ever; **cada vez más** increasingly; **en vez de** instead of; **por primera/segunda/última vez** for the first/second/last time; **raras veces** infrequently; **tal vez** perhaps, maybe
vía   street, walkway; **vía telefónica** by phone; **vías respiratorias** airways, breathing passages (11)
viaje *m.*   trip; journey
vicio   sin, vice; addiction
víctima   victim
victoria   victory
vida   life; **buscarse** (**qu**) **la vida** to find one's way in life; **calidad** (*f.*) **de vida** quality of life (5); **vida familiar** family (*related*)
videojuego   videogame
vidrio   glass (*material*) (12)
viejo/a *n.*   old man/woman; *adj.* old
viento   wind; **molino de viento** windmill
vigente   valid, current
vigilar   to watch over
villano   villain
vínculo   link (*relationship*) (10)
vino   wine
violación *f.*   violation
violar   to violate
violencia   violence (6); **violencia doméstica/intrafamiliar** domestic violence (6)
violento/a   violent
virgen *f.* (*pl.* **vírgenes**)   virgin
virtud *f.*   virtue (1)
visión *f.*   vision
visitante *m., f.*   visitor
visitar   to visit
víspera   eve (*before a holiday*)

vista *n.*   look, view; **a primera vista** at first glance/sight; **hacer** (*irreg.*) **la vista gorda** to turn a blind eye (9); **punto de vista** point of view (9)
vistazo *n.*   glance, look
visto/a *adj.* (*p.p. of* **ver**)   seen
viudo/a   widower, widow
vivencia   experience (5)
víveres *pl.*   provisions, supplies
vivienda   housing
vivir   to live
vivo/a   alive, living; **ser** (*m.*) **vivo** living being (1)
vivo *n.*   living (person)
vocación *f.*   vocation
volición *f. gram.*   volition (will, desire)
voluntad *f.*   will, willingness; **voluntad de hierro** iron will
voluntario/a   volunteer
volver (**ue**) (*p.p.* **vuelto**)   to return; to go back; **volver a** (+ *inf.*) to (*do something*) again; **volver con** to get back together with (3) **volverse** to become (3); **volverse loco/a** to go crazy
votar   to vote
voz *f.* (*pl.* **voces**)   voice; **en voz alta** aloud; in a loud voice; **en voz baja** in a soft voice
vudú *m.*   Voodoo
vuelta *n.*   turn, return
vuelto/a (*p.p. of* **volver**)   returned

X

xenófobo/a *n.*   xenophobe; *adj.* xenophobic

Y

y   and (*but* **e** *before* **i-** *or* **hi-**)
ya *adv.*   already, yet, now; **ya no** not yet; **ya que** now that
yermo/a   barren
yoruba *n., adj. m., f.*   Yoruban

Z

zafarse (**de**)   to get away (from)
zapato   shoe
zona   zone
zorro   fox
zurrar   to beat, smack

CREDITS

INDEX

This index is divided into two sections. The first section deals with language issues such as grammar and vocabulary. The second highlights cultural topics. Other general topics appear alphabetically.